本书系2023年度湖南省社科基金项目（高校思政专项）"坚持不懈用习近平新时代中国特色社会主义思想铸魂育人研究"成果（项目编号：SZZX202301）

高校德育成果文库

GaoXiao DeYu
ChengGuo WenKu

铸魂育人

叶星成　著

光明日报出版社

图书在版编目（CIP）数据

铸魂育人 / 叶星成著. -- 北京：光明日报出版社，
2024.6. -- ISBN 978 - 7 - 5194 - 8123 - 0

Ⅰ. G641

中国国家版本馆 CIP 数据核字第 2024SB8558 号

铸魂育人

ZHUHUN YUREN

著　　者：叶星成			
责任编辑：史　宁		责任校对：许　怡　贾　丹	
封面设计：中联华文		责任印制：曹　净	

出版发行：光明日报出版社

地　　址：北京市西城区永安路 106 号，100050

电　　话：010-63169890（咨询），010-63131930（邮购）

传　　真：010-63131930

网　　址：http://book.gmw.cn

E - mail：gmrbcbs@gmw.cn

法律顾问：北京市兰台律师事务所龚柳方律师

印　　刷：三河市华东印刷有限公司

装　　订：三河市华东印刷有限公司

本书如有破损、缺页、装订错误，请与本社联系调换，电话：010-63131930

开　　本：170mm×240mm			
字　　数：481 千字		印　　张：26	
版　　次：2025 年 1 月第 1 版		印　　次：2025 年 1 月第 1 次印刷	
书　　号：ISBN 978 - 7 - 5194 - 8123 - 0			

定　　价：99.00 元

序
做新时代高校知行合一的"大先生"

张国祚

前不久,《人民日报》理论版"思想纵横"栏目刊发了我的一篇文章《修好共产党人"心学"重在知行合一》,其中有段话:"坚定理想信念,修好共产党人的'心学',既不是一蹴而就的,也不是一劳永逸的,更不能停留在口头上。刀在石上砺,人在事上磨。不在具体的事上反复锤炼摔打,只在脑袋里搞思想修炼、境界提升,终究是靠不住的。"① 这段话引起湖南理工职业技术学院党委书记叶星成同志的共鸣,他认为我的观点对新时代高校党建也有启发意义,他说:"新时代办学治校要用党性建队伍、用清廉养队伍、用文化聚队伍,修共产党人'心学'关键要修好做人良心、处事公心和创业雄心。"并送上自己的新作《铸魂育人》书稿,请我写篇序。通读此书,我感到本书有三个鲜明的特点。

一是强调学习理论要学有所悟、学以致用。本书与其说是写出来的,不如说是干出来的。因为本书实际上是基于湖南理工职业技术学院党委办学治校的工作回顾和经验总结。在《在深学细悟中笃信笃行》和《小学校可有大作为》首尾两文中,阐发了"锐始图终的巧干、行稳致远的实干、学思践悟的能干"的理论、思考和实践。"干"的理念,贯穿于落实党的创新理论的全过程,贯穿于落实立德树人根本任务的全过程,在善谋善抓善管中善为,在活思活学活用中敢为。这种"干"融汇于践行初心的使命之中,融汇于责任担当的过程之中,融汇于锐意进取的克难攻坚之中,融汇于勤学勤思的笃信笃行之中。习近平总书记强调,"道不可坐论,理不能空谈。学习党的创新理论的目的全在于运用。"②《铸魂育人》堪称高校践行党的创新理论的优秀之作。

二是强调践行理论要因地制宜、锐意创新。习近平总书记指出:"坚持创新

① 张国祚. 修好共产党人"心学"重在知行合一 [N]. 人民日报, 2024-05-29 (9).

② 习近平. 第六批全国干部学习培训教材序言 [EB/OL]. 共产党员网, 2024-02-28.

是第一动力，坚持抓创新就是抓发展、谋创新就是谋未来。"[1] 强调要"守正创新、开拓创新，大胆探索自己未来发展之路"。[2] 强调"培养担当民族复兴大任的时代新人"。[3] 对于总书记这些创新思维，湖南理工职业技术学院党委紧密联系本校实际，认真贯彻落实到履职尽责全过程、各方面。提出"用发展眼光谋划学校未来、用改革办法破解发展难题、用忘我精神追逐理工梦想"，悉心勾画以自信为内核的教育愿景，倾情打造以自律为内核的校园文化，着力弘扬以自强为内核的理工精神。办不一样的学校，将"为党育人、为国育才"的初心使命落实到"为生铸魂、为生赋能、为生立业"的担当作为上；培不一样的老师，将"有理想信念、有道德情操、有扎实学识、有仁爱之心"的好老师标准转化为治校的原则，建设"可信、可亲、可敬"的理工新师，用敬畏之心敬业，用爱子之心爱生，用律人之心律己；育不一样的学生，将"有执着信念、有优良品德、有丰富知识、有过硬本领"作为好学生标准，教育学生"虚心学习养大气、潜心学习养才气、正心学习养勇气"，引导学生"立报国之志、学一技之长、明读书之理，做社会主义建设者和接班人"。《铸魂育人》有许多守正创新的亮点，读来让人耳目一新。

三是强调"班长"要率先垂范、身体力行。政治路线确定之后，干部就是决定因素；最先要看领导班子，特别是"班长"。"班长"必须以身作则、励精图治、奋发图强、创新引领。湖南理工职业技术学院党委很有未雨绸缪的创新自觉和创业报国的责任担当，提出了"办好理工一点、带动教育一线、影响产业一片"；提出了"打造不治自理文明新校园、不教自学育人大课堂、不言自明职教新湘军"；提出了"六位一体"思政新标杆，构建"三全育人"格局，融汇"十大育人"体系，聚焦六大特质理工，力推二十大精品育人活动；将学校办进产业园区，把专业建在产业链上，让课堂走入生产车间；倡导发起湘潭十大高校读书联盟、牵头成立湖南省职业院校读书联盟，引导青年学生读书明理、知书达礼等。上述励精图治、守正创新、引人注目的有效作为、成功实践，首先取决于学校党委特别是"班长"能否"以公为先、以校为家、以师为尊、以生为本"，能否以身作则、令行禁止。只有"班长"风清气正，以身作则，才能团结一班人以点带面、同力共担、同心共勉、同向共进。习近平总书记指出：

---

① 习近平. 在中国科学院第十九次院士大会、中国工程院第十四次院士大会上的讲话 [EB/OL]. 中国政府网，2018-05-28.

② 习近平. 在经济社会领域专家座谈会上的讲话 [EB/OL]. 求是网，2020-08-24.

③ 张璐. 培养担当民族复兴大任的时代新人 [EB/OL]. 中国共产党新闻网，2018-10-10.

"教师要成为大先生，做学生为学、为事、为人的示范，促进学生成长为全面发展的人。"① 高校党委的"班长"，首先应该成为这样的"大先生"。那么，"班长"如何才能成为新时代高校知行合一的"大先生"呢？《铸魂育人》给出了比较成功的案例分析，很值得一读。

是为序。

2024 年 6 月 15 日于北京

序作者：中宣部理论局原副局长、全国哲学社会科学规划办公室原主任，中国文化软实力研究中心主任，中央马克思主义理论研究和建设工程首席专家，湖南大学教授，博士生导师。

---

① 习近平在清华大学考察时强调：坚持中国特色一流大学建设目标方向　为服务国家增强民族复兴人民幸福贡献力量［N］.人民日报，2021-04-20（1）.

在深学细悟中笃信笃行（代序）*

习近平总书记治国理政极具思想感召力，极具艺术感染力，将党的十九大报告与系列讲话结合起来学，更能感受习近平总书记治理的无穷魅力、思想的博大精深。

一、学有所悟

我是 2017 年 7 月到湖南理工职院任职的，此前在湖南省发展改革委从事经济社会发展中长期规划工作。无论是在机关还是在学校，我都把学习习近平总书记重要讲话作为工作当中不可或缺的部分，作为人生当中不可多得的享受。我觉得，习近平总书记治国理政，至少有三大特点。

第一，站得高，看得远。习近平总书记高瞻远瞩、目光如炬：一是注重把中国发展放到全球格局中统筹谋划，高屋建瓴，措置裕如。二是注重把人类命运放到系统环境中深入思考，提出中国方案，贡献中国智慧。三是注重把当前发展放到历史长河中动态把握，坚持与时俱进，令人心悦诚服。

第二，谋得全，虑得深。习近平总书记谋划周全，主要体现在思想体系的完整上，提出了统筹推进"五位一体"总体布局，协调推进"四个全面"战略布局，东西南北中、党政军民学，兼容并蓄，无所不包，真正彰显了大国领袖的大气度、大风采。习近平总书记思考深邃，主要体现在思想逻辑的严密上：一是复杂问题能系统解决，开创性地提出了"创新、协调、绿色、开放、共享"新发展理念，举一反三，触类旁通。二是重点问题能专项突破，党的十八大以来，习近平总书记以踏石留印、抓铁有痕的务实作风主持召开了农村、城市、脱贫、科技、文艺、外事、反腐等一系列影响深远的工作会议，提出了一揽子别开生面的战略思想，坚持一把钥匙开一把锁，对症下药，立竿见影。三是棘手问题能审慎处理，面对世界金融危机后经济低迷的全球难题，做出了经济步入新常态的科学判断，提出了加快推进供给侧结构性改革等重大举措，深入浅出，绵绵用力，久久为功。

第三，务得虚，落得实。难能可贵的是，习近平总书记通过各类专项会议

---

* 本书作者在 2017 年 12 月全省市厅级领导干部学习贯彻党的十九大精神第四期集中轮训班小组讨论会上的发言。

将总体部署落细落小的同时，还通过系列区域战略推进国家战略落地，提出了优化经济发展空间格局，继续实施区域总体发展战略，推进"一带一路"、京津冀协同发展、长江经济带建设。同时，他对不同地区进行不同定位，有效引导各地经济地理空间优化重构、错位发展，如对湖南提出了"一带一部"、对湖北提出了"中部崛起重要战略支点"等，始终坚持全国一盘棋、全民一个梦。

综上所述，习近平总书记治国理政艺术可见一斑。在风格上，体现了他的宽广视野、开阔胸襟、菩萨心肠、霹雳手段；在方法上，他注重系统谋划、统筹推进、专项落实、重点突破；在原则上，他坚持目标导向、问题意识、底线思维、改革办法。一句归总，我们就是要干在实处、走在前列。这些蕴含在讲话、体现在决策中的领导艺术，值得每个地区、每个单位的每个同志认真学习、深入领会和悉心把握，这是我们思考问题、解决难题、做好工作的"万能钥匙"。

二、学以致用

党的十九大关于职业教育的精神，习近平总书记在报告中高度概括为一句话：完善职业教育和培训体系，深化产教融合、校企合作。湖南理工职院学懂弄通做实十九大精神，始终坚持把领悟习近平总书记领导艺术和落实习近平总书记职教讲话作为一体两翼融会贯通地抓，重点从四方面入手。

第一，把系统谋划作为学校发展的当务之急。我们提出了突出内涵发展、适度扩大规模、打造全省产教融合样板和发展改革精品的总体目标，以及创造一流办学条件、建设一流教师队伍、培养一流应用人才、实现一流内部治理的"四个一流"具体目标。

第二，把从严治校作为学校发展的必须之举。我们提出了"4321"内部治理机制，研究出台了教职工行为规范，即"理工九条"。"4"就是"四个一流"目标。"3"就是围绕"四个一流"目标制订"三年行动计划"。"2"就是两轮淘汰，中层正职连续两年考核末位的给予免职处理。"1"就是一票否决，凡第二次党代会以后，教职工若有违反"理工九条"、触碰党风廉政建设底线的，经查实，当年考核一律不称职，是校管领导干部的当年免职，以良好运行机制实现高效内部治理。

第三，把教书育人作为学校发展的重中之重。我们重点理清了三件事：一是教什么书？紧密对接长株潭区域产业，全面优化学校专业布局，量身打造新能源学院、智能制造学院和管理艺术学院。二是育什么人？育可靠接班人、合格建设者和幸福生活者。我们通过"四个一"文化育人，即"每周一书、每人一语、每课一讲、每日一记"，育学生情怀，立志，育学生品行，立德，育学生专长，立技。三是明什么理？我们精心推出"理工书单"，引导学生明勤学、俭朴、乐观的修身之理，明诚信、合作、自律的做人之理，明敬业、专长、创新的处事之理，悉心打造"书香理工"。

第四，把改革创新作为学校发展的必由之路。我们始终坚持目标导向、问题意识，在深入调研基础上，大胆创新办学模式，提出了"1＝1+1+1"的全新办学思路。"＝"前的"1"指"一流学校"。"＝"后三个"1"指"三年学制"，就是要针对非省会城市与省会城市高职院校发展不平衡、非省会城市高职院校引进高端人才难、招收优质生源难以及学校当前校园面积严重不达标等现实问题，着眼长株潭，探索"有核无边、协同育人"的办学格局，将立德树人根本任务落实到每个学年、每个学点。我们最理想的选择是进驻长沙办大学一年级，着重学文化；立足湘潭办大学二年级，着重学技能；着眼长株潭企业顶岗办大学三年级，工学结合，知行合一，实现真正意义上的产教融合、校企合作，拓展办学空间，提升办学格局。

叶星成

2017 年 12 月 12 日于岳麓山下

目　录

第一编　致广大，尽精微——全面适应角色转换

第一辑　机关到基层，宏观到微观
【星愿心语】
到理工任职，很意外，很荣幸 / 003
到理工任职，有压力，有动力 / 004
到理工任职，要自律，要他律 / 005
【微课链接】
讲原则，重感情，干实事 / 006
举棋定向，何去何从 / 008
【媒体聚焦】
新时代新征程新使命 / 011

第二辑　校小不小志，位后不后求
【星愿心语】
小学校也应有大情怀 / 014
小学校也应有大梦想 / 016
小学校也应有大创举 / 017
【微课链接】
锐意改革，开拓进取，为实现"四个一流"目标努力奋斗 / 020
让理工更像理工，让师生更像师生 / 029
【媒体聚焦】
新班子新气象新作为 / 031

第三辑　难事作于易，大事作于细
【星愿心语】
"四个一流"建设要"虚实相生" / 033
"四个一流"建设要"教学相长" / 035
"四个一流"建设要"权责相称" / 039

【微课链接】

构建不治自理新机制 / 041

明导向，立规矩，树品牌 / 045

建设不教自学大课堂 / 047

专业布局：稳、聚、准、快 / 050

一流向未来，九条保平安 / 052

从点上突破到面上开花 / 056

【媒体聚焦】

省发展改革委胡伟林主任一行深入学校调研指导 / 058

迈开创新引领新步伐 / 060

第二编 培特色，锻长板——全面创新办学治校

第一辑 办不一样的学校

【星愿心语】

新理念凝心聚力 / 067

新行动攻坚克难 / 068

新考核提质增效 / 069

【微课链接】

用国学之光照亮奋进路 / 070

四十不惑，百年长新 / 072

致力不言自明新湘军 / 074

推动全面深化改革落地生根 / 077

坚决守住理工职院这道防线 / 080

确保师生生命安全万无一失 / 082

群策群力，共建共享 / 085

安全之弦务必紧绷 / 087

矢志不渝扬理工精神 / 088

【媒体聚焦】

省发展改革委周海兵主任一行深入学校调研指导 / 090

聚力"四个一流"，培育"百年老店" / 092

第二辑 培不一样的老师

【星愿心语】

用敬畏之心敬业 / 101

用爱子之心爱生 / 102

用律人之心律己 / 103

【微课链接】

三人行必有我师 / 104

在奋进中痛并快乐着 / 106

发改论坛，青教风采 / 109

心心相印，比比皆是 / 111

融情于心，汇知于行 / 112

跟着里手学，跟着高手走 / 113

不忘初心，不负师心 / 114

比学赶帮，互促共进 / 117

不负厚望，不辱使命 / 118

履职明责，树人明德 / 121

不改初衷，不囿成见，不偏中心 / 122

学高为师，身正为范 / 123

不负时代不负生 / 124

双向奔赴，彼此成就 / 128

薪火相传，师德闪耀 / 129

【媒体聚焦】

辅导员应守正创新修"九境" / 130

第三辑 育不一样的学生

【星愿心语】

虚心学习养大气 / 134

潜心学习养才气 / 136

正心学习养勇气 / 137

【微课链接】

明理知行，精工致远 / 139

心病还须心药医 / 142

唇枪舌剑，小中见大 / 143

宜将芳华付勤学 / 144

培育理工特质的应用人才 / 145

人生尽在坚持中 / 147

做一舰钉，破万里浪 / 150

艰难困苦，玉汝于成 / 151

悉心资助，暖心育人 / 153

倍感幸福，倍加珍惜 / 154

在砥砺奋进中引领前行 / 156

天生我材必有用 / 158

学成文武艺，一心跟党走 / 159

青春心向党，建功新时代 / 162

矢志不渝育家国情怀 / 163

学习雷锋历久弥新 / 165

做胸怀祖国的追梦人 / 166

以敬父之情敬师 / 169

全心育好爱国报国强国的时代新人 / 171

【媒体聚焦】

探索文化育人新模式 / 173

第三编　铸品牌，立标杆——全面落实立德树人

第一辑　理工思政，五育并举别具匠心

【星愿心语】

思政教育很神圣 / 179

思政教育很高难 / 180

思政教育很艺术 / 181

【微课链接】

思政教育重一"实" / 182

常倾思政情，别具理工味 / 183

博爱博学，求实求新 / 184

日出东山，情怀家国 / 185

用真理的精神讲真理 / 186

润物细无声，育人实有痕 / 187

编一本让人读让人教的"书" / 188

做好高校思政教育的三个着力点 / 189

【媒体聚焦】

培"百年老店"，育时代新人 / 191

第二辑　理工产教，真融深合别树一帜

【星愿心语】

加大市场主体办学比重 / 198

挖掘企业生产实训资源 / 199

探索"双师"企业用人机制 / 200

弥补市场主体作用不足 / 201

【微课链接】

京东学院：开启产教融合新征程 / 202

动力谷分院：在创新引领中携手前行 / 204

校企合作：情深意笃，美不胜言 / 207

同台竞技：丰收时节又逢君 / 208

九华分院：时至小雪景色新 / 210

有核无边：不能穿新鞋走老路 / 212

做实职业院校产教融合的六个着力点 / 213

【媒体聚焦】

打造产教融合新样板 / 216

第三辑　理工读书，明理知行别开生面

【星愿心语】

读书无关美与丑 / 221

多将流年付经典 / 223

读书明理贵知行 / 225

【微课链接】

书读百遍，其义自见 / 227

读书明理，知书达礼 / 228

书中自有"千钟粟" / 238

将读书进行到底 / 240

人生出彩贵一"实" / 242

学史爱党勤读书 / 244

读中华经典，做大国工匠 / 247

理工读书向未来 / 248

用心读好一本书，香溢理工九重天 / 250

戒奢以俭，清心养廉 / 251

跟毛泽东学读书 / 253

【媒体聚焦】

"小书本"读出"大情怀" / 256

第四编　守初心，担使命——全面从严管党治党

第一辑　用创新理论凝心铸魂

【星愿心语】

全面学起来，以点带面强化于体 / 261

深入学进去，深思熟虑内化于心 / 262

高效学出来，学以致用外化于行 / 263

【微课链接】

好好学习，天天向上 / 264

让初心使命在"四个一流"建设中熠熠生辉 / 265

用党史之光引领奋斗者 / 271

行有令，行有知，行有预，行有需 / 273

学史爱党，明理知行 / 274

大格局，关键词，总号召 / 276

守正创新，深学笃行 / 277

以史为鉴，开创未来 / 278

真改实改，不折不扣 / 279

逢山开路，遇水架桥 / 280

上下同欲者胜，同舟共济者赢 / 286

【媒体聚焦】

为实现"四一两全"美好蓝图不懈奋斗 / 288

第二辑　用初心使命抓班带队

【星愿心语】

"一把手"要敢抓敢管义无反顾 / 291

"一把手"要善抓善管责无旁贷 / 292

"一把手"要常抓常管心无旁骛 / 294

【微课链接】

同事是一种缘分 / 295

众人划桨开大船 / 297

匠心筑梦，继往开来 / 301

重整行装再出发 / 307

我们都是追梦人 / 312

满怀期待话"静心" / 318

坚持一张蓝图干到底 / 320

责无旁贷担使命 / 324

多琢磨事，少琢磨人 / 325

务虚以落实，行稳以致远 / 326

学校的事，说到底是师生的事 / 327

欲强自我先强团队 / 329

以誓师信心当"班长" / 330

同心同德，同向同行 / 332

春暖花开会有时 / 333

发挥关键少数的关键作用 / 335

悉心尽好一份责，干在实处走在前 / 336

一分部署九分落实 / 338

讲政治，爱岗位，做贡献 / 340

和合生同，美美与共 / 341

【媒体聚焦】

省教育厅夏智伦厅长一行深入学校调研指导 / 343

第三辑 用规章制度管党治党

【星愿心语】

严立规以类相从 / 346

严守规以身作则 / 347

严执规以儆效尤 / 348

【微课链接】

正风肃纪，凝心聚力 / 349

办事千万条，规矩第一条 / 354

让支部更像支部，让党员更像党员 / 355

管党治党，常抓常新 / 357

强党性，严管理，厚师德 / 362

推进规范化，突出政治性，提升战斗力 / 363

遵规守纪，争先创优 / 364

学思践悟两个结合，精深推进"四个一流" / 365

狠批"私"字闪念间 / 366

全面从严，全面进步，全面过硬 / 367

督事向好，导人向善 / 369

聚焦立德树人，聚心教书育人，奋力谱写"四个一流"建设精益求精新篇章 / 372

【媒体聚焦】

打造新时代职业教育"三全育人"新标杆 / 385

小学校可有大作为（代跋）/ 391

后　记 / 394

第一编　致广大，尽精微
——全面适应角色转换

始终把高起点举棋定向、谋篇布局作为班子工作紧中之紧来办，锐始图其终，成功计于始。

第一辑
机关到基层，宏观到微观

不负组织
不负师生
不负韶华

【星愿心语】*

到理工任职，很意外，很荣幸

说意外，是因为我觉得自己资历尚浅。我在湖南省发展改革委工作了21个年头，虚的、实的干过5个处室，难的、易的当过2个处的处长，算是一名发改老兵，但在全委现任几十位处长中，我是一个小字辈，任职时间最短，实话说，这次承蒙组织厚爱，上台阶履新职，思想上无准备。

说荣幸，是因为自己转行教育。教育是人类最伟大的事业，做一名教育工作者无上光荣。其实，我与教育有不解之缘，我上的是师范大学，读的是师范专业。大学期间，我曾担任省学联执行主席，在团省委学校部还驻会了一年。工作后，我始终与教育保持着千丝万缕的联系，特别是省发展改革委社会处的工作，无论是政策起草、规划编制，还是项目布局、资金安排，无一不与教育息息相关。去年年底，我还有幸与全省高职院校党委书记、校长以及教育界同仁一道，开讲职教论坛，畅谈产业发展，研讨校企合作。今年年初，我省发展改革委还在全国发改系统社会发展工作会上进行了职教典型发言。我这次有幸来理工工作，融事业需要与个人情怀于一体，是心之所向、情之所归。

---

* 任职报到会发言摘要（2017年7月10日）。

到理工任职，有压力，有动力

我的压力主要来自三方面：一是个人才学不够。高校是立德树人、教书育人的地方，是卧虎藏龙、群英荟萃的地方，从一处之处长，到一校之"班长"，担子更重、责任更大、要求更高了。我深知，世异时移，以前胜任不保证今后胜任，以前得心应手也不表明今后游刃有余，永远要在学习的路上。二是生存危机初现。尤其是在招生上，学校数不断增多，生源量不断减少，面临的形势比较严峻。三是发展瓶颈制约。理工职院于 2005 年由省政府批准建校，12 年来，在全校师生员工的不懈努力下，学校面貌发生了较大变化，具备了一定规模，有了一些影响。与国省教育发展要求比，与全省优秀高职院校比，我们学校总体上还是"高校不高、大学不大"，无论是办学条件、师资力量，还是内部治理、专业品质，大多仍处于"弱肉"状态。特别是生均占地面积严重不足问题，狭窄的校园空间制约学校发展，一步难、步步难，不寻求大的突破，将有围城之苦、切肤之痛。

我的动力，主要也来自三方面：一是国家现代职教体系的高质量建设。这股东风方兴未艾，为学校加快改善办学条件、完善办学师资、提升专业建设水平、提高人才培养质量提供了难得的政策大环境，我们仍然处于黄金发展期。二是省发展改革委坚定不移的硬核支持。这是我从事学校工作的坚强后盾，在基本建设上，相对其他学校，我们可以少一些争资争项之劳，多一些落地落实之力，我们工作的重点就是科学规划好学校发展、统筹推进好规划落地、积极落实好上级要求。三是全校上下干事创业的强烈呼声。一个单位要发展，内力始终是主导，内力不聚，外力再大也托不起、推不动、拉不走。可喜的是，我与学校教职工初步接触后发现，大家普遍表示对学校的未来充满希望，对新的班子充满期待，愿与学校发展共进退。这大大坚定了我们干事的决心，增强了我们成事的信心，我们可以化压力为动力，众志成城地干，矢志不渝地干；我们可以争先进创优秀，大刀阔斧地干，精雕细刻地干。

到理工任职，要自律，要他律

在履职尽责上，学校党政办给我拟了4个关键词：团结、学习、担当、支持。这4个关键词写得很好，我很满意。我深知，这既是理工人对我任职的良好祝愿，也是理工人对我履职的温馨提醒。教师节，我陪同领导慰问教师，第一次到理工，就被刻在校园大理石上的"明理知行、精工致远"八字校训深深吸引，久久不愿离去。这是理工的灵魂和精髓，是理工人文精神的高度凝练和理工校园文化的深度积淀。这些祝愿和提醒，这些精髓和积淀，将成为我履职理工的明镜，常护念、常付嘱。我择其概要，将其转换为我自己的版本，即讲原则、重感情、干实事9个字。讲原则，就是落实全面从严治党要求，牢牢把握社会主义办学方向，深入贯彻落实党委领导下的校长负责制，坚定不移支持校长依法行使职权，要求自己以身作则，要求班子风清气正，要求队伍令行禁止。重感情，就是始终坚持以人为本，处处站在最广大师生员工合法、合理、合情的诉求上思考问题、谋划发展、推动工作，用情待人，用情暖人，用情留人，我深信，凡是用情凝聚起来的队伍都是不可战胜的。干实事，就是凝心聚力谋求学校跨越发展，紧紧围绕"四个一流"目标，科学编制"三年行动计划"，明确任务，压实责任，一件一件抓落实，一项一项抓兑现，悉心打造全省产教融合样板和发展改革精品。这9个字是我来理工履职的初步想法，是个粗线条、方向性的考虑，接下来，我们将组织深入研究，抓紧落细、落小。

【微课链接】

省委组织部任前谈话

讲原则，重感情，干实事 (2017年7月6日)

非常荣幸，我代表同仁表态，非常感谢部长的谆谆教导。对我来说，到高校去，有些突然，我没曾想过，从机关到高校，有些挑战，未曾干过。我乐于迎战，也有信心干好，一定不负省委信任和部长厚望。

第一，牢牢把握办学方向。坚决贯彻落实好党的教育方针，贯彻落实好习近平总书记关于立德树人、教书育人的重要指示和讲话精神，坚定不移把好湖南理工职院社会主义办学方向，悉心为党育人、为国育才，为党和国家培养又红又专的社会主义建设者和接班人。这是压倒一切的大事，这是党委书记的主责，我不会有丝毫含糊，不会有半点马虎。

第二，悉心谋求跨越发展。这几天，省委提名公示后，我一边做好社会处工作，一边调阅了我省比较好的几所高职院校情况，还查阅了理工职院的一些情况，感觉这个学校存在下列问题：一是办学空间不大，6000名学生，不到200亩土地；二是师资力量不强，几百个老师只有4个教授，引不进才，留不住才；三是招生专业不精，3个二级学院19个专业，分布为9个大类，有特色的专业不多，拳头性的专业也不多；四是学校产品不优，这个产品是指培养出来的学生，总体质量不高，就业去向不好；五是内部治理不严，班子建设、队伍建设、制度建设任重道远。这些突出问题，就是我们新一届班子的努力方向、工作重点。昨天，我在微信上与爱云校长进行了沟通，开启了"人生初见"，初步考虑：首先，打造全省产教融合样板。湖南省发展改革委联系产业、联系教育，就主管理工一所高职院校，另外我省产教融合工作做得有声有色，在全国可以说是较好的。有省发展改革委的鼎力支持，有校长的协力同心，我有信心把这个学校办好，做成全省产教融合样板，这个样板不一定"高大上"，但至少是"小而精"。其次，打造全委发展改革精品。省发展改革委有近50个处室、委属单位，理工是其中之一，无论是从学校内强素质、外树形象，还是从发改办学情结、主管要求上看，我们都想把这所学校办成精品。有人说我是个理想主义者，是个办事认真的人。过去，我无论是在哪个处室工作，反响都还不错，现在去了理工，依然不会懈怠，再难也会向前。我着眼产教融合样板和发展改革精品，初步勾画了"四个一流"的目标：一流办学条件、一流教师队伍、一流应用人才和一流内部治理。这四个方面目前都是学校短板，距离一流天远地远，有人说我"哪壶不开提哪壶"，有人劝我"知其不可慎为之"，但心之所至，情之所归，远行虽远，吾亦往矣！

第三，倾情关爱理工师生。部长要求，办学治校要以人为本，即以老师为本，以学生为本，这非常暖心。办学治校，教师和学生始终是主角，离开了师生，学校将不成其为学校。所以，我们把学校办好，首先要把老师做强、把学生做优，用情待老师、用情待学生，悉心营造"以校为家"的良好氛围，待师生如家人，待同事如同胞，老师有困难了，真心真意、尽心尽力地帮助其克服困难，学生有问题了，实心实意、尽职尽责地指导其解决问题。不是一家人不进一家门，精诚所至，金石为开，我坚信用感情凝聚起来的队伍是不可战胜的，用感情凝聚起来的队伍是不治自理的，用感情凝聚起来的队伍是可担重任的。当然，这个感情，有个前提，就是原则。"讲原则、重感情、干实事"，这将是我理工一任的"九字诀"，内化于心、外化于行，不负组织、不负师生、不负韶华。

中层干部会

举棋定向，何去何从 (2017 年 7 月 18 日)

习近平总书记说，"一个时代有一个时代的主题，一代人有一代人的使命。"① 站在学校历史交接棒前，我在思考：我的使命是什么？我校的主题是什么？我们将何去何从？

我来学校已经周余。这段时间，我只做两件事：一是用脚丈量校园，增加感性认识，培育校我感情；二是用心思考发展，思考是纠结的，但也是快乐的。我纠结学校的艰难处境，快乐肩负的神圣使命。下面，我用三个"一定要"来表达我的思考和认知。

一、一定要用发展的眼光谋划学校未来

一是不能苟取。小富即安害死人。头有日月，心有光明，只有登高望远，才能一往无前，不畏浮云遮眼，不被乱花迷眼。总体看，学校现状不算很好，也不算太坏，我们未来会有很多机遇，也会有很多挑战。苟取选择，只会让我们畏首畏尾、患得患失、坐失良机，只会让我们亦步亦趋、故步自封、死于安乐。

二是不能消极。消极只会消磨我们的意志。综合看发展环境，机遇大于挑战：我们仍处于职业教育阔步向前的重大历史机遇期，无论是国家还是省里，未来几年，发展主题不会变。我们享有省发展改革委主管这一得天独厚的有利条件，楼台近水，草木向阳，政策、项目和资金等方面不用过于操心。此外，我们还有全体理工人攥指成拳、众志成城的巨大发展合力，我所接触的同志，没有不希望学校发展好、发展快的。这是学校奋发图强、励精图治、争先求进奔一流的三大法宝。

三是不能犹豫。当断不断必受其乱。"山雨欲来风满楼"，我们面临的困境是多重的。生源已触地板。去年招生录取分数线已经全省最低，退无可退，分数线是学校的生命线，务必盯紧这根线，往上走，学校自然蒸蒸日上，往下走，学校势必江河日下。生存已处夹缝。全省 70 多所高职院校，大家可以看看，我们后面还有几所？学校内部百端待举，外部前狼后虎，长此下去，难免有围城

---

① 习近平在全国政协新年茶话会上的讲话 [EB/OL]. 央广网，2016-12-31.

之苦。生产日渐两难。学校是工厂，学生就是产品，学校存在多重瓶颈，面临多重挤压，简单生产难以为继，扩大生产进退维谷，长此下去，实属切肤之痛。生活已现危机。让学生满意、家长放心、社会认同是我们的责任，让同志们幸福乐业也是我们的责任。学校不加快大改观，待遇就难以改大观，同志们的幸福感就会打折扣。这个待遇，不只是工资，还有工作环境、发展机会。三个留人，待遇不可或缺，待遇上不去，留不住人，引不来人，长此下去，势必生不如死。

二、一定要用改革的办法破解发展难题

欲乎上得其中，欲乎中得其下。我提出"四个一流"建设目标，传统看来确实有些基础不牢、底气不足，长期看来，这是学校发展的不二选择。逆水行舟，不进则退，慢进亦退，再难也得快进。大发展除了大投入，还需要大改革。昨晚央视播出《将改革进行到底》，开宗明义，掷地有声。一个国家要发展必须改革，一个学校要发展也必须改革，将改革进行到底，是学校攻坚克难、大干快进的必须之举。

一是要做好"一届两步"工作。初步考虑，新一届班子成立后，任期目标分两步走：第一步，本届前三年，盯紧首批卓越院校，对比找差距，对照寻优势，对标补短板。第二步，本届后两年及更长一段时间，重在超越和引领。我很喜欢任正非最近说的一句话："华为已前进在迷航中！"这是行业卓越者的低调，是团队领头人的思考，是干事创业者的警醒和担当！我们学校也要有自己引领的长远追求，这种引领，不只在高职，还应在高校、在产业，办好理工一点，带动教育一线，影响产业一片。

二是要做好"一校两区"工作。这项工作非常难，难能方显可贵。我们要立足学校本部，着眼长株潭这一全省产业发展的精华地带，统筹谋划学校新区选址。这种谋划视角，应是俯视的高度和引领的角度，哪里的产业最强？哪里的资源最好？产业最强之地，资源最好之地，应是我们的首选。我要特别说明的是，无论新区落户什么地方，无论新区做得如何精致，湘潭是伟人故里，湘潭是理工"水浒"，梦想开始的地方，我们始终会不离不弃，我们始终会高看厚爱。

三是做好"一区两治"工作。我们要抓住国家现代职业教育体系加快建设的窗口期，把握国家政策大势，研究学校应对之策，抢占先机，超前布局，老区老治理，新区新治理。当前我校的发展，用传统眼光看，有两大软肋，除了校园面积狭小，还面临着人员编制的短缺。6000个学生，只有300个可用编制。昨天组织人事处提醒我，新班子要高度重视这一问题，这是学校发展绕不过的坎。我们可否用改革的办法解决这一难题？我校能否成为第一个吃螃蟹的学校？

去年，人社部已经吹响了"推进学校、公立医院编制管理改革"的号角，全国数百万教师和近千万公立医院医生的命运将全新蝶变，这为我们提供了新思路。积极争取和用好国家这一改革试点政策，着力打造高素质、高绩效的一流师资队伍，前景可期。我们可考虑老人老办法，新人新途径。我和规划处讨论，要创"四个一流"，不放宽眼界，成不了气候。新区建制4000人，以现代服务业引领，从健康、文化、医疗、教育、旅游等方面入手，办市场最前沿的专业，按照编制改革要求，创新办学模式，拓宽育人思路。下一步，如有精力，我们还要在应用科研、社会服务上开辟新战场，丰富新内涵，但办学规模以万人为宜。

三、一定要用忘我的精神追逐理工梦想

同志们，今天的理工虽然美中不足，但今天的理工来之不易，这是过去近40年一代代理工人前赴后继、呕心沥血、艰苦创业的结果。未来的道路还很长，未来的困难会更多，我们要不忘初心、迎难而上、继续前进。我来理工才一周多，是理工的新兵，但短短一周时间，已让我深深地爱上了理工，爱上了理工人，在座的每一位，让我感动，让我欢喜。学校发展举棋定向，是一个全新课题，是一项系统工程，我们必须深谋、远虑、实干。古之大事皆成于细，古之难事皆成于易，我们只要看清了、认准了、做对了，梦想就可以变为现实。短短一周时间，同志们倾情倾力，对照"四个一流"，拿出了初步成果。22个院部处室单位提交的材料，我对每一份都满怀欢喜地认真阅读，大家都很用心，水平远远超出我的预期。全省"十三五"规划纲要，我们组织各级各部门1000人同题作文，都是群策群力、集思广益、不断完善、逐步向好的，"四个一流"谋划也不例外。

我们具体的操作，分三步展开：

第一，开放式研究。要将大家近段研究成果充分融入本次党代会报告中。总的要求是，内容不必太细，但方向必须明确，路径必须清晰。

第二，精细化对接。全省"十三五"发展规划，注重从中观切入，坚持用行动支撑战略，用工程支撑行动，用项目支撑工程，有高度、有深度，好表达、好操作，上下反响很不错。我们学校"三年行动计划"也可按此思路做，行动当中包括若干工程，工程能够项目化尽量落实到项目中，便于任务分解、责任压实和工作考核。这项工作请规划处牵头抓总，党政办组织督促，相关方协同配合。

第三，一体化推进。要抓好落实，系统推进，稳健推进，各司其职，各负其责。

【媒体聚焦】

新时代新征程新使命

（湖南省发展改革委官网摘要　2017 年 7 月 13 日）

　　7 月 10 日下午，湖南理工职业技术学院召开院主要领导任职宣布大会。省发展改革委党组成员、副主任童名让出席大会，省发改委人事处负责同志、理工职院领导班子成员和中层干部参加了会议。

　　童名让副主任受省委组织部委托，宣读了省委关于理工职院主要领导调整安排的决定。省委决定：叶星成同志提名为中共湖南理工职业技术学院第二届委员会书记候选人，杨爱云同志任湖南理工职业技术学院院长。童名让副主任传达了省发展改革委党组和胡伟林主任对理工职院发展建设的重视和关心，并代表省发展改革委党组就学校领导班子和学校发展建设提出了三点要求。

　　一是要切实加强领导班子建设，增强领导核心作用。坚持突出思想政治建设，增强"四个意识"，提高政治站位，认真做好学校党委换届工作，主动谋划好新形势下学校的发展思路，严守政治纪律和政治规矩，加强党风廉政建设。坚持加强民主集中制，按照"集体领导，民主集中"的原则，贯彻落实党委领导下的校长负责制，正确处理学校党委与行政、个人与组织、民主与集中之间的关系，做到科学决策、民主决策、依法决策，实现党政领导班子团结、协调、高效运转。坚持提高治校理教能力，不断提高推动科学发展和促进学校和谐、总揽工作全局和应对复杂局面、协调各种利益关系和开展群众工作、把握高等教育和高等学校客观规律的"四种本领"，把领导班子建设成为政治坚定、求真务实、勇于创新、勤政廉洁、奋发有为的坚强领导集体，为顺利实现学校长远发展目标提供有效保障。

　　二是要切实加强学校基础建设，全面提高办学水平。以强烈的责任感和使命感，进一步更新办学理念，提升学校办学层次和办学水平，做大做强，塑造品牌。进一步突出改革创新，把教学改革放到学校各项改革的核心地位，深化人才培养模式改革，注重培养学生的创新意识和创新能力，努力培养合格人才。进一步加强学科建设，处理好学校内涵发展和外延扩张的关系，突出专业特色，不断提高人才培养质量。进一步强化学校管理，大胆探索校内管理体制改革，完善自主发展和自我约束的机制，充分调动全校教职工的积极性。

铸魂育人

三是要切实加强党风廉政建设，全面落实"一岗双责"。把党风廉政建设作为应尽之责、分内之事，纳入学校发展和党的建设总体布局中，坚持党风廉政建设与学校发展建设同部署、同落实、同检查、同考核。坚持党要管党，按照全面从严治党的要求，不断加强学校党风廉政建设和基层党组织建设，以更坚决的态度、更有力的措施、更扎实的工作，做好学校党风廉政建设和领导干部个人廉洁自律的各项工作，为学校改革发展稳定提供保证。同时，希望学校新一届领导班子在省委、省政府和省发展改革委党组的领导下，带领全校干部职工，奋力拼搏，真抓实干，不断开创学校建设改革发展工作新局面，为社会培养更多优秀实用型人才，为建设富饶美丽幸福新湖南做出更大贡献！

第二辑
校小不小志，位后不后求

大情怀

大梦想

大创举

铸魂育人

【星愿心语】*

小学校也应有大情怀

什么是大情怀？大情怀就是干一行爱一行，有一股源自内心的热情和冲动。我认为，不管做什么事情，但凡心不在焉，一切无从谈起，教育事业如此，职业教育更是如此，在小的职业院校工作尤其如此。小和大是相对的，弱与强是可转化的，关键是校小不可小志，位后不可后求，用王勃《滕王阁序》中的一句话说，"穷且益坚，不坠青云之志"。

我们理工职院，有同志去过，我叫她"小老弟"。小，指校园面积，不到200亩，分布三地，互不相连，按照人均一分地的办学标准，严重不达标，再就是影响小，全省排名靠后，还在为生计犯愁，人才引进也成问题，想招个教授、博士，常无人问津。老，指教学设施，旧房子、坏桌子、破凳子，难以忘怀的是第一次上学校厕所，窗外大晴天，头上"小雨天"，蹑手蹑脚，小心翼翼。弟，指队伍心态，多年"做小"，对"长兄们"敬而远之，缺乏往前站的信心和勇气。由于历史原因，学校错过了示范校、卓越校、骨干校等系列"金字招牌"，错失了职教扩容提质的"黄金十年"。这就是我与理工的初见，"人生若只如初见，何事秋风悲画扇？"这讲的是人生初见的美好，我在发展改革委工作多年，打过交道的高校不少，但这样的学校没有见过。看到这些，我不无感伤，理工挺不容易的。

出乎意料的是，理工有个一流校训，"明理知行、精工致远"，简约清爽的8个字，天衣无缝地嵌入"理工"，强烈的工匠使命感和厚重的文化穿透力直入人心，虽然当时刻在一块混凝土仿制的大理石上，却丝毫不掩光华，与我心中的"理工"很搭。"她"虽然是这样一个"小老弟"学校，但拥有这样一个大气度校训，我绝不能辜负了"她"。学校的过去是学校的故事，但我有责任开创学校未来，学校的未来是我的故事。想到这些，我又满心欢喜，我与学校不期而遇，学校与我一见如故。

第一，学校不算很好，但平台非常好。职教是个大事业，是个大舞台，可以说，无职教不产业，无工匠不制造，职教可以大有作为。学校小点、弱些，

---

* 赴兄弟院校交流办学治校摘要（2018年8月28日）。

014

这是可以改变的。特别是作为发展改革委主管的唯一职业院校，我们没有理由办不好，发展改革委联系教育、联系产业，办一所产教融合样板院校出来，是应该的、必须的。

第二，地利不算很好，但天时非常好。当前，我国正处中国特色社会主义新时代，实现中华民族伟大复兴梦的进程日新月异，从国家到地方，实体经济发展众望所归，产业报国浪潮日益高涨，职业教育正好大显身手。学校虽地处湘潭，偏离全省经济中心，但只要把握时代主题，跟上时代步伐，办法会比困难多，一切皆有可能。

第三，经历不算很好，但努力非常好。我和爱云校长一个来自省直，一个来自市直，没有高校经历，但我们有机关经历，有园区经历，这些都是产教融合的宝贵资源，特别是有省发展改革委作后盾，心中底气足。难能可贵的是，学校有一个想干事的氛围，谁也不想长期活在压抑之中，屈之久者伸必烈，学校有一支能干事的队伍，40 岁以下的同志有 80% 以上，年富力强。党政同心，其利断金；班子努力，万事如意；上下协同，力大无穷。我深信，理工的明天一定是美好的。情绪是可以感染人的，我们自信满满，理工便自信满满，我们干劲十足，理工就斗志昂扬。

小学校也应有大梦想

什么是大梦想？大梦想就是敢往大处想，做一流谋划、绘一流蓝图。我们不能脱离实际、异想天开，但我们必须登高望远、尽力而为。一个好的蓝图，战前是动员令，战时是作战书，战后是功劳簿，可以很好地提振信心，可以很好地凝聚人心。没有一流谋划，哪有一流未来？我在省发展改革委做了多年规划，对此感同身受。上任伊始，我们主推的首件大事就是抓谋划、研规划。

1. 全方位调研

一是校领导带队赴深圳职院、金华职院等国内一流职院调研，开眼界、长见识。二是请汽车职院、长沙航空职院等省内特色职院的书记、校长来校授课，增信心、理思路。三是我和爱云校长分头赴长株潭高职院校明探暗访、求师问道，明不足、寻突破。我们通过广泛深入调研，消除坐井观天、夜郎自大的情绪，消除消极悲观、无所作为的思想。此外，我们还分批派送同志到这些学校跟班学习。

2. 精细化对接

一是梳理近年出台的产教政策及各类标准，提出落实建议。二是盯紧全省同行十强，各部门对口研究，提出"思齐"建议。三是盯紧全国同业十强，各专业带头人牵头研究，提出"补差"建议。四是集中一周时间进行班子和中层头脑风暴，互学互鉴，群策群力。

3. 高标准谋划

规划在决策，决策在决心。决策好不好，关键看领导，决心大不大，关键看规划。这里讲的领导指学校领导班子，更指学校主管部门。理工第二次党代会明确未来五年学校发展总体目标：突出内涵建设（因产业需求定专业重点，因产业趋势明转型方向）、适度扩大规模（6000~10000人），打造全省产教融合样板（职业教育争先）和发展改革精品（发改系统创优）。学校的具体目标：创造一流办学条件，建设一流教师队伍，培养一流应用人才，实现一流内部治理。

实话说，"四个一流"建设，是要让学校"山鸡变凤凰"。有人说，你这是哪壶不开提哪壶。我说：对了，就是要哪壶不开提哪壶，这才是问题意识、目标导向。有人说，你这是白日做梦。我说：对了，这就是理工未来的"创业梦"，不仅白日要做，晚上也要做，夜以继日做，全校上下做。大家也许会问，为什么要定这么高的目标？上面决心大，下面干劲足。"问渠那得清如许，为有源头活水来"。

小学校也应有大创举

什么是大创举？大创举就是要破茧成蝶、浴火重生。胜人者有力，自胜者强，自我是最难战胜的。战胜自我，就是要勇于自我革命、善于推陈出新、敢于创新引领，就是要流自己的汗、走自己的路、成自己的功，就是要悉心打造不治自理的文明新校园，构建不教自学的育人大课堂，致力不言自明的职教新湘军。

一、着眼不治自理，构建内部治理新机制

一是不折腾、有预期。这就是要确定一个管长远的治理框架，让各级各部门、每位同志有稳定的心理预期、确定的努力方向和恒定的价值追求。这个治理框架是提纲挈领的，是管总的，不能顾此失彼，不能朝令夕改。我们创造性推出了"4321"治理机制。我们围绕"四个一流"制订"三年行动计划"，明确连续两年考核不称职或排位最后的，给予免职或待岗培训处理，触碰党风廉政建设底线的实行一票否决，当年考核不称职。这一机制坚持了人事统一，管人是为了成事，因事设制，因事设考；坚持了责权统一，予责即予权，履权即履责；坚持了奖罚统一，有奖必有罚，有罚必有奖，正向引导与反向约束互促共进、相得益彰，奖罚权限上收学校。奖，给足面子，严格标准、严控数量，务求实至名归，随便奖励贻害无穷。罚，不讲面子，罚当其过，罚当其错，有罚无类，一视同仁，重在教育、提醒、警示。我们创造性推出教职工行为规范，出台"理工九条"，正风肃纪，凝心聚力，带一流队伍，创一流业绩。"理工九条"是一个统领性、引领性规范，是一个导向性、约束性规范，是学校不治自理的内核。

二是不沉闷、有活力。一个团队，最怕一团死水、不思进取，最忌团队成员干与不干一个样，干多干少一个样，干好干坏一个样，甚至干了不如不干。如何激发活力、调动积极性是我们悉心考虑的一件大事。常识上，一团死水，只要分出高低，便可流动起来；一团乱麻，只要理出次序，便能生动起来。我们治理的核心，就是要建章立制，让团队成员分出上下，让团队工作理清次序，全面激发团队成员的积极性、创造性。学校需要什么，就鼓励什么，学校短缺什么，就激励什么，重在正向引导，激发团队潜能和个人潜力，如技能大赛，全国同台竞技，最能体现一所高职院校专业技能水平。我们多管齐下组合拳：

按获奖类型给予绩考加分，大幅提高国赛奖加分比重；按获奖层级给予一次性奖励，国赛一等奖团队着重奖励。专设理工大师工作室，国赛一等奖第一指导老师直通理工大师，每月享受可观的补助。又如，为把育人工作落到实处，学校高看厚爱辅导员队伍，按初中高级辅导员设置职称待遇，按带班学生人数给予津贴补贴，按德才现实表现择优转任，等等。这些规定对稳定、提高这支队伍发挥了重要作用。

三是不放任、有考核。好的内部治理机制，必须与好的绩效考核办法相配套，我们与时俱进推出理工特色绩考。其一，分类分层考核。管理、教师、辅导员三支队伍，同类同层同评。其二，分级分轮考核。职能部门（二级院）考核，第一轮具体分为指标考评和满意度测评，指标考评学校绩考办按"三年行动计划"和年度工作任务完成情况量化打分。满意度测评由两部分组成，校领导对分管处室评分，谁管谁评，杜绝"不服管"的现象，不管的不评，防止"无原则"的现象，职能部门与二级院互评，服务谁就谁评。第二轮把各类排名最后的放到一起由校领导投票决出最后一名，即为年度末位，各优秀单位主要负责人直通优秀等级，末位不一定不合格，但末位应该更努力。其三，考核奖惩兑现。绩考成果作为学校权威奖罚依据，优则优先，同等条件下，优先享受转岗、提拔、晋级等，劣则受罚，实行连续两年考核末位淘汰。连续两年末位淘汰机制是学校不治自理的灵魂。

二、着眼不教自学，拓宽立德树人新思路

一是教书育人，教什么书？就是学校专业群设置问题，学校专业特色如何培育？专业建设既要切合产业发展方向，又要响应学生择业意愿，专业介绍得天花乱坠，如果学生不愿报、不愿读，"牛不喝水强按头"，不可能有好的培养效果。我们做了一件很重要的事情，那就是全面优化专业布局。以前是全校办新能源专业，新能源专业确实符合产业发展方向，是个好选择，但从学校的长远发展来看，要支撑一流是有问题的，必须谋求新路。为此，我们将散布在原二级学院中的风能、太阳能、节能管理等能源类专业统筹到一个学院，更名为新能源学院；将学校机电一体化、机械设计与制造等传统优势专业及工业机器人、无人机等新兴产业元素统筹到一个学院，更名为智能制造学院；将所有文科专业统筹到一个学院，更名为管理艺术学院。酒虽然是老酒，但瓶子换新了，先把旗子竖起来，哪里突破了，就做大哪里，凡是企业需求市场不大、学生就读意愿不强的专业逐步淘汰出局。

二是读书明理，明什么理？一个一流高职毕业生，除了拥有过硬的职业技能，还应有可贵的职业情怀。我们希望理工的学生能有些与众不同的职业特质，这就是"理工九理"。明修身之理，就是要将勤学、俭朴和乐观，作为人生最重要的三种底色来读懂、悟透、修深，力求生活有着落、精神有寄托；明做人之理，就是要将诚信、合作和自律，作为人生最基本的三项原则来坚定、坚持、坚守，力求做人有分寸、处世有底线；明处事之理，就是要将敬业、专长和创新，作为人生最可贵的三重境界去追求、历练、成就，力求干事有责任、成事有办法。

三是学而不厌，应如何学？学校推出了几个个性化育人产品，重在引导学生多学、多思、多说、多写，寓教于学，潜移默化。学校全面落实"三点九条"育人理念：育好三种情怀，心忧天下，胸怀祖国，情系理工；用好三个平台，多用运动场，善用图书馆，勤用实训室；练好三项能力，讲卫生，讲合作，讲自律。学校悉心组织"四个一"文化育人活动，坚持"每周一书、每人一语、每课一讲、每日一记"，加强学生德育教育，提升学生学、思、说、写能力。学校量身打造经典特色书单，按照"三年学制、每周一书"规模，着眼"九理"推出育人书单，引导学生读以修身、读以做人、读以处事，以课外之书辅课内之学，以生活之理长生存之技。

三、着眼协同育人，探索有核无边新模式

我们主要基于以下考虑：一是校园面积小，发展严重受限，就地拓展十分困难，必须寻找新出路。二是国内职教办学模式大同小异，基本在走普教路子，内陆老路子不想学，沿海好路子学不了。三是网上教育模式启发了我们，有需求处有教学，有学生处有教育。为此，我们把三种状况统一起来考虑，既解学校燃眉之急，又探职教创新之路，何乐而不为呢？我们管这个模式叫"有核无边，协同育人"，核心要义概括为三句话：将学校办进产业园区，把专业建在产业链上，让课堂走进生产车间。

【微课链接】

锐意改革，开拓进取，为实现"四个一流"目标努力奋斗（2017年8月5日）

现在，我受中共湖南理工职业技术学院第一届委员会的委托向大会作报告。

湖南理工职业技术学院第二次党员代表大会，是在学校发展进入瓶颈阶段后召开的一次十分重要的会议。大会的主题是：高举中国特色社会主义伟大旗帜，深入贯彻党的十八大和十八届三中、四中、五中、六中全会和习近平总书记系列重要讲话精神，深刻把握"四个全面"战略布局，牢固树立"新发展理念"，全面落实全国高校思想政治工作会议精神，引领全校共产党员和广大师生员工，坚持以立德树人为根本，以服务就业为导向，以深化改革为动力，以创新发展为使命，抢抓机遇，突破瓶颈，不忘初心，砥砺前行，为将我校打造成全省产教融合样板和发展改革精品而努力奋斗！

一、过去五年的工作回顾和体会

过去五年，在省委、省政府的正确领导和省发展改革委、省教育厅的大力支持下，学校党委带领全校师生员工，顽强拼搏，攻坚克难，千方百计推进各项事业取得了长足发展。

（一）牢牢把握学校办学方向，党的领导得到新加强

1. 依法治校取得新进展。贯彻落实党委领导下的校长负责制，制定并发布了《湖南理工职业技术学院章程》，初步构建了学校党政议事、重大事项集体决策、重大决策督办执行等制度体系，研究编制了学校"十三五"发展规划和基本建设规划，领导班子决策效能不断提升。学术委员会制度、教代会制度和教学指导委员会制度逐步建立，党务、校务公开渠道不断拓展，民主治校机制不断健全，依法治校制度框架初步形成。

2. 思政建设迈出新步伐。坚持将思想政治教育贯穿于立德树人全过程，以理想信念教育为核心，以爱国主义教育为重点，以社会主义核心价值观教育为根本，创新开展大学生思想政治教育，思想政治理论课教育主渠道作用持续发挥，思想政治网络教育的吸引力和感染力逐步增强。积极创建"廉、诚、爱、绿"高品位校园文化，精心打造"君子莲"大讲堂等校园文化精品项目，着力加强校风、教风、学风建设，深入推进文明校园创建，坚持把握正确舆论导向，

加强校内宣传阵地建设，营造良好的育人氛围。

3. 党群工作取得新成效。加强统一战线工作，充分发挥各级人大代表、政协委员、民主党派和无党派人士在学校建设发展中的重要作用。学校充分发挥工会、共青团、学联等群团组织的桥梁纽带作用，动员广大工会会员、共青团员和青年学生为学校建设做贡献。重视离退休工作，离退休人员作用得到有效发挥。

（二）始终坚持发展第一要务，办学水平迈上新台阶

1. 专业建设成效显著。专业方向成功实现由传统能源向新能源转变，初步形成了太阳能、风能、新能源管理与服务 3 个专业群。参与了光伏行业 6 个特有工种国家职业标准的制定，参与了风电系统运行与维护、光伏发电技术与应用等 2 个国家专业标准的修订，争取了省级示范性特色专业群、教育部工业机器人等 5 个省部级重点职业教育项目，探索实施了专业星级成长方案。

2. 教研水平稳步提高。学校的师资实力逐年提高，5 年共选送 174 名教师参加了国培和省培，4 名教师出国培训。5 名教师成长为教授，20 名教师成长为副教授，66 名教师成长为讲师。学校的教学科研成果丰硕，5 年立项省厅级课题 67 项，在学术刊物上公开发表论文 633 篇，获省级奖励 90 篇，拥有专利 50 项，编写教材 43 部，开发校本教材 30 部。

3. 教学质量明显提升。探索构建了"项目导向、任务驱动、校企共建、工学结合、以文化人"的人才培养模式，开启了德国"双元制"人才培养湖南本土化实践。学校开设了企业冠名订单班，与近 100 家企业建立了深度合作关系，签订了校企合作协议。学校深入推进课程改革，建设优质空间课程 96 门，立项省级空间名师课堂 5 门。学校教学成绩优异，获国家、省级各类竞赛奖 150 余项。"爱心传承"工程等项目获评全省大学生思政教育特色项目，"课前一分钟"演讲与学生综合素质拓展获评全省高校校园文化建设优秀成果一等奖。学生对教学平均满意度 90% 以上，毕业生年终就业率稳定在 90% 左右。

4. 办学条件不断改善。学校累计投入资金 2000 万元，实施了 4 号学生公寓建设，新增建筑面积 8997 平方米，投入资金 1344 万元添置教学实训仪器设备，实施了学校亮化工程、监控设施更新和电力增容工程，实施了学生宿舍空调项目和 6 栋家属区综合整治项目。示范班级建设稳步推进，学风校风逐步好转，学生文明素养稳步提升，综合治理工作扎实有效。财务、资产、审计、招生、就业、继教、图书、离退休、工会、团委、物业等工作均取得了新的成绩。

（三）落实全面从严治党要求，党建工作开创新局面

1. 集中教育活动成效凸显。学校深入开展党的群众路线教育实践活动、"三严三实"专题教育和"两学一做"学习教育，"四风"问题得到切实改进。

党员干部受到了深刻的党性教育和党性锻炼，理想信念更加坚定，宗旨意识不断增强，工作作风明显改进。

2. 干部队伍素质稳步提升。学校坚持实行中层干部民主推荐、公开选拔、竞争上岗机制，打通了中层管理岗位与教师岗位的流动通道。落实领导干部年度考核和个人事项报告制度，实现干部监督常态化，加大干部教育培训力度，使干部队伍政治业务素养不断提高。

3. 基层组织建设不断加强。学校着力加强学习型、服务型、创新型党组织建设，积极开展党建特色活动，深入开展党支部标准化建设活动，积极稳妥推进党员发展工作，严格落实"三会一课"制度和民主评议党员制度，切实增强党组织的战斗堡垒作用和党员的先锋模范作用。

4. 党风廉政建设扎实推进。学校严格落实党委主体责任、纪委监督责任和领导干部"一岗双责"，出台了《落实党风廉政建设党委主体责任和纪委监督责任实施办法》等系列规章制度，建立健全惩治和预防腐败工作体系。学校深入开展廉政宣传教育和廉政文化建设，支持纪委加大监督执纪问责力度，建立健全约谈制度和重点领域、关键环节的监管机制，党员干部廉洁自律意识不断增强。

各位代表、同志们，过去的五年，是顽强拼搏的五年，也是艰难发展的五年。这些成绩的取得，得益于省委、省政府的正确领导，得益于省发展改革委、省教育厅的亲切关怀，得益于广大校友、各界人士的热情支持，更得益于全校师生员工的同心协力。在此，我谨代表学校党委向全校广大党员干部、师生员工、老领导、老同志，向所有关心、支持和帮助学校发展的各级领导、同志和朋友们，表示衷心的感谢并致以崇高的敬意！

回顾过去五年的工作，我们取得了显著成绩，积累了宝贵经验，形成了广泛共识。

一是要牢牢抓住党的领导这个坚强核心。认真落实党委领导下的校长负责制，坚持依法治校，坚持发展第一要务，全面加强党的领导和党组织建设，发挥党委的领导核心作用，发挥基层党组织的战斗堡垒作用和党员先锋模范作用，为学校发展提供了坚实保障。

二是要牢牢抓住以人为本这个关键要素。坚持站在最广大师生员工的合理诉求上思考问题、谋划工作，注重广大师生员工的归属感和幸福感，激发师生员工干事创业的热情，为学校发展凝聚了强大合力。

三是要牢牢抓住立德树人这个根本任务。全面贯彻党的教育方针，始终坚持社会主义办学方向，坚持以文化人，牢固树立政治意识、阵地意识，不断强化师生思想引领，不断打造文化育人品牌，为学校发展指引了前进方向。

四是要牢牢抓住特色发展这个生存法宝。坚持弘扬特色、追求卓越，把握职教规律，立足学校实际，对接社会需求，聚焦新能源专业，着力强化优势，以特色求生存，以内涵树品牌，为学校发展赢得了成长空间。

五是要牢牢抓住改革创新这个发展动力。紧紧围绕"内涵发展"和"质量提升"这一核心，启动教育综合改革，盘活发展资源，破解发展难题，厚植发展优势，为学校发展增添了持续后劲。

二、未来五年的奋斗目标和任务

各位代表、同志们，未来五年，是我国实现"两个一百年"奋斗目标承前启后、继往开来的重要时期，是我省实施"创新引领、开放崛起"战略，建设富饶美丽幸福新湖南的重要时期，也是我校凝心聚力推动跨越发展的重要时期。在新的历史条件下，我们必须在全国高职竞争、全省战略布局、全域发展转型的大背景、大格局中统筹谋划，认清所处环境与方位，把准未来形势与挑战，明确发展目标和任务。

（一）当前面临的主要形势

1. 面临加快发展的新机遇。当前，我校发展得天时、得地利、得人和。我们正赶上一个加快发展的政策机遇期，国家和省全面建设现代职业教育体系的东风方兴未艾，为我校加快夯实办学基础、改善师资队伍结构、提升专业建设水平、提高人才培养质量提供了难得一遇的大好环境。省发展改革委坚定不移地从人力、项目、资金等方面全面支持，为我校加快发展提供了前所未有的坚强后盾。全校上下干事创业的强烈呼声，为我校加快发展提供了坚不可摧的决胜力量。

2. 面临从严治党的新要求。坚定不移地加强党对高校的领导，是办好中国特色社会主义大学的根本保证。新形势下，党中央对党要管党、全面从严治党提出了更高要求。要进一步坚持和完善学校党委领导下的校长负责制，加强党对群团工作的领导，坚持党建带群建；要进一步强化和发挥二级学院党总支的政治核心作用，把握好教学、科研、管理等重大事项中的政治原则、立场、方向，在干部队伍、教师队伍建设中发挥主导作用，把好政治关；要进一步发挥基层党组织的战斗堡垒作用和共产党员的先锋模范作用。这需要我们持之以恒地巩固和扩大从严治党成果，不断增强组织凝聚力和战斗力。

3. 面临教育改革的新考验。当前，高职教育改革已经进入深水区。学校如何在现代职业教育体系中清晰定位，如何在职业教育人才培养和教育教学中奋起直追，如何在现代职业教育体系建设中引领示范等，需要我们进一步直面现实困境，发挥创新精神，接受改革考验。

4. 面临自身差距的新挑战。当前，学校还存在不少困难和问题：发展面临瓶颈制约，与国、省职教发展要求比，与全省卓越高职院校比，我们学校总体是"高职不高、大学不大"，无论是办学条件、师资配置，还是专业建设、内部治理，不少方面仍处于"弱肉"状态，特别是学校生均占地面积严重不足的问题，不寻求大的突破，将有围城之苦、切肤之痛。改革任务十分艰巨，与新的人才培养模式相匹配的管理体制机制尚未形成，校院两级管理体制机制有待进一步完善，资源整合优化不平衡、不到位、不深入的问题仍然存在，校风、学风、教风有待大力改进，绩效评价的杠杆和激励作用有待持续增强。生存危机初步显现，尤其体现在学校社会吸引力上，体现在生源层次结构上，体现在高端师资引进上，我们需要从更高层面，以更宽视角，统筹谋划，精心设计。

（二）未来发展的总体构想

各位代表、同志们，逆水行舟，不进则退，慢进也退，面临巨大的挑战，我们不能苟取、不能消极、更不能犹豫，我们必须拿出十二分的力气迎难而上、奋勇前行，我们必须以抓铁有痕、踏石留印的劲头埋头苦干、真抓实干，主动适应新变化，切实把握新机遇，积极应对新挑战，坚持变中求新、改中求进，努力开拓新局面。

1. 指导思想

我们高举中国特色社会主义伟大旗帜，以马克思列宁主义、毛泽东思想、邓小平理论、"三个代表"重要思想和科学发展观为指导，深入贯彻习近平总书记系列重要讲话精神，全面贯彻党的教育方针，紧紧围绕国家发展战略、社会发展需求和全面从严治党要求，秉承"质量立校、人才强校、特色兴校、文化彰校"的办学理念，锐意改革，开拓进取，全面提升办学水平和核心竞争力，努力探索一条具有湖南理工职业技术学院特色的内涵式发展道路。

2. 发展要求

我们必须始终坚持党的领导，坚持以人为本，坚持立德树人，坚持特色发展，坚持改革创新。这"五个坚持"既是回顾我校过去五年工作的经验总结，也是指导我校未来五年发展的基本要求，必须倍加珍惜、牢牢遵循、贯穿始终。

3. 发展目标

学校发展总体目标：突出内涵建设，适度扩大规模，打造全省产教融合样板和发展改革精品。学校的具体目标：创造一流办学条件，建设一流教师队伍，培养一流应用人才，实现一流内部治理。

为实现上述目标，我们分两步走：第一步，2017—2020 年，重在追赶和突破，围绕"四个一流"目标，紧盯全省卓越院校，对照找差距，对比扬长项，对标补短板。第二步，2020—2022 年，重在超越和引领，办学综合实力和社会吸引力步入全省卓越院校行列，教育综合改革走在全省高职院校前列。

（三）今后五年的重点任务

我们紧紧围绕"四个一流"目标，重点实施12大工程：

1. 以校园拓区为重点，着力创造一流办学条件

一是精美理工建设工程。对照国家和省级办学条件指标，全面推进达标提质建设。重点建设"一区一基地"。一区：着力缓解学校发展"生均占地面积严重不足"的瓶颈制约，立足学校发展战略，着眼长株潭全省产业发展的核心地带，高标准谋划校园新区建设，满足现代职业教育新要求。一基地：着眼课程建设、师资队伍建设、学校管理水平升级，高质量建设新的公共实训基地，实现学校和企业零距离对接。

二是智慧理工建设工程。加强信息技术应用，构建功能完备的智慧校园，打造"一网一卡一平台"。一网，实现无线网络校园全覆盖。一卡，实现校园一卡通。一平台，实现管理平台信息化，加快推进行政办公网络化、后勤管理网格化以及教学管理、学生管理、内部控制信息化，使各业务系统向规范化、共享化发展。

三是幸福理工建设工程。坚持以师为尊、以生为本，不断提高师生员工幸福指数，精心建设文明校园，打造平安幸福校园。建立健全各类资助体系，帮助经济困难教职工和学生。完善教职工体检制度，关爱女职工，关注青年教师工作、学习、生活。关心离退休老同志，政治上尊重、生活上照顾、精神上关怀。切实落实综治和维稳工作"一岗双责"，加强防灾减灾应急演练等安全教育，持续改善学校工作环境。

2. 以教书育人为导向，着力建设一流教师队伍

一是"双师"建设工程。没有"双师"型师资，就不可能培养出高技能人才。完善教师队伍管理制度，以建设一支一流的"双师"型教师队伍为目标，加大人事分配制度改革力度，激发教师潜能和活力，提升教师专业化水平。实施教师培养计划，通过委托培养、学历教育、企业顶岗、兼职挂职等各类行之有效的培训方式，着力提升教师"双师"素质，提升教师"双师"比重。实施教师引进计划，悉心选聘一批具有行业影响力的专家作为专业带头人，选聘一批专业人才和能工巧匠作为兼职教师，提高兼职教师专业实践课时比例。

二是名师建设工程。注重立名师、树品牌。制订名师培养计划，出台培养措施，探索建立"名师工作室"，支持优秀教师成名成家，打造"理工名师"。建立名师管理机制，制定管理办法，加强评价考核，加强动态管理，确保名师质量。搭建名师示范平台，通过名师传帮带，加强青年教师、骨干教师培养，激发教师团队活力。

三是师德建设工程。加强教师职业理想和职业道德教育，增强教书育人、

技能育人的责任感和使命感，引导教师以自身的人格魅力、学术魅力、精湛技艺感染学生，做学生健康成长的指导者和引路人。大力弘扬"博爱博学、求实求新"的教风，引导教师树立平等宽容的学生观、为人师表的教师观、求真务实的治学观、言传身教的育人观和全面发展的质量观。建立健全师德师风与教师考核、专业技术职务评聘等相挂钩的长效激励机制。

3. 以立德树人为根本，着力培养一流应用人才

一是特色专业培育工程。坚持实事求是，立足现有基础和优势，做强基础专业，做精特色专业，不断提升专业服务产业和引领产业发展的能力。要创新发展，握紧拳头，打造"湖南新能源产业人才培养核心基地""湖南新能源技术研发与推广中心""湖南新能源信息中心"3 张名片。坚持放眼未来，调优专业布局，紧跟全省产业升级步伐，紧盯市场就业热门需求，进一步拓宽专业培育视野，提升专业总体层次。

二是学生德育提升工程。坚持育人为本，德育为先。注重实践育人，建设德育工作立体网络，构建全员、全程、全方位育人格局。注重活动育人，将学生行为习惯养成作为核心创新德育管理制度。注重文化育人，以社会主义核心价值观为引领，以优秀的师德师风为标向，以推进校园文化精品项目建设为抓手，立足课堂，覆盖校园，形成浓厚的德育氛围。

三是课堂质量改进工程。着力深化校企协同育人，实现专业发展与产业发展、课程内容与职业标准、教学过程与生产过程有机对接，探索校企联合招生、联合培养的现代学徒制等人才培养模式。着力改进教学方法，开展企业标准、企业规范、企业专家进课堂活动，推进专业教学紧贴技术进步和生产实际。着力完善综合考核评价体系，加强专业技能考核、毕业设计等评价监控，建立以培养知识技能与职业素养为核心的考核评价体系。

4. 以精简高效为原则，着力实现一流内部治理

一是内部治理机制优化工程。完善内部治理架构和运行机制，实现学校治理体系和治理能力现代化。坚持和完善党委领导下的校长负责制，尊重和支持校长依法独立负责地行使行政管理职权。健全以学术委员会为核心的学术管理体系与组织架构，统筹行使学术事务的决策、审议、评定、咨询职权。建立校级专业指导委员会，指导促进学校专业建设与教学改革。加强离退休、统战、工、青、妇、学等工作，发挥其民主参与和桥梁纽带作用。

二是内部治理制度建设工程。按照依法治校、有"法"可依、相互衔接、战略聚焦的总要求，建立完备的制度体系。明确二级学院主体地位，牢固树立二级学院在学校办学中的主体地位和教学中的中心地位，理顺学校与二级学院两级责权关系，加大二级学院管理职权，实现办学重心下移。鼓励二级学院依

照国家法规政策和学校规章制度，科学运作，打造办学特色。厘清行政管理主要职责，始终遵循"为学校服务，为教师服务，为学生服务"的理念，真正实现管理思路转换、职能转变、模式转型的目标。切实发挥行政管理在制订规划、指导运行、协调资源、监督制约、综合服务等方面的重要作用，进一步提高学校管理效能，增强学校自我发展能力，实现可持续发展。

三是内部治理质量诊断工程。按照需求导向、自我保证、多元诊断、重在改进的总要求，对人才培养实行多维度质量诊断，专注学生"核心素养"的提升，建立健全质量保证体系。按照专业发展规划、课程改革规划、教师发展规划和学生素质提升规划，在"学校、专业、课程、教师和学生"等五个方面，分别建立质量目标和标准。以"CRP"数据中心为工作平台，构建网络化、全覆盖、具有预警功能和激励作用的"五纵五横"内部质量保证体系，形成考核性诊断与改进机制，培育自律管理的质量文化，全面提升学校人才培养质量。

三、全面从严治党，为改革发展提供坚强保障

我们坚持围绕中心，凝心聚力，巩固扩大管党治党成果，加快构建党内教育长效机制，持续提升党建和思想政治教育实效，有力保障和促进"四个一流"目标实现。

（一）切实加强思想理论和宣传工作，进一步强化意识形态工作的主动权

认真贯彻落实习近平总书记在全国高校思想政治工作会议上的讲话精神，牢牢把握社会主义办学方向。扎实开展社会主义核心价值观的学习教育，进一步加强和改进理论中心组的学习。抓好思想政治理论课教学改革，推动党的理论创新成果进教材、进课堂、进头脑，建设干净课堂。切实加强对校内舆论宣传、课堂、论坛、期刊、社团、网络等思想文化阵地的领导和管理，打造干净校园。切实加强和改进学校新闻宣传工作，努力构建学校宣传工作大格局。适应"互联网+"和云时代特点，加强网络文化阵地和新媒体宣传平台建设与管理，推送和提升学校品牌，不断提高学校的知名度、美誉度，不断优化育人舆论环境。

（二）切实加强领导班子和干部队伍建设，进一步提升改革发展的推动力

坚持和完善党委领导下的校长负责制，健全领导班子战略会商机制，不断提升领导班子顶层设计和战略谋划能力。完善党委会议事决策规则，坚持和完善决策前的调研制和论证制、决策中的票决制、决策后的责任制和落实中的督办制，不断提高领导班子决策执行水平。严格干部选拔任用原则、标准、程序和纪律，加大年轻干部培养、选拔和任用的力度，加强多岗位锻炼，完善干部交流、轮岗和回避制度，积极推进学校党政之间、二级学院与机关之间的干部交流，强化干部教育管理。加强后备干部队伍建设，建立健全干部监督制度，

健全领导干部考核评价机制，建立容错纠错机制，加大正向激励力度，真正为实干者鼓劲、为改革者撑腰、为担当者担当。

（三）切实加强基层党组织和党员队伍建设，进一步增强干事创业的战斗力

深入推进学习型、服务型、创新型党组织建设。始终把党建工作的重点放在有效发挥基层党组织战斗堡垒作用和共产党员先锋模范作用上。严格党内组织生活，坚持和完善党支部"三会一课"制度、民主评议党员制度、民主生活会制度、党内谈心谈话制度。创新党员教育管理，将组织生活与中心工作紧密结合，形成教育、管理、监督、服务四位一体的党员队伍先进性建设长效机制。严格党员发展质量，重点做好优秀青年教师和优秀大学生的党员发展工作。

（四）切实加强党风廉政建设与反腐败工作，进一步营造风清气正的好环境

坚持把纪律和规矩摆在前面，严格落实全面从严治党主体责任和监督责任，健全重点领域、关键环节的廉政风险防控体系，严把招生录取、基本建设、物资采购、财务管理、科研经费、学术诚信、项目建设等重要关口。持续加强党风廉政教育，努力营造校园廉政文化氛围，使全校党员干部始终懂得敬畏法纪、敬畏组织、敬畏师生。加大执纪审查和问责力度，驰而不息纠"四风"。严肃查处损害师生利益、影响学校发展、破坏学校形象等违规违纪的问题。

各位代表、同志们！实现中华民族伟大复兴中国梦的征程已进入了一个催人奋进的时期，让我们不忘初心、继续前进，更加紧密地团结在以习近平同志为核心的党中央周围，和着时代的节拍，同心同德、群策群力，主动担当、积极作为，为开创学校的美好明天而努力奋斗！

2018 年第一场升国旗仪式暨春季开学典礼

让理工更像理工，让师生更像师生（2018 年 3 月 5 日）

阳春三月，草长莺飞。在这春风怡人的美好晨光里，在毛泽东号召"向雷锋同志学习"55 周年的纪念日里，我们满怀喜悦地举行了新学期第一场升国旗仪式，这既是一场庄严肃穆的爱国主义教育活动，也是一场别开生面的新学期开学典礼。这是我校新班子成立以来最高规格、最大规模的师生盛会。首先，请允许我代表学校新一届领导班子，向大家长期以来为学校发展付出的辛勤劳动表示衷心感谢！2018 年是我校全面贯彻党的十九大精神、悉心打造全省产教融合样板和发展改革精品的关键一年，开学伊始，我提三点希望。

一、希望全体同志进一步弘扬"实"的作风，让理工更像理工

让理工更像理工，就是要走出理工自己的发展路子。现在的理工，还不够强、不够大，但走向强大、迈向一流的发展蓝图已经绘就，推进"四个一流"建设的巨大合力已在凝聚，新时代理工特色发展路径基本清晰。进一步弘扬"实"的作风，就是要更加紧密地联系实际，继承而不墨守成规，借鉴而不照抄照搬；就是要更大力度地真抓实干，以真抓的实劲、敢抓的狠劲、善抓的巧劲、常抓的韧劲，让"四个一流"建设从字面落到地面，将说法变成做法；就是要更大程度地注重实效，你有所呼，我有所应，各司其职地干，力所能及地干，日积月累地干，让校园更加整洁，让饭菜更加合口，让书声更加琅琅，让治理更加自觉，让学子更加出众！大家齐心协力，每天逐步向好，这就是一流的态势。

二、希望全体教师进一步落实"严"的要求，让老师更像老师

养不教父之过，教不严师之惰。教育质量，很大程度取决于教师的态度和水平。进一步落实"严"的要求，就是要恪守更加严格的职业操守，在校言校、在教言教，身在教育、心在教育，不一心二用，不三心二意，不心不在焉；就是要秉持更加严谨的治学态度，学高为师，身正为范，只有不断丰富自己的专业知识和技能，身体力行，以身示范，才能更好地传道、授业、解惑；就是要实行更加严厉的育人模式，严师出高徒，严管就是厚爱，要本着对学生真正负责的精神，敢严敢管、善严善管、真严真管，不搞八面玲珑，不做"好好先生"。

三、希望全体同学进一步端正"勤"的态度，让学生更像学生

古人云，"业精于勤荒于嬉，行成于思毁于随。"勤是人生成长、成熟、成功的源头活水，是生存、生活的不二法门。进一步端正"勤"的态度，就是要更加勤奋一些。要切实育好"三种情怀"，用好"三个平台"，练好"三项能力"，心忧天下、胸怀祖国、情系理工，多用运动场、善用图书馆、勤用实训室，讲卫生、讲合作、讲自律。就是要更加勤俭一些。静以修身，俭以养德，勤俭是一项要求，更是一种需求，无关贫富。"一粥一饭，当思来之不易；半丝半缕，恒念物力维艰"，不论钱多钱少，我们都不应铺张、不应浪费。就是要更加勤勉一些。要坚持不懈地积极参与学校每周一书、每人一语、每课一讲、每日一记"四个一"文化育人活动，竭尽全力地多看、多思、多说、多写，滴水穿石，持之以恒，必有所成。

【媒体聚焦】

新班子新气象新作为（理工官微摘要 2017年8月7日）

8月5日上午，中国共产党湖南理工职业技术学院第二次代表大会在博学楼报告厅隆重开幕。省发展改革委党组成员、副主任童名让同志出席并讲话。

童名让同志在讲话中肯定了学校第一届党委班子在过去五年所取得的成绩。她强调，中国共产党湖南理工职业技术学院第二次代表大会，是在全国喜迎党的十九大之际召开的一次重要会议，将选举产生学校新一届党委、纪委领导班子，系统谋划新时期学校改革发展任务，对学校未来的改革发展具有十分重要的意义。童名让同志代表省发展改革委党组对即将产生的新一届党委领导班子提出了四点希望和要求：一是要在全面从严治校上走在前列；二是要在服务中心大局上走在前列；三是要在推动改革发展上走在前列；四是要在校园文化建设上走在前列。她表示，省发展改革委党组将坚定不移、一如既往地支持理工职院的改革发展，希望新一届党委领导班子带领全校教职员工抢抓机遇，乘势而上，实现办学水平和办学质量的整体提升，为建设富饶美丽幸福新湖南贡献理工力量，为加快推进"四个一流"宏伟目标不断努力奋斗。

第三辑
难事作于易，大事作于细

协调"三个关系"
建设"四个一流"

【星愿心语】*

"四个一流"建设要"虚实相生"

虚与实，是办学的一体两面，相得则益彰。虚实相生，就是既要抬头看路，又要埋头拉车，不能就事论事不得要领，也不能避实就虚不着边际。推动发展改革，抓好一体两面，我们不仅要有好的设计，而且要有好的落实。

虚的工作，有校级的，也有中层的，校级的由中层支撑，这叫群策群力、集思广益。7月10日，我和爱云同志报到以来，看得最重的一件事情就是务虚，组织大家悉心绘制学校未来五年发展蓝图，为什么看得这么重？因为这是本届班子的第一颗纽扣，不能扣歪。7月18日，我在中层干部会上，提出了发展设想"三个一"，即一届两步、一校两区、一区两治。8月5日，党代会明确了学校总体目标，打造产教融合样板和发展改革精品，这个样板是全省职教战线的，这个精品是全省发改系统的，明确了"四个一流"建设12项重大工程，谋篇布局基本完成。这些都是虚的工作，是抬头看路的，是举棋定向的，一个单位没有这个是不行的。这个不仅要有，而且还要准，具体项目不是一成不变、一劳永逸的，执行中还要因事而化、因时而进、因势而变，但"四个一流"的奋斗方向不会变。咬定青山不放松，任尔东西南北风。我们只要不错方向、不走弯路，就可积沙成塔、事半功倍，只要方向不错、坚定不移，就能一步一印、虽远必达。

实的工作，有当前的，也有长远的，长远是由无数个当前组成的，这叫日积月累、水滴石穿。当前的实，就是刚才我们几位副校长部署的这20多项工作。每项工作都是构成学校"四个一流"建设目标的重要环节、重要部分，这个做不实、干不好，"四个一流"就无从谈起。长远的实，如大家非常关注的学校新区建设，现在虽无结果，但有进展，这最终能否做成，不取决于学校本身，要看省政府严控新区建设的政策是否松动。不松动，学校挟泰山超北海，实不能也，非不为也；有松动，将是学校难得一遇的好机会。我和爱云同志对此也在积极推进、全力争取，我们一刻也没停。从7月10日到现在，50多天的工作，还是有起色的，也看到了一些眉目，我们班子成员到实地看过，从目前反

---

* 中层干部会讲话摘要（2017年8月29日）。

馈的信息看，此事是被支持的，我们也在组织人事、规划、教务等处室同步思考新区建设的相关问题。这个新区如有"缘分"，大家想想，该怎么建？模式如何创新？投资如何构成？师资如何统筹？专业如何布局？这些都是长远的实，是学校的大事，是"四个一流"建设的"点睛之笔"。

还有项关系当前和长远的重要工作，我们说它是实的它就是实的，说它是虚的它也是虚的，什么工作呢？召开学校"四个一流"建设务虚会。初定 10 月中旬，还有一个多月时间，班子成员、部门主要负责人，都要思考，都要发言。每人 15 分钟，15 分钟可以谈很多东西，你们不要念稿子，但要有稿子，这个稿子要汇编成册，作为打造发展改革精品的成果之一，将来陈列校史馆，见证学校发展，请大家高度重视、精心准备，这也是我和爱云同志了解大家的一个窗口。开完会，规划处要抓紧完善"三年行动计划"，这是学校"一届两步"中的第一步，"三年行动计划"做好了，"四个一流"建设压实了，年度工作就有目标了，督导考核就有依据了。如果落区长沙有戏，绩效参照有变，那么福利则有望改善，这是个一举两得的事，大家携起手来加油干。工作务虚，就是头脑风暴，今后要成为学校常态，年头务虚，年尾述职，头尾相接，继往开来。

"四个一流"建设要"教学相长"

教与学，是树人的一线两端，互促则共进。教学相长，就是要尊师重教、崇学严教，用最优秀的老师培养更优秀的学生。落实立德树人，抓好一线两端，我们不仅要用脑用力，还要用心用情。

在教的方面，我们一定要突出理工特色，打出理工牌子，走出理工路子。党代会提出"三师"工程，"双师"工程、名师工程、师德建设工程，这些是学校关于"教"的顶层设计，要悉心落实好。这里，我强调几个具体事，抓到位了，会为学校增光添彩。

一是要有自己的教师工作部。全国高校思政工作会召开很久了，对师德师风建设要求很高，立德树人也好，教书育人也好，都需要把德育摆在最突出的位置来抓。我最近一直在琢磨，也关注了网上的相关信息，在党委群中还分享了一些同行的做法，比较务实的是成立教师工作部，全国有七八所高校成立了教师工作部，主抓师德师风建设，身正为范，学高为师，教师失之毫厘，学生难保不谬以千里！抓德育，首先抓教师，重在抓教师，成立教师工作部很有必要，因此，请组织人事处拿出方案，提交党委会审定后尽快实施。

二是要有自己的大师工作室。前段时间，爱云校长和我说起电气职院，与我校规模相当、面积相近、专业相似，士别三日，刮目相看，现在的电气职院变化很大。我说，那赶紧去看看。虽是走马观花，但仍然收获很多，我最感兴趣的是他们的大师工作室。我拍了不少照片，大师的名字记不清了，但我对大师工作室荣誉柜印象深刻，里面的证书、奖杯堆积如山，国家级、省级、市级的都有。教师有自己的工作室，多自豪！学校有自己的大师，多骄傲！大学之大，不在大楼，在大师！我问爱云校长，我们学校有没有这样厉害的教师？有，应该给予名号昭示全校，没有，我们可以培养，可以引进。我们可以把牌子立起来，择优选拔，或者虚位以待，当然不能降格以求，这个大师至少要走得出校门，最好能代表省级水平参与全国竞争。我们虽没有他们的强项，但我们有我们的长项，我们的光伏专业在全国技能大赛中获得过一等奖，很有分量，职业技术学院就是学一技之长的！我们可不可以从这里突破，可不可以设理工技能大师工作室？凡是拿到全国技能大赛一等奖的第一指导教师直通"理工大师"，给待遇和荣誉，古话说，重赏之下必有勇夫！建一流教师队伍，总要有几样拿得出手的东西，因此，请组织人事处牵头抓紧研究。

三是要有自己的科研突破口。高校主要是干什么的？从为师方面来看，除了立德树人，还有科学研究、社会服务、文化传承，这些都是大事，科研是学校的弱项，我们就要设法做强。我们要充分用好省发展改革委的主管优势，省发展改革委有高新技术处，负责全省的科研引导；我们要充分发挥自身的专业优势，除了拿手的太阳能专业，工业机器人专业也小有名气了，在这次全省技能大赛中还拿了第一名、第二名，以此为契机争取支持。上周，省发展改革委领导说正在组织申报新一轮省级科研平台。我马上与爱云、霞春同志商量，马上联系何瑛同志，大家雷厉风行，申报工作立马准备起来。当然，难度是有的，申报了不一定有，但不争取肯定没有。

我们如果做起来了，还可申报国家级平台。如果申报成功，毋庸置疑，在科研方面，我们可算一流了。只有扎实干起来，才会不断好起来，当然，我要特别提醒，出成果才是科研的关键。我们已经到手的这块牌子，要好好珍惜，好好擦亮，不要抱着金牌子饿肚子。这不只是新能源学院的事，这是全校的大事，大家要高看厚爱、合力共推。做成这件事，我们要有创新思维，要有非常手段，要有精兵强将，其中人是最主要的因素。人从哪里来？要想方盘存量，让学校自己的教师参与进来，共建共享，不吃独食；要设法借外力，多让社会业内的精英参与进来，联建联享，不拘一格。校企合作的路子可以更广一些，利益共享的机制可以更活一些，服务产业的举措可以更实一些。

四是要有自己的人才培养器。建一流教师队伍，学校需要一些管用实用的激励措施，既要让大家有动力，又要让大家有压力。最好的激励就是"比"！以比促教、以比促学，比学赶帮、互促共进。我们有两件事情可以做：一是举行教学大比武。教书育人是教师的天职，教得究竟如何，一比自见分晓。一年一届，全体参与，年度上自己和自己比，团队中教师和教师比，比出个上中下、比出个精气神来，与绩效挂钩，做奖惩兑现，让努力的、能干的教师脱颖而出、劳有所获。二是组织青年教师论坛。学校青年教师比重大，35 岁以下的占到了一半以上，引导青年教师成长是学校的责任。青年干部论坛是省发展改革委干部成长的品牌活动，一年一届，已举办八届，理工是省发展改革委主管的，这两年学校都组队参加了，学校新一届党委提出打造发展改革精品，就要敢于在这样的品牌活动中争先求进。我们要在省发展改革委青年干部论坛中脱颖而出是不容易的。今年理工有 24 个人参赛，但预赛前 16 名没有理工人。我们不要气馁，这是比赛，比的是能力，赛的是水平，我们要继续努力。我们可以开办自己的论坛，精心指导，悉心选拔，择优组队，不信东风唤不回。请奇卫、乃冰同志细酌，此事我看得很重，明年夺不到一等奖，也要夺一批二、三等奖回来，一年进一小步，三年进一大步，以此为切入，提振精气神。

在学的方面，我们一定要融理工文化，培理工情怀，育匠心传人。党和国家对人才培养提出了一系列要求，做出了一系列安排。学校党代会提出了"培养一流应用人才"的具体目标，最终要落到"学"上，这个"学"事关学生，也事关教师，但作为学校，该如何统筹呢？

一是要有优质的培养方案。人才培养方案，每个学院都有，每个学年都有，每个专业都有。我讲的优质，从学校层面来说，既要不打折扣地落实好中央和省的培养要求，又要非常明确地体现好学校自身的办学追求。我们理工培养的人相较其他职院培养的人，要有"大同"，还要有"小异"，"小异"既体现在专业品味上，也体现在学生品质上，其实"小异"最见育人真功夫。我们要把各方面的培养要求融通到理工办学的追求上来，比如，学习重点到底是什么？我们可不可以概括为学以立志、学以立德、学以立技！又如，读书的目的到底是什么？我们可不可以提炼为读以修身、读以做人、读以处事！古今中外都说读书明理，我们的学制是三年，起码在此期间应明白自己要懂得哪些道理、要读完哪些书。这些都应有深入思考、系统谋划。对学生成长成才全面发展而言，培养方案远不止学一门技能，但学一技之长必须是职院学生的题中之义，含糊不得。最近党委会讨论学生综合测评制度修订问题，其中包括四大指标体系权重问题，技能分在100分中占45分，那么以前占比多少，现在应该加大，德智体美劳哪些方面还有欠缺，现在应该补上。我们若没有自己的办学追求，哪有自己的办学品牌？

二是要有良好的培养环境。环境育人无形，我讲的环境是学生耳濡目染、切身感受的环境。环境育人是个大课题，我们下一步要进行专题研究。我这里讲几个具体问题，请大家立行立改。其一，教室翻新。这是党代会代表反映较多的问题，会后，我又深入二教楼、三教楼的教室一个一个看，确实不像样子。黑板有烂的，锈迹斑斑，灯光有闪的，忽明忽暗。这样的形象如何迎新，这样的环境如何育人？其二，食堂提质。民以食为天，食以安为先，饮食关乎师生身体健康。学校没有开学，食堂尚未开火，我不清楚我们食堂的品质如何，但我很重视此事。上周，办公楼维修，我回长沙专门到岳麓山下中南大学、湖大、师大等几所高校的食堂试吃，看了他们的菜式、价格，品尝了他们的味道。我在师大食堂吃的四菜一汤，外加免费甜酒一杯，9.5元，清爽实惠。我们的食堂不能低于这个水平，在校期间，我会一直吃食堂，同学生一起吃。食堂总体要"干净卫生、实惠合口、井然有序"，我们要有过硬的监管举措。其三，安全补缺。安全无小事，家长将孩子托付给学校，学校受人之托要终人之事，学知识固然重要，保安全须置首位，皮之不存，毛将焉附？新班子第一次党委会就是研究卢同学交通事故后续处理问题。谁愿发生这样的事情？我提出来，就是要坚决杜绝这类事故再发生。安全也不止于此，还有意识形态安全、生命财产安全、心理危机干预、设备设施隐患、管理查漏补缺等，请各位全面梳理一下，发现问题及时整改。

三是要有暖心的培养情怀。情怀二字，就是看你培育学生用没用心、尽没尽力，一个视学生如自己孩子的教师，一定是倾情倾力的。讲到这里，我想到了一件事。上个月，我和金玉同志在办公室讨论党代会报告，突然，"梆、梆、梆"敲门，一个小姑娘进来了，怯怯地自我介绍，说是理工八年前毕业的学生，她找到工作了，今天来学校转档案，但等了半天找不到办事的人，如果下午还不办好，工作就保不住了，她急坏了，眼泪哗哗流。我让她别急，急忙交代金玉同志立即联系办理。书记出马，事情很快办好了，小姑娘鞠了个躬开开心心地走了。看着她背影远去，我思绪万千，学校有多少学生，每年办多少事情，像这样泪流满面的学生还有多少？希望只此一个，书记不可能过问每件事情，但希望你们都一视同仁悉心办好，让每个学生感受到家庭般的温暖。

"四个一流"建设要"权责相称"

权与责，是治校的一体两翼，比翼则双飞。权责相称，就是有权必有责、放手不放任。创新内部治理，抓好一体两翼，我们不仅要敢于放权，而且要善于放权。

在"权"的方面，我们要下移管理重心，横向分工协作，纵向分级负责。我们是党委领导下的校长负责制，党委向行政放权，校长向副校长放权，副校长向处长放权，处长向副处长放权，但不能一放了之，宜放则放，应抓必抓。

一要抓大放小。比如，党委"三重一大"就必须紧紧抓在手上，坚持集体决策，这是原则，其他事项尽量下放。党委决策了，行政抓落实，在落实层面，涉及学校全局的、跨领域的事，校长要抓在手上，亲自推进，其他下放，各分管口也要有抓有放。比如，党代会报告起草、立德树人设计、班子分工合作、重大项目督促等，这都是学校的大事，这是我的职责，我放了别人接不了、接不好，因此不能放。又如，班子分工，我和校长各只管一个部门，我管党政办，党政办协调任务重，我管便于统筹；校长管规划处，规划处事关全局，校长管便于调度。再如，前面讲到的教室翻新问题，一个部门做不了，分管领导就要统一来抓，你放了就会推诿扯皮，就会一盘散沙。古人讲，"将在外，君命有所不受"，这是有原因的：一是军情千变万化，计划跟不上变化；二是通信条件有限，时间经不起折腾；三是家天下，君叫臣死臣不得不死。将不受君命，是"以君为重"作为前提的。因此，关于此事，我要定个原则，我定的原则就是我们想问题、做决策的前提，不管哪个层级，都要坚持"四为"：在法律框架下，要以学校为重、以学生为本、以育人为先、以务实为要，屁股必须坐到学校里，双脚必须站在学生中，一心必须落到育人上，两手不能抓到要害外。偏离了这"四为"，你就得止步；坚守了这"四为"，你方可前进。

二要抓难放易。有些事情可能不大，但是很重要，比如，执纪问责的事、革故鼎新的事、攻坚克难的事以及能者多劳、非你莫属的事，这种事就放不得，放了没人干得了，每个层面都有这样的事情，你放了就会缺位。所以，你们不要一遇到难事就推、就放，一遇到问题就躲、就绕，也不要一遇到有利的事就争，有名的事就抢，还有不关你的事或者不是你的事，也不要"黄牛见马桶——抱住不放"。比如，我和爱云同志探讨，书记和校长，书记应该怎么当？我的做法是在原则内，只要校长看准了的事，书记就坚决支持，一旦校长遇到了难处，书记就坚定地站在前面。二人同心，其利断金。我们要相互理解，相互支持，珍惜缘分，好好共事。

三要抓急放缓。有些事可能不大也不难，就是急，等不起，拖不得，这样的事情也不能放，遇到这样的事情要当机立断，立说立行，事无巨细，办好为要。这点好理解，我就不展开了。

在"责"的方面，失职必问责，滥权必追责。主要负责人说的就是负主要责任的人。在其位谋其政，履其职尽其责，有几句常识性的话，我还是要强调一下。

一要有规矩。没有规矩不成方圆，建一流学校，必须有规矩意识。我个人是比较重规矩的，我讲过三句话，班长以身作则，班子风清气正，队伍令行禁止。学校党委二届一次会议上，我给新一届班子成员立了规矩，简单来说，有"六不"，一个"大三不"，一个"小三不"。"大三不"是指：一不违法乱纪，做遵纪守法的模范，始终把法纪摆在前面，这是最起码的要求。二不违规乱矩，做制度执行的表率，这个制度主要指学校的内部管理制度，班子成员要带头执行。比如，无烟校区，既然挂了牌，就必须做到，一令不行百令空。三不违德乱俗，做社会风气的引领，不违德乱俗，这是高标准、严要求，德有党性大德、社会公德、职业道德、家庭美德，立德树人者必先守德，不低俗、不庸俗、不媚俗。"小三不"是指：一不收礼，同事关系简单为好，不要利往利来。不要给上级送礼，也不要收下级的礼。二不损公，不要拿公家资源办自家的事，不要打学校的旗号干私人的活。三不攀比，一不收礼二不损公，只能以薪养家，没有攀比资本。以上这"六不"是党委给自己立的规矩，请你们监督，对你们管用，我带头做到。下一步，学校还将对全体教职工立规矩。

二要有担当。担当是对领导干部的基本要求，担当就是敢于负责、善于负责，不推诿扯皮，不敷衍塞责。在决策中重程序更重内容，在执行中重过程更重结果，在监督中重督促更重指导，我这里重点讲下会议，特别是决策性会议，一定要议而有决、决而有行、行而有果，会前准备要充分。从开的几次会看，准备情况良莠不齐，某些提出的建议上不连天线、中不通行情、下不接地气，讲得不伦不类，说得不痛不痒，有的甚至连倾向性意见都没有。此事要重视起来，要有担当。

三要有回复。什么是回复？就是领导交办一项工作，你无事报进展、有事报困难，有喜报喜，有忧报忧，不要泥牛入海、杳无音信，交办的事，都要及时回复。党政办要督办提醒，大家要自觉主动，不要推一下动一下，问一句答一声。

【微课链接】

中层干部会

构建不治自理新机制（2017年9月30日）

学校第二次党代会已召开，"四个一流"目标已明确，班子成员已分工，中层补缺已到位，朝着"样板、精品"出发，我们具体该怎么走呢？近段时间，学校先后召开了中层干部、专任教师及辅导员、班主任代表座谈会，听取了方方面面的意见。大家普遍认为，当务之急，要建立健全管用实用的内部治理机制。初步考虑：

一、系统构建"4321"内部治理机制

这是不治自理的总体框架。"4321"，"4"就是"四个一流"目标管总，"3"就是"三年行动计划"落实，"2"就是连续两年考核末位淘汰，"1"就是党风廉政建设一票否决。"4"和"3"就不过多解读了，任务分解，目标细化，责任到部门再到个人，人事统一，责权统一，奖罚统一。末位淘汰，是个动力机制，世界上但凡干事创业、蒸蒸日上的团队，都有自己的动力机制，都有争先求进、不推自动的激励引导机制，让干与不干、干多与干少、干好与干坏者，享受的待遇不一样。我们这个机制，不以淘汰为目的，重在激励是初衷，一年考核末位警示提醒，二年考核末位淘汰出局，量极少、率极低，但事关人人，责关事事，约束力较高，大家即使不为待遇而战，也得为面子而争，你追我赶，这样团队向上的态势就会自然形成。一票否决，就是党风廉政建设上出问题、受处理的，当年"下课"，没得商量，没有下不为例，没有网开一面。实行一票否决，就是要告诉大家，不违法乱纪、不违规乱矩、不违德乱俗，这是学校办学治校的红线、立德树人的底线、管党治党的标线，坚决不能碰。这个"三不"是总体要求，我们还会配套推出教职工行为规范，不用太多，管用实用即可，既要有正向引导，也要有负面警示，可为与不可为，彰明较著，一目了然。

二、加快完善"点线面体"任务落实机制

这是不治自理的实施路径。点上、线上、面上、体上的工作，要分出轻重缓急、排出先后次序，分门别类，统筹谋划，精准推进，高效落实。

（一）点上工作，要集中力量，各个击破

第一，重点工作要抓住不放。什么是重点？就是"四个一流"建设、"三年行动计划"明确的12项重大工程、35个重大项目，要一工程一方案、一项目一落实，紧锣密鼓推、持之以恒抓，不见成效不收工。廉政风险点，一切不合要求、有一票否决可能的点，包括涉人、涉事、涉钱的岗位，都要细排深查、穷追猛打、严防死守。

第二，难点工作要咬紧不松。难点工作，往往是工作的重中之重，因其难能，更需费力。不同层面有不同的难点，在学校层面，当前最大的难点工作，一是公共实训基地建设，二是长沙新区筹划。这两项工作都是学校格局性提升的标志性工程。公共实训基地项目，感谢省发展改革委关心，国家首批资金已经到位，当务之急是尽快上马。学校新区筹划一刻也没停。上周，省发展改革委领导已召集相关处室进行了研究，虽然可预和不可预的困难因素很多，但总体都是支持的。省财政厅、自然资源厅、望城区政府，都已进行了对接，目前还没遇到死结性障碍，做成还是有可能的。下一步，我们要持续跟进，只要是学校力所能及的，逢山开路，遇水架桥。

第三，亮点工作要精雕细刻。什么是亮点？亮点就是创新点，形象地说，就是要让人眼前一亮、令人耳目一新。创一流，就是创亮点。工作创新，就是要比过去干得好、比同行干得好，而非标新立异、哗众取宠、为新而新。学校工作星星多、月亮少，缺品牌、缺亮点，我在起草党代会报告时明显感到，学校工作欠总结、欠提炼，很多工作搬上台面没看头、放到口中没说头，拿到手上没干头，这个一定要改，各级各口都要悉心研究、精心谋划。比如，思政工作，从上到下都在抓，不少是以文件落实文件，以会议贯彻会议，上下一般粗，说归说，做归做，我们能不能推出"理工思政"，知行合一，说做合一，更轻松地干、更高效地抓？又如，党建工作，理工党建有什么特色？可不可以有自己的活动名字，拿得出手、叫得出口、干得出彩？这些是可以策划的。再如，我们"课前一分钟"，已经立了项，有了品牌效应，能不能进一步提升，由讲拓展到读、到写、到思，培养能说会道、勤思会写、敢干会干的不一样的学生等等？这些工作需要精雕细刻地做，粗枝大叶、囫囵吞枣是做不出亮点和精品的。

（二）线上工作，要纵向到底，横向到边

第一，要顶天立地，上连天线，下接地气。这是高质量工作的基本要求。上连天线，就是要把国省政策吃透，把工作要求把准，莫偏方向，莫出乌龙。政策文件多得很，国家职教网上都有，每天看一看，重点读一读，触类旁通，一通百通。下接地气，就是要把学校情况吃透，把存在问题把准，有的放矢地抓，别开生面地抓。班主任座谈会上有老师讲，"眼睛一睁，忙到熄灯；眼睛一闭，高度警惕"，这话很形象。学校特点就是人口密度大安全责任重，我们不仅要24小时高度警惕，而且发现隐患要及时处理，做到这点，必须深入教师中去，深入学生中去，深入教室、寝室、实训室中去，深入食堂、操场、图书馆中去，有师生活动的地方，我们都要深入进去。负责学工的同志，尤其要深入看一看、好好管一管，不接地气是做不好学生工作的。

第二，要货比三家，量力而行，尽力而为。这是争先创优的基本方法。争先、创优、奔一流，这个先、优和一流都是比较而言的，没有比较就没有伤害。我们争先创优奔一流，既要和自己过去比，一年更比一年好，今年花胜去年红，也要和自己的同行比，办出自己的特色，做出自己的品牌，为自己争一席之地。这个比较，对自己而言，要全面推进、尽力而为，能做到多好就做到多好；对同行而言，要扬长避短、量力而行，不拿自己业余同别人专业比，不拿自己短板同别人长项比。学校建设"四个一流"，更多的是同自己比，学校打造"产教融合样板和发展改革精品"，更多的是与同行比。

（三）面上工作，要持之以恒，常抓不懈

面上工作，就是日常工作，不一定事事难，但必须日日抓，一曝十寒，不如不抓。我特别强调两个事：一是讲卫生。讲的是天地人，卫的是精气神。后勤处、学工处、校团委、二级院，要将讲卫生当作吃饭睡觉一样，日日抓，人人抓，处处抓，不仅要让我们的环境保持整洁、干净，而且要让我们的师生正心诚意、克己复礼，不以邻为壑、自私妄为。二是抓考勤。考勤是管理难事，不可小看。学校对考勤制度实行了改革，不再刷卡。学校将考勤权限下放给部门负责人，私人有急事，不影响工作是可以兼顾的，但必须请假。学校有抽查机制，一旦抽中，不仅扣你的分，还扣你部门的分，最后全校通报。这个改革不是放松了，而是严格了，更多的是靠自觉。

（四）体上工作，要统筹兼顾，协同推进

体上工作，就是系统工作，牵一发而动全身，要多视角把握、多维度掂量、多层面统筹，不能"扯了公公的被子、露了婆婆的脚"，不能"按下葫芦浮起瓢"。上次中层干部会，我重点阐述了"四个一流"建设务必协调好的"三个关系"，虚与实、教与学、权与责，这些都是体上工作，抓好了互促共进、相得益彰，抓不好捉襟见肘、弄巧成拙。队伍建设问题、人事统筹问题，也是体上工作。不同层面有不同的"体"，这是校级层面的"体"，但不管哪个层面，只有轻重缓急措置裕如，才能事半功倍体体面面。

三、全面规范"周月季年"工作推进机制

这是不治自理的层级责任。开会是工作推进的重要手段，规范会议，是为了精简会议，是为了加强工作。周月季年，分属四个层面。中层主要负责人，每周要有一次部门、单位例会，总结上周工作，部署本周工作，谋划下周工作。分管领导每月要有一次分管工作调度会，督进度，保质量。书记、校长每季度一次讲评会，对照年初计划，查漏补缺，扬长补短，校级讲评会结合中心组学习、年度务虚及专题工作会统筹进行。还有就是年终述职测评大会，结合绩效考核进行。会前要充分准备，会中要议题聚焦，会后要落实有力。效果好不好，关键看领导，会议虚实程度，因层级而异，书记校长重在牵总，七分务虚、三分务实；分管校领导重在执行，七分务实、三分务虚；中层主要负责同志重在落实，九分务实、一分务虚；中层以下要全力落实。

"四个一流"建设务虚会

明导向，立规矩，树品牌（2017年10月17日）

这次工作务虚会开得很好，各部门、各单位主要负责人围绕学校第二次党代会提出的"打造全省产教融合样板和发展改革精品"总体目标和推进"四个一流"建设具体目标，结合各自实际，就如何落细落小落实分别进行了发言，分管校领导对各口工作进行了点评，提出了要求。大家的发言站位高、思考细、谋划实，都能从学校全局看自身发展，都能从自身出发求工作突破，都能从工作提标谋对策措施。大家所提问题和建议，请分管领导专题研究，凡可自行解决的请抓紧解决，凡需学校层面统筹的请完善建议方案并提交。汇总编制"三年行动计划"，任务分解落实到各个年度。

推进"四个一流"建设，就是要让学校发展改革走在前列，想要走在前列就要干在实处，干在实处就要始终秉持立德树人的初心，让教师更好地教，让学生更好地学。学校第二次党代会以来，聚焦"教学相长"、着眼"四个一流"狠抓办学条件改善、狠抓教学质量提高、狠抓学生管理加强、狠抓内部治理完善，取得了初步成效，为"打造全省产教融合样板和发展改革精品"起好了步，开好了局，坚定了信心。下一步，我们要围绕党代会确定的目标任务，全面强化"问题、目标、质量"意识，全面做好"求实、求新、求精"文章，要把今天务虚会上的好思路变成明天工作中的好抓手。当务之急是明导向、立规矩、树品牌。

第一，要进一步细化学校教书育人导向。立德树人，坚持以生为本，贵在以文化人，以文化人重在让学生参与进来、深入进去。学校提出了育好"心忧天下、胸怀祖国、情系理工"三种情怀，用好"运动场、图书馆、实训室"三个平台，练好"讲卫生、讲合作、讲自律"三项能力的"三点九条"育人框架，我们要将此具体为一个个育人活动，落实到一个个工作部门，打造成一个个特色品牌，要人人参与、处处参与、时时参与，要说得出口、拿得出手、干得出彩，要创造不一样的校园文化，培育不一样的理工学子。

第二，要进一步明确学校为人师表规范。立德树人，坚持以师为尊，贵在为人师表，为人师表重在让老师学高为师、身正为范。学校提出了"明理知行、精工知远"的校训，提出了"博爱博学、求实求新"的教风，提出了"勤学勤思、笃信笃行"的学风，我们多次强调，要将这"一训两风"具体为教职工行为规范，要求学生做到的，教师首先做到，要求学生不做的，教师坚决不做。这个行为规范适用于全体教职工，全员育人，每位教职工，包括保安、物业、食堂工作人员，都应成为学生成长的"人师"。这个行为规范应该简洁明了、通俗易懂、导向明确、管用实用，是一个正风肃纪、凝心聚力的规范，是一个扶正祛邪、导人向善的规范，是一个敬以处事、乐以尽责的规范。

第三，要进一步打造学校文化育人精品。立德树人，坚持以书为要，贵在引导师生读书明理、知书达礼，多读、多思、多说、多写，学以致用，知行合一。学校有"悦读分享"传统读书活动，有"课前一分钟"演讲特色育人品牌，我们要将这些进一步拓展提升，精心打造"四个一"文化育人活动，更好地引导老师诲人不倦，更好地引导学生学而不厌。"四个一"，即"每周一书、每人一语、每课一讲、每日一记"。每周一书，就是要综观世界伟人、能人，特别是湖湘名人书单，拿出理工自己的育人书单，引导师生每周至少读一本书，培养理工人的书卷气、书香气、书生气。每人一语，就是选编教师教书育人、学生读书明理的心得体会，打造"理工论语"自律篇、育人篇、勤学篇，自我激励，相互勉励，提振自信心，增强自豪感。每课一讲，持续开展"课前一分钟"演讲，讲读书体会，讲家国情怀，讲身边见闻，培养学生表达能力。每日一记，记读书心得，记天下大事，记成长体会，培养学生文字能力。

团学系统座谈会

建设不教自学大课堂 （2017 年 11 月 17 日）

听完大家的发言，我也来谈点体会，其实就一个主题，要建设不教自学育人大课堂。一共有五个关键词，为了好记，我简述为五个等式。

一、教育：教育＝教导＋教学

什么是教育？我觉得，教育＝教导＋教学。"师者，所以传道受业解惑也！"为人师表，不仅要学高，还要身正，只有博爱博学、求实求新，才会肚里有货、心里不慌。我昨天在专业建设座谈会上说，专业带头人自己都谈得吞吞吐吐、不知所以，怎么建这个专业？所以，教师要提高自身素养、做深自己的学问，教好自己的学生，这就是教导，以"师"为主的行为。

教学就是互动，除了教师教，还有学生学，教学相长、师生共进。想要良性互动，教师必须发挥主导作用，不仅要自己讲好，还要引导学生听好，这当中有教法问题、有育人问题，为什么有教无类还要因材施教？这就是要发挥学生的主动性，激发学生的求知欲，兴趣是最好的老师，师傅领进门，修行靠个人。

二、落实：落实＝落小＋落地

什么是落实？我觉得，落实＝落小＋落地。习近平总书记在党的十九大报告中有一系列关于教育的论述，省委也有部署。省发展改革委对理工有"四个走在前列"的要求，理工党委对省发展改革委"四个走在前列"要求有"四个一流"的落实。

"三点九条"，育情怀、用平台、练能力，"理工九条"，也就是教职工行为规范，今天已推出，"理工九理"基本成型，"理工书单""四个一"文化育人推出在即，这些都是经过反复研究的，是连天线、接地气的，今后还会与时俱进、不断推出，贯彻中央精神，讲出理工味道。大家要及时跟进、全面落实。"四个一流"天地大，你要找到自己的责任田，种好自己的责任田，应该谈落实举措、落小心得、落细体会，而不是大而化之，把教育部长的话复述一遍，甚至讲得比部长还宏观。小的、细的怎么搞，想明白、讲清楚了，就要思考落地问题，是落到管理学院还是太阳能学院，是落到 2015 级还是 2016 级，只有落了地，才可能生根、开花、结果。

三、创新：创新＝创意＋创建

什么是创新？我觉得，创新＝创意＋创建。创新是铸样板、创精品的必须之举。创新之法不外乎两条：第一，错位发展，另辟蹊径。错位发展，就是要走出理工特色发展路子，前面提到，我们已推出和准备推出的一系列立德树人新举措，都是创新。第二，自我扬弃，推陈出新。自我扬弃是自我超越，要择善者从、不善者改，而不是全盘否定。新一届党委是注重扬弃的，很多办学理念和改革举措，都是在继承中创新、改革中提升的。比如，"明理知行、精工致远"的校训精神，我们始终融会贯通；课前一分钟演讲、阅读分享，我们统筹纳入"四个一"文化育人活动中。

创意，就是要知道如何错位、如何扬弃。创意是最大的财富，是最大的竞争力。有了创意就要创建，那么创建什么？创建活动！要把好的创意落实到具体项目上来。我刚才，听大家讲到一系列活动，比如，优秀年级、示范班级、书香寝室创建等等。这都叫活动，包括我们下一步还要在全校举行的典礼育人——升国旗仪式等，要把学校的育人创意落实到一个个育人活动中去，精心打造一批批理工特色育人活动。有活动才有抓手，经常讲时时放在心上、稳稳扛在肩上、牢牢抓在手上，你只有想法，怎么抓在手上？但有了活动，你就可以抓在手上。

四、可敬：可敬＝可信＋可亲

什么是可敬？我觉得，可敬＝可信＋可亲。为什么要讲可敬？我觉得可敬是为人师表的最高境界。在学校，如果一个学生认为这个老师可敬，如果我们班子成员认为我这个"班长"可敬，那么教学就是好抓的，工作就是好干的，一日三餐不吃饭都是开心的，修身之道，可敬为要。

如何做到可敬？首先要可信，可信，类似于教导。为什么觉得你可信，因为你能干、无欺，肩膀靠得住。其次要可亲，可亲，就是用心做不敷衍，将心比心、以心换心、心心相通、心心相印。关于用心问题，大家都谈得很好，胡萍老师谈到，育人要细心、要有耐心、要贴心、要有热心、要交心、要有爱心，一连用了六个心，难能可贵。所以，教育之法，要教之以方、育之以心，要谆谆教导、循循善诱。学生有不足是正常的，教育的意义就在于帮助有不足的学生改正不足。你做到了可信、可亲，就和可敬扯上了关系，就会有事半功倍的效果。

五、自豪：自豪＝自省＋自强

什么是自豪？我觉得，自豪＝自省＋自强。什么事情能让我们引以为豪呢？我认为至少有三方面：

第一，用自己辛勤的汗水换来的成果，是值得自豪的。吃得苦中苦，方为人上人，我和爱云校长开玩笑说，我们很幸运来理工工作，因为理工躺在地板上，每走一步都是向上的，每走一步都有惊喜，多自豪！在座各位和我们一样，共同参与并见证着理工的新一轮成长，共同建设并分享着理工的每一份喜悦，这是多么自豪的事情。

第二，干成了大家觉得干不成的事情，是值得自豪的。我第一次谈"四个一流"，很多同志觉得不可能，世上无难事，只要肯登攀，只要功夫深，铁杵磨成针。举个例子，上次省发展改革委的领导现场办公时讲，省级科研平台已经给了理工一个，再给一个有难度的。我们没有放弃，联合有关单位，继续完善方案，继续申报争取。刚才，何瑛给我打电话，说申报方案通过了专家评审，下周公示，多自豪！

第三，当你达到一流，别人看到你的成果，看到你的奋斗经历，看到你行进路上留下的艰辛脚印和晶莹汗水，会自愧不如，自惭形秽，也证明了你是值得自豪的，这是自豪的最高境界。我深信，理工的"四个一流"，只要我们齐心协力、坚持不懈，虽远必达。

自省，就是要一日三反省，人人要反省，每个部门要反省，要闻过则喜、见贤思齐。我常用比较工作法，对比扬长项、对比补短板、对比弥不足，这一"扬"、一"补"、一"弥"，就是自强。自省和自强都有了，自豪还会远吗？我其实在想，学校争先求进奔一流，需要什么样的精神？需要西天取经精神！我们队伍中，有的是孙悟空、沙和尚，当然也可能有猪八戒。学校负重前行、爬坡过坎，哪能没有困难？学校争先求进、攻坚克难，哪能没有辛苦？大家一定要咬紧牙关干，做轻而易举的事情，不叫自强。大家一定要忍住泪水干，当你热泪盈眶了，也要笑颜以对。大家一定要百折不挠地干，行百里者半九十，哪怕遭受九十九次挫折，只要不放弃，最后一次就可能是成功的。育人大课堂，吾辈当自强。自强是什么？自强就是咬紧牙关干、忍着泪水干、百折不挠干，我深信，自省加上自强，我们终有自豪的那一天！

专业群建设座谈会
专业布局：稳、聚、准、快（2017年11月29日）

高校的根本任务是立德树人，我将其细化为两方面：一是教书，二是读书。读什么书？"理工书单"已在抓紧编制。教什么书？就是开什么专业。专业建设是学校发展的核心问题，学校一流，首先要专业一流。刚才，大家各抒己见，各执己见。下面，我结合大家所谈，就当前学校专业群建设，谈几点意见，总体概括为以下四个字。

第一个字是"稳"，就是不大调。为什么要稳？我们主要有三点考虑：第一，学校发展定位，要放在全省高职院校中统筹谋划，我和爱云同志来校不久，知己尚不知彼，对此需要一个熟悉的过程。第二，学校专业建设，要放在区域发展特别是产业建设需求上系统考虑，知泉还需知源，对此需要深入研究。第三，学校专业破立，需立足现有基础，既不能不切实际地贪大求洋，也不能不思进取地安常守顺，目前学校19个专业中缺乏足以支撑学校一流、令人眼前一亮的拳头专业或潜力专业，我主张先立后破、不立不破。所以，稳中求进、改中求新、优中求变，边干边建，重在整合，这也是权宜之计。

第二个字是"聚"，就是不分散。这个聚，就是合并同类项，把相近、相通、相融的专业归到一个二级学院，同声相应、同气相求。这样可以大致分为三类：一是能源类，整合现有太阳能、风能、节能等专业，全新组建新能源学院，集中精力做，捏紧拳头保，内涵上求"强"，形式上求"精"，把坛坛罐罐扔掉后，会做得更清爽、更轻松。二是智造类，整合现有机电一体化、机械设计与制造、电气自动化等专业，全新组建智能制造学院。三是文科类，整合动漫、环艺、工商管理等专业，全新组建管理艺术学院，这是管理+艺术，并不只是管理，当然好管理本身就是艺术，因此建设一个文科二级学院。

第三个字是"准"，就是不短视。不大调、不分散，并不是敷衍塞责、应付了事，三个大类，是经过深思熟虑的。一是学校有基础，就汤下面，因势利导，简单易行。二是发展有前景，切合国家政策、吻合区域产业、贴合学校战略。三是预留了发展空间和接口。为什么要聚焦新能源方向？为什么不能全校办新能源？学校能源专业基础，在全省首屈一指，是学校特色优势，新能源产业是能源发展趋势，是国家政策导向，上接天线，但是新能源目前不是湖南资源强项、产业强项、企业强项，下不太接地气。所以，我们要缩短能源战线，办新能源学院，但不办新能源学校。为什么要聚焦智能制造方向？服务区域发展是高职院校的源头活水，致力于创建中国特色、世界一流的深圳职院，80%～90%的毕业生就业于深圳、服务于本地。同时，中国有制造2025，湖南有制造2025，湘潭有智造谷，我们有制造专业基础，既接天线，又接地气，从产教、校地、校企方面而言，应该是"一个锅要补、一个要补锅"的好事，应该是"干柴烈火、一点即着"的喜事，而且单体智能制造学院，全省就我校一家，比较被看好。为什么要聚焦文科类专业？其实不是特意聚焦文科，我们是理工院校，我们的教学重点是理工类，但学校现有文科专业生源火爆，我们不能丢，特色可以创品牌求发展，大众可以抢生源保生存，美美与共，各美其美。从长远看，文科专业有两个走向：学校如果局限在湘潭"一亩三分地"，理工类逐步做大，文科类会不断做小；学校如进驻长沙开疆拓土，我们最想干的是办马栏山文创学院，新组建管艺学院也是想发挥"马前卒、先锋哨"的作用，今年申报了动漫设计（VR虚拟实境）专业，就是想先试一试，从三次产业结构调整趋势看，现代服务业上升空间巨大，当然，这是后话。

第四个字是"快"，就是不观望。为什么不能观望？全省"一流学校一流专业"的申报工作，省教育厅马上就会布置，各校都在摩拳擦掌、紧锣密鼓地张罗。我和爱云同志多次汇报衔接，省里说，这个"双一流"很重要，因此要抓紧推进、抓紧布局，要抢占先机、先发制人。全省一流特色专业群，我们首批要确保进一个，力争上两个，最好入三个，只有三个全进，才有机会入围一流学校。所以，一定要快，不能观望。

以上四个字——稳、聚、准、快，优化专业布局，重构二级学院，我今天抛出来，希望大家再思考一下，想明白了就马上动手。

党风廉政建设微党课
一流向未来，九条保平安 (2018年1月20日)

办学奔一流，治校保平安，我和爱云校长是心有灵犀的。我们主要从三方面入手：

第一，悉心谋划，举棋定向迈步子。有一流谋划不一定有一流未来，但没有一流谋划绝不会有一流未来。我在省发展改革委，长期从事规划工作，来理工职院任书记，一定要绘个好蓝图，抓个好落实，做到一流谋划＋一流执行。我来校后，经过深入调研，进一步强化了我们争先求进奔一流的使命感和责任感。我们有三个考虑：一是不创一流，不能算是发展改革委主管的学校。二是不创一流，不能算是两个有情怀、有梦想的书记、校长主持的学校。三是不创一流，没法向理工师生很好地交代。我们提出"四个一流"完全是从必要性的角度考虑的。为什么这么大胆？谁给了我们自信？一是我和爱云对学校一见如故的神奇感觉。二是全体理工人长期不屈不挠的奋斗精神。三是发展改革委对理工视如己出的坚定支持。我知道，同志们对一流满怀期待，也满腹疑虑，毕竟目前距离一流还很遥远。

第二，真抓实干，紧紧抓住牛鼻子。说一千道一万，不如动手加油干。大家对我的印象，可能是能说、能写，其实我还能干，省发展改革委领导曾说我执行力强，认定的事情就会办到。过去，在省发展改革委，我就参与了不少攻坚克难的事情，如南山国家公园体制改革试点推进，全省社会事业中央预内项目开工督促等。我深信，学校前景一定光明美好，除非大家袖手旁观、置身事外。我给自己立下了三条规矩：一是一心扑在教育上，有益教育书常读。二是一心扑在学校里，有益学校事多为。三是一心扑在师生中，有益师生责力担。我提出了抓大放小、抓难放易、抓急放缓"三抓三放"工作法，要求全校上下层层落实、人人出力。半年来，学校集中精力抓了几件事：

其一，抓治理建机制。这是高效治理的必须之举。为了让每个单位、每个同志有稳定心理预期，有专注努力方向，有恒定价值追求，我们按照"人事统一、责权统一、奖罚统一"原则完善内部治理机制，明确了"4321"治理思路，围绕"四个一流"目标制订"三年行动计划"，明确连续两年考核不称职或排位最后的，给予免职或待岗培训处理。第二次党代会后，凡教职工触碰党风廉政建设底线的，实行一票否决，当年考核不称职。配套出台教职工行为规范，逐条解读，逐人承诺；创新绩效考核，力求形成管用实用的奖惩激励机制，这项工作已在班子内征求意见，请大家充分酝酿。我们建立这些机制，就是要让理工更好地运行起来。

其二，抓改革破难题。这是奔向一流的必由之路。学校发展难题多，瓶颈也不少。2017年7月18日会上，我们提出了坚持用改革的办法破解发展难题、优化办学资源、提升办学格局的构想。年前，在充分调研的基础上，针对校园面积不足、产教融合不深、教书育人不强等问题，着眼长株潭探索协同育人格局，新布局了特种领域智能机器人技术与装备湖南省工程研究中心，新组建了新能源、智能制造、管理艺术学院，开展了校地、校企合作，明确了"三点九条"教书育人导向，推出了"四个一"文化育人活动，推出了"每周一书"育人书单，学校读书风气日趋浓厚。

其三，抓项目促发展。这是迫在眉睫的夯基之举。全力谋划学校新区，新班子履新后，积极争取省发展改革委支持学校达标建设，与省自然资源厅、财政厅、住建厅、望城区等部门单位进行反复汇报衔接，得到了全委上上下下特别是伟林主任、名让副主任的大力支持，各项工作是"鸭子凫水——暗中使劲"，一刻也没有松懈。全力推进公共实训基地建设，明确专人，倒排进度，环环相扣抓，坚持不懈抓，调动一切资源，使出"吃奶"力气，完成旧房拆除、规划报批、初步设计等工作，加快开工进程。全力推进校园提质改造，完成了老旧住宅和办公楼提质改造，启动了老旧住宅区、棚户区配套基础设施项目和校园景观提质改造建设，实现环境育人。

其四，抓党建强保障。这是强基固本的重中之重。我对此提了不少要求，想了不少办法，做了不少工作，但总体感觉还不尽如人意，没出特色和品牌。这项工作要持续加强，既然抓就要真抓，既然干就要实干。

其五，抓制度带班子。这是正风肃纪的关键一环。我坚持"讲原则、重感情、干实事"，严以修身，诚以待人，敬以处事。我要做到"四多"：多自律，始终把规矩摆在面前，作为"班长"，时刻提醒自己人格上自重、心灵上自省、思想上自警、精神上自励。带头践行"理工九条"，守住大节，管住小节。多提醒，始终把呵护刻在心头。坚持坦诚相见，注重交心谈心，将丑话说在前面，将问题摆在明处，将厚爱落在严管。多统筹，始终把牵总抓在手上，积极营造思想上求共识、感情上求共融、工作上求共进的良好氛围，坚持党委集体领导，落实民主集中制，对重大问题决策、重要干部任免、重大项目投资决策、大额资金使用事项，实行党委集体研究决定机制。多放手，始终把信任留给同事，相信同事、支持同事，让同事人尽其才、才尽其用。

第三，苦口婆心，千万不要捅娄子。学校在党风廉政建设上一定不能出问题。学校今天的好局面来之不易，我常讲，感谢上届班子留给我们"三宝"：一是好校名。定位理工高大上，充满了想象力，是大树的苗子。二是好校训，"明理知行、精工致远"。我最不能辜负的就是校训，众所周知，"理工九条""理工五问""理工思政""理工产教""理工读书"，我们在明理、精工上下的功夫是最深的，花的心思是最多的。三是好"娘家"，省发展改革委，这是兄弟学校求之不得的。有此"三宝"，加上省教育厅的专业指导、同志们的奋发有为，足可以让学校长大、长靓、长壮。对学校来说，什么是重大错误？我觉得党风廉政上出问题就是重大错误！所以，我带班子一直把"自律"作为题中之义，把"他律"作为必须之策，把"理工九条"作为重中之重，把"一票否决"作为必须之举，逐条解读行为规范，反复要求温故知新，悉心提醒"讲情怀莫讲价钱""讲规矩莫讲套路"，要求领导干部本人及家属自觉远离学校涉利项目，既当运动员又当裁判员，不可能不出问题。必须清醒认识到，一个带领学校奔一流的班子，是绝不会网开一面的，是绝不搞下不为例的，网开一面就是姑息养奸，下不为例就是养虎为患。

"理工九条"推出伊始，我书面解读过一遍。重要的事情说三遍，我今天再强调一次：

第一条：对党忠诚，不口是心非、阳奉阴违。就是要牢固树立"四个意识"，坚定"四个自信"，有一说一，有二说二，不信谣、不造谣、不传谣。特别强调不要道听途说。还有，个人重大事项一定要如实报告，无心之过、有心之错，都不要有。

第二条：为人师表，不伤风败俗、违法乱纪。请大家将师德师风看得与法纪一样重要，为人师表，立德树人。请大家一定要切实维护好自己的形象，保护好自己的团队，呵护好自己的家庭。

第三条：待人真诚，不颐指气使、阿谀奉承。这一条要悉心把握，不要搞没有原则的一团和气，也不要搞形同陌路的冷若冰霜，要和颜悦色、不卑不亢，营造平等友善的人际氛围。

第四条：治学诚信，不弄虚作假、沽名钓誉。搞科研，包括发文章、出专利，一定要诚信，"多大鸟做多大窝"。为什么治学没提严谨而提诚信？因为诚信更有针对性，更能维护好大家和学校的声誉。大家一定要脚踏实地、老老实实地干。

第五条：办事规矩，不优亲厚友、厚此薄彼。亲友是"山"，没有刮骨疗毒的勇气翻不过这座"山"。有些关键岗位，我会一个一个谈，有一首歌《九月九的酒》中有一句"饮尽这乡愁，醉倒家门口"，我郑重提醒大家千万不要，翻不过这座"山"跌倒在家门口。前期，校纪委要求排查的风险隐患，请大家务必整改到位，弄虚作假查出来，还会加一条，对党不忠诚。考勤，取消了打卡，不是放松了，是更严了。不治自理，是最严的治理。

第六条：乐于担当，不挑肥拣瘦、推诿扯皮。在此，我要提醒两种人：一是不学无术、自以为是的人。你说东好，他说西好，当你说西好，他偏要反过来说东好。他实则手上的活儿没几件利索完成的，把水搅浑，把人弄烦，对工作毫无益处，提醒有这毛病的人，尽快改掉。二是别有用心、捕风捉影的人。大家真关心同事、关心学校，有什么问题，请及时提醒，非原则性问题，改过来就好了，"人非圣贤，孰能无过？"原则性问题，可以按程序反映给组织，不要无事生非，四处点火，影响团结。

第七条：用人公正，不请托说情、任人唯亲。这一条主要针对班子成员，特别是对我本人提出的。在学校工作，我对大家一视同仁，平等相待，零距离交心，等距离交流，有距离交往，我认为，一个团队上下级之间称兄道弟，是极不正常的。

第八条：廉洁奉公，不损公肥私、假公济私。我重点讲一下招生问题，为了确保学校可持续发展，请大家一如既往支持招生工作，学校保障必要工作经费，但一定要规矩使用。在党委会上，我提了几个确保，确保合纪合法合规，只有一个核心思想，就是要求大家不要做出格的事。

第九条：善作善成，不敷衍塞责、玩忽职守。就是要严守党的工作纪律，守土有责、守土负责、守土尽责。

从点上突破到面上开花（2018 年 7 月 3 日）

伟大的时代激发奋进的力量，明日的梦想更需今日的担当！当前和今后一段时期，是我国朝着"两个一百年"奋斗目标迈进的关键时期和全面建成小康社会的决胜时期，也是学校全面推进"四个一流"建设的重要时期。我们要继续发挥以身作则、率先垂范的模范作用，着眼一流寻突破，立足本职做贡献，凝心聚力推动办学治校由点上突破转向面上开花，推动立德树人由一枝独秀转向繁花满树，推动党建引领由一马当先转向万马奔腾，以"四个全力以赴"统揽"四个一流"建设。

一是全力以赴落实党建对标争先计划。这是高校党建工作的一件大事，全国都在抓。教育部做出了部署，省委教育工委制订了方案，重点实施三大工程：其一，实施头雁工程，对标建设党建工作示范高校；其二，实施示范工程，对标健全党建工作标杆院系和样板支部；其三，实施先锋工程，对标培育党员骨干力量和先进模范。办学治校创一流，党建对标争先进，党委一级有四个对标，对标习近平新时代中国特色社会主义思想，对标党的十九大精神，对标党章党规党纪，对标中共中央、国务院《关于加强和改进新形势下高校思想政治工作的意见》。做到把方向过硬、管大局过硬、做决策过硬、保落实过硬。基层党组织有五个到位，党组织领导和运行机制到位、政治把关作用到位、思想政治工作到位、基层组织制度执行到位、推动改革发展到位。基层党组织是高校全部工作和战斗力的基础，对标中还要做到七个有力。请组织人事处抓紧组织，一定要干在实处、走在前列。

二是全力以赴推进学校大思政工作。思想政治工作是我国高校立德树人的特色，是我国高校立德树人的优势。学校思想政治工作会议没有急着召开，主要是因为这项工作太重要了。其一，国家看得很重，习近平总书记亲自部署。其二，同行抓得很紧，争先恐后推进。其三，学校要求很高，要干就干一流。什么是一流？我觉得至少要做到三点：第一，一定不能上下同粗，以会议落实会议，以文件贯彻文件。第二，一定不能人云亦云，东施效颦，照抄照搬。第三，一定不能言行不一，说一套做一套，好看不好用。这是低要求，也是高标准，简单讲就是要做出理工味道。要连天线，融"三全"育人格局、汇十大育人体系；要接地气，符合实际情况，解决实际问题。要以"理工思政"统筹立德树人全局，推动理工校训、教风、学风全面落实；要以"理工思政"刷新立德树人内涵，推动德智体美劳五育并举；要以"理工思政"打造立德树人品牌，开展教师大比武、学生大比文，美美与共，各美其美。精心制订"思想政治工作质量提升工程实施方案"，系统谋划，统筹推进，全面落实。

三是全力以赴抓好学校"双一流"建设。"双一流"，就是"一流高职院校和一流专业群"建设，是卓越职业院校和示范性特色专业群建设计划的升级版，是"中国特色高水平高职学校和专业建设计划"的预备版，抓好"双一流"建设，是学校"四个一流"建设的核心要义，"四个一流"建设成效如何，最终要体现到"双一流"建设上来。如何抓？一要着力做强专业特色。立足区域产业需求，加快专业优化调整的步伐，彰显学校特色，实现差异化、个性化发展。着眼产业链，做好新能源类专业文章，用好智能制造优势，挖掘电子商务等现代服务类专业特色，把专业建在产业链上；着眼产业园，探索"有核无边"办学模式，把学校办到产业园区；着眼企业生产，对接企业标准，更新教学内容，优化教学手段。二要着力提升师资水平。悉心"内培"，加快中青年教师职业化建设，提升专业骨干教师、教学名师、专业带头人、学术带头人、教研室主任、中层领导干部的素质。当前不少工作已经着手，如青年教师论坛、中层干部务虚、各类教学研讨，如送干部赴金华职院、汽车职院跟班学习，组团赴国外学习考察等，让不优秀的变优秀、已优秀的更优秀。悉心"外引"，充实新鲜血液，加强薄弱环节，改善师资结构；悉心"兼聘"，深化校企合作，加强师资共享，整合社会力量，优化兼职师资。三要加快推进应用科研。要切实用好工程实验室和工程研究中心两块省级科研牌子，要变金牌子为竞争力，更好地服务专业建设、服务企业生产、服务区域发展。四要加强课堂质量建设。课堂是学校育人的主阵地，课堂质量上不去，一流建设从何来？我们的教风、学风是什么？博学博爱、求实求新、勤学勤思、笃信笃行，严管才是厚爱，知行才是真知！一流学校、一流专业，我看，首先应是一流课堂，关键也在一流课堂，要建一流课堂，当务之急是打通教与学的"肠梗阻"，软化知与行的"脑血栓"。

四是全力以赴创建湖南省文明校园。这是"四个一流"建设的题中之义，是"四个一流"的最好诠释、最好展示。"湖南省文明校园"创建，是省文明委组织的，以前文明高校，是教育工委组织的，文明校园创建标准更高、难度更大。创建内容涵盖"领导班子、思想政治教育、活动阵地、教师队伍、校园文化和校园环境"六大建设，涉及办学治校方方面面，全省首批最多十来个指标，从100多所高校中产生，入选必须靠实力、靠实绩。什么是一流？入选自然是一流，响当当的一流。学校已经成立了专门机构，组建了专门班子，各级各部门要对照分工，悉心做好分内事、倾力种好"责任田"，全校上下要千方百计迎难上、一鼓作气拿下来。

省发展改革委胡伟林主任一行深入学校调研指导（理工官微 2017 年 10 月 24 日）

10 月 20 日上午，省发展改革委党组书记、主任胡伟林，副主任童名让，办公室主任吴广君、投资处处长龚新平、就业处处长周建龙、社会处副处长蒋琦、办公室副主任吕炜一行深入我校进行现场调研。校长杨爱云主持汇报会。

叶星成代表学校做了汇报。近年来，学校在省发展改革委党组的领导下，走特色发展之路，形成了一定办学规模，具备了一定办学影响，特别是在推进新能源类专业建设上取得了显著成效。未来五年，学校将按照委党组提出的"四个走在前列"的要求，着力推进"四个一流"建设，即创造一流办学条件，建设一流教师队伍，培养一流应用人才，实现一流内部治理；将按照高校"立德树人"的要求，着力育好"心忧天下、胸怀祖国、情系理工"三种情怀，用好"运动场、图书馆、实训室"三个平台，练好"讲卫生、讲合作、讲自律"三项能力，全面丰富理工特色的育人文化；将按照"全面从严治校"的要求，研究制定校纪条规，着力规范教职工"待人、处事、尽责"等为人师表的日常行为。

童名让听完汇报后，对学校新任领导班子开展的工作给予了充分肯定，认为学校工作有亮点，干部精神状态好，发展构想可操作，并对学校未来发展提出了希望：当前，要把学习贯彻党的十九大精神、学习贯彻习近平总书记重要讲话精神作为统揽学校全局的首要工作来抓，创新办学理念，走特色发展之路；要加强硬件建设，改善办学条件；要加强专业群建设，提高教学质量；要加强教师培训，提高教师队伍水平；要加强教书育人，培养应用人才；要加强现代化管理，提高办学效益。

胡伟林听取汇报后指出，新的党委班子在上届班子打下的基础上，聚人心、谋发展、求实效，省发展改革委党组对学校未来五年的发展构想是赞成的。伟林主任对学校今后发展，提出了明确要求：一是发展要有目标，一年一变样，三年上台阶。目标确定后要付诸行动，特别是要抓好班子和队伍建设，形成核心力量。二是要坚持特色办学之路，持之以恒，形成亮点。要重点加强学科和专业建设，潜心钻研、细心打磨，形成自己的亮点。要加强人才队伍建设，研究出台一些支持人才队伍建设的好政策。三是要抓好内部管理，严肃纪律，严明作风。要传承大学优良精神文化，积淀自己的文化特色，让老师更像老师、学生更像学生。四是要做好学校发展整体规划，分步实施，先易后难，逐步把学校建设成为教育发展改革精品，走在同类学校前列。五是要走应用型人才的办学之路，认真学习习近平总书记十九大报告和系列重要讲话精神，要紧紧抓住立德树人这个根本任务，把青年学子培养成为有用之才。

胡伟林强调，学校建设是国家的事业，是社会的事业，省发展改革委将一如既往支持理工职院的发展建设。他对学校发展提出殷切期望，他希望理工职院的全体教职工奋发向上、积极进取、开拓创新，推进学校教育教学工作不断上水平、上台阶，为湖南经济社会发展做出更大的贡献。

迈开创新引领新步伐（红网时刻 2018 年 6 月 19 日）

这是一个鼓舞人心、催人奋进的故事，这也是一个厚积薄发、凤凰涅槃的故事。

故事的主角是坐落于湖南湘潭的湖南理工职业技术学院（简称"理工职院"），在 6 月初举行的 2018 年全国职业院校技能大赛中，理工职院一举摘得风光互补发电系统安装与调试团体一等奖、制造单元智能化改造与集成技术团体一等奖、光伏电子工程的设计与实施团体二等奖、高校数学建模挑战赛二等奖等四项大奖。

"继去年首获一等奖后，今年学校再获大奖，且批量获奖，实现湖南在这些赛项上一等奖零的突破，这一成绩难能可贵。说其难能，是因为该赛事是中国职业教育的顶级角逐，与全国几十个省精挑细选的近百所学校同台竞技。说其可贵，是因为大赛中获奖的学校，要么是北上广深等大城市的知名院校，要么是省重点扶持的大牌学校，而理工职院只是养在深闺人未识的院校。"谈及学校连获大奖，理工职院党委书记叶星成不无自豪。

读到这里，想必大家都很好奇，是什么让一个名不见经传的地方院校，在职业技能竞赛上脱颖而出，获得如此优异的成绩？逆袭的背后，隐藏着怎样一个让"小家碧玉"快速出落成"大家闺秀"的奥秘？

为解开疑团，红网时刻记者深入理工职院，探寻其立德树人背后的故事。

理工职院："苔花如米小，也学牡丹开"

首先，我们还是来了解一下全国职业院校技能大赛。大赛是专业覆盖面最广、参赛选手最多、社会影响最大的国家级职业院校技能赛事，是职业教育学生切磋技能、展示成果的舞台，也是总览职业教育发展水平的一个窗口。

再来说说理工职院，作为一所正在发力成长的高职后起之秀，理工职院初创于 1978 年，2005 年经湖南省政府批准、教育部备案设立。历史上是煤炭工业领域的学校，原主打专业为煤炭矿山类专业。

因我国能源的转型升级，传统能源进入调控的范围，原主打专业失去生存空间，加之各种因素叠加，一时间，理工职院的发展遭遇"瓶颈期"，在湖南省 70 所高职院校中，一度处于中下游水平。省级示范性职业院校、国家级示范性职业院校、湖南省卓越院校等标签均与其无缘。

2015年学校划归湖南省发展改革委主管，可以说迎来发展的春天。2017年8月，在学校第二次党代会上，省发展改革委副主任童名让代表省发展改革委党组对新一届党委领导班子提出四点希望和要求：一是要在全面从严治校上走在前列；二是要在服务中心大局上走在前列；三是要在推动改革发展上走在前列；四是要在校园文化建设上走在前列。

同年10月，省发展改革委主任胡伟林到理工职院检查工作时，对学校发展提出明确要求：要始终落实立德树人根本任务，把正确政治方向和价值导向贯穿办学治校育人育才全过程；要抓好班子和队伍建设，营造忠诚、干净、担当的干事创业氛围；要坚持特色办学，着力加强特色专业建设，潜心钻研、细心打磨，形成自己的亮点；要抓好内部管理，把学校打造成风清气正、安定团结的模范之地；要坚持德技并修，为湖南产业发展培养一流应用型人才。

面对机遇和挑战，理工职院新一届党委领导班子奋发有为、砥砺前行，进行系列大刀阔斧的改革，构建内部治理新机制，拓宽立德树人新思路，探索有核无边新模式，让沉睡的理工职院焕发出蓬勃生机。

这不，在全国职业院校技能大赛上，理工职院荣获的这批奖项便是最好的注脚。小规模高职院校也有自己的春天。

内部治理新机制：打造不治自理的文明新校园

那么，理工职院凤凰涅槃的密码到底是什么？这从理工职院目前的软硬环境可见端倪。

走进理工职院，优美的校园环境，干净明亮的教学楼，温文尔雅的莘莘学子，时刻透露着一股青春活力。校训石上镌刻着的"明理知行、精工致远"八个大字，跟学校"勤学勤思、笃信笃行"的学风遥相呼应。

都说内因是事物变化发展的根本，具体到学校发展，其关键便是学校领导班子的谋篇布局和老师们的言传身教。真正做到德高为师、身正为范。

审时度势的理工职院班子，以立德树人为根本，以服务发展为宗旨，以促进学生就业创业为导向，提出"突出内涵发展，适度扩大规模，打造全省产教融合样板和发展改革精品"的总体目标。明确创造一流办学条件、建设一流教师队伍、培养一流应用人才、实现一流内部治理的"四个一流"具体目标。

围绕总体目标，理工职院引导全体教职工严以修身、诚以待人、公以处事、乐以尽责，出台《湖南理工职业技术学院教职工行为规范》，其涵盖了个人"修身、待人、处事、尽责"等主要行为，明确了个人思想品德形成、行为习惯养成等基本要求，旨在正风肃纪，凝心聚力，带一流队伍，创一流业绩。

按照"人事统一、责权统一、奖惩统一"的原则不断完善内部治理机制，确定了"4321"治理思路，围绕"四个一流"目标制订了"三年行动计划"，明确了连续两年考核不称职或排位最后的,给予免职或待岗培训处理;凡第二次党代会后,教职工触碰党风廉政建设底线的,实行一票否决,当年考核不称职,校管领导干部当年免职。配套完善教职工绩效考核办法,按照分级负责、分头落实、分类考核的思路,进一步强化目标管理、压实工作责任,旗帜鲜明地扶正祛邪、奖优罚劣,努力形成为干事者"戴红花"、给担当者"开绿灯"、让庸懒者"掉面子"、使捣乱者"丢位子"的动力保障机制。

"在一系列有效规章制度的鞭策下,一年来,全校师生的精神面貌焕然一新,个个都干劲十足。"说起一年来的变化,学校新能源学院院长黄建华由衷表示。

可以看到的是,通过持续开展党风廉政教育和严格执纪问责,学校风清气正,教职员工团结一心、奋勇当先,学校正朝着"不治自理"文明新校园迈进。

立德树人新思路:构建不教自学的育人大课堂

在理工职院,课前一分钟演讲已成为同学们的一项"必修课"。

"课前一分钟的演讲为我们提供了上台表达与表现的机会,大家都很珍惜台上的这一分钟,前期都会精心准备,潜移默化之中,明显感觉到大家的知识面增加了、自信心增强了、表达能力提高了。"理工职院智能制造学院工业机器人专业学生周龙表示。

"这是学校悉心培育学生的自主学习能力和终身学习意识,有效培养学生对学习的兴趣、方法、习惯,真正把'要我学'变成'我要学',打破了课内学习的局限,构建不教自学的育人大课堂的一个缩影。"理工职院党委副书记、校长杨爱云介绍,近年来,为构建不教自学的育人大课堂,学校推出了"三点九条""理工书单""四个一"文化育人活动等系列举措。

"三点九条",即引导学生育好心忧天下、胸怀祖国、情系理工三种情怀;鼓励学生用好运动场、图书馆、实训室三个平台;教导学生练好讲卫生、讲合作、讲自律三项能力。

为引导师生读书明理,学校为全体师生量身打造了"理工书单",这是目前可查的我国首个由校党委审定推出的高校育人书单。在综合世界伟人、能人,特别是湖湘名人书单的基础上,推荐图书156种,引导学生读以修身、读以做人、读以处事,以课外之书辅课内之学,以生活之理长生存之技。

除去"每课一讲",学校还践行"每周一书""每日一记""每人一语"的活动。"每周一书"要求师生每周至少阅读一本书,培养理工师生的书卷气、书香气。活动实施以来,全校读书蔚然成风,一篇篇见解独到的读书心得发表在学校网站上,一次次读书分享会让师生畅谈阅读感悟。"每日一记",要求学生勤学勤思、学有所悟、日有所记,培养学生文字综合能力。近两年来,理工职院学生在各类媒体发表文章达数百篇，且曾多次在省级征文比赛中获奖。"每人一语"，从师生所思所悟所记中，取其精华，编目成册，打造"理工论语"，激励教学相长、师生共进。

杨爱云介绍，随着湖南新一轮产业发展的大调整，新能源产业悄然兴起，与之相应的是，对人才的需求也快速增长。2010 年，理工职院在深入调查研究的基础上，决定重构专业布局，以促进专业优化调整，确定了以新能源专业群为核心的专业发展新方向，从现在来看，学校当年这一转型确实为湖南新能源产业发展培养了大量人才，也为学校今天的创新发展打下了坚实基础。

有核无边新模式：致力不言自明的职教新湘军

如何让职教的"鞋"更合产业的"脚"，也是新一届理工职院班子思考的问题。

"就是要深入贯彻落实十九大报告提出的完善职业教育和培训体系，深化产教融合、校企合作的精神，坚持目标导向、问题意识，紧密对接人才需求，大胆创新办学模式。"叶星成这样表示。

具体说来，就是打破传统的综合性大学办学模式，探索"有核无边"职教新模式。核，指核心校区、核心专业、核心情怀。无边，指校园无边界，园区在哪，学校就延伸到哪；专业无边际，产业需求在哪，专业供给就在哪；治理无边限，文化引领，制度约束，不治自理，不教自学。

值得一提的是，理工职院已与株洲中国动力谷园区开展合作，并签订合作办学协议。由园区提供办学场地，学校在园区开办理工职院动力谷分院，依托园区提供的办学保障条件及德国双元制办学标准、德国莱茵科斯特有限公司等相关资源，打造富有德国双元制、现代学徒制特色的分院，培养中国制造 2025 所需的高素质、高技能、具有国际化视野的应用型技术人才。

"目前，动力谷分院正在加紧建设，今年 9 月便可投入使用。"学校智能制造学院院长何瑛介绍，与株洲中国动力谷园区开展合作，是一个多赢的举措。这是党的十九大召开后，省内职业院校与园区开展深度合作的经典范例，在为企业提供高技能、具有工匠精神的技工之时，也能使学校的办学水平和毕业生就业率得到快速提升，而且不会因此增加学生任何负担。

除与园区合作办学外，学校还与大型企业合作，把教学班级办在厂房。2016 年 8 月，学校与德国舍弗勒（湘潭）有限公司达成协议，开展校企合作，学校和企业共同完成招生、招工，在新生中选拔优秀学生组成"舍弗勒班"，该班级学生每学期大部分的教学项目都在舍弗勒（湘潭）有限公司的车间内进行，学员经过学校和培训中心三年的"双元制"培训，通过德国工商行会 AHK 组织的毕业考试后，颁发德国 AHK 毕业证书，随后进入德国舍弗勒集团湘潭生产基地就业。

同时，理工职院正深化职业教育人才培养模式改革，探索提出"1＝1+1+1"的全新办学思路。其中，"＝"前的"1"指"一流学校"。"＝"后三个"1"指"三年学制"，就是针对专业与产业、职业岗位对接不够紧密，专业课程内容与职业标准对接不够严密，教学过程与生产过程对接不够灵活等问题，着眼长株潭，探索协同育人格局，将立德树人根本任务落实到每个学年、每个学点，立足核心校区办大学一年级，着重育德学文化；立足合作校区办大学二年级，着重动手学技能；着眼长株潭企业为主顶岗办大学三年级，坚持工学结合、以工促学，实现真正意义上的产教融合、校企合作，优化办学资源，提升办学格局。

按照"学校紧密对接产业园，专业深度融入产业链"的思路，目前理工职院已与湘潭协同建设湖南省公共实训基地，与株洲携手打造动力谷分院，与长沙积极谋求产教融合新突破，"有核无边、协同育人"的职教新模式呼之欲出。

【红网记者　刘玉先】

第二编 培特色，锻长板
——全面创新办学治校

　　始终把高标准争先创优、争先求进作为班子工作难中之难来推，"苔花如米小，也学牡丹开"。

第一辑
办不一样的学校

新理念凝心聚力
新行动攻坚克难
新考核提质增效

【星愿心语】*

新理念凝心聚力

　　坚持理念先导，用新思路谋新出路。悉心勾画以自信为内核的教育愿景，对标"四个走在前列"的要求，聚力"四个一流"的建设，奋进"百年老店"的目标，奋力"办好理工一点，带动教育一线，影响产业一片"。倾情营造以自律为内核的校园文化，"以公为先、以校为家、以师为尊、以生为本"，打造"不治自理文明新校园"，构建"不教自学育人大课堂"，致力"不言自明职教新湘军"。着力弘扬以自强为内核的理工精神，"自信满满、永不放弃，自强不息、永不放任，自律坚守、永不放纵""立报国之志、学一技之长、明读书之理，做社会主义建设者和接班人"，办不一样的学校，培不一样的老师，育不一样的学生。

---

* 第二届党委班子任期述职报告摘要（2022年8月5日）。

新行动攻坚克难

　　坚持特色引导，用新办法求新突破。大学之大需要"大师"，紧紧围绕新时代追梦特征，全面整合人力资源，进行全校人岗适配新调整，统筹推进管理队伍年轻化建设、教师队伍专业化提升、辅导员队伍规范化改善和后勤队伍人性化引导，能下能上，有进有出，人尽其才，才尽其用，力促以"理工大师"为代表的队伍建设面目一新，极大地挖掘了干事潜力、激发了创业活力。大学之大也要"大楼"，充分用好省发展改革委主管特长，全面争取资金支持，抓住了重大项目建设新机遇，完成了实训基地落成、校园路面提质、雨污管网改造，启动了多能互补集成优化项目，开始了南北校区连片建设工程，力促以"新能源大楼"为标志的设施建设焕然一新，极大地改善了办学条件、增强了办学实力。大学之大还需"大改"，主动对接长株潭产业特色，全面深化职教改革，探索了"有核无边"办学新模式，与株洲动力谷园区合力组建动力谷分院，与湘潭九华经开区联手组建九华分院，真正实现了将学校办进产业园区、把专业建在产业链上、让课堂走进生产车间的目标，以"三教大改"为方向的学点建设耳目一新，极大地密切了校企合作、深化了产教融合。

新考核提质增效

坚持实绩向导，用新作为励新担当。建立了"事有人管、人有事干"的内控机制，因事设岗，因岗设考，系统构建"4321"治理机制，围绕"四个一流"建设目标，实施"三年行动"，编制年度计划，任务落细、落小、落地，责任到岗、到人、到位，让各级、各部门、各同志有稳定心理预期、确定努力方向和恒定价值追求，繁而不乱、忙而有序。强化了"不进则退、慢进亦退"的竞争态势，明确连续两年考核不称职或排位最后者给予免职或待岗培训处理，触碰党风廉政建设底线的一票否决，当年考核不称职。连续两年末位淘汰机制是学校不治自理的灵魂，给躺平者施压，为后进者鼓劲，你追我赶、互促共进。凝聚了"有为有位、实干实惠"的广泛共识，幸福是奋斗出来的，欲求幸福者、须下苦功夫，人生出彩贵一实，名副其实考为据，实至名归奖以励，优则优先，同等条件下，优先享受推优、转岗、提拔、晋级，正向激励助跑一流建设，典型示范引领高质量发展。

【微课链接】

国学研修培训班结班仪式

用国学之光照亮奋进路（2018年7月20日）

为期四天的国学研修培训就要结班了，四天来，我们系统聆听了雷磊、周骅、仁仁、孝听、代湘等几位大师关于《论语》《道德经》《易经》等先秦经典的精彩讲授，刚才又听到几位学员分享了学习体会，很受启发，很受教育。下面，我结合学校当前工作，汇报几点思考感悟：

一、大学问激发小宇宙，更好地为人师表

"人之初，性本善"，人与人的差别在于对"善"的悟与不悟。"胜人者有力，自胜者强"，有的人一脑子"浆糊"，稍经点拨便可一脑子灵光；有的人一肚子"坏水"，稍经点化便是一肚子才华，这种点拨、点化，便是觉悟、觉醒。国学是门大学问，经史子集，大都以修身作为逻辑起点，以自律作为人生信条，自小以成其大，自危以保其安，自律以率其众，微言大义，言简意赅。为人师表，身教重于言传，育人首在律己。通过对国学的学思践悟，我们更加懂得了自律的弥足珍贵：必将更加自觉地践行"理工九条"，融入血液、深入骨髓、惩前毖后、见贤思齐，内化于心、外化于行，严以修身，诚以待人，公以处事，乐以尽责；必将更加自觉地参悟"理工书单"，读书明理，养文化自信，拓知识视野，长人生智慧，知书达礼，修身、做人、处事，做到有情、有义、有恒，无惑、无忧、无惧；必将更加自觉地落实"理工育人"，以身作则，率先垂范，坚持"每周一书、每人一语、每课一讲、每日一记"，多看、多思、多说、多写，"学而不厌，诲人不倦"。

二、大视角看清大问题，更好地立德树人

辨真伪，明是非，事与事的差别在于对"理"的识与不识。"观一叶而知秋至，闻燕啼而知春来"，有些事情，有时眼见为实，耳听亦为实。"远看山有色，近听水无声。春去花还在，人来鸟不惊"，有些事情，有时眼见为虚，耳听亦为虚。纷繁世界，千变万化，"道可道，非常道；名可名，非常名"。国学是个大视角，诸子百家，告诉我们从不同维度、不同视角洞悉万物精微、察看万事肌理，慎思、笃行、明辨，不至于一叶障目、不见泰山。立德树人，注重德技兼修，坚持以德为先。通过对国学的学思践悟，我们更加懂得了"持中守正、顺时顺势"的道理：必将更加自觉地看齐党中央，在政治上保持同向，思想上保持同心，步调上保持同频，行动上保持同力；必将更加自觉地看重少数意见，"积土成山，风雨兴焉；积水成渊，蛟龙生焉；积善成德，而神明自得，圣心备焉""勿以恶小而为之，勿以善小而不为"；必将更加自觉地看好新生事物，"周虽旧邦，其命维新""苟日新，日日新，又日新""不日新者，必日退"。创新是引领发展的第一动力，我们学校要实现一流目标，必须走创新发展之路，唯有创新，方可引领。

三、大课堂提升新理工，更好地办学治校

"无为，而无不为"，为与为的差别在于对"道"的明与不明。无为，不是不作为，而是不私为、不妄为，为而不恃，为而不争；无不为是无为的全面推演和必然结果，"不要人夸颜色好，只留清气满乾坤"，以无为的态度尽力而为。国学是个大课堂，道家综罗百代，集古圣先贤之大智慧；广博精微，以"道"为世界之至理，"去甚、去奢、去泰"。办学治校，必须把握教育内在规律，坚持因时、因地制宜。通过对国学的学思践悟，我们更加懂得了"无为，而无不为"的道理。必将更加自觉地打造不治自理的文明新校园，坚持人事统一、责权统一、奖罚统一，坚定不移地落实学校"4321"内部治理新机制，为干事者"戴红花"，给担当者"开绿灯"，让庸懒者"掉面子"，使捣乱者"丢位子"，不折腾而有预期，不沉闷而有活力，不偏爱而有温情；必将更加自觉地构建不教自学的育人大课堂，坚持有教无类、因材施教和以文化人，引导学生育好三种情怀——心忧天下、胸怀祖国、情系理工，用好三个平台——多用运动场、善用图书馆、勤用实训室，练好三项能力——讲卫生、讲合作、讲自律，立报国之志，学一技之长，明读书之理，做社会主义建设者和接班人；必将更加自觉地致力不言自明的职教新湘军，坚持目标导向、问题导向和结果导向，深入贯彻落实党的十九大精神、省发展改革委"四个走在前列"要求和学校第二次党代会精神，悉心打造全省产教融合样板和发展改革精品，积极探索并有序推进"有核无边、协同育人"职教新模式，有情怀而不趋利，有底线而不媚俗，有主见而不跟风。

同志们，教书育人，关键在书，根本在人。学校党代会期间，我写下了一首小诗，名曰《惜缘》："红尘大美处相知，人生高潮忘我时。不是因缘谁际会？莫道南北与早迟。"此诗特别强调了人的重要性。人事人事，事在人为。学校推进"四个一流"建设责任重大、使命光荣、任务艰巨，要实现这一宏伟目标，非上下同心不可，非左右协力不可，非无私忘我不可，非惜缘重情不可。我对我的班子成员说："讲原则、重感情、干实事，建设一流新理工，首在谋求理工新幸福，应把每一位理工人当作家人一般用心关怀、悉心呵护，努力营造校尽其能、人尽其力、同工同酬、共建共享的良好工作氛围，这是理工文化的核心要义，也是理工治理的价值追求。"

40 周年校庆暨 2019 年元旦晚会

四十不惑，百年长新（2018 年 12 月 29 日）

今晚，在这辞旧迎新、继往开来的美好时刻，我们满怀喜悦、欢聚一堂，共贺 2019 元旦佳节，同庆理工建校 40 周年。首先，我谨代表学校向大家，向长期以来关心支持学校发展的各位领导、同仁、校友和社会各界朋友，向学校历届领导班子成员，向不畏困苦、艰难创业的离退休老同志，向乐于担当、兢兢业业的全体教职员工，向明理知行、精工致远的全体青年学子，表示最衷心的感谢和最诚挚的祝福！

四十载栉风沐雨，四十载砥砺前行。回顾过去，学校艰难曲折之路历历在目：从 1978 年两间陋室白手起家创办"楠大"干训班，到 1982 年煤炭干部中专艰难组建；从 1994 年改头换面为湖南工业职工大学，到 1999 年面向社会招生三年制高职；从 2005 年鸟枪换炮升格为高职院校，到 2015 年改换门庭划归省发展改革委全新启航，酸甜苦辣、难以尽言，个中况味、冷暖自知。"其作始也简，其将毕也必巨"，40 年来，一代代理工人自信满满、永不放弃；40 年来，一代代理工人自强不息、永不放任；40 年来，一代代理工人自律坚守、永不放纵。这是理工人最宝贵的精神财富，这是理工人倍感自豪的经验传承，艰难困苦、玉汝于成，不忘初心、方得始终。

四十载弹指一挥，四十载人生不惑。展望未来，领导"走在前列"告诫谆谆在耳：去年学校第二次党代会上，名让副主任受伟林主任委托，代表委党组要求学校"在从严治校上走在前列、在服务中心大局上走在前列、在推动改革发展上走在前列、在校园文化建设上走在前列"。新一届党委"苔花如米小，也学牡丹开"，牢记党组嘱托，倾情创新引领，提出了"创造一流办学条件、建设一流教师队伍、培育一流应用人才、实现一流内部治理，打造全省产教融合样板和发展改革精品"的奋斗目标，力争办好理工一点、带动教育一线、影响产业一片。有志者事竟成，苦心人天不负，班子自我加压、迎难而上，极大地提振了人心、拓展了人脉、聚集了人气。

四十载春华秋实，四十载破茧成蝶。做好当前，学校"四个一流"建设崭露头角：全校上下有情怀而不趋利、有底线而不媚俗、有主见而不跟风，各项工作不折腾而有预期、不沉闷而有活力、不偏爱而有温情。出台"理工九条"，营造自律文化，建立"4321 内部治理"新机制，抓班子带队伍，悉心打造不治自理文明新校园。出台"理工书单""理工思政"，推出"五育并举"立德树人新举措，传道授业解惑，悉心构建不教自学育人大课堂。坚持开放办学，深化产教融合，探索"有核无边"办学新模式，组建动力谷分院、京东学院，推广舍弗勒现代学徒制，悉心致力不言自明职教新湘军。一年多来，校园越来越美、人心越来越齐、魅力越来越足、影响越来越大了。一年多来，两大特色专业群入选全省一流，一批国省技能奖收入囊中，一大批教改项目相继立项，一大批名师高徒脱颖而出，一大批主流媒体高频关注。"历尽天华成此景，人间万事出艰辛"，一年多来，全体理工人在耕耘中苦并收获着、在奋进中痛并快乐着。

各位领导、嘉宾、老师、同学们，回首来路近，凝眸前程远；时代育新人，百年培老店。2019 年的航船即将起锚，新中国七十华诞迎面而来，新理工匠心传人呼之欲出，让我们更加紧密地团结在以习近平同志为核心的党中央周围，深入贯彻全国、全省教育大会精神，全面落实立德树人根本任务，让我们共同欢呼，共同歌唱，祝愿祖国繁荣富强！祝愿理工更加美好！祝愿各位幸福安康！

全省职业教育发展战略研讨会

致力不言自明新湘军（2019年1月16日）

我立足湖南理工职院办学治校，谈几点粗浅认识。从国家层面上说，职业教育大有作为。新时代职教发展春潮涌动，有四大新气象突显：一是党的十九大重点部署，二是习近平总书记主持研究，三是教育厅倾情推进，四是高职院校争先求进。新时代职教改革印象深刻，有四大新亮点呈现：一是优化学校专业布局，抓得很紧；二是社会多元化办学，抓得很新；三是职教集团发展，抓得很实；四是双元育人与国际办学，抓得很响。职教改革意见稿美中不足的是，育人分量还可以重一些。就湖南职教而言，应因势利导大刀阔斧推改革、顺势而为精雕细刻促发展。

一、登高望远，提升湖南职教新坐标

以更高的目标追求定位湖南职教新发展，不自足于小富即安，不自惭于事微言轻，不自误于安常守顺。

一要实至名归，名正更加言顺。正名，就是要打造职教湘军，如同广电湘军、出版湘军一样，成为湖南发展新名片。2018年，湖南技能竞赛金牌数全国第三、奖牌总数全国第一，教学成果奖全国第五，教师职业能力比赛全国第四，示范专业点全国第二，现代学徒制试点单位数全国第五。打造职教湘军实至名归、众望所归，可以更好地凝人心、聚人气，更多地上项目、争资金，更大地干事业、做贡献。

二要名副其实，有位更能有为。位和为是蛋与鸡的关系，虽分不出孰轻孰重，但绝对是相辅相成的，有其位更助其为。打造职教湘军，就是要给湖南职教更高站位，助湖南职教更大作为。

三要以教促产，兴产更需兴教。发展是第一要务，创新是第一动力，人才是第一资源。产教落，全盘活，湖南建设经济强省，抓发展必先抓经济，强经济必先强职教，这是绕不开的话题。打造职教湘军，就是为了更快抢占先机、更好推动发展。

二、正本清源，刷新湖南职教新内涵

以更实的办学举措规范湖南职教新发展，不舍本逐末偏方向，不华而不实搞形式，不舍近求远忘初心。

一是立德为先，落实立德树人不走偏。为党育人、为国育才，是高职院校立校之本；立德树人、教书育人，是高职院校办学之责。办职业院校，必须德技兼修、以德为先，只有德立心田，才会技行天下。高职院校不能办成社会上的驾校，不能办成社会上的特长班。技能包打天下，学校将失去价值感，学生将失去自豪感。湖南理工职院，始终把立德摆在重要位置，融"三全"育人格局、汇十大育人体系，出台了立德树人顶层设计，精心推出"理工思政"二十大精品育人活动，打造全国第一个育人书单，全面开展每周一书、每人一语、每课一讲、每日一记"四个一"文化育人活动，将办学方向牢牢抓在党委手上。

二是立技为要，深化产教融合不放手。立技，是高职院校的初衷，是高职学生的使命。立技为要，不在于老师授业解惑多少，而在于学生学以致用多少，学而无用如同白学，知而不行等于未知。学而有用、知而能行的关键环节，就是产教融合、校企合作，就是理实一体的深融深合、校企一家的真融真合，而不是口头上说说、文件上写写、柜子里放放。湖南理工职院着眼"真、深"二字，狠做融合文章，提出了"师资、课程、基地、文化、证书、科技"六大融合新思路，推出了"1＝1+1+1"学制改革新模式，开创了"1+1+1"课堂建设教学包，创建了动力谷分院、京东学院等校地合作、校企合作新平台。

三是立足为重，彰显湖湘特质不言弃。"只有民族的才是世界的"，换句话说，"只有区域的才是大众的"。打造职教湘军，就是要把湖南职教做出湖南味道。这个湖南味道，就是要更多着眼湖南产业建专业，更多着眼湖南企业促就业，更多着眼湖南文化育特质。湖南理工职院围绕"三个着眼"，狠做湖南文章，我们提出了湖南特质的理工人文精神——自强不息、自信满满、自律坚守。我们提出了湖南特质的理工职业情怀——勤学、俭朴、乐观、诚信、合作、自律、敬业、专长、创新，融合了湖南人吃得苦、耐得烦、霸得蛮等经世致用、敢为人先的人文特质，我们专业建设、就业引导的湖南气息也日渐浓厚，就是要把湖南理工职院办成湖南的理工职院。

三、创新引领，夯实湖南职教新基础

以更新的改革思路谋划湖南职教新发展，不墨守成规、故步自封，不人云亦云、一味跟跑，不人浮于事、得过且过。

一应着眼竞争力提升，大手笔整合高职专业。要走在全国前列，需干在湖南实处。湖南职教的实处是什么？最实不过专业！学校好大都因为专业好，一般专业强学校才强，做湖南职教，重在做强湖南职校，做强湖南职校，首在做强职教专业。从我个人来看，湖南职教的主要问题：一是职校数量太多，办学条件参差不齐，办学水平良莠不齐。二是专业总体低位，"大路"专业较多，产业支撑不大；新型专业较少，产业引导不强。三是课程建设滞后，教学生产对接不紧，存在学非所用、学不能用的问题。进一步提升湖南职教全国竞争力，我们应该坚持全省一盘棋，统筹做好学校整合、专业优化、课程提质文章。可以合并同类项，探索组建2~3个职教集团，组建若干专业学院，打造职教命运共同体。这个集团是利益共享、责任共担的法人实体，可以撤迁并转、校区联片，也可以因山就势、一核多点，不管哪种形式，就是要减数量、提质量，就是要减重构、做精尖，就是要更管用、更实用。湖南理工职院"有核无边、协同育人"模式下的专业学点，放大了相当于职教集团下的专业学院。

二应着眼培养力提升，大力气规范高职办学。没有规矩不成方圆，国家职教改革方案指出，职业教育与普通教育是两种不同的类型，具有同等重要的地位。职教应有职教样子，职教应有职教标准。国家明确了职教是一种类型，但职教类型办学标准是什么并没有说明，因此就应抓紧研究出台，不能各吹各的号各唱各的调，有的像大学，有的像驾校。湖南理工职院做了一些努力，我们推出了"1+3"顶层设计，"1"就是"4321"综合治理体系，"3"就是"理工思政"（二十大精品育人活动）、"理工产教"（六大融合）、"理工书单"（156本，每周一书）；我们推出了"理工章程""理工九条""理工九理""理工五问"等，办学有据可查，治校有规可依，立德有章可循，树人有的放矢。师生有恒定心理预期、价值追求和作息安排，忙而不乱、井然有序，痛而不言、责之有归、罚而无怨、言之有预。

三应着眼执行力提升，大视野配强高职班子。火车跑得快全靠车头带，学校办得好要靠班子搞。学校问题，大多是班子问题，要么不强，要么不和，班子不凝心，队伍不聚力。人心齐泰山移，二人同心其利断金，这个"齐"与"同"，有个人素养问题，也有班子配备问题。理工职院这几年发展快，感谢省委、省发展改革委对学校班子建设的用心给力。理工新班子，我和爱云校长都是新手。两新手办职教是有"短板"的，但也有长项，我们一个来自省直，一个来自地方，省地合力，推出了动力谷分院，我们一个熟悉规划，一个熟悉组织，党政合力，推出了立德树人系统谋划，提出了队伍建设全新思路。高职院校最能锻炼人，全省几十所高职院校，一校一方案最强最优配备，70所高职院校就是70个人才摇篮，产教互通、校地互通、校企互通，这些人聚是一团火，散作满天星，利在职教，功在全省。一箭双雕，何乐不为？

省发展改革委主题教育学习班

推动全面深化改革落地生根（2019年6月20日）

习近平总书记指出："改革重在落实，也难在落实。当前我国改革到了愈进愈难、愈进愈险而又不进则退、非进不可的关键时刻，能否坚定信心、凝聚共识、攻坚克难，确保各项改革举措落地生根，直接决定着改革成败。""改革要聚焦、聚神、聚力抓落实，做到紧之又紧、细之又细、实之又实。"①

习近平总书记强调："改革推进到今天，比认识更重要的是决心，比方法更关键的是担当。领导干部要把抓改革作为一项重大政治责任，争当改革促进派、实干家。什么是改革促进派、实干家？拥护改革、支持改革、敢于担当的就是促进派，把改革抓在手上、落到实处、干出成效的就是实干家。党委主要负责同志要把改革放在更加突出位置来抓，既要挂帅、又要出征，亲自抓、带头干，勇于挑最重的担子、啃最硬的骨头，做到重要改革亲自部署、重大方案亲自把关、关键环节亲自协调、落实情况亲自督察。健全正向激励体系，着力强化敢于担当、攻坚克难的用人导向，把那些想改革、谋改革、善改革的干部用起来。"②

我结合学校实际和学习主题，从"找差距、抓落实"两个方面，谈点体会。

一是找差距。学校差距在哪里？我形象地说，就是"小老弟"，由于历史原因，长期缺乏投入，学校发展总体滞后。说其"小"，不仅办学规模小，在校学生6500人，比全国平均水平低，而且校园面积小，全校100多亩分布3地，互不相连；说其"老"，办学历史不短，设施设备陈旧；说其"弟"，办学实力较弱，2017年在全省排名靠后，队伍也不自信，缺乏争先求进的勇气，不敢往前站。

二是抓落实。在省发展改革委党组的重视支持下，学校新班子内强素质、外树形象，有的放矢开展了一系列大刀阔斧的改革和精雕细刻的谋划，力促学

---

①　中共中央宣传部. 习近平新时代中国特色社会主义思想学习纲要［M］. 北京：学习出版社，人民出版社，2019：91.

②　中共中央宣传部. 习近平新时代中国特色社会主义思想学习纲要［M］. 北京：学习出版社，人民出版社，2019：91-92.

校步入全面发展快车道。形象地说，这就是"高大上"。

说其"高"是指省发展改革委党组工作要求高。其要求学校在"从严治校、服务中心、发展改革和校园文化"四方面走在全省高职院校前列，走在全省教育行业前列，简称"四个走在前列"。新班子对照党组要求提出了"创造一流办学条件，建设一流教师队伍，培养一流应用人才，实现一流内部治理，打造全省产教融合样板和发展改革精品"的全新蓝图，提出了"构建不治自理文明新校园、不教自学育人大课堂和不言自明职教新湘军"的全新理念，提出了"办好理工一点、带动教育一线、影响产业一片"的全新担当。

说其"大"是指学校改革力度大。六大改革举措力推学校加快发展。

第一，约法九条，系统构建学校内部治理新机制。我们推出"理工九条"，作为全校教职工行为规范，工作千万条，规矩第一条。"四个一流""三年行动"、两轮淘汰、一票否决，"4321"四位一体，互促共进，正风肃纪，凝心聚力。九条是红线、底线、标线，触碰不得。触碰了，年度考核不合格，绩效工资受影响，工作岗位要调整。这是学校"不治自理"的内核，将规矩摆在前面，让自觉成为常态，全校上下、行业内外广泛认同。"理工九条"推出一年，教育部制定"教师十条"。

第二，革故鼎新，全面重构学校专业建设新布局。学校有能源由来、能源基础，一直主打能源牌。从国家层面来看，新能源专业方向没有错，从湖南层面来看，全校办能源路子行不通。新能源资源不是湖南长项，目前，新能源产业也不是湖南强项，湖南本土新能源企业不多，基础不牢，地动山摇。本着立足湖南、服务湖南的初衷，党委因时而进、因势而变，及时调整专业定位、重构专业布局：对接制造2025，组建了全省第一个单体智能制造学院；整合风能、太阳能专业，组建了全省第一个单体新能源学院；统筹文科专业，组建了全省第一个单体管理艺术学院，三足鼎立，名副其实，各展所长，立竿见影。当年全国技能大赛，智能制造学院一举斩获一等奖，新能源学院囊括一等奖、二等奖，新能源技术应用、装备制造专业群获批湖南省高职一流特色专业群建设立项，管理艺术学院与京东云携手组建湖南省首个"京东学院"，学校活力全面激发，面貌焕然一新。

第三，推陈出新，积极探索学校"有核无边"新模式。长沙新区筹划，望城生态农庄那块地落空后，立马提出"有核无边、协同育人"思路，转向株洲、湘潭，布建"小而精"专业学点，组建动力谷分院、九华分院，将学校办进产业园区，把专业建在产业链上，让课堂走进生产车间。动力谷分院已运作一年，九华分院开学在即。这一模式校地协同、命运共同，不求所有、但求所用，简单易行、管用实用。这是全国职教的重大创新，极大地丰富了办学内涵，拓展了办学空间，提升了办学格局，得到了省委改革办、省教育厅及相关各方的充分肯定。

第四，顶天立地，悉心铸造学校立德树人新品牌。融汇"三全"育人格局、十大育人体系，推出《思想政治工作质量提升工程实施方案》，重点实施对标争先、思政半月谈等二十大精品育人活动，系统建设"信念、书香、精美、自律、幸福、出彩"六大特质理工。按照"三年学制、每周一书"规模，推出全国高校第一个由党委审定的育人书单"理工书单"，发起"湘潭十大高校读书联盟"，引导学生修身、做人、处事，读书明理、知书达礼。"千里马"助学立项为全省高校思政工作精品项目，"四个一"文化育人立项为全省大学生思政教改创新项目，"理工书单"入选全省优秀思政成果。

第五，开源节流，着力推动学校办学条件新改善。投资近亿元，高标准建设公共实训基地，这是全省高职院校最大单体实训建筑，年底投入使用。投资千万元，建设"多能互补、集成优化"教育教学示范项目，这将是我省功能最完备的新能源教培基地。启动"精美理工"建设，完成道路沥青化改造，完成校园景观化提质，完成学生宿舍楼改造，办学条件全面改善。学校多年获评湘潭市高校城市管理第一名，获评湘潭市平安高校。2018年，学校获评首批"湖南省文明校园"。

第六，能上能下，全面激发学校队伍建设新活力。坚持全校调配、以岗定人、人尽其才、才尽其用，统筹推进学校三支队伍建设。着眼服务增效，加强管理队伍建设，完成第六轮中层干部选聘，加大年轻干部使用培养力度，中层正职"80后"占比1/3，居全省高职院校之首。着眼教书赋能，加强教师队伍建设，将最优秀教师特别是教授转入教学队伍，让最好的老师培养更好的学生。着眼育人提质，加强辅导员队伍建设，拓宽晋升通道、落实政策待遇，让辅导员安心乐业、静心育人。队伍建设立竿见影，学校干事创业、争先求进氛围日趋浓厚。

说其"上"是指发展势头蒸蒸日上。2018年，教育部三项大奖，全国近1500所高职院校，学校由榜上无名跃入前150名，在全省70多所高职院校排名中，位居第十，学校办学治校成效显著。

防疫领导小组视频会

坚决守住理工职院这道防线（2020年2月1日）

今年春节，因为严峻的疫情防控形势而显得非同寻常，今天，借助学习强国平台，紧急召开学校疫情防控领导小组视频会议，主要任务是进一步贯彻落实党中央、省委、省政府、省发展改革委、省教育厅以及湘潭市等一系列防控要求，进一步明确当前防控任务，压实学校防控责任，确保全校师生生命安全和身体健康。

刚才，防控办对近期工作进行了通报，对下步工作进行了安排。校长通报了学校疫情，明确了责任分工，提出了工作要求，我完全赞同。在此基础上，我再强调三点。

一、要切实提高政治站位，凝心聚力防疫

一是要统一思想认识。全校各级党组织、各部门单位，全体党员和广大师生，一定要把思想高度统一到习近平总书记关于"坚决打赢疫情防控阻击战"的重要指示上来，统一到党中央、国务院重大部署上来，统一到省委、省政府、省发展改革委、省教育厅和湘潭市一系列工作要求上来，坚定信心，同舟共济，科学防治，精准施策。打赢这场阻击战，我们要充分发挥好党支部的战斗堡垒作用和共产党员的先锋模范作用，要让党旗始终高扬在防疫决战的第一线。

二是要跟紧学校部署。春节以来，学校根据上级要求，结合单位实际，出台了一系列防控文件，做出了一系列防控部署，采取了一系列防控举措，包括成立防控领导小组、防控维稳专班、分栋轮流值守等等。请大家密切关注动态、积极跟进部署、切实抓好落实。

三是要服从组织安排。疫情就是命令，防控就是责任。我们将在这场严峻斗争的实践中考察识别干部、激励引导干部、教育培养干部。请组织人事处全程参与，开设党员先锋岗，对危难时刻挺身而出、主动请战、扎实工作的员工要心中有数、记录在案。请纪检监察处全程参与，制订专项督导方案，对在防疫工作中推诿扯皮、敷衍塞责、失职渎职的员工及时教育提醒、严肃执纪问责。全体党员干部要时刻准备，坚决服从组织安排，严格遵守组织纪律，关键时刻站得出、顶得上。

二、要全面压实工作责任，尽心尽力防疫

一是要各司其职，不撂挑子。领导小组、党委班子成员和中层主要负责同志全部进来了，校长对几大块工作进行了明确分工，下一步还将完善防控预案，进一步细化，请大家守土有责、守土负责、守土尽责，牵头的要切实牵起头，配合的要尽力真配合。我和校长负责总调度，各口请示报告事项请校长协调，重大事项我和校长与相关同志酌定，请大家群策群力，积极建言。

二是要科学谋划，不打乱仗。凡事预则立，特别是校防控办的工作，要尽量想早一些、想细一些、想深一些，忙却不能乱，急却不要躁，少打无准备的仗。人员调度方面，要合理安排，宜精不宜多，宜散不宜合，能电话处理的尽量不见面，能分头办好的最好不扎堆。

三是要精准上报，不摸脑袋。疫情日报告、零报告、多口报告，是一项非常重要的日常工作，大家一定不要懒、不要烦、不要错。信息摸排要横向到边、纵向到底，全覆盖、无死角，要按程序报，要按时间报。教职工及学生总数要核准，日报动态数字要真实。各分管领导要签字把关，不能当甩手掌柜。

三、要始终坚持理性防控，以身作则防疫

一是要加强自我防护。这个病毒通过飞沫接触传染，潜伏期长，传染性强，无论是线下工作还是线上工作，所有人都要切实做好自身防护，无事不出门，出门戴口罩，进门勤洗手。在校区防控一线工作的同志尤其要注意，不仅要牢记戴口罩，而且一定要把口罩戴好。

二是要保持头脑清醒。一方面，不信谣、不传谣，更不能造谣。多关注权威媒体，不理睬小道消息，多传播正能量，不发布负面消息，更不要道听途说、以讹传讹。无论疫情有多复杂、形势有多严峻，坚决打赢这场阻击战，相信我们能够打赢而且必须打赢，这是毋庸置疑的，大疫当前显担当，越是困难越向前。请宣传部做好舆情监控，及时提醒。另一方面，不跟风、不抢购，更不要浪费。现在社会上有的人听风就是雨，病急乱投医，目前这个病是没有特效药的，最有效的防控就是远离高危人群，待在家里少出门。还有就是口罩，疫情重灾区最紧缺，比我们更需要，大家要换位思考，能省则省。

三是要注意量力而行。这场战"疫"是一场阻击战、歼灭战，也是一场全民战、心理战，决战决胜绝不是一天两天的事，可能十天半月、一年半载甚至更长，我们要有打持久战的准备、要有跑接力赛的准备。大家在工作中既要尽力而为，也要量力而行，工作不能断，人员可以换。请大家一定要劳逸结合、保重身体，记住，我们是一个团队在战斗。

党委理论学习中心组视频会

确保师生生命安全万无一失（2020年2月17日）

今天，在疫情防控工作最吃紧的关头，学校召开党委理论学习中心组视频学习会议，主要任务是深入学习习近平总书记关于坚决打赢疫情防控阻击战系列重要讲话，贯彻落实党中央、国务院以及教育部、省委、省政府防疫重大决策部署，扎实推动学校防控工作深入开展。

刚才，同志们进行了专题领学、中心发言，校长对学校下一步防疫工作提出了要求，我完全赞同。做好疫情防控工作，重在群防群控，贵在联防联控，实在技防技控，难在严防严控，我们必须坚决服从党中央统一指挥、统一协调、统一调度。下面，我就进一步落实党中央部署，切实做好学校防控工作，再强调三点。

一、务请"重看"，绝不能掉以轻心

一要充分认识防疫的严峻性。这次病毒有几个显著特点：潜伏期长，有症状传染，无症状也传染，明枪易躲，暗箭难防；传染性强，飞沫传染，接触传染，聚集性传染，迭代性传染；破坏力大，危害身体健康甚至生命安全，波及经济发展甚至社会稳定；影响面广，已成为全人类的公敌。危害前所未有，我们不应不重看。

二要充分认识防疫的复杂性。这次疫情防控，令人欣喜，也令人隐忧。欣喜的是，围点打援战略卓有成效。隐忧的是，疫苗研发仍需时日，当前防控仍处在阻断病源、支持治疗的治标阶段。未来防控，还可能面临新的挑战：要防疫区输入还要防本地扩散，要防确诊新增还要防死灰复燃，要防原生病毒还要防病毒变异。形势错综复杂，我们不可不重看。

三要充分认识防疫的艰巨性。未来防疫难度必须站在大背景下看，当前和接下来，防疫工作相继面临单位上班、企业复工、学校开学等全新环境，防控难度乘数增加。特别是高校，生源广，人数多，隐患大，无论是防控物资需求，还是防控日常管理，绝非学校单打独斗可敌。不怕一万，就怕万一，学校出事，非同小可。防控任重道远，我们不能不重看。

二、务请"严防"，绝不能高枕无忧

一要凝心聚力防新冠。停课不停教，现在不少老师已全身心投入网络教学。

我要特别提醒班子成员和各部门单位的主要负责同志，疫情防控仍然是学校当前最重要的工作，防疫主题没有变，防疫力量不能散。防疫是大道理，其他是小道理，防疫没抓好，其他抓不好，疫情一天不解除，疫防一天不懈怠。务请同志们统筹好、确保好。

二要千叮万嘱防松劲。古话说，"谨慎能捕千秋蝉，小心驶得万年船。"大家绝不要以为今天没事便万事大吉，绝不要以为自己没事便高高挂起，绝不要以为学校没事便高枕无忧。从前面讲到的严峻性、复杂性和艰巨性来看，一切瞬息万变，一招不慎有可能满盘皆输，一步不稳有可能前功尽弃。病毒来袭，六亲不认，防疫没有保险柜，战"疫"没有局外人。学校防疫最严峻的时刻还未到来。

三要实事求是防跟风。为人师表者，要有底线而不媚俗、有头脑而不跟风，真真实实看，扎扎实实干。首先，物资储备要力求够用，不多不少。多了是浪费，特别是口罩等疫防物资能省则省，更不要囤积。少了也不行，居家战"疫"，生活必需品尽量储足，减少采购频次，降低感染风险。其次，网络教学要力求管用，不空不虚。不空就是干能干的，不虚就是干好能干的。网络教学要因教材而异、因教师而异、因教法而异，要坚决防止一哄而起、一成不变、一无所用。最后，防疫引导要力求实用，不折不扣。既要给予及时教导，又要给予充分引导，既要加强防疫指导，还要注重心理疏导，让学生始终保持自信、乐观、上进的良好状态。

三、务请"死守"，绝不能麻痹大意

一要死死守住自己的"口"，确保身心健康。病从口入，无事不出门，有事少出门，出门戴口罩，口罩要戴好，大家安全了，学校才会安全。祸从口出，疫情防控，一切行动听指挥，了解信息看权威，千万莫信谣、莫传谣、莫造谣。各部门各单位主要负责人要严守各自宣传阵地，多加强正面引导，多凝聚战"疫"力量，报道宁缺毋滥，切忌华而不实。

二要死死守住学校的"门"，确保校区安全。目前，主校区南院旁门、通道均已封闭，只留南边正门进出。要切实强化阵地意识，严格落实教育部"五个一律"：未经学校批准学生一律不准返校，校外无关人员一律不准进校门，师生进入校门一律核验身份和检测体温，对发烧咳嗽者一律实行医学隔离观察，不服从管理者一律严肃处理。请保卫处堵漏补缺、先锋岗轮值协守、校纪委严督实导。

三要死死守住防疫的"纪"，确保令行禁止。我再次重申"理工九条"，特别是对党忠诚、为人师表、办事规矩、乐于担当、善作善成五条，务请大家内化于心、外化于行。校门管理"五个一律"，全校上下务请遵守。值守的同志，

我和校长带头，以身作则，率先垂范；住校的同志请切实管好家属、提醒邻里；尚未返校的同志请自觉服从当地政府和所在小区防疫管理。师生健康状况日报告、零报告工作，请对照分工各负其责、常抓不懈，确保信息全面及时、准确无误。此外，全体教职工要迅速把心收到工作上来、收到防疫上来。校防控办要积极跟进省市教育部门防疫工作部署特别是开学时间安排，积极做好学校防控预案，做到未雨绸缪、有备无患。

省文明标兵校园、绿色学校创建动员大会

群策群力，共建共享（2021年9月28日）

　　创建省"文明标兵校园"和"绿色学校"，我简称为"双创"，这是积极响应国、省号召，深入推进学校精神文明建设、生态文明建设而组织开展的两项非常重要的工作。今天，我们召开全校师生大会，进行"双创"工作的动员。刚才，奇卫、丕庆同志分别做了动员报告，并就创建目标、创建内容和责任分工进行了安排部署，我完全赞同，请大家领回去、落实好。下面，我再强调三点。

　　第一，这是一件聚心共享的大好事，全校上下要一门心思抓好。学校组织开展"双创"，从大的角度讲，是深入贯彻习近平新时代中国特色社会主义思想的重要举措，是立足新发展阶段、构建新发展格局、推动高质量发展的重要内容，是积极培育和践行社会主义核心价值观的重要手段；从小的角度讲，也是全面履行党委"对标争先"管党治党主责主业的重要抓手，是深入落实学校"四个一流"办学治校目标任务的重要抓手，是持续推进学校"理工思政"立德树人根本任务的重要抓手。"六个重要"，是不是大事？当然是大事！把这件大事抓好了，可以很好地提升学校美誉度，很好地增强师生自豪感，还可以很好地增加大家的收入，很好地改善大家的福利。"四个很好"，是不是好事？当然是好事！开展"双创"是一件大好事，把好事一门心思抓好，我们义不容辞、责无旁贷。

　　第二，这是一件聚焦共建的大实事，全校上下要一丝不苟抓实。学校组织开展"双创"，主要目标任务11项。其中，创建文明标兵校园6项，简称"六好"，也就是刚才奇卫同志向大家介绍的，要做到"领导班子建设好、思想道德教育好、活动阵地好、教师队伍好、校园文化好、校园环境好"。创建"绿色学校"5项，我将刚才丕庆同志介绍给大家的5个方面，概括为"五强"，即"生态文明教育强、绿色规划管理强、绿色环保校园强、绿色校园文化强、绿色创新创业强"。这"六好五强"，就是我们这次"双创"的聚焦点，就是我们这次"双创"的共建点。这11个方面，没有一个是虚的，没有一个是软的，每个方面、每个环节都很必要、很重要，环环相扣、相辅相成。创建中，我们不能挑肥拣瘦、厚此薄彼，更不能挂一漏万、丢三落四，要"万家灯火收眼底""咬定青山不放松"，一个一个抓，实心实意推，力促"双创"硕果满树，力促学校焕然一新。

第三，这是一件聚力共创的大难事，全校上下要一往无前抓紧。学校组织开展"双创"，大家做了不少工作，具有很好的基础。学校荣膺了全省首批省级文明校园、省级两型示范校园，并将"双创"纳入了"十四五"规划，列入了年度计划，难能可贵，但是这次创省级文明标兵校园、绿色学校，标准更高、任务更重、时间更紧，难度非同寻常。船到中流浪更急，人到半山路更陡，开弓没有回头箭。浪再急，我们只能进不能退，不进则退、慢进亦退，我们必须快进；山再陡，我们只能上不能下，"欲得其中，必求其上，欲得其上，必求上上"。一往无前抓紧，必须同心协力、众擎众举，必须迎难而上、攻坚克难，必须常抓不懈、一抓到底。学校做了创建方案。这个方案，换个说法，就是要用"三全育人"的狠劲抓"三全创建"。一是要全员参与。这个全员，不只是全体师生，还包括学校物业、食堂、保安等所有因学校立德树人事业而走到一起的理工人，人尽其力，力尽其用，多添光添彩，不添堵添乱。二是要全面参与。这个全面，覆盖教学、科研、管理等学校各战线、各部门、各单位的所有工作，不是机械地任务叠加，而要有机地水乳交融，要"精中拓、稳中进、特中强"。三是要全程参与。这个全程，就是要常抓不懈、一抓到底，就是要一鼓作气、一气呵成，要将"双创"纳入年度考核、纳入督导评价、纳入奖惩兑现，绝不能硬一阵软一阵，绝不能紧一阵松一阵，绝不能有一阵无一阵。

安全工作专题会议

安全之弦务必紧绷（2023年3月2日）

为确保学校安全工作万无一失，我特别强调三点：

第一，安全工作无小事，安全之弦必须事事紧绷。强内涵必须以确保安全为底线，抓改革必须以确保安全为红线，促发展必须以确保安全为标线，全面落实精中拓、稳中进、特中强的办学策略。

第二，安全工作无闲人，安全之弦必须人人紧绷。学校"四一两全"战略定位中的"悉心尽好一份责"，首要之责就是确保安全，要旗帜鲜明讲政治确保意识形态安全、多措并举养清廉确保风气操守安全、凝心聚力强内涵确保教育教学安全、齐抓共管高质量确保生产生活安全。

第三，安全工作无空时，安全之弦必须时时紧绷。要居安思危警钟长鸣，不能一劳永逸；要查漏补缺除患始萌，不能心存侥幸；要见微知著防患未然，不能熟视无睹。我们要始终保持时时放心不下的责任感，全力推动学校安全工作再上新台阶。

"访旧址，守初心"主题党日微党课

矢志不渝扬理工精神（2023年6月16日）

水有源，木有根，今天在学校发展砥砺前行之时，在主题教育深入开展之刻，我和李科校长怀着十分崇敬的心情带领大家来到楠竹山，探事业之源，寻理工之根，感创业之艰，砺奋发之志。

学校45年栉风沐雨，从无到有，从小到大，从弱到强，来之不易。理工的今天，是一代代理工人自信满满、永不放弃的坚持结果，是一代代理工人自强不息、永不放任的努力结果，是一代代理工人自律坚守、永不放纵的品行结果。同志们，让我们满怀感恩之心向我们的先辈们致以崇高的敬意！

学校近几年蓬勃发展，大家是领导者，是建设者，更是见证人。大家致广大尽精微，校小不小志，位后不后求，难事做于易，大事做于细。大家培特色锻长板，办不一样的学校，培不一样的老师，育不一样的学生。大家铸品牌立标杆，"理工思政"别具匠心，"理工产教"别树一帜，"理工读书"别开生面。大家守初心担使命，用创新理论凝心铸魂，用初心使命抓班带队，用规章制度管党治党。工作踏石留印，事业抓铁有痕。同志们，在此，我满怀自豪之情向全校师生、员工表示衷心的感谢！

我很喜欢《谏太宗十思疏》一文，魏征开宗明义，他说："求木之长者，必固其根本；欲流之远者，必浚其泉源；思国之安者，必积其德义。源不深而望流之远，根不固而求木之长，德不厚而思国之治，臣虽下愚，知其不可，而况于明哲乎？"言简意赅，发人深省。习近平总书记在党的二十大报告中特别指出："全党同志务必不忘初心、牢记使命，务必谦虚谨慎、艰苦奋斗，务必敢于斗争、善于斗争，坚定历史自信，增强历史主动，谱写新时代中国特色社会主义更加绚丽的华章。"[①] 这是党中央在全党全国各族人民迈上全面建设社会主义现代化国家新征程、向第二个百年奋斗目标进军的关键时刻发出的伟大号召，提出的重要要求。不忘初心、牢记使命，这是中华民族生生不息的大智慧，这是时代大潮滚滚向前的最强音，这是理工职院蒸蒸日上的必修课。

"培百年老店，育匠心传人"，使命光荣，责任重大，任务艰巨。我们探源

---

① 中国共产党第二十次全国代表大会文件汇编［M］. 北京：人民出版社，2022：2.

理工文化，寻根楠竹山上，就是为了逐梦"立德"情怀，击水"树人"大潮，更加自信自立、倾情倾力地谱写"四一两全"美好蓝图，更加自强自律、尽职尽责地为党育人、为国育才。

同志们！"根"是有形的，也是无形的；"源"有眼前的，也有心中的。楠竹山，是我们理工的有形之"根"、眼前之"源"。理工校训，理工精神，理工使命，是我们的无形之"根"、心中之"源"。我深切地期望，大家通过今天楠竹山的有形之旅、眼前之行，更好地激发我们践行理工校训、弘扬理工精神、担当理工使命的澎湃之情、洪荒之力！我深信，理工的明天会更好！大家的明天会更好！

【媒体聚焦】

省发展改革委周海兵主任一行深入学校调研指导 (理工官微 2021 年 10 月 28 日)

10月28日上午，省发展改革委党组书记、主任周海兵，省发展改革委党组成员、副主任王亮方，以及办公室、社会处、人事处、机关党委主要负责人一行深入学校现场调研。发展改革委党组成员、副主任王亮方主持召开座谈会，学校党委书记叶星成做工作汇报。

周海兵主任一行首先考察了北院省级公共实训基地、南院心理健康中心、大学生创新创业基地，随后在求实楼机关党员活动室召开座谈会，研究探讨学校当前和今后发展工作。

叶星成代表学校做汇报。学校在省发展改革委正确领导和悉心指导下，全面落实省发展改革委党组提出的"四个走在前列"的要求，推进"四个一流"建设，取得了初步成效，主要表现在：落实管党治党主体责任，党的建设得到全面加强；聚焦办学治校时代使命，事业发展获得全面推进；深化立德树人根本任务，人才培养取得显著成效。下一步，学校将继续深入贯彻党的教育方针和习近平新时代中国特色社会主义思想，坚持立德树人根本任务，全面落实省发展改革委党组要求，持续改善办学条件，持续加强师资建设，持续提质人才培养，持续完善内部治理，打造全省产教融合样板和发展改革精品，服务全省"三高四新"战略。

听取学校汇报后，周海兵主任进行了讲话。他对学校近几年来事业发展取得的成绩表示充分肯定，并代表省发展改革委党组，对学校工作提出了三点要求。一是政治要过硬。学校党委要带头抓政治建设，切实提高政治判断力、政治领悟力、政治执行力。要牢牢把握立德树人这条主线，倾力抓好思政工作，悉心为党育人，为国育才。二是安全要过关。要切实抓好学校内部管理，建设秩序井然、和谐稳定的校园，确保师生生命财产安全，确保校园整体安全。三是教学要达标。教学工作是学校的主体工作，要切实抓好常规教学工作，提升理论教学、实习实训等各环节的教学质量，培养合格毕业生，服务湖南"三高四新"战略定位和使命任务。

他表示，省发展改革委将尽其所能支持学校发展建设。学校的基本建设应该注重立足现状，进行合理扩容；教学设备应该注重优化条件，进行功能完善；校园建筑设施应该注重提质改造，建设精致校园。

他还指出，理工职院应该坚持走特色办学的道路。能源是篇大文章，学校要以能源类专业为龙头，加强校企合作，做到专业设置与产业对接、专业建设与产业融合，把专业办出特色，把学校办出特色，培养更多更好堪担民族复兴大任的时代新人。

王亮方副主任做总结讲话时说，海兵主任对学校发展给予了极具操作性、前瞻性的指导，学校党委班子要迅速组织研究、落实，努力把理工职院建设成一所有特色、有作为的高职院校。

聚力"四个一流"，培育"百年老店"

（湖南教育政务网　2020年8月5日）

【主持人】各位网友！大家好！这里是湖南教育政务网在线访谈频道。今天，我们非常荣幸邀请到湖南理工职业技术学院党委书记叶星成同志。他将在访谈中就广大网友关注的"高职办学治校——聚力'四个一流'，培育'百年老店'"主题，与大家进行在线交流，欢迎各位网友踊跃提问。叶书记，您好！请您先跟大家打个招呼吧。

【嘉　宾】主持人好，各位网友好！在学校新一届党委班子成立三周年之际，我很高兴和大家一起交流。

【主持人】叶书记，在我的印象里，以前的湖南理工职院是一所煤炭类学校，规模不大、基础不好。最近几年，学校发展日新月异，面貌焕然一新，昔日养在深闺的"小家碧玉"已然出落成了备受青睐的"大家闺秀"，真是三年不见、刮目相看。请您谈谈这是如何做到的？

【嘉　宾】好的，谢谢主持人。这几年，学校推陈出新、正风肃纪、近悦远来、蒸蒸日上，确实有一些变化，这主要得益于党和国家的好政策，得益于省委、省政府的好领导，得益于省发展改革委、省教育厅的高看厚爱，得益于湘潭市及社会各方的鼎力支持。首先，请允许我代表学校一并表示感谢！学校发展与改革开放同步，我将其大致分为三个阶段。一是艰苦创业阶段。从1978年租用两间教室白手起家创办煤炭干训班，到1982年组建煤炭干部中专，从1994年更名为湖南工业职工大学，到2005年鸟枪换炮升格为高职院校，在煤炭部门主管下，上下求索，艰难走过了漫长的27年。二是转型发展阶段。从2005年到2015年，这是学校在能源产业升级背景下着手高职办学的10年。这两个阶段，因投入严重不足，发展捉襟见肘，日子过得很难。三是奋发图强阶段。从2015年到现在，这是划归省发展改革委主管后全新启航的5年。

这5年，特别是2017年新一届党委班子成立后，学校在主管部门的强力支持下，痛定思痛，励精图治，坚持用发展的眼光谋划学校未来，用改革的办法破解发展难题，用忘我的精神追逐理工梦想，着力打造不治自理的文明新校园，构建不教自学的育人大课堂，致力不言自明的职教新湘军，力促步入全面发展的快车道。

一是坚持创新引领。对标"四个走在前列"，聚力"四个一流"，培育"百年老店"，坚持用更新理念、更广思路、更多办法办学治校，着力打造全省产教融合样板和发展改革精品。二是突出特色办学。重点做好新时代追梦特征、省发展改革委主管特长、长株潭地域特点、新能源专业特色4篇点睛文章，悉心探索理工办学新出路。三是注重内涵发展。始终坚持社会主义办学方向，狠抓思政工作不松劲；始终坚持服务区域经济发展，狠抓产教融合不放手；始终坚持培育理工职业情怀，狠抓读书明理不懈怠，倾情拓宽立德树人新思路。

【主持人】非常好。艰难困苦，玉汝于成，学校发展脱胎换骨，离不开"发展眼光、改革办法、忘我精神"，离不开"创新引领、特色办学、内涵发展"。叶书记，您刚才谈及创新引领时特别提到对标"四个走在前列"、聚力"四个一流"、培育"百年老店"，很有创意。您可否谈得更加具体一点？

【嘉 宾】好的，谢谢主持人。"四个走在前列"是省发展改革委党组在学校新一届班子成立之际对学校办学治校提出的要求、寄予的厚望，即"在从严治校上走在前列、在服务中心大局上走在前列、在推动改革发展上走在前列、在校园文化建设上走在前列"。"四个一流"是学校新一届班子落实省发展改革委党组要求，绘制的蓝图、明确的目标，即"创造一流办学条件，建设一流教师队伍，培养一流应用人才，实现一流内部治理"。"百年老店"是学校新一届班子"深化产教融合、校企合作，办好不同类型教育"的形象说法。培育"百年老店"不是要把学校办成商业化门店，而是要为学校注入产业基因，为学生注入工匠精神。职教就应办出职教的样子。高职特色在产教融合、优势在产教融合，产教真融真合、深融深合，产业应向教育靠，企业应向学校近，教育要同产业融，学校要同企业合，招生即招工，进校即进"店"。诚信、合作、自律、敬业、专长、创新……"百年老店"有太多可资职业教育吸收的"养分"，打造教育界的"百年老店"，培养产业界的"匠心传人"，才是职教应有的样子。

【主持人】非常好。办学治校走在前列，要从远处着眼，更要从实处着手。叶书记，省发展改革委有"在从严治校上走在前列"的办学要求，学校有"构建不治自理文明新校园"的治校理念和"实现一流内部治理"的奋斗目标，您能谈谈学校为什么要如此强调从严治理？学校又是如何实现从严治理的？

【嘉 宾】好的，谢谢主持人。没有规矩不成方圆，培育"百年老店"，首在严规矩、严治理。实现一流内部治理，务必全面从严治党、全面从严治校。全面从严治党是党的十八大以来党中央做出的重大战略部署，必须坚决贯彻落实。习近平总书记强调："办好我国高等教育，必须坚持党的领导，牢牢掌握党对高校工作的领导权，使高校成为坚持党的领导的坚强阵地。"① 因此，我们必须以全面从严治党的精神推进全面从严治校。没有一流的治理，办不成一流的学校，育不出一流的学生。只有做到严以治党、严以治校、严以治教、严以治学，我们才能履行好为党育人、为国育才的神圣使命，才能培养出担当民族复兴大任的时代新人。

学校是为人师表、立德树人的地方，"构建不治自理文明新校园"，不是乱而不去治，而是治而不需理，重严管更重自律，以严管敦促自律。

一是严班子以身作则。新一届党委全面强化管党治党的主体责任，持续加强办学治校的全面领导。始终坚持严守政治纪律、政治规矩，狠抓中央和省委决策部署贯彻落实不跑偏；始终坚持学习贯彻习近平新时代中国特色社会主义思想，狠抓理想信念不动摇；始终坚持社会主义办学方向，狠抓思政教育不放松；始终坚持牢牢把握意识形态工作领导权、管理权、主动权，狠抓思想宣传不放手；始终坚持从严管党治党，狠抓执纪问责不手软；始终坚持集体领导民主集中，狠抓党委领导下的校长负责制不走样。约法"六不"，以上率下，要求班子成员"不违法乱纪、不违规乱矩、不违德乱俗、不收礼、不损公、不攀比"。

二是严机制以理服人。着眼党建质量提升，出台了《党建质量提升工程实施方案》（我们简称"理工党建"）。着眼内部治理加强，构建了以"四个一流、三年行动、两轮淘汰、一票否决"为内涵的"4321"治理机制（我们简称"理工治理"）。着眼为人师表，出台了《教职工行为规范》（我们简称"理工九条"）。着眼令行禁止，出台了《全面从严治党全面从严治校督导实施方案》（我们简称"理工督导"）。深入推进系统治理、依法治理，持续加强综合治理、源头治理。

三是严规矩以儆效尤。严格落实全面从严治党主体责任、监督责任，健全重点领域、关键环节的廉政风险防控体系。持续加强党风廉政教育，严格执纪问责，对相关问题线索从快处置、从严处理，引导全校党员干部敬畏法纪、敬畏组织、敬畏师生。全体教职员工若有违反"理工九条"，触碰党风廉政、师德师风建设底线的，经核查属实，当年考核一律不称职，是校管领导干部的当年免职。

【主持人】谢谢叶书记，严管即厚爱，严师出高徒，非严无以治党，非严无以治校，我非常认同您的观点。我们都知道，培养一流的学生，离不开一流的

---

① 习近平在全国高校思想政治工作会议上强调：把思想政治工作贯穿教育教学全过程 开创我国高等教育事业发展新局面［EB/OL］. 人民网，2016-12-09.

教师，三年来，你们是如何推进一流队伍建设的呢？

【嘉　宾】谢谢主持人。建设一流队伍，重在激活力、挖潜力、强能力，贵在人岗适配、人尽其才、才尽其用。学校主要从三方面发力。

一是着眼服务增效，全面加强管理队伍建设，完成新一轮中层选聘。全校统筹调配，队伍整体优化了；中层有进有出，管理整体年轻了；督导专职配备，执行整体加强了。新提拔 17 名中层干部，7 名有辅导员经历、6 名来自教学一线，中层 35 岁以下占比超过 50%，正职 40 岁以下占比达到 1/3。二是着眼教书赋能，全面加强教师队伍建设，将最优秀教师特别是教授转入教学队伍，选送骨干教师出国、出省培训，开展省内、校内集训，组织假期进企业实训，涌现了一大批德技双馨的教学名师、技能大师。三是着眼育人提质，全面加强辅导员队伍建设，拓宽晋升通道，落实政策待遇，让辅导员安心乐业、静心育人。

通过管理队伍的年轻化建设、教师队伍的专业化提升、辅导员队伍的规范化改善以及后勤队伍的人性化引导，学校队伍结构不断优化、素质不断提高、活力不断激发，呈现了争先求进的良好势头、迸发了干事创业的巨大活力。三年来，学校教师荣获技能竞赛、教学能力竞赛省级一等奖及以上 17 人次，首批立项了省高校思想政治工作优秀团队 1 个、省辅导员名师工作室 1 个，2 名青年教师荣获省技术能手和省劳动模范称号，4 名青年教师荣获省发展改革委第十届青年干部论坛一等奖。

【主持人】"严"字当头强治理，"活"力四射建队伍，这是办学治校的关键两招。常言道，"巧妇难为无米之炊"，请问叶书记，这几年学校在"创造一流办学条件"方面做了哪些工作？

【嘉　宾】好的，谢谢主持人。这几年学校着力缓解校园面积狭小的"围城之苦、切肤之痛"，探索推出了"有核无边、协同育人"的模式，立足湘潭本部，投资近亿元，重点打造湖南省公共实训基地，建成了全省最大的高职单体实训大楼。与株洲中国动力谷园区合力组建了动力谷分院，与湘潭九华经开区联手组建了九华分院，一体两翼格局的形成极大地拓展了办学空间，改善了办学条件。目前，学校拥有全省功能最完备的新能源教培基地，拥有全省唯一一个新能源实习实训基地和国家级新能源生产性实训基地，拥有湖南省光伏工程实验室和湖南省特种机器人工程研究中心。学校"有核无边、协同育人"的模式，将学校办进产业园区，将专业建在产业链上，得到了省委改革办、省教育厅及相关领导的充分肯定。"校、企、政、行"协同育人各展所长，"小而特、专而精"的专业学点耳目一新。这几年，学校先后获评教育部现代学徒制改革试点、"1+X 证书"制度试点单位，获评教育部工业机器人应用人才培养中心，获评首批湖南省文明校园和省发展改革委绩效考核优秀委属单位。

【**主持人**】实现一流内部治理，建设一流教师队伍，创造一流办学条件，最终要落脚到立德树人，落脚到一流应用人才培养上。请问叶书记，学校在立德树人上推出了哪些举措？

【**嘉　宾**】好的，谢谢主持人。立德树人是办学治校的重中之重，是高等教育的根本任务。师傅领进门，修行靠个人，学校提出了"构建不教自学育人大课堂"全新理念，按此进行了"1+3"顶层设计，"1"就是"理工治理"，即"4321"内部治理机制，这是"筋骨"。"3"就是"理工思政""理工产教"和"理工书单"，这是"血肉"，协同支撑学校"4321"治理机制，悉心为党育人、为国育才。在此框架下，学校做了几件实实在在的事情。

一是对接区域建专业。根据经济发展新常态和全省产业升级新趋势，坚持因时而进、因势而变，把湖南理工职院建成湖南的理工职院，及时调整专业定位、优化专业布局。整合风能、太阳能专业，全新组建新能源学院；对接制造2025，全新组建智能制造学院；整合文科专业，全新组建管理艺术学院，三足鼎立，立竿见影。三个专业群有两个立项为省一流特色专业群建设项目，光伏发电技术与应用、机电一体化技术，这两个专业被认定为国家级骨干专业。

二是联合企业教技能。着眼真融真合、深融深合，推动株洲动力谷分院开展"政府+园区+学校+企业"四位一体的产教融合实践。依托德国舍弗勒（湘潭）有限公司和湘潭经开区九华分院开启育训联合、三站联动的"学校学习+培训中心实操+企业实践"产教融合试点。与京东云携手组建湖南省首个"京东学院"，与京东飞服中心牵手共建无人机实训基地，联合58众创共建创客中心，舍弗勒班、中德班、步步高班、京东班、苏宁班，产教融合繁花满树，订单培养争奇斗艳。

三是着眼明理推读书。按照"三年学制、每周一书"规模，推出了全国高校第一个由党委审定的育人书单——"理工书单"，发起"湘潭十大高校读书联盟"，引导学生修身、做人、处事，读书明理、知书达礼，养成勤学、俭朴、乐观、诚信、合作、自律、敬业、专长、创新九大特色职业情怀。"理工书单"获评全省优秀思政成果。

四是围绕育人抓思政。学校深入贯彻落实习近平总书记全国高校思想政治工作会议讲话精神，融汇"三全"育人格局、十大育人体系，出台了《思想政治工作质量提升工程实施方案》，重点实施思政半月谈、"千里马"助学、"四个一"文育、"三个一"体育等二十大精品育人活动，系统建设"信念、书香、精美、自律、幸福、出彩"六大特质理工，学思践悟习近平新时代中国特色社会主义思想，培育践行社会主义核心价值观。全省思政教改创新十大项目，学校已立项三个。

概括地说，"理工思政"为学生铸魂，"理工读书"为学生赋能，"理工产教"为学生立业。三年来，全校学生共获国家职业技能竞赛一等奖 6 项、省职业技能竞赛一等奖 11 项，各类大奖累计 100 多项。2019 年职业技能竞赛综合排名进入全省前五，涌现了一大批以"中国大学生自强之星"黄峰同学为代表的优秀学子。学校立德树人枝繁叶茂、硕果累累。

【主持人】"理工党建"引领立德树人，"理工九条"规范教工行为，"理工治理"治党治校，"理工督导"严督实导，"理工思政"铸魂，"理工读书"赋能，"理工产教"立业，湖南理工职院办不一样的学校、培不一样的老师、育不一样的学生，别出心裁，卓有成效。感谢叶书记的分享。难得有机会与叶书记在线访谈，政务网和新浪微博上的网友们都非常踊跃地提问。叶书记，我们先稍事休息再一起来看一些网友的问题，好吗？

【嘉　宾】好的，谢谢。

【主持人】欢迎回来，我们与叶书记一起来看看网友们的提问。有一位网友提问：叶书记，您好，我是一名大二学生，没有在您的学校就读。刚听了您的介绍，我对您讲的"理工书单"很感兴趣，您能和我们分享一下吗？叶书记，这位网友的问题其实也问到我的心坎上了。

【嘉　宾】谢谢这位网友。教书育人，根本在人，关键在书。我们提出"四个一流"建设目标，其中"培养一流应用人才"是重中之重。推出"理工书单"就是为了更好地引导青年学生成长成才，力促"三更好、三共进"。一是更好地贯彻党的教育方针、落实立德树人根本任务，推动教师教书与学生读书有机融合，教学相长，师生共进；二是更好地贯彻学校办学理念、践行校训精神，推动"明理知行"与"精工致远"有机融合，知行合一，文理共进；三是更好地营造勤学勤思读书氛围，打造书香理工，推动读书明理与知书达礼有机融合，笃信笃行，学思共进。"理工书单"共推荐了 156 本书，《习近平的七年知青岁月》作为第一书目隆重推介。

一方面我希望学生读书明理。引导读以修身，将勤学、俭朴和乐观作为人生最重要的三种底色，读懂、悟透、修深，力求生活有着落、精神有寄托；引导读以做人，将诚信、合作和自律作为人生最基本的三项原则，坚定、坚持、坚守，力求做人有分寸、处世有底线；引导读以处事，将敬业、专长和创新，作为人生最可贵的三重境界，追求、历练、成就，力求干事有责任，成事有办法。

另一方面，我希望学生知书达礼，概括为六个字——可靠、合格、幸福。可靠，就是政治上过硬，做坚定的社会主义接班人；合格，就是技能上过关，做出色的社会主义建设者；幸福，就是生活上过好，做快乐的社会主义共享者。

我们的初衷，一个书目就是一个目标，一本书就是一种力量，一次阅读就是一次提升，一回顿悟就是诗与远方。大家有兴趣，可以到理工官网上的图书馆阅读这些书籍。

【主持人】谢谢叶书记的解答。我们来看下一位网友的提问，这是一位理工科学生的提问：我是一名理工男，与大多数理工科学生一样，不擅写作、表达，很是苦恼。听说贵校"四个一"文化育人对此很有帮助，能否请您详细介绍一下？

【嘉　宾】谢谢这位网友。"四个一"文化育人是"理工思政"为理工师生量身定制的二十大精品育人活动之一，获省教育厅创新育人立项支持。"四个一"，即"每周一书、每人一语、每课一讲、每日一记"。"每周一书"，就是每周读一本我前面介绍的"理工书单"推荐的书籍，涵养"书卷气"。"每人一语"，就是每位学生提出一句专属座右铭，砥砺"鸿鹄志"。"每课一讲"，就是在每堂课前安排学生进行一分钟的脱稿演讲，成就"金话筒"。"每日一记"，就是提倡全体学生每天撰写日记和读书心得，练就"笔杆子"。学、思、说、写，四位一体。学是一道门，是基础；思是一杆秤，是关键；说是一扇窗，是表达；写是一篇文，是结晶。多读、多思、多说、多写，学以致用，知行合一。2019 年，学校共举办读书分享会 77 场，收集"每人一语"4300 句，"每课一讲"参与人数达 14000 人次，"每日一记"达 15 万篇。"四个一"文化育人已经成为理工学子的文化"必修课"，"四个一"文化育人其实也应是所有学生的"通识课"，绵绵用力，久久为功，希望对你有所帮助。

【主持人】谢谢叶书记的解答。接下来是一位大学老师的提问：叶书记您好，我关注理工已经很久了，贵校办学治校确有一套，您在访谈中多次提到"4321"治理机制，能详细说说吗？

【嘉　宾】感谢这位同仁的关注和信任。"4321"治理机制，是我校探索推出的一套系统治理框架，旨在让各级各部门、各同志有稳定心理预期、确定努力方向和恒定价值追求。这个框架是提纲挈领的，不能顾此失彼。"4"就是"四个一流"建设目标；"3"就是围绕"四个一流"制订"三年行动计划"；"2"就是两轮淘汰，明确连续两年考核不称职或排位最后的给予免职或待岗培训处理；"1"就是一票否决，凡第二次党代会后，教职工触碰党风廉政建设底线的，实行一票否决，当年考核不称职。这一机制的特点：一是坚持人事统一。管人是为了成事，因事设制，因事设考，不是为管人而管人。二是坚持责权统一。予责即予权，行权必履责。三是坚持奖罚统一。有奖必有罚，有罚必有奖，正向引导与反向约束互促共进、相得益彰。该机制已运行三年，总体效果不错。

【主持人】谢谢叶书记的解答。我们再来看下一位网友的提问，这是一位刚刚毕业的高三学生的提问：我刚刚参加完高考，考得不是特别理想，在填报志愿的时候，我选择了理工，今天听了您的介绍，我对大学新生活充满了憧憬。您能谈谈您心中的理工是什么样子吗？

【嘉　宾】谢谢这位学子，理工欢迎你。你问我心中理工的样子，人无精神不立，事无追求不成。可贵的追求，造就难能的事业；非常的精神，成就美好的人生，我用三句话表达我心中的理工。

第一句：这是一所有追求的高职后起之秀。理工是发改系统主管的唯一高职院校，发展改革委联系产业、联系教育，发展改革委办职教得天独厚。学校继往开来，聚力"四个一流"、培育"百年老店"，将不断擦亮特色发展标帜、树牢立德树人标杆、勇当改革创新标兵，开创学校发改新局面，展现发改学校新气象，力求办好理工一点、带动教育一线、影响产业一片。

第二句：这是一所有精神的高职希望之星。理工学浅志气大，校小精神足。学校"苔花如米小，也学牡丹开"，心忧天下激情满怀，胸怀祖国中流击水，悉心引导学子立报国之志、学一技之长、明读书之理，做社会主义建设者和接班人，在为党育人、为国育才的道路上，自信满满、永不放弃，自强不息、永不放任，自律坚守、永不放纵。

第三句：这是一所有温度的高职幸福之家。理工始终秉持"以公为先、以校为家、以师为尊，以生为本"的治校理念，始终坚信学生一流，学校才算一流。湖南理工职院未来的高度，最终由一届又一届理工学子人生努力的程度和家国情怀的温度来决定。今天你以理工为骄傲，明天理工以你为自豪。

【主持人】感谢叶书记对四位网友问题的解答。立德树人是高校的根本任务，办学治校是立德树人的必须之举。贵校在聚力"四个一流"、培育"百年老店"过程中，提出了很多好理念，摸索了很多好做法，积累了很多好经验，令我印象深刻。我深信，这些理念、做法和经验，对其他学校也会很有帮助。

最后，再次谢谢叶书记百忙之中接受访谈。

【嘉　宾】谢谢主持人，谢谢各位网友。

第二辑
培不一样的老师
用敬畏之心敬业
用爱子之心爱生
用律人之心律己

【星愿心语】*

用敬畏之心敬业

"师者，所以传道受业解惑也"，教师职业自古以来就备受尊崇。习近平总书记言简意赅地指出："教师是人类灵魂的工程师，是人类文明的传承者，承载着传播知识、传播思想、传播真理，塑造灵魂、塑造生命、塑造新人的时代重任。"① 用敬畏之心敬业，就是要有如履薄冰、如临深渊的职业自警，就是要有念兹在兹、无日或忘的职业自觉，就是要有初心如磐、奋楫笃行的职业自强，不断增强教师文明传承、灵魂塑造的职业神圣感，不断增强教师为党育人、为国育才的岗位使命感，不断增强教师立德树人、教书育人的工作责任感，自信满满、永不放弃，自强不息、永不放任，自律坚守、永不放纵。

---

* 庆祝第 37 个教师节暨表彰大会讲话摘要。

① 习近平：坚持中国特色社会主义教育发展道路 培养德智体美劳全面发展的社会主义建设者和接班人［EB/OL］. 新华网，2018-09-10.

用爱子之心爱生

师父，师父，"一日为师，终身为父"，父母是孩子的第一任老师，教师是孩子的第二父母。教育之法、仁爱之心胜过严师之道。用爱子之心爱生：就是要用"父爱如山、母爱如水"的可贵情怀，悉心对待学生、尊重学生、相信学生、欣赏学生；就是要用"望子成龙、望女成凤"的博大胸襟，着力培育学生、引导学生、指导学生、教导学生；就是要用"儿是心头肉、娘是挡土墙"的无私境界，倾情关爱学生，体谅学生、体贴学生、体悟学生。"幼吾幼以及人之幼"，让学生在家庭般的温馨氛围中增知增智、成长成才。

用律人之心律己

师傅领进门，修行靠个人。学校始终把"自律"作为办学治校、立德树人的文化核心倾情打造，严以修身、严以律己，洁身自好、守身自清。用律人之心律己，就是要己所不欲、勿施于人，大事讲原则，小事讲风格，顾全大局，光明磊落，不搞自以为是，不搞损人利己；就是要与人为善、导人向善，教育之义很大方面是抑恶扬善，教育者必先受教，要择善而从、从善如流，要乐善好施、善善从长；就是要己立立人、己达达人，恪守教育部《新时代高校教师职业行为十项准则》，践行理工《教职工行为九条规范》，身体力行、德才兼修，知行合一、率先垂范，争做"有理想信念、有道德情操、有扎实学识、有仁爱之心"的好老师。

【微课链接】

庆祝第 33 个教师节暨表彰大会
三人行必有我师 （2017 年 9 月 10 日）

今天，我们隆重集会，共同庆祝第 33 个教师节，表彰一年来在学校立德树人中涌现出来的师德标兵、优秀教师、优秀教育工作者、优秀青年教师、优秀班主任和优秀指导老师，以及技能竞赛中获奖的优秀选手。首先，我代表学校向辛勤耕耘在教学、管理和后勤服务各条战线上的全体教职员工送上节日的祝福！向受到表彰的老师表示热烈的祝贺！向为学校建设发展做出积极贡献的老教师、老同志致以节日问候和崇高敬意！

这是我度过的第一个名副其实的教师节，弱冠学得师范艺，不惑方成业内人，我倍感荣幸、倍加珍惜。我是理工这个大家庭的新人，三人行必有我师，在座各位都是我的老师，诚请大家接受我深深鞠躬："初来乍到，多多关照！"

这也是学校新一届班子迎来的第一个教师节，百年大计教育为本，教育大计教师为本，我们倍感神圣、倍感压力。我们是理工薪火相传的"接棒人"，"公毕方将私治，师严然后道尊"，在座各位都是我们办学治校的"掌中宝"、座上宾，你们的快乐就是我们的快乐，你们的幸福就是我们的幸福，诚请大家监督提醒我们始终如一："以校为家、以师为尊"！

筚路蓝缕办学卅九载，含辛茹苦桃李满天下。学校的今天来之不易，凝结了一代代理工人自信满满的坚定前行，凝结了一代代理工人自强不息的艰苦创业，凝结了一代代理工人自律坚守的师表情怀。

明理知行不忘初心，精工致远牢记使命。学校的明天必将更加美好，第二次党代会，提出了打造全省产教融合样板和发展改革精品的总体目标，明确了"四个一流"建设的具体目标，把教师队伍建设作为重中之重来抓，将不断完善顶层设计、创新体制机制、挖掘政策潜力，努力改善教书育人条件，努力创造教师成长机会，努力打造一流教师队伍。

老师们、同志们，困难和挑战考验着我们，责任和使命激励着我们，要实现学校"四个一流"目标，需要全体教职工更加地扎实工作、无私奉献。我提三点希望，与大家共勉。

第一，希望大家心系理工、校荣我荣。全体教职工要树立坚定的政治信念和崇高的职业理想，要把爱岗敬业当成自己人生自觉的行为追求，将个人情怀与学校发展有机融为一体，尽心尽力，尽职尽责，为学校更好、更快发展做出更大贡献。

第二，希望大家不忘初心、立德树人。全体一线教师要不断提升奉献教育、甘为人梯的精神境界，始终保持刻苦专业、务实严谨的治学态度，全面负起传道授业、教书育人的神圣职责，努力养成以德立身、为人师表的高尚师德，更好担负起培养人、教育人、引领人的时代重任。

第三，希望大家开拓创新、明理知行。全体党员干部要从更高层面、以更宽视野来思考工作、谋划发展、推动改革。要在内部治理上革故鼎新，要在开放办学上焕然一新，要在协同育人上推陈出新，要坚持在变中求新、改中求进，努力开拓学校发展新局面。

老师们、同志们，习近平总书记强调："一个人遇到好老师是人生的幸运，一个学校拥有好老师是学校的荣光，一个民族源源不断涌现出一批又一批好老师则是民族的希望。"① 让我们紧密团结在以习近平同志为核心的党中央周围，在省发展改革委党组的坚强领导下，用硬核的举措培养优秀的老师，用优秀的老师培养优秀的学生，用无悔的付出赢得美好的明天，共同谱写学校打造全省产教融合样板和发展改革精品的精彩篇章，以优异的成绩迎接党的十九大胜利召开。

---

① 习近平在北京师范大学考察时号召全国广大教师做党和人民满意的好老师 [EB/OL]. 新华网，2014-09-09.

庆祝第 34 个教师节暨表彰大会

在奋进中痛并快乐着（**2018 年 9 月 10 日**）

今天，我们隆重集会，欢庆第 34 个教师节，表彰一年来在学校立德树人中涌现出来的师德标兵、优秀教师、优秀教育工作者、优秀青年教师、优秀班主任，在技能竞赛中获奖的优秀教师团队、优秀指导教师、优秀选手以及首届理工技能大师。首先，我谨代表学校，向辛勤耕耘在教学、管理和后勤服务各条战线上的全体教职员工表示节日祝福和亲切慰问！向受到表彰的教师表示热烈祝贺！向曾经为学校建设发展做出积极贡献的离退休老教师、老同志致以节日问候和崇高敬意！

一年来，学校在省发展改革委党组的坚强领导下，在伟林主任的鼎力支持和名让副主任的悉心指导下，全体教职员工自我加压，奋发图强，坚持以立德树人为根本任务，以"四个一流"建设为目标牵引，践行理工校训、弘扬理工精神、恪守"理工九条"、苦念"理工真经"，学校发展突飞猛进，学校面貌日新月异。

一是校园越来越美了。湘潭本部，北院推倒重来，实训基地建设热火朝天，南院是"麻袋绣花"，美化无死角，上可望蓝天，下不见黄土，绿树成荫，鸟语花香，小桥流水，书香袭人。动力谷校区更是楼高室雅、窗明几净，产教一体、内外一新。

二是人心越来越齐了。创文建设全员参与上下一心，暑期师培全员提升交相辉映，叫好的多了、叫苦的没了，加油的多了、抱怨的没了，补台的多了、旁观的没了。我特别要提一下，前天，我和爱云同志去看望病中的鸿雁老师，她看到我们的第一句话就是："我的病影响学校工作了，我稍好些就去上班。"重病之下依然对学校一往情深，我和校长很感动。今天受到表彰的这些同志和很多没有受到表彰的同志，每个人都有一份深情，谢谢大家！

三是魅力越来越足了。一大批国家技能大赛的奖项"新鲜出炉"，一大批创新育人的理念"次第花开"，一大批特色育人的品牌"闪亮登台"，心忧天下的"湖湘味"、胸怀祖国的"时代味"、书香四溢的"理工味"以及动力谷分院的校地真融真合、京东学院的校企深融深合，让同行称道不已，让社会赞不绝口，今年招生"开始是怕不来，后面是怕乱来"，生源火爆的场面让理工"一床难求"！

四是影响越来越大了。奔一流，要拼"膀子"，也要拼"脑子"；创一流，要拿"子弹"，也要拿"传单"，扎扎实实做，大大方方说。最近，新湖南、华声在线、红网、时刻等一大批省级主流媒体对理工进行了宣传报道，学校产教融合、创新育人的典型案例被省调研组写进了专题报告呈省高层决策参考，动力谷分院被省教育厅领导作为全省产教融合样板和现代学徒制示范重点打造。过去一年，我们全校上下很努力、很给力，也很吃力，很辛劳、很幸福，也很幸运，过去一年，我们理工人苦并甘甜着，我们理工人痛并快乐着！

各位老师、同志们，过去一年，我们学校从总体上看，是简约不简单、成长有成绩、自强也自豪，但距离省发展改革委党组"四个走在前列"的要求，对照学校党委"四个一流"的建设目标，还有较大的距离，还有很长的路要走。去年的工作如果讲成绩，最多也只能算是开局、打底，有了好开端、呈现好势头。来年工作，我们面临的任务将更重、困难将更多，步子也将更加艰难，"4321"机制全面运行，开弓没有回头箭，我们唯有向前，才能步步前，我们唯有日新，方可日日新。对大家的工作，学校充满了感激，也充满了期待。

各位老师、同志们，"公毕方将私治，师严然后道尊"，今天上午，习近平总书记强调，"教师是人类灵魂的工程师，是人类文明的传承者，承载着传播知识、传播思想、传播真理，塑造灵魂、塑造生命、塑造新人的时代重任。"① 学校对"四个一流"建设的坚定性，不容置疑，学校对大家来年的寄语，就是要坚定不移地落实好习近平总书记的要求，更好地保持好大家的过去便已十分完美，因为奋进在一流建设征程中的你们，从来都是表里如一、始终如一的。省发展改革委的深切期望，就是学校努力的方向；学校的发展目标，就是我们当前的事业梦想。我深信，只要我们自信满满、永不放弃，只要我们自强不息、永不放任，只要我们自律坚守、永不放纵，我们的学校一定会更加美好，我们的人生一定会美梦成真，正如奇卫同志在今早升国旗仪式上强调过的："有志者，事竟成，破釜沉舟，百二秦关终属楚；苦心人，天不负，卧薪尝胆，三千越甲可吞吴。"老师们、同志们，让我们在省发展改革委党组的坚强领导下，一如既往地尽职尽责、尽心尽力，把当前的工作做实，把手头的事情干好。学校好了，大家自然会好。在此，我要特别感谢省发展改革委党组，这次名让副主任一行到学校，不仅为大家鼓劲，还要为大家"加油"。名让副主任不仅带来了高看厚爱，还带来了真金白银。

① 习近平：坚持中国特色社会主义教育发展道路 培养德智体美劳全面发展的社会主义建设者和接班人［EB/OL］. 新华网，2018-09-10.

铸魂育人

　　各位老师、同志们，上学期，我和校长，分头参加了省教育厅在同济大学举办的为期一周的书记、校长进修班学习。今天上班，我收到了意外之喜，我们的带班老师梅泓给我发了一条短信："叶书记，您好！祝您节日快乐！一周时间，您给我们留下深刻印象，您是一位心灵纯净无私而又满怀爱心的老师！您是一位充满激情担当而又倾尽全力奉献的老师！您是一位不断学习探索求真而又给学生美好未来和希望的老师。"我很吃惊，梅老师对学员的观察之细、之深；我很惭愧，自己哪能担得起如此美誉；我也很欣慰，这不只是对理工书记、校长的肯定，更是对理工办学理念的认同。"金杯银杯，不如口碑"，梅老师的祝福也是对理工全体教职员工辛勤付出的别样"奖赏"。在此，我要把这个美好祝福送给在座的各位，送给理工的每一位老师，祝大家健康快乐、幸福平安！我和爱云校长，不只是牵挂学校"飞得"高不高，更挂牵大家、挂牵我们的每位班子成员和全体同事"飞得"累不累！

省发展改革委第九届青年干部论坛

发改论坛，青教风采（2018年12月17日）

青年干部论坛是省发展改革委研究问题、交流思想的重要讲台，是发现人才、培养干部的重要舞台，是围绕中心、服务大局的重要平台，旨在引导青年干部想大事、议大事、抓大事，培养青年干部发现问题、分析问题、解决问题的能力。在省发展改革委，无青年不论坛，无论坛不精工。一年一届，今年已是第九届。

一、理工"青椒"为什么参加青年干部论坛？

这是学校落实第二次党代会精神，推进"四个一流"建设，特别是推进一流教师队伍建设，打造全省产教融合样板和发展改革精品的重大举措。学校35岁以下的青年教师占到了60%以上，爱称为"青椒"，是学校立德树人、教书育人的重要力量。省发展改革委作为全省经济社会综合部门，联系全省教育事业，联系全省三次产业，在指导学校深化产教融合方面具有得天独厚的优势。学校精准对接省发展改革委青年干部论坛，特别推出"青椒论坛"，将其作为"理工思政"六大特质理工之"书香理工"五大精品育人活动之一倾情打造，就是为了让我们的这支队伍多一些发改味、多一些产教味、多一些书香味，用最特别的方式培养最特别的教师，用最特别的教师培养更特别的学生。

二、理工"青椒"怎样在青年干部论坛中出彩？

学、思、写、说、干，五字登科，相对学生"四个一"文化育人，多了一个"干"字，要求学生做到的，"青椒"们要身体力行首先做到。这五个字中，学是一道门，是基础；思是一杆秤，是关键；写是一篇文，是结晶；说是一扇窗，是形神；干是一本经，是初心。一要端正态度，坚持学习第一，比赛第二，在学习交流中发现差距，在实战谋划中找到不足，在互促共进中完善自我。二要把握方向，坚持立足理工，着眼发改，在创新办学治校中选题，在深化产教融合中破题，在落实立德树人中解题。三要知行合一，坚持走在前列，干在实处，在博学深研中高屋建瓴，在大题小做中深入浅出，在扬长避短中驾轻就熟。

三、青年干部论坛出彩文章有具体一点的标准吗？

文无定法，文有常法。诗以言志，文以载道，无论什么样的文字，不外乎表情达意。我的体会是八个字：简约、清爽、稳健、大气。低要求，必须把由来讲清楚、把意思讲明白、把立场讲出来。高标准，力争把有意义的事情说得有意思，把很深奥的事情说得很浅显，把很寻常的事情说得很别致。这个标准，我在前期会研中也多次谈到过，但说出容易听进去难，看似容易做到难，这次学校得高分拿大奖的"青椒"们，大多是对此悟得较透、落得较实、做得较好的。

第十一届辅导员职业技能大赛

心心相印，比比皆是（2018年12月24日）

辅导员是学校思政的主力军、生力军，是学生成长的知心人、引路人。开展辅导员职业技能竞赛是学校思政建设的传统活动，以比促知、以比促行、扬长补短、互促共进。这届竞赛举办得非常成功，大家参与踊跃、准备充分、表现精彩，竞出了风格，赛出了水平，达到了预期效果。

第一，希望大家爱岗敬业，安心为重。要干一行爱一行，身在辅导心在辅导，着眼一流强素质，立足岗位做贡献。要有"穷且益坚，不坠青云之志"的毅然决然，要有"富贵不能淫、贫贱不能移、威武不能屈"的大义凛然。要把辅导员职业当成人生的事业，把辅导员事业做成人生的信仰，做理工最有情怀的学生良师。学校将努力创造条件，不断增强大家的归属感、自豪感和使命感。

第二，希望大家攻坚克难，育心为要。辅导员是大学生思政骨干力量，承担着立德重任，肩负着"育心"使命。大家要不负重托，凝心聚力把习近平新时代中国特色社会主义思想装进学生头脑、把社会主义核心价值观融进学生日常、把德智体美劳"五育"并举贯穿学制始终，引导学生自信自强自律、不馁不弃不骄，做理工最暖人心的学生益友。学校将加快推进兼职辅导员队伍建设，不断壮大"双元"辅导合力。

第三，希望大家以身示范，用心为贵。知者行之始，行者知之成，大家要知行合一、身体力行，以身作则、率先垂范，一育十、十育百、百育千千万地心口相授，集思广益、群策群力。大家要以金石为开的信心、滴水穿石的决心和七擒七纵的耐心，倾心吐胆、推心置腹、呕心沥血，责无旁贷地培养具有理工特质的德智体美劳全面发展的社会主义建设者、接班人，培养担当民族复兴大任的时代新人、匠心传人。

第三届成长辅导优秀案例展示

融情于心，汇知于行（2019年6月6日）

成长辅导优秀案例展示活动，是"理工思政"幸福理工之"525"心理健康节的重要组成部分，是我校心理育人工作的盘点和升华，旨在提升辅导员业务能力和综合素质，总结经验，交流心得，互促共进。

本届活动举办得非常成功，开题关键词很"酷"，破题小故事很"实"，解题针对性很"强"。大家分享成长辅导故事，畅谈成长辅导体会，交流成长辅导经验，融情于心，汇知于行，知行合一，声情并茂，深深吸引并打动了在场的每一位老师和同学。我全程观摩，深受教益，深受启发，希望大家百尺竿头、更进一步。

第一，用信仰约束自己，越自律，越完美。工作中，辅导员要时刻谨记"培养什么人""怎样培养人""为谁培养人"这一根本问题，坚持不懈地用习近平新时代中国特色社会主义思想武装头脑、教育学生，真信真学，言传身教，倾情落实立德树人这一根本任务。

第二，用勤奋补齐自己，越努力，越谦卑。笨鸟先飞，勤能补拙。每个人生来都不是完美的，要弥补这种不完美，唯一的办法，就是不断地勤奋学习，只有勤奋学习，才能博采众长，只有博采众长，才能补短扬长。

第三，用付出丰盈自己，越奉献，越富足。赠人玫瑰，手有余香。只有学会奉献，才能有所收获，勤付出是人生最大的智慧，被需要是人生最大的幸福。

我最后改用南怀瑾先生的一副对联寄语全体老师书写出彩人生：

真为心，善为骨，美为表，努力干工作；

技在手，能在身，思在脑，从容过生活。

第一届青年教师论坛

跟着里手学，跟着高手走（2019年6月20日）

青年教师论坛是学校着眼一流教师队伍建设、对接省发展改革委青年干部论坛特别推出的一项重大师培举措，是"理工思政"六大特质理工之"书香理工"五大精品育人活动之一。今年是第一届，感谢全校青年教师精心准备、倾情参与，无论初赛，还是决赛，大家互学互鉴、互促共进，精彩多多，惊喜多多。文穷而后工，事穷而后达，好的开局是成功的一半，祝论坛越办越好。

今天是学校青年教师论坛的决赛，也是学校参赛发改论坛的预选。今年发改论坛的主题"十四五"经济社会发展，对学校来说有点大，不是大家的主责，也不是大家的主业，但是大家不要气馁、不要怯场，"三人行必有我师"，我们一定要端正学徒心态，抱着拜师心、怀着学艺态，多向发改里手请教、多向发改高手求教，跟着里手学、进步自不缺，跟着高手走、收获总会有。

虽然是学习，但不可不认真，选题、破题、解题，务请精心、用心、倾心。首先，选题很重要。精心选题，就是要抓住痛点，这个痛点，最好是时代热点、行业难点与区域重点的叠加，不无病呻吟。其次，破题很关键。用心破题，就是要发掘新意，这个新意，最好是老瓶装新酒、老角唱新曲、老树发新芽的融汇，不老调重弹。最后，解题要讲究。倾心解题，就是要力求实用，这个实用，最好是言之有需、言之有理、言之有据的贯通，不隔靴搔痒。

庆祝第 35 个教师节暨表彰大会

不忘初心，不负师心 （2019 年 9 月 10 日）

今天，我们隆重集会，欢庆教师佳节，表彰先进典型，宣讲理工故事。首先，请允许我代表学校，向全体教职员工，离退休老教师、老同志致以节日祝福！向受到表彰的优秀集体和个人表示热烈祝贺！向出席今天会议的省发展改革委领导表示衷心感谢！

常言道："一年之计在于春。"换言之，春光谋划正当时，农历之年起于春节，公历之年发于元旦，这是天时之春。党员之春始于"七一"，青年之春始于"五四"，教师之春始于"九十"，这是事业之春。在这特殊的时间节点上，做一些瞻前顾后的思考与交心，对继往开来很有必要。年年岁岁花相似，岁岁年年人不同。如果说，大家前年的工作，是"在奋进中痛并快乐着"，重谋划、贵突破，那么，去年的工作则是重落实、贵提升，叫"不忘初心，不负师心"。

一年来，学校在省发展改革委、省教育厅的坚强领导下，在伟林主任的高度重视和全委上下的倾情支持下，全体理工人自我加压、奋发图强，真抓实干、锐意进取，力促各项事业欣欣向荣，力推学校发展蒸蒸日上。

一是立德树人规划加快落地，教书育人的良好氛围全面营造。融"十大育人体系""三全育人"格局于一体的"理工思政"，六大特质理工二十大精品育人活动全面铺开。党建引领工程扎实推进，继"理工书单""四个一"文化育人获省立项表彰外，管理育人、资助育人项目再获省级立项支持。今年倡导发起湘潭十大高校读书联盟，学生读书蔚然成风，"理工书单"走出校门，中青在线全文转发。汇校地、校企、校行融合于一体的"理工产教"繁花满树，专业建设推陈出新，国省大赛屡创佳绩，精品课程批量立项，创客空间加快建设，德国舍弗勒、莱茵科斯特"双元制"人才培养模式纵深拓展。集国、省、市各级各类荣誉于一体的"理工出彩"不断刷新，获批教育部第三批现代学徒制试点，入选首批湖南省文明校园，荣获湘潭市大专院校城市管理工作第一名，立德树人，精彩纷呈。

二是"有核无边"模式落地生根，一体两翼的办学格局初步形成。"有核无边、协同育人"模式是学校办学理念的重大创新，是着力缓解我校面积狭小"围城之苦、切肤之痛"的不二之选。"小而特、专而精"的动力谷分院令人耳目一新，"校、企、政、行"各展所长的协同育人备受业内外称道。这一模式今年又被引入湘潭九华经开区，九华分院落成在即。以公共实训基地建设为代表的学校本部提质工程紧锣密鼓推进。一体两翼格局的形成极大地拓宽了学校办学空间，改善了学校办学条件。

三是发展改革共识基本达成，争先求进的干事态势已然呈现。改革举措带来了看得见的发展成果，同志们既是见证者，也是参与者，更是受益者。通过管理队伍的年轻化建设、教师队伍的专业化提升、辅导员队伍的规范化改善，以及学校后勤队伍的人性化服务，普遍反映学校发展改革、干事创业的氛围焕然一新。同志们攻坚克难、争先求进的故事层出不穷，想办法、寻突破的人大幅增加，讲怪话、发牢骚的人明显减少。人事就是事在人为，干事的人成事，不干事的人坏事，自古以来皆是如此。学校人心思进，最是难能可贵。

四是样板精品形象初步树立，近悦远来的示范效应开始显现。酒香不怕巷子深。我们以前都是出门学，学深圳职院、金华职院、民政职院、航空职院等，学一流创一流，学样板铸样板。学校两年来的长足发展，不仅得到了学校师生及老同志的充分肯定，还赢得了社会同行的普遍认同，特别是动力谷分院办学模式的创新，受到了兄弟院校、产业园区、行业企业以及各级领导的高度认可，他们来校考察交流不断。理工这坛老酒，已然浸润出了新香，最直观体现在稳定的生源上。昨天，我让金玉同志统计了一下，今年新生入学总数、报到率及录取均分3项指标均在去年大幅提升的基础上依然保持了上升态势。生源是学校的生命，念念不忘，必有回响。

老师们、同志们，过去一年，大家做了很多工作，奔跑了很长的距离，虽然我们对照省发展改革委党组"四个走在前列"办学要求，对照学校党委"四个一流"建设目标，仍然还有很多工作要做，还有很长的路要走，但我们已经迈出了可贵的第一步。这一步，让我们看到了理工团队的担当和情怀，看到了理工未来的潜力和前景。记得获悉学校今年再次连续摘获国赛一等奖时，我很感动、很激动，挥笔写了一首小诗《动心》："一而再来再而三，国赛大奖捷报传。理工师生不出手，出手皆是英雄汉！"在此，我深鞠一躬，你们辛苦了！同时，也请省发展改革委领导放心，在"四个走在前列"的征程中，理工人自信满满、永不放弃，自强不息、永不放任，自律坚守、永不放纵。

老师们、同志们，凡是过往，皆为序章。此时此刻，我要讲的还是去年那句话：来年的工作，我们面临的任务会更重、困难会更多，步子要更快，开弓没有回头箭，我们唯有向前，才能步步前，我们唯有日新，方可日日新。为此，我提三点希望与大家共勉。

一是希望大家不忘先公后私，牢记以业为重。毛泽东就读过的东山书院有一副对联："公毕方将私治，师严然后道尊。"我们也常用李商隐的诗句"春蚕到死丝方尽，蜡炬成灰泪始干"形容教师的奉献，这些讲的都是公私问题。大公无私比较难，先公后私是必须的。我们不能因个人小事而影响学校大事，不能因个人好恶而降低工作标准，不能因个人得失而忘记初心使命，更不能以公家之名谋私人之实、假公济私甚至损公肥私。

二是希望大家不忘为人师表，牢记以生为本。习近平总书记强调："教师是人类灵魂的工程师，是人类文明的传承者，承载着传播知识、传播思想、传播真理，塑造灵魂、塑造生命、塑造新人的时代重任。"[①] 习近平总书记还强调，"三寸粉笔，三尺讲台系国运；一颗丹心，一生秉烛铸民魂。"[②] 教师责任之巨大，使命之光荣，无与伦比。为人师表，就是要按照习近平总书记的要求，始终不忘初心、不负师心，争做"有理想信念、有道德情操、有扎实学识、有仁爱之心"的好老师，悉心为党育人、为国育才。以生为本，就是要始终坚持以立德树人为根本，始终坚持以教书育人为使命，要经常反躬自省传道授业解惑，学生到底懂没懂？学生到底要不要？学生到底服不服？不能自说自话、自弹自唱、自娱自乐而误人子弟。

三是希望大家不忘身体力行，牢记以校为家。不是一家人，不进一家门。学校好了，大家自会好；学校好了，大家才会好。今天与会同志，我们还邀请了物业、食堂和保安代表，这都是理工学生的老师。全员育人，责无旁贷。身体力行，就是要有力的出力、有心的出心，而不能心不在焉，"身在曹营心在汉"；不能事不关己，高高挂起。以校为家，就是要多为学校增光增彩，少给学校添乱添堵；多为学校开源节流，少在学校大手大脚。切莫把学校当"唐僧肉"、做"摇钱树"，只要学校照顾、不要学校纪律。

各位老师、同志们，今年是教师节设立 35 周年，也是新中国成立 70 周年，35 年风雨历程，70 年昂首迈进，我们每一位教育工作者都站在新的起点，将迈向新的征程。让我们继续以立德树人为根本，以教书育人为己任，不忘初心、牢记使命，不负师心、砥砺前行，建一流理工、做一流自己，为党为国育一流人才。

---

① 习近平：坚持中国特色社会主义教育发展道路 培养德智体美劳全面发展的社会主义建设者和接班人 [EB/OL].新华网，2018-09-10.

② 习近平：做党和人民满意的好老师：同北京师范大学师生代表座谈时的讲话 [EB/OL].中国政府网，2014-09-10.

第十二届辅导员职业技能大赛

比学赶帮，互促共进（2020年1月7日）

"又是一年芳草绿，依然十里杏花红。"一年一届的辅导员职业技能大赛如期而至，一届一拨的优秀"知心人""引路人"脱颖而出。台上满面春光，台下心花怒放，这是我们理工思政队伍最出彩的时刻。祝贺获奖选手，祝福全体辅导员老师，你们辛苦了，你们是最棒的！

2020年，是学校思政工作质量提升年，你们是学校思政工作的骨干力量，在提升大学生思政教育工作质量中，希望你们八仙过海、各显神通，尽职尽责、尽心尽力。

第一，只争朝夕、不负韶华。你们要从新时代应对世界百年未有之大变局和实现中华民族伟大复兴中国梦战略全局的立德树人高度，深刻认识大学生思政教育工作的必要性，要以时不我待的紧迫感，保持职业定力，牢记育人使命，深学笃用习近平新时代中国特色社会主义思想，悉心为党育人、为国育才，乐于担当、主动作为。

第二，倾己所有、不负学子。你们要从传道授业解惑，一日为师、终身为父的为人师表角度，全面把握大学生思政教育工作的创新性，要以责无旁贷的使命感，不忘为师初心，恪守育人情怀，切实遵循青年学生成长成才规律，坚持因事而化、因时而进、因势而新，紧紧围绕学子、时时关照学子、处处服务学子，积极引导学子德智体美劳全面发展。

第三，尽己所能、不负理工。你们要从"以校为家、校荣我荣"的办学治校维度，着力提高大学生思政教育工作的实效性，要以义无反顾的自豪感，不断加强自身建设，倾情对照"政治要强、情怀要深、思维要新、视野要广、自律要严、人格要正"的标准，严格要求自己、不断激励自己、努力提高自己，协力推进"理工思政"六大特质理工二十大育人活动开展，争先求进，砥砺前行，用优秀的自己培养优秀的学生，用不一样的师生成就不一样的理工，为学校"四个一流"建设添砖加瓦、增光添彩。

庆祝第 36 个教师节暨表彰大会

不负厚望，不辱使命（2020 年 9 月 10 日）

今天，我们隆重集会，欢庆教师佳节，表彰先进典型，憧憬美好未来。首先，请允许我代表学校，向全体教职员工、离退休老教师、老同志致以节日祝福！向受到表彰的优秀集体和个人表示热烈祝贺！向出席今天会议、送来慰问关怀的省发展改革委领导表示衷心感谢！

年年有今日，岁岁有今朝；年年花相似，岁岁景不同。今年是学校第二届党委"三年行动计划"的收官之年。三年前，伟林主任现场办公，在充分肯定学校五年发展思路的基础上，要求学校科学制订、扎实推进"三年行动计划"，争取"一年一变样，三年大改观"。三年来，在伟林主任的悉心指导和全委上下的倾情支持下，全校上下凝心聚力、奋发图强，在奋进中痛并快乐着；全校上下不忘初心、不负师心，在发展中改革并提升着；全校上下不负厚望、不辱使命，在喜悦中收获并耕耘着。学校三年再相见，越来越好看。

一是理工队伍孜孜不倦，别树一帜。队伍建设的成效主要体现在激活力、挖潜力、强能力上，体现在人岗适配、人尽其才、才尽其用上。通过管理队伍的年轻化建设、教师队伍的专业化提升、辅导员队伍的规范化改善以及后勤队伍的人性化引导，学校队伍结构不断优化、素质不断提升、活力不断激发，召之即来，来之能战，战之必胜，呈现出了争先求进的良好势头，迸发出了干事创业的巨大活力。理工队伍的优秀同志，远不止荣誉册上受到表彰的这些，他们，一个名字就是一份感动，每份感动都是十分付出。比如，忘我工作、以校为家的张清小老师，尽职尽责、以业为重的向云南老师，无怨无悔、以公为先的毕业老师等，平凡中见伟大，细微处见精神，难能可贵。

二是理工事业蒸蒸日上，别有天地。事业发展的成效主要体现在创新引领、特色办学和内涵发展上。全面对标"四个走在前列"，聚力"四个一流"，用更新理念、更广思路、更多办法办学治校，着力打造全省产教融合样板和发展改革精品。重点做好新时代追梦特征、省发展改革委主管特长、长株潭地域特点、新能源专业特色点睛文章。始终坚持社会主义办学方向，狠抓思政工作不松劲；始终坚持服务区域经济发展，狠抓产教融合不放手；始终坚持培育理工职业情怀，狠抓读书明理不懈怠。我们探索了办学治校新出路，拓宽了立德树人新思路。对接区域建专业，联合企业教技能，着眼明理推读书，围绕育人抓思政，"有核无边"职教模式精彩纷呈，一体两翼办学格局全面形成，一流公共实训基地投入使用，1+3立德树人设计落地生根，将湖南理工职院真正办成了湖南的理工职院。

三是理工文化欣欣向荣，别具匠心。文化构建的成效主要体现在育人育才、管用实用上，主要体现在不治自理、不教自学上。全新解读校训、校徽，精心制定校旗、校歌，编撰出版校史，全面提振校风。学校推出"理工党建"，引领立德树人，制定"理工九条"，规范教工行为，出台"理工治理"治党治校，探索"理工督导"督事导人，"理工思政"铸魂，"理工读书"赋能，"理工产教"立业，以文化人，卓有成效。

四是理工故事娓娓动听，别开生面。三年来，学校"苔花如米小，也学牡丹开"，坚持办不一样的学校、培不一样的老师、育不一样的学生，好戏连台，捷报频传。全校学生共获国家职业技能竞赛一等奖6项、省职业技能竞赛一等奖11项，各类大奖累计100多项。2019年，学校职业技能竞赛综合排名进入全省前五，涌现了一大批以"中国大学生自强之星"黄峰同学为代表的优秀学子。全校老师共获技能竞赛、教学能力竞赛省级一等奖及以上17人次，省高校思想政治工作优秀团队、省辅导员名师工作室相继立项，2名青年教师荣获省技术能手和省劳动模范称号，4名青年教师荣获省发展改革委第十届青年干部论坛一等奖。学校成功获批教育部现代学徒制改革试点、"1+X证书"制度试点、教育部工业机器人应用人才培养中心、湖南省新能源实习实训基地，获评首批"湖南省文明校园"、2019年度省发展改革委绩效考核优秀单位。学校近悦远来，故事声名远播，走向了全省、全国，昔日养在深闺的"小家碧玉"已然出落成了备受青睐的"大家闺秀"。

老师们、同志们，幸福是奋斗出来的，一分耕耘一分收获，积沙才能成塔、汇流才能成河，这些成绩的取得，得益于党和国家的好政策，得益于省委、省政府的好领导，得益于省发展改革委、教育厅的高看厚爱，得益于湘潭市及社会各方的鼎力支持。这些成绩的取得，也是全体理工人以业为重、忘我工作，以校为家、倾情付出，以生为本、无私奉献的结果。在此，我谨代表学校向大家深深鞠上一躬，谢谢大家，大家辛苦了！

老师们、同志们，岁月不居，时节如流。三年，在人类历史长河中只是短暂的一瞬，三年，在理工奋进历程中却是关键的一步，三年中，我们实现了学校"四个一流"建设的良好开局。开弓没有回头箭，打造全省产教融合样板和发展改革精品，我们依然任重而道远；办不一样的学校，育不一样的学生，我们需要不一样的老师。在此，我提三点希望与大家共勉。

铸魂育人

第一，希望大家戒骄戒躁，不负厚望，争当修身做人的表率。修身做人是师表的基本前提，是传道的先决条件。戒骄戒躁，不负厚望，就是要悉心落实习近平总书记的重要指示，做"有理想信念、有道德情操、有扎实学识、有仁爱之心"的"四有"好老师；就是要始终恪守学校"博爱博学、求实求新"的教风，身体力行，以身作则；就是要切实悟透"理工九理"、践行"理工九条"，言传身教，知行合一。

第二，希望大家再接再厉，不忘师心，争当教书育人的楷模。教书育人是教师的职责所在，是学生的成长所依。经师易得，人师难求。再接再厉，不忘师心，就是要有金石为开的信心、滴水穿石的决心、七擒七纵的耐心和蜡炬成灰的爱心，倾心吐胆、推心置腹、呕心沥血，责无旁贷地培养具有理工特质的德智体美劳全面发展的社会主义建设者和接班人，培养担当民族复兴大任的产业巨匠、时代新人。8月30日，首届湖南省教书育人楷模名单公布，昨天省委举行了隆重的表彰会。9月4日，2020年全国教书育人楷模名单公布。教书育人楷模，应成为每个理工人的自觉追求。

第三，希望大家稳扎稳打，不辱使命，争当立德树人的典范。立德树人是教师的初心所在，是高校的根本任务。稳扎稳打，不辱使命，就是要用脱贫攻坚的情怀为党育人、为国育才，不让任何一个人掉队；就是要用共同战"疫"的决心为党育人、为国育才，不放弃任何一个人；就是要凝心聚力，继往开来，不断擦亮特色发展标帜、树牢立德树人标杆、勇当改革创新标兵，努力开创学校发改新局面，展现发改学校新气象，办好理工一点、带动教育一线、影响产业一片。

第十三届辅导员职业技能大赛

履职明责，树人明德（2021 年 1 月 27 日）

对本次赛事组织给予充分肯定，对获奖选手表示热烈祝贺！对参赛选手表现出的较高政治素养和良好精神风貌予以点赞。我在此提三点希望。

第一，希望大家更好地履职明责——明教育、管理、服务三大职责。教育要育心，通过辅导员合理化教育，引导学生自觉用习近平新时代中国特色社会主义思想武装头脑，树立共产主义远大理想，坚定中国特色社会主义必胜信念，培养德智体美劳全面发展的社会主义建设者和接班人。管理要凝心，通过辅导员人性化管理，引导学生不断增强团队凝聚力，培养学生集体主义精神，始终坚持以公为先，把国家和集体利益放在首位，将个人发展与社会和谐有机融合，让个人梦与中国梦同频共振。服务要强心，通过辅导员个性化服务，引导学生养成良好的学习、生活和职业生涯习惯，大力弘扬劳动精神、劳模精神和工匠精神，着力培养担当民族复兴大任的时代新人。

第二，希望大家更好地树人明德——明党性大德、社会公德、个人私德三大品德。辅导员要坚持身体力行、以身示范，将"三德"为人师表融入学生成长成才全过程、各环节，春风化雨，润物无声，将思想品德教育植入学生骨髓，将立德树人任务落到工作实处。

第三，希望大家更好地读书明理——明勤学、俭朴、乐观、诚信、合作、自律、敬业、专长、创新九大道理。辅导员要多读书、读好书、善读书，悉心领读，倾情导读，读破"理工书单"，读书明理，知书达礼，引导学生好好修身、好好做人、好好处事，更好地培育学生理工职业情怀，更多地培养理工特质匠心传人。

第四届教学大比武

不改初衷，不囿成见，不偏中心（2021年4月25日）

我代表学校对获奖团队表示祝贺，对评审专家表示感谢，对比武活动寄予厚望。

第一，要不改初衷始终坚持以比促教。教学工作是学校工作的重中之重，教学能力建设是师资队伍建设的重中之重，学校党委倾情推出"教学比武周"，就是要通过比学赶帮，持续提升大家的教学能力，持续提质学校的教学工作，建全省名师高峰，造全校名师高原，鼓励各显神通拿大奖，期待共建共享办大学。

第二，要不囿成见切实做到以比促改。海成其浩大必纳百川，山成其雄伟必聚土石。大家比前精心准备，比中精彩展示，比后更要精辟总结。"三人行必有我师焉！"大家要择人善者而从之、不善者而改之，择己长者而扬之、不长者而补之，如此，善莫大焉。

第三，要不偏中心全面落实以比促学。务必以学生为本，因学定教、因材施教，不能自弹自唱、自娱自乐；务必以内容为王，体现专业水准，强化思政元素，不能避难就易、顾此失彼；务必以效果为要，变革教学方式，创新教学方法，让学生听得进、学得懂、用得上，不能敷衍塞责、应付了事。

师德师风建设工作推进大会

学高为师，身正为范（2021年10月19日）

　　今天，我们召开全校师德师风建设工作推进大会，对深入推进师德师风建设进行再动员、再部署，这既是学校贯彻落实省教育厅"师德师风建设年"系列工作部署的必须之举，也是学校持续推进"一流教师队伍"建设的应有之义。师德师风建设，人人有分，人人有责，事事关己，事事关生。

　　第一，必须紧抓不放。教师的使命是为党育人、为国育才，肩负好这一使命，必须加强师德师风建设，突出忠党爱国的主题。教师的职责是教书育人、立德树人，履行好这一职责，必须加强师德师风建设，强化为人师表的意识。教师队伍是教育主体、学校主人，扮演好这一角色，必须加强师德师风建设，弘扬爱岗敬业精神。

　　第二，必须实抓不虚。就是要全面践行习近平总书记提出的"四有好老师""四个引路人""四个相统一""三个传播""三个塑造"和"六要"的要求，严格遵守新时代教师职业行为十项准则，继承发扬中华优秀师德传统。就是要把师德师风建设与学校"四个一流"建设、九条行为规范，九大育人道理、六大理工特质及二十大育人活动等一系列管党治党、办学治校、立德树人实践结合起来，查漏补缺抓，对症下药抓，有的放矢抓，要到人、到事，要入脑、入心，要培根、铸魂。

　　第三，必须常抓不懈。就是要深刻认识师德师风建设绝非一日之功，不可一蹴而就，要有打攻坚战的决心，更要有打持久战的准备，要多管齐下，两战协同，绵绵用力，久久为功。必须处理好主流与支流的关系，决不能因为主流是好的就掉以轻心，原则性错误一次都不能犯、一个都不能有，渐发性问题必须处置于萌芽之时、防患于未然之中，公愤性行为必须嗤之以鼻、群起而攻。必须处理好严管与厚爱的关系，严管就是厚爱，主要负责人要切实负起主要责任，多监督提醒、批评警醒、教育唤醒，要真管真严、敢管敢严、长管长严。必须处理好他律与自律的关系，自律重于他律，既要有猪八戒他律加持的关怀，也要有唐三藏十世苦修的自觉和孙悟空去伪存真的自警，严以律己，守身自清。

庆祝第 38 个教师节暨表彰大会
不负时代不负生（2022 年 9 月 10 日）

今天，我们欢聚一堂，喜庆第 38 个教师节，表彰先进典型，传唱理工故事，共话美好未来。首先，我代表学校，向全体教职员工，离退休老教师、老同志致以节日祝福！向受到表彰的先进集体、优秀个人表示热烈祝贺！向所有关心支持学校发展、教师成长和学生成才的各级领导、各界朋友、周边邻居表示衷心感谢！

这是我在学校度过的第六个教师节，一年一度教师节，一言一语总关情。每逢佳节，最令人欣慰的是满怀自豪回望来时景，最令人期待的是满怀自信展望前行路。今年是学校党委换届之年，承前启后，继往开来，学校将始终秉持"以公为先、以校为家、以师为尊、以生为本"的治校情怀。不是一家人，不进一家门，佳节临门，换届在即，我借此机会和大家拉拉"家常"、吐吐"新声"。

一、温故知新，守得云开见月明

路在人走，事在人为。天下事有难易乎？为之则难者亦易矣，不为则易者亦难矣。我们是守得云开见月明。

一是新时代筑梦新征程。这些年，学校始终坚持用发展眼光谋划学校未来，用改革办法破解发展难题，用忘我精神追逐理工梦想，校小不小志，位后不后求，千头万绪盘活办学资源，千方百计厚植办学优势，千辛万苦增添办学后劲，奋力闯出了一条都市区学校集约化办学、高质量发展的内涵式特色新路。

二是新路子走出新步伐。这条路，我们始终把高站位带班领队、固本强基作为要中之要来抓，全面从严管党治党，严立规以类相从，严守规以身作则，严执规以儆效尤，宁可直中取，不向曲中求。这条路，我们始终把高标准争先创优、争先求进作为难中之难来推，全面创新办学治校，新理念凝心聚力，新行动攻坚克难，新考核提质增效，"苔花如米小，也学牡丹开"。这条路，我们始终把高质量为党育人、为国育才作为重中之重来干，全面落实立德树人，落实思政五育并举，落实产教真融深合，落实读书明理知行，爱子之心爱生，严师之道严徒。

三是新耕耘喜结新硕果。这些年，学校真抓实干、砥砺前行，变革是全方位的，成绩是一揽子的，解决了不少难题，办成了不少大事，收获了不少惊喜，学校被评为全省首批文明校园、优秀委属单位，招录线逐年攀升，就业率稳步上升，省排位大幅提升。省委巡视组评价学校"贯彻党委领导下的校长负责制，政治生态明显好转，落实立德树人根本任务，办学治校水平不断提高"，教育部职成司领导点赞学校，认为"理工类院校有如此成体系文化育人举措的实不多见"，近悦远来，难能可贵。

二、知弱图强，百尺竿头更进步

"历尽天华成此景，人间万事出艰辛。"这些年，学校培"百年老店"、育时代新人，起好了步、开好了局、破好了题，但是大刀阔斧易、精雕细刻难，一鼓作气易、敬终如始难，一马当先易、万马奔腾难，必须清醒认识，行百里者半九十，我们要百尺竿头更进步。

一要与时俱进强应变。昨日已成往事，明日犹未可知。世上没有一成不变的先机、没有一劳永逸的新局，苟日新、日日新、又日新，不日新者必日退。未来五年，学校站在全新历史起点，面临全新机遇挑战，以前困难的可能不再困难，以前容易的可能不再容易，以前茫然的可能不再茫然，以前管用的可能不再管用。时移则事变，事易则备变，我们必须精准识变、科学应变、主动求变，我们必须精中拓、稳中进、特中强，我们必须在危难中显身手、在新机中占先机、在变局中创新局。

二要因势利导强关键。纲举目张，执本末从。治大国若烹小鲜，治大学如履薄冰。国家大事唯赏唯罚，赏当其劳无功者自退，罚当其罪为恶者咸惧；大学亲民唯师唯生，严师严德不治自理，育人育心不教自学。教育之道贵育心，职教真谛在融产，人生大美是读书。未来五年，学校将持之以恒紧牵治理"牛鼻子"、大写教育"关键词"、狠抓课程"主战场"，持续完善"三全育人"体系，持续提升产教融合质量，持续推进书香理工建设，用国学之光照亮奋进路、用党史之光引领奋斗者，用习近平新时代中国特色社会主义思想铸魂育人，以文化人、以德育人，督事向好、导人向善，德技兼修、五育并举。

三要谋定后动强统筹。事预则立，不预则废。锐始者必图其终，成功者先计于始。一张好蓝图需要深谋远虑绘，需要敬终如始干。未来五年，学校将深入贯彻省委、省政府有关高校办学要求，坚定不移走内涵式发展之路，进一步删繁就简、化繁为简，更加聚焦立德树人、聚心精致办学、聚力特色发展，争先求进比办学水平不比办学层次、比核心竞争力不比办学规模、比专业特色不比专业点位，持续优化内部治理，持续加强师资建设，持续提质人才培养，持续改善办学条件，持续打造全省产教融合样板，聚力创建全省高水平职业院校，绵绵用力，久久为功。

三、见贤思齐，不负时代不负生

习近平总书记强调："好的学校特色各不相同，但有一个共同特点，都有一支优秀教师队伍。"① 我们倡导"办不一样的学校，培不一样的老师，育不一样的学生"，这个"不一样"就是理工特质，办不一样的学校，就是要用理工特质的时代新师培养理工特质的时代新人。我们应不负时代不负生。

一应登高望远乐担当。登高望远，理工是一所有追求的高职后起之秀、有精神的高职希望之星、有温度的高职幸福之家，理工立身之本在立德树人。未来征途，全校上下应紧紧围绕立德树人，各安其位、各司其职、各尽其能，悉心尽好一份责、精心讲好一堂课、用心读好一本书、全心育好一代人。持续完善以自信为内核的教育愿景，"办好理工一点，带动教育一线，影响产业一片"；持续繁荣以自律为内核的校园文化，打造"不治自理文明新校园"，构建"不教自学育人大课堂"，致力"不言自明职教新湘军"；持续弘扬以自强为内核的理工精神，恪守"理工九条"，践行"理工九理"，"自信满满、永不放弃，自强不息、永不放任，自律坚守、永不放纵"，"立报国之志、学一技之长、明读书之理，做社会主义建设者和接班人"。

二应争先创优铸品牌。一花独放不是春，百花齐放春满园；一马当先诚可贵，万马奔腾势滔天。这些年，学校制度供给、示范引领，大家八仙过海、各显神通，很多不毛之地开出了鲜艳之花，不少领域破零倍增、渐入佳境，特别是青年论坛、技能竞赛、教学能力、教育教学成果等赛项斩金夺银、捷报频传，甚慰人心。总体上仍不过瘾，高校人才培养、科学研究、社会服务、文化传承创新、国际交流合作功能等方面学校还需继续开拓。未来征途，学校鼓励大家迎难而上、克难攻坚，点上再突破、面上大提升，积沙成塔、集腋成裘、汇流成河，希望人人有进步、事事有改观、年年有惊喜，理工品牌不断擦亮，学校一流水到渠成。

三应凝心聚力向前进。人心齐，泰山移。独木难支，众擎易举。众人划桨开大船，众人拾柴火焰高。这些年学校事业红红火火、蒸蒸日上，得益于党和国家高屋建瓴的极好政策，得益于省发展改革委、省教育厅、湘潭市高看厚爱的极大支持，更得益于全校上下高歌猛进的扎实工作。上下同欲者胜，同舟共济者赢，天帮忙人努力，团结就是战斗力。未来征途，全校上下要像爱护生命一样维护团结，像珍惜眼睛一样搞好团结，紧紧拧成一股绳，妥妥铆足一股劲，同心同德、同向同行，守大节、管小节、立气节，相互提醒、相互帮衬，讲原则、重感情、

① 习近平在中国人民大学考察时强调：坚持党的领导传承红色基因扎根中国大地 走出一条建设中国特色世界一流大学新路［EB/OL］. 中国政府网，2022-04-25.

干实事，明理知行、精工致远。在此，我也温馨强调一下，工作要努力，但不必拼命，人在事业在，身在情常在，我不认同"只要干不死，就往死里干"，大家开心工作、快乐生活，蹄疾步稳、虽远必达！

各位老师、同学，人事有代谢，往来成古今。历史车轮滚滚向前，时代潮流浩浩荡荡。"庐山烟雨浙江潮，未至千般恨不消。到得还来别无事，庐山烟雨浙江潮"，苏轼的《观潮》，不惑人生。"曦园入秋景色新，玉笋落箨竹初成。明月清风等闲度，碧叶翠枝自在生。山石岩上立高节，白水泉下净虚心。百尺竿头更进步，万丈洪波竞凌云"，我的《观竹》，不负师生。理工五年，佳期如梦！理工未来，前程似锦！征途漫漫，唯有奋斗！让我们更加紧密地团结在以习近平同志为核心的党中央周围，埋头苦干、勇毅前行，奋力谱写"四个一流"建设精益求精新篇章，以饱满热情开好学校第三次党代会，以优异成绩迎接党的二十大胜利召开！

2023 年新教师入职拜师仪式

双向奔赴，彼此成就 (2023 年 2 月 10 日)

一年一度，新人入职拜师；前赴后继，事业薪火相传。不是理工人，不进理工门，我代表学校，和新同事交交心。

第一，衷心祝贺。各位新同事选择的理工有品牌、有精神、有追求、有温度。"理工思政、理工产教、理工读书"，特色育人近悦远来；"悉心尽好一份责、精心讲好一堂课、用心读好一本书、全心育好一代人，持续打造全省产教融合样板，聚力创建全省高水平职业院校"，战略壁画与时俱进；"精中拓、稳中进、特中强"，办学策略争先求进，办不一样的学校、培不一样的老师、育不一样的学生，理工人孜孜以求。我深信，选择理工，就是选择精彩。

第二，诚心欢迎。各位新同事都是精挑细选出的才俊，都是学有专长的新秀，大家的到来必将为理工发展注入新血液、带来新气象。入职拜师仪式搭建了老中青交流平台，延续了传帮带优良传统，寄予了学校对年轻人成长成才的殷殷期望。希望指导教师倾囊相授，像爱护家人一样爱护同事，言传身教、以身示范，严格要求、认真把关，助新教师技能上深精进、专业上新突破、事业上大发展。我深信，拥抱新人，就是拥抱未来。

第三，真心期待。各位新同事要团结合作，谦虚谨慎，勤奋好学，在完善团队中完善自我，在成就他人中成就自身。各位新同事要严以律己，用敬畏之心敬业，用爱子之心爱生，用律人之心律己，能吃苦、肯奋斗、乐担当。各位新同事要争先求进，"弟子不必不如师，师不必贤于弟子"，以实干求实效，以实效出实绩，干在实处走在前，不负时代不负生。

"为人师表 40 年" 荣退典礼微党课

薪火相传，师德闪耀 (2023 年 3 月 28 日)

刚才，两位同事做了很好的发言，老同事小华讲得情真意切，小同事爱华说得意切情真，岁月春华秋实，两华相得益彰，听后倍感亲切、倍受鼓舞。感谢荣退老同事长期以来为学校事业发展做出的重要贡献，祝福你们幸福快乐过好退休后的每一天。

荣退老同事，在岗时是学校建设的重要力量，退休后是学校发展的宝贵财富。学校将全力落实好退休待遇，用心用情做好离退工作，充分发挥好老同志榜样垂范、智囊参谋、育人传授作用，让老同志老有所乐、老有所为。

新一届党委高度重视教职工荣退工作，把"为人师表 40 年"荣退典礼作为学校师德传承、思政育人的精品活动倾情打造。书记授牌，校长授证，新师授花，礼仪授带，明理知行春蚕意，精工致远蜡炬心，让老同事享受人生岁月的高光时刻，让老教师闪耀备受尊崇的职业光辉。

"为人师表 40 年"，立德树人一辈子，典礼十分钟，奋斗毕生功。这是赞美、鞭策，更是激励、警醒，赞美老同事鞭策年轻人，赞美榜样多示范，激励后浪多努力，赞美"春蚕到死丝方尽，蜡炬成灰泪始干"，警醒"一失足成千古恨，再回头已百年身"。薪火相传师德闪耀，扶正祛邪事业永继，这个典礼，这份荣誉，非为人师表者莫属，非以生为本者莫属，非敬终如始者莫属。

辅导员应守正创新修"九境"（《中国青年报》2023年6月13日）

习近平总书记在党的二十大报告中特别强调："全党要把青年工作作为战略性工作来抓，用党的科学理论武装青年，用党的初心使命感召青年。"① 高校辅导员作为青年学生思想政治教育工作的骨干力量，是当之无愧的"人类灵魂工程师"。辅导员用习近平新时代中国特色社会主义思想凝心铸魂，应当守正创新修"九境"，努力成为青年学生传道的可信人生导师、解惑的可亲知心朋友和授业的可敬品学表率。

一、正心修炼"可信"三重境，做善于"传道"的青年学生人生导师

"传道"就是教学生如何做人！新时代辅导员"传道"，就是用党的科学理论武装学生，教学生做德智体美劳全面发展的社会主义建设者和接班人、做担当民族复兴大任的时代新人。人无信不立，家无信不和，国无信不昌。信是一种个体责任、一种团队精神、一种家国情怀，"可信"是对这种责任、精神、情怀的认同、传承和托付。辅导员悉心尽好"传道"责，应当深修"可信"境：

第一，应正心修好"信任"境。这是"可信"的前提所在，是辅导员提升政治判断力的根本途径。辅导员悉心"传道"，对"道"应真学真懂、能说会道，全面把握习近平新时代中国特色社会主义思想的科学体系和精髓要义，寓教于"学"、有灵有魂、有精有神，学生自然会上行下效、耳濡目染、潜移默化。

第二，应正心修好"信从"境。这是"可信"的本质所在，是辅导员提升政治领悟力的核心要义。辅导员悉心"传道"，对"道"应真信真传、讲深讲透，努力把习近平新时代中国特色社会主义思想转化为立德树人、教书育人的强大力量，让懂道理的人信道理，让信道理的人讲道理，注重青年学生思想引领，匡正青年学生价值观念，寓教于"信"、有度有识、有始有终，学生自然会言听计从、心领神会、心悦诚服。

第三，应正心修好"信赖"境。这是"可信"的关键所在，是辅导员提升

---

① 中国共产党第二十次全国代表大会文件汇编［M］.北京：人民出版社，2022：58-59.

政治执行力的行动指南。辅导员悉心"传道"，对"道"应真行真用、活学活用，坚持、运用贯穿于习近平新时代中国特色社会主义思想中的立场、观点和方法，解决好立德树人中的现实问题和实际困难，想学生所想、急学生所急、干学生所盼，寓教于"用"、有心有意、有情有义，学生自然会知行合一、知恩于心、感恩于行。

二、虚心修炼"可亲"三重境，做乐于"解惑"的青年学生知心朋友

"解惑"就是教学生如何处世！新时代辅导员"解惑"，就是用党的初心使命感召学生，教学生正确理解中国之问、世界之问、人民之问、时代之问，为学生全面答成长之疑、排成人之忧、解成才之难、助成功之力。"可亲"是对"一日为师终身为父"的赞美、期许和践悟。辅导员悉心尽好"解惑"责，应当深修"可亲"境：

第一，应虚心修好"亲近"境。这是"可亲"的管理特性，是辅导员提升教导共情力的重要一环。近山识鸟音，近水知鱼性，辅导员悉心"解惑"，对"生"应近悦远来，对"惑"应心知肚明。辅导员应牢牢坚持以生为本，平易近生、亲近不疑，时时围绕学生、处处关照学生、事事服务学生；应牢牢坚持以勤为径，思政教育、日常管理、心理健康、资助勤贷、职业规划等，事无难易皆需辅，听呼声、问关切、探冷暖，生无新老均要导；应牢牢坚持以心为灯，将心比心，以心换心，用心感受、用心理解、用心支持，用教师心里的灯点燃学生眼里的光、照亮学生前行的路。

第二，应虚心修好"亲和"境。这是"可亲"的教育特征，是辅导员提升教学共情力的关键一招。君子和而不同，小人同而不和，辅导员悉心"解惑"，对"生"应和而不同，对"惑"应各解其解。辅导员应有教无类、一视同仁地辅。有教无类并非平均用力，一视同仁绝非轻重不分，应当以无差别的理念育有差别的学生。重点关注特别优秀的学生、特别困难的学生、特别调皮的学生，以点带面、统筹兼顾。应因材施教、有的放矢地导，教师教学生要一个秤杆挂一个砣、一把钥匙开一把锁，和而不同、美美与共。青年学生正处于人生"拔节孕穗期"，生理心理变化叠加，学习生活困惑交织，要多用奉献心、理解心、平等心和宽容心为学生答疑解惑，为学生排忧解难，春天来了用心让花开好，秋天到后一定硕果满枝。

第三，应虚心修好"亲谊"境。这是"可亲"的学校特质，是辅导员提升教育共情力的点睛一笔。用敬畏之心敬业，用爱子之心爱生，辅导员悉心"解惑"，对"生"应敝帚自珍，对"惑"应如数家珍。辅导员应用可贵情怀对待学生、尊重学生、相信学生、欣赏学生，用博大胸襟培育学生、引导学生、指导学生、教导学生，用无私境界关爱学生、体谅学生、体贴学生、体悟学生，让学生情有所系、心有所归，在温暖的学校大家庭里增知增智、成人成才。

三、潜心修炼"可敬"三重境，做专于"授业"的青年学生品学表率

"授业"就是教学生如何立业！新时代辅导员"授业"，就是用为生立业落实为党育人、为国育才，引导青年学生学好专业、就好职业、干好事业。敬是一种品质，是一种价值，是一种理想，"可敬"是对这种品质、价值、理想的要求、需求和追求。辅导员悉心尽好"授业"责，应当深修"可敬"境：

第一，应潜心修好"敬重"境。这是"可敬"的内在要求，是辅导员为人师表的从业门槛。辅导员悉心"授业"，对"生"应学高为师、身正为范，对"业"应以身作则、率先垂范，引导学生不令而行、不教自学，应大事讲原则、小事讲风格，顾全大局，光明磊落，与人为善、导人向善，恪守教育部《教师行为十项准则》，争做"有理想信念、有道德情操、有扎实学识、有仁爱之心"的新时代好老师。

第二，应潜心修好"敬佩"境。这是"可敬"的外在需求，是辅导员匠心独运的职业价值。辅导员悉心"授业"，对"生"应授之以渔、明理知行，对"业"应驾轻就熟、精工致远，引导学生匠心筑梦、技能报国，辅导学生虚心学习养大气，育心忧天下的情怀抱负、胸怀祖国的责任担当、情系人民的宗旨意识。

第三，应潜心修好"敬仰"境。这是"可敬"的无上追求，是辅导员无比憧憬的事业理想。辅导员悉心"授业"，对"生"应甘当人梯、愿作春泥，对"业"应"师不必贤于弟子、弟子不必不如师"，引导学生青出于蓝而胜于蓝、一届更比一届贤。辅导员应不断增强教师文明传承、灵魂塑造的职业神圣感，不断增强教师为党育人、为国育才的岗位使命感，不断增强教师立德树人、教书育人的工作责任感，自信满满、永不放弃，自强不息、永不放任，自律坚守、永不放纵。

第三辑
育不一样的学生

立报国之志
学一技之长
明读书之理
做社会主义建设者和接班人

虚心学习养大气

　　大气是一种致虚极、守静笃的气度，是一种怀天下、报祖国的气概，是一种纳百川、容日月的气魄。一个人眼界有多高视野就有多宽，视野有多宽胸襟就有多阔，胸襟有多阔气度就有多宏，万物并作观其复，有大气者方能成大事，有大气者方能成大器。青年学生养大气，要着力"高"眼界、"宽"视野、"阔"胸襟，要有"心忧天下"的情怀抱负，要有"胸怀祖国"的责任担当，要有"情系人民"的宗旨意识。青年学生养大气，要虚心学习古圣先贤、现当代领袖人物。

　　第一，要学习古圣先贤，学他们"苟利国家生死以，岂因祸福避趋之"的大气度。中华文明五千多年历史长河中，古圣先贤们留下了许多经世致用、脍炙人口的精神财富，"修身、齐家、治国、平天下""为天地立心，为生民立命，为往圣继绝学，为万世开太平""先天下之忧而忧，后天下之乐而乐""孝亲侍养，孝国以忠"等等。这些传承着高风亮节、历久弥新的家国情怀。历史蕴含大智慧，以史为鉴知兴替。我读史有扫射式泛读，新故相推、一目十行、一日千年地读，也有点射式精读，床头案上，随心所欲、信手拈来地读，抓到哪本读哪本，翻到哪页读哪页，时常因缘际会隔代知音心领神会拍案叫绝。上午党委学习会上，我讲述了《史记》中伯夷叔齐不食周粟饿死首阳山的故事，是我点射式读到的，小故事大道理，"忠诚不绝对就是绝对不忠诚！"中华民族忠诚基因源远流长，千百年来知行不辍。历史上先后有陆秀夫负帝投海、左宗棠抬棺西征、朱自清不吃美国救济粮等，前传后教、一脉相承。这个基因，在新时代的集中体现就是"对党忠诚，不口是心非、阳奉阴违"，这也是我们"理工九条"的第一条，青年学子要学思践悟，坚定不移听党话、感党恩、跟党走。共产党员要"随时准备为党和人民牺牲一切，永不叛党"。"天下兴亡，匹夫有责"，这是古圣先贤的大气。

　　第二，要学习毛泽东，学他"为有牺牲多壮志，敢教日月换新天"的大气

---

　　* "做新时代好青年"座谈会讲话摘要（2023 年 4 月 27 日），摘载于《中国青年报》客户端（2023 年 10 月 19 日）。

概。毛泽东的一生是伟大的一生，他一生写下了很多气吞山河、大气磅礴的革命史诗，我最喜欢这两句，简明扼要地诠释了他一生的伟大："天下者，我们的天下！国家者，我们的国家！社会者，我们的社会！我们不说，谁说？我们不干，谁干？""问苍茫大地，谁主沉浮？""宜将剩勇追穷寇，不可沽名学霸王"等等。毛泽东从一介书生到伟大领袖，始终将救国救民、改造国家和社会视为己任，"世上无难事，只要肯登攀"，这是毛泽东的大气。

第三，要学习习近平总书记，学他"我将无我，不负人民"的大气魄。习近平总书记在十八届中央政治局常委与记者见面会上满怀深情地说，"人民是历史的创造者，群众是真正的英雄"，"每个人的工作时间是有限的，但全心全意为人民服务是无限的"[1]。他一连强调了三个重大责任：对民族的责任、对人民的责任、对党的责任，把"为人民谋幸福、为民族谋复兴"作为初心使命孜孜以求。在二十届中央政治局常委与记者见面会上，习近平总书记再次强调，"前进道路上，无论是风高浪急还是惊涛骇浪，人民永远是我们最坚实的依托、最强大的底气"[2]。他特别宣告，"将同各国人民一道，弘扬和平、发展、公平、正义、民主、自由的全人类共同价值，维护世界和平、促进世界发展，持续推动构建人类命运共同体"[3]。习近平总书记从七年知青岁月，到中国特色社会主义新时代，始终把人民放在至高无上的位置，"民有所呼，我有所应"，这是习近平总书记的大气。

---

[1] 习近平等十八届中共中央政治局常委同中外记者见面［EB/OL］. 中国政府网，2012-11-15.

[2] 习近平. 在二十届中央政治局常委同中外记者见面时的讲话［EB/OL］. 中国政府网，2022-11-15.

[3] 习近平. 在二十届中央政治局常委同中外记者见面时的讲话［EB/OL］. 中国政府网，2022-11-15.

潜心学习养才气

才气是一种胸藏文墨、腹有诗书的才华，是一种士别三日、刮目相看的才能，是一种知行合一、敬终如始的才干。一个人被欣赏往往始于颜值，敬于才华，合于性格，久于善良，终于人品。万人并行观其为，有大才者方能成大业，有大才者方能为大匠。我们青年学生养才气，要着力长才华、长才能、长才干，要读破万卷书、行穷千里路、博取百家长。青年学生养才气，要潜心做好三件事。

第一，要静下心来多读书。"书中自有黄金屋，书中自有千钟粟。"我常说，人与人的差距就是一本书的厚度！理工读书向未来，学校发起了"每周一书"倡议，推出了"理工育人书单"，牵头发起了湘潭十大高校读书联盟，申请成立了湖南省职业院校读书联盟，引导同学们"用心读好一本书"，读专业书、读课外书，厚积薄发爱读书，博观约取读好书，明理知行善读书，将读书进行到底，涵养同学们的书生气、书卷气、书香气。何谓书生气？挥斥方遒！何谓书卷气？"胸藏文墨虚若谷，腹有诗书气自华"！何谓书香气？文质兮彬彬！读中华经典，做大国工匠，读书之妙，妙不可言！

第二，要腾出手来多实践。"纸上得来终觉浅，绝知此事要躬行"。同学们的使命是立报国之志、学一技之长、明读书之理，做社会主义建设者和接班人。希望同学们贯通学思用、统一知信行，坚持立足专业学中做，坚持对接产业做中学，简单事情反复做，重要事情用心做，做到熟能生巧便是行家里手，做到独具匠心便是专家赢家。

第三，要放下面子多请教。学之要在问。"三人行，必有我师焉；择其善者而从之，其不善者而改之。""听君一席话，胜读十年书。""一语点醒梦中人"等，讲的都是学问的故事。世上没有万能的人，世上也没有常能的人，所谓的万能、常能，无非是集大成者，融百家之长成一家之功，集百草之精成一味之药，通古今之变成一家之言！培"百年老店"，育匠心传人，同学们一定要不耻下问，一定要博采众长，只有站在大匠肩膀上才可能成长为时代巨匠！

正心学习养勇气

勇气是一种潜藏于身体之内的精神力量，是一种影响于团队之间的人格力量，是一种展现于日常之中的智慧力量。"天下有大勇者，所挟持者甚大，而其志甚远也。"万事并发观其由，有大勇者方能卒然临之而不惊，有大勇者方能无故加之而不怒。青年学生养勇气，要着力修毅勇、为义勇、行忠勇，要敢于斗争、善于斗争、勤于斗争。青年学生养勇气，要正心修好三种行。

第一，要知错就改不含糊。"金无足赤，人无完人"。"知耻近乎勇"，强调面对错误和不足时，应该勇于承认并改正，也就是我们常说的自我革命。习近平总书记全面从严管党治党非常看重自我革命，他特别指出，"只要我们始终不忘党的性质宗旨，勇于直面自身存在的问题，以刮骨疗毒的决心和意志消除一切损害党的先进性和纯洁性的因素，就能够形成党长期执政条件下实现自我净化、自我完善、自我革新、自我提高的有效途径"①。胜人者有力，自胜者强，人生在世最强大的敌人不是别人而是自己，谁也不能打倒你除非你自己打倒自己，谁也不能保护你只有你自己能保护自己。

第二，要见义勇为不冷漠。讲到这点，我要说说"理工书单"推荐书目《水浒传》。这本书讲的是宋江带领好汉起义从发展到失败的过程，这个过程，一方面夹杂了不少不服管束的人物个性，讲述了不少两肋插刀的江湖义气，另一方面也诠释了"哪里有压迫哪里就有反抗"的基本逻辑，讲述了不少疾恶如仇、大义凛然的英雄义举。年轻人心气高、有血性、易冲动，缺少社会经验，需要正确引导，我们要抱着扬弃的态度一分为二地看待这本书，取其精华、去其糟粕，既不能因噎废食，也不能是非不分。《水浒传》中扶正祛邪、激浊扬清的一面正能量满满，"路见不平一声吼，该出手时就出手"也正能量满满，是年轻人必须具有的社会担当！当然，见义勇为也要讲策略，狭路相逢勇者胜，勇者相逢智者胜。

第三，要临危受命不迟疑。读《出师表》，诸葛亮"受任于败军之际，奉命于危难之间"，迎难而上，克难攻坚，忠勇之举感天动地，"出师未捷身先死，

---

① 习近平. 习近平在十九届中央纪委三次全会上发表重要讲话［EB/OL］. 新华网，2019-01-11.

铸魂育人

长使英雄泪满襟"！我们青年学子读书明理、知书达礼，临危受命于新时代，就是要学得文武艺、献于党和国，就是要召之即来、来之能战、战之必胜，就是要让青春在全面建设社会主义现代化国家的火热实践中绽放绚丽之花。

【微课链接】

2017 级新生军训总结表彰大会

明理知行，精工致远（2017 年 9 月 28 日）

金秋九月，芙蓉吐蕊。伟人故里，丹桂飘香。在此美好时刻、美好地点，我们隆重举行 2017 级新生军训总结表彰大会。首先，我代表学校，向连日奋战在军训一线的全体教官表示崇高敬意！向不懈工作在保障一线的教师们表示衷心感谢！向全体参与军训的新生同学们表示亲切慰问！向大批涌现在军训中的先进集体和个人表示热烈祝贺！

同学们，青春是一场又一场的奋斗，人生是一次又一次的出发。此时此刻，我感到无比欣慰，从你们整齐的队列、矫健的步伐、刚毅的眼神，我看到了理工的未来和希望。同一个校园，同一个梦想，我和你们一样，也是理工的一名新兵，你们 9 月报到，我 7 月上任，我和你们一样，也在进行一场特别的军训，你们在运动场上练正步、列方阵、历品行，开启了大学生活第一课，我们一班人在会议室里谋跨越、研改革、绘蓝图，筹划了学校发展新篇章。今天，你们用十二分的努力出色地完成了我们的检阅。下面，我代表学校，在你们即将开始理工新生活之际，提三点希望。

一、希望同学们育好三种情怀

一是心忧天下。就是要立大志向、大抱负。树无根不长，人无志不立。一个人只有树立了远大理想，才能找到努力的方向、前进的动力。心忧天下，就是要以"孩儿立志出乡关，学不成名誓不还"的信心和决心、要以"心忧天下，敢为人先"的精神和勇气、要以"天下兴亡，匹夫有责"的豪情和担当，坚定不移地拥护中国共产党的领导，牢牢树立中国特色社会主义共同理想，不断增强中国特色社会主义道路自信、理论自信、制度自信和文化自信。

二是胸怀祖国。就是要有大责任、大担当。国家好民族好，同学们才会好。一个人只有将具体而微的个人梦与宏大叙事的中国梦融为一体，才能感受使命的神圣和宝贵，才会拥有出彩的空间和可能。胸怀祖国，就是要以"位卑未敢忘忧国，事定犹须待阖棺"的有情有义，要以"苟利国家生死以，岂因祸福避趋之"的无私无畏，要以"驾长车，踏破贺兰山缺"的毅然决然，紧密团结在以习近平同志为核心的党中央周围，为实现中华民族伟大复兴的中国梦而勤学苦读、埋头苦干。

三是情系理工。就是要育大学生、大学校。学生一流，学校才算一流。一个学生的茁壮成长能与学校的蓬勃发展同频共振，这既是学生的莫大荣幸，也是学校的无比荣耀。未来五年，学校提出了"创造一流办学条件、建设一流教师队伍、培养一流应用人才、实现一流内部治理"的宏伟目标，第一步"三年行动"将与你们的学年完全吻合。同学们，古人说，"山不在高，有仙则名；水不在深，有龙则灵"，未来三年，我们深情期待，"情系理工，校荣我荣；校不在大，有你则行"。

二、希望同学们用好三个平台

一是多用运动场。无体育不人生。强健的身体是做好一切事情的基础和前提。青年毛泽东指出，"欲文明其精神，先自野蛮其体魄"，同时强调"坚实在于锻炼，锻炼在于自觉"。多用运动场，就是希望同学们高度重视体育，积极锻炼身体，要从网络中走出来，从宿舍里走出去，多在体育中锻炼意志，多在运动中体会美好。

二是善用图书馆。书籍是人类进步的阶梯，"腹有诗书气自华"讲的是读书的好处。古今中外，任何一个名人、大家，无一例外都嗜书如命。习近平总书记的书单蔚为壮观，他"最大的爱好就是读书"，他治国理政的雄才大略，无疑与其良好的读书习惯密不可分。善用图书馆，就是希望同学们爱读书、读好书、善读书，要把读书当成一种生活态度，当成一种精神享受，当成一种自觉追求，博观约取，厚积薄发，绵绵用力，必有所成。

三是勤用实训室。万贯家财，不如一技在身。三十六行，行行出状元。这些讲的就是技能的重要性、工匠的可贵性。传工匠精神、学一技之长是职业院校的初心和使命，是我们理工职院的优势和强项。勤用实训室，就是希望同学们立足所学专业，坚持学中做、做中学，简单的事情反复做，重要的事情用心做，做到熟能生巧，便是行家里手，做到独具匠心，自成专家赢家。

三、希望同学们练好三项能力

一是讲卫生。一屋不扫何以扫天下？讲卫生，讲的是天地人，卫的是精气神，不仅可以修身养性，还可以修心养德，一个以邻为壑、不讲卫生的人是不可担大任、难以成大事的。讲卫生，就是希望同学们高看卫生，重看卫生，要以"湘潭创文"为契机，持续维护公共卫生、悉心讲究个人卫生、高度关注心理卫生。讲卫生要从自身做起，从现在做起，从教室、寝室做起，从厕所、食堂做起，从远离烟草做起，勿以善小而不为，勿以恶小而为之。

二是讲合作。无合作不社会。人心齐、泰山移，二人同心、其利断金，合作的威力是巨大的。讲合作，就是希望同学们学会自我管理，学会与他人合作，学会过集体生活，学会处理好个人与社会的关系，多待人以诚，多与人为善，多包容谦让，多得理饶人。

三是讲自律。谨慎能捕千秋蝉，小心驶得万年船。我很喜欢一位老领导说过的一句话："谁也不能打倒你，除非自己打倒自己；谁也不能保护你，只有自己能保护自己。"时隔多年，仍记忆犹新。是的，胜人者有力，自胜者强，自律不只是一种修养，更是一种修为。讲自律，就是希望同学们读万卷书、行万里路、持三尺戒。永存敬畏之心，恪守道德法纪之律；永驻工匠之心，恪守实践探索之律；永葆赤子之心，恪守习惯养成之律。

同学们，大学很大，大学亦很小；三年很长，三年亦很短；人生多美，人生亦多艰。小学校可出大人物，小学校可出大工匠，愿以上三点九条，点燃同学们青春生活的火炬、扬起同学们人生前行的风帆，护同学们明理知行、临阵不乱、处变不惊，陪同学们柳暗花明、峰回路转、精工致远。

心理健康辅导班

心病还须心药医 （2017 年 10 月 31 日）

心理健康是一个人的健康之基，没有健康心理，不可能有健康身体、健康成长、健康发展。学校引导师生培养"讲卫生、讲合作、讲自律"三项能力，其中讲卫生，包括环境卫生，也包括心理卫生。学校高度关注师生心理卫生。如何保持心理卫生？我看，心病还须心药医！

第一，要让自己的心更加柔软起来。因为慈悲，所以懂得，因为懂得，所以柔软。不做玻璃心，坚而不强，硬而易脆；不做无情人，己所不欲，勿施于人。要好好地对自己，好好地待别人，多待人以诚，多与人为善。

第二，要让自己的心更加平和起来。心平则气和。凡事不要求全责备走极端，不要把自己想得太完美，不要把别人想得太差劲，也不要把事情看得太悲观。要始终秉持公道正派之心，始终秉持兼容并包之心，始终相信办法总比困难多。

第三，要让自己的心更加开放起来。独乐乐不如众乐乐。一份快乐与大家分享，快乐将不断增多，一份痛苦与大家分担，痛苦将不断减少。希望大家多参与集体活动，多结交良师益友，让自己在自律合作中健康成长，在交流分享中共同进步。

第四，要让自己的心更加充实起来。无事生非，趁虚而入，就是在讲内心空虚的害处。学校精心开展"每周一书、每人一语、每课一讲、每日一记"文化育人活动，就是要让同学们多学、多思、多说、多写，希望大家积极参与进来，认真落实下去，持之以恒，必见成效。

第十一届"理工杯"创新创业主题辩论赛

唇枪舌剑，小中见大 (2017年11月30日)

　　这是一场知识的角逐，这是一场胆识的较量。这里不见硝烟，这里唇枪舌剑，这里用智慧和才华、用激情和思辨使对手心悦诚服。选手们使出了浑身解数，思想的火花在碰撞中闪耀，彼此为"真理"而辩，为荣誉而战，干劲十足，场面火爆。双方在立论、攻辩、自由辩论等环节引经据典，妙语连珠，尤其是在自由辩论环节，雄辩势不可挡，花辩文采飞扬。总结陈词扣人心弦，集思想性、逻辑性和明辨性于一体，美不胜收。为正反双方点赞！唇枪舌剑，小中见大，我有三点感受与同学们分享。

　　一是小辩论蕴含大智慧。从中可悟出辩证的思维方法，悟出包容的人生态度，悟出慎独的自律意识。任何事物，包括辩题，如同中国太极，阳中有阴，阴中有阳，对立统一而不可偏废。这一客观属性，要求我们想问题、办事情，应设身处地、推己及人，要包容对方、尊重对手，己所不欲，勿施于人。任何时候，都要高度警惕任何情形的"一面倒"局面，独步天下易成众矢之的，得意绝不可忘形，居安更应该思危。

　　二是小辩论彰显大能量。从中可感到"腹有诗书气自华"的美妙，感到"书到用时方恨少"的茫然，感到肚里有货倒不出的痛苦。辩论辩论，辩的是理，论的是识，辩论大赛是一场个人学识、胆识的角逐，是一场团队协同、配合的较量，更是一场学、思、写、说、演综合能力的比拼，没有扎实的日常积累不可能有精彩的临场表现，没有艰辛的长期付出不可能有丰厚的即时回报。

　　三是小辩论呼唤大创举。从中可领会台上一分钟台下十年功的古训深意，领会明理知行、精工致远的校训精神，领会立德树人、教书育人的初心使命。校党委提出"育好三种情怀、用好三个平台、练好三项能力"教书育人引导，推出"每周一书、每人一语、每课一讲、每日一记"文化育人活动，就是为了牢记古训、践行校训，不忘初心、勇担使命，坚持立德树人，注重德技兼修，强化训练有素，要让我校学子不仅掌握好来之能战、战之必胜的生存技能，还要培育好心忧天下、胸怀祖国的大我情怀，让学子们把握好安身立命、待人处世的生活道理。湖南理工职院的学子，要做可靠接班人、合格建设者和幸福生活者，不只做生产线上高效的"机器人"。

2018 年五四晚会
宜将芳华付勤学（2018 年 5 月 4 日）

今晚，我们满怀喜悦，欢聚一堂，以理工最隆重的形式，纪念五四运动，表彰优秀青年，共享美好时代。这是一次青春芳华的大展示，也是一场青春奋斗的再动员。首先，请允许我代表学校，向全校青年师生员工、青年工作者致以节日问候，向即将受到表彰的优秀青年们表示热烈祝贺！

青年是祖国的希望，青春是人生的宝藏。5 月 2 日，习近平总书记在北大师生座谈会上的讲话指出："大学是立德树人、培养人才的地方，是青年人学习知识、增长才干、放飞梦想的地方。"① 今天，我们以"勤学谱青春，奋斗圆梦想"作为晚会主题，就是对习近平总书记讲话精神的贯彻落实。这一主题，既是学校青年一代对新时代美好生活的不懈追求，也是学校老一代"青年"对学子健康成长的深切期望。下面，我围绕这一主题，提三点希望。

第一，希望同学们登高望远，学以立志。就是要立大志向、大抱负，有大责任、大担当，要身在理工、心忧天下，要心系人民、胸怀祖国。要坚定"四个自信"，树牢"四个意识"，坚决维护党中央权威和集中统一领导。要将具体而微的个人梦与宏大叙事的中国梦融为一体，为实现中华民族伟大复兴而勤学勤思、笃信笃行。

第二，希望同学们持之以恒，学以立德。就是要不断提高思想水平、政治觉悟、道德品质、文化素养，做到明大德、守公德、严私德。要坚持不懈培育和弘扬社会主义核心价值观，自觉做社会主义核心价值观的坚定信仰者、积极传播者和模范践行者，努力做社会主义合格建设者和可靠接班人。

第三，希望同学们身体力行，学以立技。就是要求真学问、练真本领，传工匠精神，学一技之长，立足所学专业，坚持在学中做，在做中学，简单的事情反复做，重要的事情用心做，脚踏实地，埋头苦干，明理知行、精工致远。

青年朋友们，青春是人生的财富，奋斗是青春的乐章。勤学是成才的法宝，读书是理工的荣光。让我们不忘初心、牢记使命，在习近平新时代中国特色社会主义思想的光辉指引下，勤学苦读，埋头苦干，不辱时代使命，不负人民期望。

---

① 习近平：在北京大学师生座谈会上的讲话［EB/OL］. 新华网，2018-05-03.

全国技能大赛获奖选手座谈会

培育理工特质的应用人才 （2018 年 5 月 29 日）

　　人逢喜事精神爽。今天，是理工的大喜日子，国赛征战满载而归，全校上下欢呼雀跃。全体领导班子成员和中层正职倾情出席欢迎会，为你们的凯旋庆功。大家的获奖感言，让我深受启发、备受鼓舞。

　　首先，热烈祝贺。祝贺大家取得优异成绩！成绩属于省里，你们代表湖南省参加国赛，大家为我省争了光。成绩属于学校，你们代表学校出战国赛，你们为学校争了气。成绩更属于参赛的每一位选手和指导老师，在一个时代，在一个领域，在强手如林的角逐中，你们能够出类拔萃、卓尔不群，登上梦寐以求的领奖台，成为万人瞩目的聚光点，你们为自己长了脸。无论从个人、学校看，还是从省里看，你们取得的成绩都是难能可贵的，你们值得点赞、戴花。

　　其次，衷心感谢。感谢大家付出辛勤劳动！"宝剑锋从磨砺出，梅花香自苦寒来"。这些成绩、这些荣誉的取得，是选手们废寝忘食刻苦训练的结果，是老师们呕心沥血悉心指导的结果，是全校上下倾心吐胆鼎力支持的结果。天道酬勤，一分耕耘，一分收获，幸福都是奋斗出来的，战果都是打拼出来的，真知都是实践出来的。无论从过去、从现在看，还是从未来看，你们所展现的能量都是积极向上的，值得总结、推广。

　　最后，诚挚希望。凝心新时代，聚力创一流。大赛看大学，滴水见太阳。

　　第一，我希望全校上下将宠辱不惊的理工精神融入血液。什么是理工精神？我概括为三句话：一是自信满满、永不放弃。只有不放弃的人才有机会攻坚克难、反败为胜，放弃就是永远失败。没有这个精神，我们不可能走向一流。二是自强不息、永不放任。只有不放任的人才有能力报效祖国、服务人民，能被祖国和人民需要是人生最大的幸福。我们从不获奖到获奖，从获省奖到获国奖，从获国家三等奖、二等奖到一等奖，这就是自强不息的结果。三是自律坚守、永不放纵。只有不放纵的人才有可能登峰造极、笑到最后。成绩的取得，可以激励未来，但更多的是证明过去，我们在成绩面前，要始终不骄不躁、再接再厉。只要每个理工人从自己做起、从今天做起、从力所能及的事情做起，学校必将捷报频传，大家必将笑颜常开，一流必将如期而至。

　　第二，我希望全校上下将行稳致远的办学追求深入骨髓。办学追求，我概括为三句话：一是重善始、更重克终。只有善始善终，才会梦想成真，俗话讲"善始者实繁，克终者盖寡"，很多事情开始时轰轰烈烈，半道偃旗息鼓，终途销声匿迹，虎头起而蛇尾收，坚持到最后的却凤毛麟角。在打造技能高峰上，学校只能有两种状态：不是夺取国赛冠军、冲击世界奖项，就是在夺取国赛冠军、冲击世界奖项的路上。一流是干出来的，一流是比出来的，一流是在比较中拼出来的，没有硬碰硬的比较，不可能有实打实的一流。拿不到响当当的名次，不能算顶呱呱的一流。学校"四个一流"建设，更是如此，只能前进不能后退，只能坚持不能懈怠。二是重高峰、更重高原。只有高原无际，才会高峰迭出。世赛、国赛冠军，无疑是技能的高峰，山高人为峰，毕竟是少数。学校育人，有教无类，学校立技，一视同仁。实训室是学生需要用好的"三个平台"之一，学一技之长是学生三年学制的使命之一，我们还要开创校级技能竞赛月活动，让更多的学生参与进来、深入进去，寓教于比，寓学于赛，以比促教，以比促学。择优选拔，梯队培养，让更多的国赛战将涌现出来、成长起来。三是重立技、更重立德。只有德立心田，才会技行天下。立德树人是高校的根本任务，德技兼修是学校的永恒追求。我们夺得了一批国赛大奖，有了面子，我们要将这些面子做成学校里子，我们不仅要在立技上争创一流，还要在立德上争当先进，要悉心引导学生矢志不渝地培育和弘扬社会主义核心价值观，自觉做社会主义核心价值观的坚定信仰者、积极传播者和模范践行者，悉心为党育人、为国育才。

第三，我希望全校上下将匠心独具的职业情怀刻入心头。说匠心独具，是指理工培养的学生与其他学校培养的学生要"大同小异"，大同，是指立德立技，小异，是指读书明理。"腹有诗书气自华"，要引导学生通过特别的"理工书单"，读出特别的理工味道，育出特别的理工气质。这个"气味"，就是理工的书生气、书卷气、书香气，体现在从业品质上，就是理工的职业情怀。三个方面，缺一不可：一要懂修身之要，明勤学、俭朴、乐观之理；二要懂做人之要，明诚信、合作、自律之理；三要懂处事之要，明敬业、专长、创新之理。读书明理，知书达礼，德技双修，匠心独运，这才是我们理工孜孜以求的一流应用人才的培养目标。

2018 级新生军训总结表彰大会

人生尽在坚持中（2018 年 9 月 27 日）

今天，我们在此隆重集会，检阅军训成果，表彰先进典型，激发榜样力量，光大理工精神。首先，我谨代表学校，向 2018 级"浴火重生"的全体学子表示亲切慰问！向军事训练中脱颖而出的先进集体、先进个人表示热烈祝贺！向尽职尽责严管厚爱的承训教官、带队教师表示衷心感谢！

同学们，人无精神不立，事无追求不成。可贵的追求，造就难能的事业；非常的精神，成就美好的人生。湖南理工职院，是一所"有追求"的高职后起之秀，学校坚持创新引领，注重特色办学，突出内涵发展，推进"四个一流"建设，致力打造湖南职教新湘军，步入全面发展快车道，四十载砥砺前行，新时代破茧成蝶。湖南理工职院，也是一所"有精神"的人才培养高地，校小而不小其志，位后而不后其求，悉心引导学子立报国之志、学一技之长、明读书之理，做社会主义建设者和接班人，自信满满、永不放弃，自强不息、永不放任，自律坚守、永不放纵。

同学们，我们坚信，学生一流，学校才算一流。湖南理工职院未来的高度，最终由你们人生努力的程度和家国情怀的温度来决定。你们是肩负特殊使命的一代，你们中的绝大多数既是家庭的"独生宝贝"，也是国家的"千禧宝宝"，你们这一代人，不仅要肩负国家富强和民族振兴的历史重任，还要承载学校发展和家庭幸福的现实憧憬。对你们的大学生活，学校看得很重、想得很美、抓得很紧、落得很细。为了使大家更好地将个人抱负与民族复兴、将人生追求与家国情怀融为一体，学有所获、日有所进，不负芳华，不负重托，我下面再强调"六个字"，嘱咐"三千万"。

第一，身和心，千叮万嘱要强健。强身、强心，是人生自信的基础和源泉。身强，是做好一切事情的前提；心强，是克服一切困难的利器。一个自信满满、攻坚克难的人，一定是身强体健、阳光开朗的。毛泽东的成功，得益于其雄韬伟略、远见卓识，也得益于其中流击水的"野蛮体魄"和举重若轻的乐观心态。诸葛亮的失意，是天下大势所趋，也与其力不从心有关，"出师未捷身先死，长使英雄泪满襟"。以史为鉴，强身强心：一是要树立良好的健康理念，人生在世，健康第一，"身体发肤，受之父母，不敢毁伤，孝之始也"。二是要增强良好的体育自觉，要从"手游"中走出来、要从寝室里走出去，要多在锻炼中享受乐趣、增强体质，要多在劳动中健全人格、锤炼意志。三是要养成良好的生活习惯，有利家国书常读、无益身心事莫为。生活要规律、有张有弛，不日夜颠倒、一通乱搞；饮食要自然、有荤有素，不抽烟酗酒、暴饮暴食；心气要平和、有理有节，不妄自尊大、妄自菲薄。

第二，德和技，千辛万苦要立起。立德、立技，是人生自强的要义和根本。立德，是我们党育人选人用人的一贯方针和根本原则。立技，是高职院校的办学初衷和重头好戏。一个自强不息、功成名就的人，一定是德技兼修、以德为先的。一部妇孺皆知的《三国演义》，就是一台精彩绝伦的德技PK，德才兼备的诸葛亮可遇而不可求，情义并重的关云长可用而不可得，信义全无的吕奉先可恨而不可惜。以史为鉴，立德立技：一是要不断提高思想水平、政治觉悟、道德品质、文化素养，做到明大德、守公德、严私德。坚持不懈培育和弘扬社会主义核心价值观，自觉做社会主义核心价值观的坚定信仰者、积极传播者和模范践行者。二是要求真学问、练真本领，传工匠精神，学一技之长，立足所学专业，坚持在学中做、在做中学，简单的事情反复做，重要的事情用心做，脚踏实地、埋头苦干。三是要爱读书、读好书、善读书，坚持每周一书、以文化人；读破"理工书单"，明修身、做人、处事之理；争做大国工匠，育理工特色职业情怀。

第三，纪和诺，千难万险要守住。守纪、守诺，是人生自律的底线和关键。守纪，是一个团队协力同心、高效运转的基本要求，说小点，就是要遵守校纪校规，说大点，就是要遵守党纪国法。守诺，是一个人安身立命、行稳致远的核心要件。一个自律坚守、一呼百应的人，一定是令行禁止、一诺千金的。列宁与卫兵的故事、《史记》中季子挂剑的故事，告诉我们制度面前人人平等，告诉我们君子一言驷马难追。以史为鉴，守纪守诺：一是要敬畏规矩、遵守规矩，不随心所欲、任性妄为。二是要敬畏规律、顺应规律，不违背常识、倒行逆施。三是要言必信，行必果，不胡言乱语、信口开河。

各位老师、同学们，千精神，万精神，持之以恒最精神；千成功，万成功，成功尽在坚持中。我们去年在学校图书馆旁立了一块文化石，美其名曰"滴水穿石"，其中凝聚了理工精神的精髓，滴水穿石，不是水滴力量大，而在坚持功夫深。令人欣慰的是，我们2018级的同学们，在理工坚持的征途上，已经迈出了可喜的一步。军训期间，我不止一次地现场察看，不止一次地与大家交流、被大家感染。9月19日，我情不自禁地写下了一首小诗，名曰《坚持》：

伟人故里血气刚，大美理工精神强。

坚持不懈问累否？异口同声答无妨。

幸福只有奋斗法，卓越全无安乐方。

阳光啥时惧风雨？苦难尽处是辉煌。

　　此诗特别强调了"坚持"的意义。在此，我要将这首小诗，送给我们2018级的全体同学，送给我们理工奋力前行的每位师生员工。大家辛苦啦！你们是最棒的！

第十五届学生会干部履新交接会

做一舰钉，破万里浪（2018年11月7日）

很高兴见证今天学生会履新交接，我代表学校党委，对第十四届校学生会干部表示感谢！对第十五届校学生会干部表示祝贺！我寄语全体团学干部四句话：

第一，要誓做学生表率。要努力提高学习能力、着力锻炼组织能力、大力弘扬奉献精神，做强身强心的表率、做立德立技的表率、做守纪守诺的表率。

第二，要争做理工骄子。学生一流，学校才算一流。学校的高度最终取决于学生事业的高度，团学干部是学生的骨干和中坚，争先求进，为校争光，责无旁贷。

第三，要力做家庭支柱。家庭是我们人生中的第一所学校，学校是我们人生中的第二个家庭。大家成长成才，离不开学校培育，更离不开家庭培养。大家应常怀感恩之心，常怀齐家之情。

第四，要敢做国家栋梁。校小而不小吾志，位后而不后吾求。做社会主义建设者和接班人，做担当民族复兴大任的时代新人，我们既要有"学一技之长、做一舰之钉"的蓝领情怀，也要有"乘万里长风、破万里巨浪"的远大抱负。

奖助学生座谈会

艰难困苦，玉汝于成 *（2018 年 11 月 19 日）

这个会有两个关键词：一是"奖学"，二是"助学"。在座各位同学代表了学校两个重要群体：一个成绩非常好，一个生活有点难。一直以来，学校对你们的成长成才非常关心，也非常关注。

参加今晚会议，是我从又瑞老师那里得知消息后主动要求的，并特意交代又瑞不要事先告诉大家，就是为了不影响大家，让大家畅所欲言。我原本只想坐在后排听一听，不料被你们的故事感动、被你们的情绪感染，便提议走到前台讲一讲。首先，我代表学校向你们并通过你们向全校获得奖学金的同学们表示祝贺，向全校获得助学金的同学们表示慰问！下面，我重点就如何进一步做好"资助育人"工作，向老师和同学们说几句心里话，概括起来是 6 个"一定要"。

一、对助学老师说

第一，不管贫困有多少，一定要心中有数，只有心中有数，才能精准助学。我们学校的学生，大多来自农村地区特别是农村贫困地区，贫困比例较大、人数较多，贫困程度较深，助学任务较重，这是客观事实，但无论怎样，都要把家底摸清，把数字搞准，一是一，二是二，绝不能因任务重而摸脑袋、拍胸脯，绝不能因人数多而讲"大概"、说"可能"。

第二，不管政策有多好，一定要心中有戒，只有心中有戒，才能规矩助学。国家助学门类众多，奖、贷、助、补、免，覆盖面很广，政策性很强，包括国家奖学金、国家励志奖学金、国家助学金、国家助学贷款、勤工助学、特殊困难补助、校内资助、学费减免等，无论哪项政策，我们都要心存敬畏，严把尺度，严格程序，确保资助公平、公正、公开，绝不许弄虚作假、滥竽充数，绝不许暗箱操作、优亲厚友。

第三，不管工作有多难，一定要心中有爱，只有心中有爱，才能高效助学。在这一点上，学校花了很大力气，今年大幅提高了校级奖学金额度、大幅提高了勤工助学薪酬，下一步学校还可根据需要，融学生"自理、劳育、创业、资助"等于一体，探索推出更多的勤工助学岗位，对特别"有困难、有抱负、有

---

* 中国学生资助官微全文刊登（2018 年 11 月 23 日）

才华"的学生，还可采取"一人一议"的办法，提供更大的才华展示舞台，通过"千里马"出色劳动获取更高报酬，确保"食饱、力足、才美外现"。这是一项极具情怀的开拓性工作，要求老师们不仅要有难能的爱才之心，还要有可贵的惜才之义、育才之仁。

二、对贫困学生说

第一，苦难是人生财富，一定要好好珍惜。"天将降大任于斯人也，必先苦其心志，劳其筋骨，饿其体肤，空乏其身，行拂乱其所为，所以动心忍性，增益其所不能。"艰难困苦，玉汝于成。好好珍惜苦难，就是希望同学们大力弘扬理工精神：一要自信满满、永不放弃。要始终坚信阳光总在风雨后，"自信人生二百年，会当水击三千里"，不顾影自怜，不妄自菲薄。二要自强不息、永不放任。要用智者的眼光对待苦难，用强者的心态挑战苦难。困难像弹簧，你强它就弱，你弱它就强。三要自律坚守、永不放纵。自律是人生尊贵的标配，是人生成才的前提。唯有忍常人所不能忍，受常人所不能够受，行常人所不能行，决常人所不能决，方能成常人所不能成。

第二，读书是成才法宝，一定要好好用功。大学是人生美好时光，读书是学生头等大事。我多次强调，"人生大美是读书"，"人与人的差距就是一本书的厚度"。诗圣杜甫更是开门见山地指出："富贵必从勤苦得，男儿须读五车书"。好好用功读书，就是希望大家悉心践行理工校训：一要明理知行。读书不明理，再多也枉然。大家既要读懂课内之书，也要博览课外之书。要坚持"每周一书"，读破"理工书单"，养文化自信，拓知识视野，长人生智慧，修身、做人、处事，做到有情有义有恒、无惑无忧无惧。"知是行之始，行是知之成"，"知而不行，只是未知"。大家既要勤读有字之书，也要多读无字之书，要积极参加校园文化活动、积极参与社会实践活动，多在活动中增知长智，多在实践中修德长才。二要精工致远。"学一技之长、传工匠精神"，于理工学生而言，既是高标准，也是低要求。能源是理工之精、智造是理工之魂、管艺是理工之神，三足鼎立，共擎一流。大家要立足所在学院、主攻所学专业，坚持在学中做、在做中学，简单的事情反复做，重要的事情用心做，勤学苦练，坚持不懈，滴水也可穿石，精工自能致远。

第三，感恩是做人美德，一定要好好学会。感恩是中华民族的传统美德。"谁言寸草心，报得三春晖""滴水之恩，当涌泉相报"讲的都是感恩的故事。好好学会感恩，就是希望大家倾情牢记理工使命：立报国之志，学一技之长，明读书之理，做社会主义建设者和接班人。这是学校立德树人的出发点和落脚点，全体同学要牢铸忠党之魂、永怀爱国之心、多行孝亲之举、常蓄敬师之情，迎难而上、风雨兼程，学思践悟、砥砺前行，不负父母养育、不负老师栽培、不负国家厚望、不负组织重托。

全国学生资助管理中心调研

悉心资助，暖心育人 (2019年5月13日)

资助育人是党和国家推出的一项极具人文关怀的暖心工程，是"三全育人"格局、十大育人体系的重要组成部分。学校党委高度重视、高层谋划、高效推进，务求政策落地落实，务求举措暖困暖心。

一是系统谋划，合力推进。按照"因困施助、因材施助"的要求，将纾难解困与育技育才有机结合起来，创造性推出"千里马"助学活动，纳入"理工思政"六大特质理工二十大精品育人活动统筹部署、协同推进、严格考核。

二是精细谋划，精准推进。融自理、资助、创业、科研、劳育等为一体，统筹推出特别助学岗位，实施"以工代资、以工助育"，确保有困难、有抱负、有才干、有意愿的"千里马"学子"食饱、力足、才美外现"。全面落实国家资助政策，让奖、贷、助、补、免各项资助政策落小到每个学年，落细到每个学班，落实到每个学子。引导广大贫困学子放下面子正视贫困、挺直身子融入集体、甩开膀子勤奋学习，"穷且益坚、不坠青云之志"，艰难困苦、玉汝于成。

三是用情谋划，暖心推进。坚持以食堂为焦点、以育才为亮点、以感恩为重点，悉心查贫，倾心帮困，用心助学，确保一个人不少、一分钱不乱，应助尽助，应育尽育，让学生真正感恩党和国家的"好"、感受学校和老师的"公"、感觉自己和同学的"行"，培养学生忠党爱国、孝亲敬师、勤俭节约、艰苦奋斗的良好品行。

2020 年第一场升国旗仪式

倍感幸福，倍加珍惜（2020 年 9 月 14 日）

这是学校 2020 年第一场升国旗仪式，这是学校 2020 年第一次师生大聚会，一场突如其来的新冠疫情，让这场仪式和聚会来得稍晚了一些。首先，请允许我代表学校向全体教职工和同学们的平安归来，表示热烈欢迎！

疫情防控是一场严峻的大战，是一场感人的大爱，更是一场特别的大考。这场大战，激发了无数人强烈的家国情怀和责任担当，把国家、民族、家庭和个人的命运紧紧联系在了一起，汇成了战"疫"必胜的洪荒伟力，拧紧了众志成城的精神纽带。这场大爱，记录了无数人英勇抗击新冠疫情的感人故事、创下了人类与疾病斗争的旷世传奇，再一次证明了英雄的中国人民无畏、多难的中华民族无惧、伟大的中国共产党无私、美好的中国特色社会主义制度无敌。这场大考，令人措手不及，无人置身事外，进一步唤醒了每位中华儿女有备无患的居安思危意识和守望相助的患难与共情怀，痛定思痛，让我们更加感到幸福、更加懂得珍惜。在此，我提三点希望与大家共勉：

第一，希望大家更加珍惜粮食，做勤俭节约的践行者。这场疫情，凸显了粮食安全的重要性。"一粥一饭当思来之不易，半丝半缕恒念物力维艰"。爱粮惜食是中华民族的传统美德，勤俭节约是人类社会的文明标志，人民创造勤俭价值，国家凝聚节约共识。珍惜粮食，就是要倡导勤俭，勤以修身，俭以养德，让勤俭成为校园风尚；珍惜粮食，就是要反对铺张，拒绝"舌尖上的浪费"，节约光荣，浪费可耻；珍惜粮食，就是要知足常乐，一饱之需，何必八珍九鼎？三餐之盘，务请一干二净。

第二，希望大家更加珍惜韶华，做乘风破浪的追梦者。时光如梭，岁月如流，一月暂别，九月相见，八个月的时间擦肩而过、转瞬即逝。大学，是人生最宝贵的时光，是青春最增值的时段。青春虚度无所成，白首衔悲亦何及？珍惜韶华，就是要善于和时间赛跑，"一寸光阴一寸金，寸金难买寸光阴"，将日子从错过中补回来；珍惜韶华，就是要敢于与懈怠较量，失之东隅，收之桑榆，将自己从失落中拉回来；珍惜韶华，就是要勇于同梦想追逐，明理知行、精工致远，勤学勤思，笃信笃行，让自己从奋斗中走出来。不负韶华，不负理工，不负祖国。

第三，希望大家更加珍惜健康，做守望相助的陪伴者。健康心理是人生先决，健康身体是革命本钱。心康身方健，身存业长在，皮之不存，毛将焉附？身心俱疲，难有作为！珍惜健康，就是要多锻炼、善训练，绵绵用力，在"三个一"体育中野蛮体魄；珍惜健康，就是要多读书、善明理，久久为功，在"四个一"文育中文明精神；珍惜健康，就是要多助人、善待人，赠人玫瑰，手留余香，在共同防疫中复学，在助人为乐中成长，在与人为善中成才。

动力谷分院2020年第一场升国旗仪式

在砥砺奋进中引领前行 (2020年10月28日)

金秋十月天高云淡、风和日丽，理工五问异口同声、气壮山河。我很高兴参加动力谷分院今年第一场升国旗仪式，很欣慰感受分院师生斗志昂扬的精神状态。首先，请允许我代表学校向动力三期学员表示热烈欢迎！向全体师生员工表示诚挚祝愿，祝大家工作顺利、学业有成！

动力谷分院，是学校深入贯彻党的十九大"深化产教融合、校企合作"精神、全面落实省发展改革委党组"四个走在前列"要求的创新之举，是学校探索"有核无边、协同育人"模式的开山之作，是政行校企协同育人、产学研用一举多得的点睛之笔。学校对分院高看厚爱，寄予重托，希望分院做学校立德树人的标杆，做全省产教融合样板中的样板、发展改革精品中的精品。在此，我提三点希望，为分院加油鼓劲：

第一，希望大家牢记理工使命，书写时代华章。一个时代有一个时代的主题，一代人有一代人的使命。今年9月17日下午，习近平总书记来到湖南大学岳麓书院考察调研。面对热情洋溢的青年学子，习近平总书记说："见到你们很高兴，让我想起岳麓书院的两句话：'惟楚有材，于斯为盛'。真是人才济济啊！"① 他表示，"于斯为盛"首先指的是湖湘大地代有人才出，涌现出许多报效祖国的栋梁之材。他接着又做出新解："于斯为盛这个'斯'，是指的这个时代。明年是第十四个'五年规划'开局之年，是我们开启'第二个百年'新征程的起点。这是一个英雄辈出的时代，你们这个年纪正当其时。"② 牢记理工使命、书写时代华章，就是要认真落实习近平总书记的谆谆教导：不负青春、不负韶华、不负时代，珍惜时光好好学习，掌握知识本领，树立正确的世界观、人生观、价值观，系好人生第一粒扣子，走好人生道路，为实现中华民族伟大复兴贡献聪明才智。牢记理工使命、书写时代华章，就是要不负党和人民的深

---

① 习近平勉励青年学子：不负青春不负韶华不负时代 ［EB/OL］. 中国政府网, 2020-09-18.

② 习近平：希望同学们不负青春韶华 不负时代重托 ［EB/OL］. 央视新闻网, 2020-09-18.

情期盼，争做德智体美劳全面发展的社会主义建设者和接班人，以德定方向、以智长才干、以体健身躯、以美塑心灵、以劳圆梦想。牢记理工使命、书写时代华章，就是要悉心引导学子技能成才、技能报国，争做担当民族复兴大任的时代新人，争做社会主义现代化强国建设新征程的奋进者、开拓者和奉献者。

第二，希望大家弘扬理工精神，厚植湖南性格。一方山水养一方人，"惟楚有材，于斯为盛"，人才辈出，很大方面得益于湖南人"吃得苦、耐得烦、霸得蛮"的可贵气质，体现在理工人的身上，就是自信满满、永不放弃，自强不息、永不放任，自律坚守、永不放纵。"宝剑锋从磨砺出，梅花香自苦寒来"，弘扬理工精神、厚植湖南性格，就是要在技能成才、技能报国中悉心引导学子吃得苦中苦，养成卧薪尝胆坚忍不拔之志气、破釜沉舟置死后存之决心和静水流深精工致远之豪情，追求卓越，出类拔萃。"冰冻三尺非一日之寒"，弘扬理工精神、厚植湖南性格，就是要在技能成才、技能报国中悉心引导学子耐得烦中烦，练就念念不忘、必有回响的自信，孜孜以求、久久为功的毅力和耐得千事烦、收得一心清的专注，精益求精，止于至善。"狭路相逢勇者胜，勇者相逢智者胜"，弘扬理工精神、厚植湖南性格，就是要在技能成才、技能报国中悉心引导学子霸得蛮中蛮，具备明知山有虎、偏向虎山行的迎难而上的胆魄，义无反顾、舍我其谁的坚定不移的情怀和扎硬寨、打硬仗的攻坚克难的行动，不到黄河心不死，不到长城非好汉。

第三，希望大家践行理工校训，深耕理工特质。理工是一所有温度、有精神、有追求的学校，理工始终秉持"以公为先、以校为家、以师为尊、以生为本"治校理念，心忧天下激情满满、胸怀祖国中流击水，力争办好学校一点、带动教育一线、影响产业一片。千言万语，归于一句，理工办学治校、立德树人，有自己的特质。践行理工校训、深耕理工特质，就是希望全体师生员工明理知行、精工致远：争当全校修身典范，更加勤学、俭朴、乐观；争当全校做人标杆，更加诚信、合作、自律；争当全校处事楷模，更加敬业、专长、创新，在学校高看厚爱中砥砺奋进，在学校砥砺奋进中引领前行。

第十七届"525"心理健康节启动式

天生我材必有用 **(2021年5月25日)**

心理健康是一个人的健康之基，没有健康的心理，难有健康的身体、健康的成长和健康的发展。学校党委高度关注师生的心理健康。在此，我和大家分享三点体会：

一、天生我材必有用，为国为家添光彩

每个生命都有自身独特的价值，每个人生都是不可替代的唯一。我希望大家多从中华优秀传统文化中厚植生命根基，多从百年党史奋斗历程中汲取精神力量，多从中华民族伟大复兴中践行初心使命，"苔花如米小，也学牡丹开"。

二、天生我材必有用，为你为他出心裁

社会是个大舞台，社会也是个大擂台，既要走一走，还需赛一赛，悲与欢共生，忧和乐同在。希望大家心明眼亮、心平气和、心旷神怡，临危不惧，处变不惊，不要惹事，不必怕事，"打得一拳开，免得百拳来"。

三、天生我材必有用，为党为国育人才

"师者，传道授业解惑也"。我希望全体老师为人师表守初心，立德树人担使命，认真落实习近平总书记要求，努力"做学生锤炼品格的引路人，做学生学习知识的引路人，做学生创新思维的引路人，做学生奉献祖国的引路人"[1]，倾情引导学生自律自爱自尊，自信自立自强，修齐治平，推己及人，热爱祖国，热爱社会主义，热爱中国共产党。

---

[1] 习近平在北京市八一学校考察时强调：全面贯彻落实党的教育方针 努力把我国基础教育越办越好 [EB/OL].中国政府网，2016-09-09.

2021年毕业典礼

学成文武艺,一心跟党走(2021年6月10日)

夏天的明理园令人格外期待,不仅因为这里有杨柳吐翠、栀子花开的美丽景色,还因为这里见证了一届又一届理工学子学业有成的骄傲和喜悦。

此时此刻,又是一次踌躇满志的整装待发,此情此景,又是一场似曾相识的临别壮行!首先,请允许我代表学校向2021届全体毕业生的"学成"与"远行"表示最热烈的祝贺和最诚挚的祝福!

回望来时的路,昨日光景历历在目,我还记得在2018年的军训总结大会上,我称呼大家是来到理工的千禧宝宝,我还做了一首名曰《坚持》的小诗送给大家。转眼间,大家已经毕业,仿佛同学们才从五湖四海走来,而今就要奔赴星辰大海。我感叹时间飞逝,更欣慰你们为自己出彩人生的不懈坚持和奋斗。

三年春去秋来,你们在理工留下了时光印记。三年来,你们不断在释放着你们的青春,在"四个一"文育活动中,留下了你们青春活力的模样;在"三个一"体育锻炼中,留下了你们肆意挥洒的汗水;在全新的新能源大楼里,留下了你们磨炼技艺的身影;在图书馆侧的银杏大道旁,留下了你们并肩走过的欢声笑语……校园的一草一木、一园一亭、一石一桥,所有这些都将永远留在你们的青春岁月里,永远留在河东大道10号的历史记忆中,镌刻着理工的时光印迹。

三年春风秋月,你们在理工获得了淬炼成长。三年来,你们不断绽放着你们的青春,在技能竞赛月、创新创业大赛等各类技能竞赛中实现了属于你们的"高光时刻";在国家奖学金、优秀毕业生等各类奖项评选中见证了属于你们的"王者荣耀";在"三无"校园、助力创文创卫等各类志愿者活动中彰显了属于你们的"服务之美"……高双可、陈剑威等同学,你们是学校知名的创业之星,多次在省内创新创业大赛中取得佳绩。张忠、景欣茹等同学,你们是学校的最美逆行者,在疫情防控期间展现了理工学子的责任与担当。唐友诚,你的作品获得了国家实用新型专利证书。葛帅,你响应国家西部计划的号召深入基层。你们让我看到了理工学子的闪耀青春。还有很多优秀的学生,在"明理知行、精工致远"的理工校训熏陶下、在"自信满满、永不放弃,自强不息、永不放任,自律坚守、永不放纵"的理工精神感召下、在"立报国之志、学一技之长、明读书之理，做社会主义建设者和接班人"的理工使命引导下，收获了知识，历练了品行，成熟了心智，提升了能力，破茧成蝶，华丽蜕变，我为你们感到骄傲与自豪。

三年春华秋实，你们在理工见证了学校发展。三年来，你们在奔跑奋斗的同时，学校也与你们同向同行。在你们入学之际，学校就启动了"理工思政"，推出了"理工书单"。学校 2018 年获评湖南省文明校园，2019 年创办九华分院，2020 年建成省级公共实训基地，获评湖南省大学生创新创业孵化示范基地，成为全省屈指可数的拥有两个省级科研平台的高职院校，办学质量和社会知名度不断提升。这些成绩的取得，离不开你们的参与和付出，感谢同学们在理工这片热土上孜孜以求、默默努力，共同绘就了理工追求"四个一流"的群体画卷。

远眺未来的路，百年奋斗征途漫漫。今年是中国共产党成立 100 周年，党中央在全党部署开展党史学习教育，习近平总书记提出广大青年要爱国爱民，从党史学习中激发信仰、获得启发、汲取力量，不断坚定"四个自信"，不断增强做中国人的志气、骨气、底气，树立为祖国、为人民永久奋斗、赤诚奉献的坚定理想。同学们，你们是实现第一个百年奋斗目标的见证者，在国家向第二个百年奋斗目标迈进之际，你们顺利完成学业，走向广阔的人生舞台，可以说既学有所成，也大有可为，既生逢其时，又重任在肩，希望大家一定要让红色基因、革命薪火代代传承，为了国家的繁荣富强，不断坚定理想信念乘势而上、乘风破浪。在大家即将离开母校之际，我想再嘱咐大家几句：

一是与时代同心，以自律之责应对百年变局。当前，我国处于近代以来最好的发展时期，世界处于百年未有之大变局，两者同步交织、相互激荡。面对世界之变、中国之变、社会之变，希望即将踏上新征程的同学们永存敬畏之心，恪守道德法纪之律；永驻工匠之心，恪守实践探索之律；永葆赤子之心，恪守习惯养成之律。无论外部环境如何变化，牢固树立终身学习理念，增强应对能力，立德立技，方能保持"任尔东西南北风"，"我自岿然不动"的定力。

二是与时代同向，以热爱之名坚守百年梦想。我们只有把小我融入大我，才会有海一样的胸怀、山一样的崇高。同学们作为国家实现百年奋斗目标的中坚力量，时代和国家将赋予你们无限的可能，你们一定要把个人理想融入祖国发展的伟大事业中。作为新时代的理工学子，大家要乘着祖国强势发展的春风，用好所学专业，热爱所选职业，成就所干事业，干一行、爱一行、专一行，致力做"中国创造"和"中国制造"的忠实践行者，就一定能在行业发展的舞台上展现风采，实现梦想。

三是与时代同行，以奋斗之实传承百年使命。美好的生活没有捷径，唯有奋斗才能开辟通往美好的生活之路。作为新时代"后浪"的你们，决不能满足于现状，因为每一个光鲜亮丽的背后，都隐藏着你无法想象的坚持与奋斗。百年党史中，我们看到一代人有一代人的长征路，一代人有一代人的接力棒。今天，在这个伟大的历史交汇点上，你们既拥有广阔发展空间，也承载伟大时代使命，希望大家胸怀红心走出校门，坚守初心对待梦想，秉持实心干好工作，在时代的滚滚浪潮中肩负新使命、书写新人生。

同学们，三年理工求学路，一生不变理工人。无论你们走到哪里、走得多远，母校永远是你们的家，欢迎同学们常回家看看。

"建团百年"青年师生座谈会

青春心向党，建功新时代（2022年5月4日）

今年是建团百年，今天是青年佳节，在这特别的时刻，我与大家一道，学思践悟习近平总书记重要讲话，引领全校师生更加深刻领会"两个确立"决定性意义，更加有力增强"四个意识"、坚定"四个自信"、做到"两个维护"，更加有效推进学校人才培养工作高质量发展。同学们学有思、学有悟、学有获、言有理、言有情、言有义，听后倍感欣慰、备受鼓舞。

习近平总书记强调，"好的学校特色各不相同"①，湖南理工职院的不同，就是要矢志打造不治自理的文明新校园、构建不教自学的育人大课堂、致力不言自明的职教新湘军，这个"不同"最终要靠大家共同努力来实现，这个"好"最终要体现在大家的成长成才上，学生一流，学校才算一流。我向全校青年学子提三点希望：

一、希望青年学子坚定不移听党话、跟党走

要始终牢记习近平总书记的切切勉励和殷殷嘱托，争做有执着信念、有优良品德、有丰富知识、有过硬本领的"四有"好学生，努力成长为担当民族复兴大任的时代新人。

二、希望青年学子坚持不懈长知识、增才干

在学习中长知识，在实践中增才干，要多用运动场、善用图书馆、勤用实训室，德技兼修，"五育"并举，做德智体美劳全面发展的社会主义建设者和接班人。

三、希望青年学子坚韧不拔打头阵、挑重担

幸福是奋斗出来的，成功是由失败而来的。人生路上，要勤于奋斗、乐于奋斗，要敢于失败、善于失败，青春由磨砺而出彩，人生因奋斗而升华，在苦不言苦，虽累不觉累，迎难而上、攻坚克难，青春向党、不负人民。

---

① 习近平在中国人民大学考察时强调：坚持党的领导传承红色基因扎根中国大地 走出一条建设中国特色世界一流大学新路 [EB/OL]. 中国政府网，2022-04-25.

2022 级全体新生军训微党课

矢志不渝育家国情怀（2022 年 10 月 25 日）

今天，我和李科校长、金玉副校长会同学校有关部门负责人看望大家，慰问大家，大家辛苦了！亲爱的同学们，让我们以热烈的掌声对朝夕相处的教官、老师们不辞劳苦的辛勤付出表示最衷心的感谢！

同学们，大学，是人生新篇章；军训，是大学第一课。万事开头难，好的开头是成功的一半。刚才，我们详细了解了你们的参训情况，现场感受了你们的精神风貌，深入掌握了你们的思想动态，你们吃得苦、耐得烦、霸得蛮，你们是好样的，理工为你们点赞！亲爱的同学们，在你们军事训练进行之时、大学生活开启之际，我代表学校提三点希望与大家共勉。

一、希望大家矢志不渝地育家国情怀

国是最大家，家是最小国。"王师北定中原日，家祭无忘告乃翁。""苟利国家生死以，岂因祸福避趋之。"家国情怀自古以来就为中华民族仁人志士所推崇。百年前，毛泽东在《湘江评论》创刊词中写道："天下者，我们的天下；国家者，我们的国家；社会者，我们的社会；我们不说，谁说？我们不干，谁干？"九天前，习近平总书记在党的二十大会议上庄严宣告："从现在起，中国共产党的中心任务就是团结带领全国各族人民全面建成社会主义现代化强国、实现第二个百年奋斗目标，以中国式现代化全面推进中华民族伟大复兴。"[1] 同学们，中华民族伟大复兴，我们不干，谁干？从今天开始，我们要更加坚定不移地听党话、跟党走，更加积极主动地学知识、练本领，更加生龙活虎地强身体、立德技，时刻准备着，党和国家召之即来、来之能战、战之必胜。

二、希望大家矢志不渝地树时代新风

问题是时代的声音，精神是时代的力量。我们不负时代，就是要大力弘扬以改革创新为核心的时代精神，大力弘扬以初心使命为己任的建党精神，大力弘扬劳动精神、奋斗精神、奉献精神，大力弘扬工匠精神、创造精神、勤俭节约精神，自信满满、永不放弃，自强不息、永不放任，自律坚守、永不放纵，

---

[1] 中国共产党第二十次全国代表大会文件汇编［M］. 北京：人民出版社，2022：18.

笃信笃行、求实求新，明理知行、精工致远。

三、希望大家矢志不渝地培理工特质

腹有诗书气自华，胸育丘壑多读书。理工有自己的育人书单，我们要立足理工书单培特质，着眼理工特质育情怀，秉持理工情怀树新风，读以修身、读以做人、读以处事，勤学、俭朴、乐观，诚信、合作、自律，敬业、专长、创新，读书明理、知书达礼，做德智体美劳全面发展的社会主义建设者和接班人，做自信自强自律的、担当民族复兴大任的时代新人、匠心传人。

同学们，本周末军训就要结束了，接下来几天，希望大家倍加珍惜、倍加努力，戒骄戒躁、再接再厉，希望大家以圆满的军训序曲开启大学篇章，以优异的军训成绩回报教官师长！

2023 年学雷锋志愿服务活动启动仪式

学习雷锋历久弥新（2023 年 3 月 5 日）

今年是毛泽东等老一辈革命家为雷锋同志题词 60 周年。"学习雷锋好榜样"已经成为一代人的集体记忆，雷锋精神也成为照耀一个时代的灯塔。习近平总书记特别强调："新征程上，要深刻把握雷锋精神的时代内涵，更好发挥党员、干部模范带头作用，加强志愿服务保障和支持，不断发展壮大学雷锋志愿服务队伍，让学雷锋在人民群众特别是青少年中蔚然成风，让学雷锋活动融入日常、化作经常，让雷锋精神在新时代绽放更加璀璨的光芒，为全面建设社会主义现代化国家、全面推进中华民族伟大复兴凝聚强大力量。"① 学习雷锋历久弥新！

同学们！我理解的雷锋精神，简而言之，就是心怀大爱、身体力行、知行合一、始终如一。这份大爱尤其体现为深厚的爱党、爱民、爱岗之情，突出表现为恒久的报国、利人、敬业之行。

同学们！我们今天向雷锋同志学习，就是要学习他的爱党报国，学习他的爱民利人，学习他的爱岗敬业，学习他"对待同志要像春天般的温暖，对待工作要像夏天一样的火热，对待个人主义要像秋风扫落叶一样，对待敌人要像严冬一样残酷无情"②。

同学们！我们今天向雷锋同志学习，既要时刻准备好，强身心、立德技、学知识、学本领，又要积极参与好，有理想、敢担当、能吃苦、肯奋斗，争做新时代好青年，争做大中华好工匠，让青春在全面建设社会主义现代化国家的火热实践中绽放绚丽之花。

同学们！今天，我们召开全校"学雷锋志愿者活动启动大会"，就是对雷锋精神的倾情传承，就是对雷锋精神的大力弘扬。你们是志愿者，为你们点赞！你们是传承人，为你们喝彩！你们是奋斗者，为你们加油！让我们携起手来同心共进，在学习雷锋中增知长智，在社会实践中修德练技，在"奉献、友爱、互助、进步"的志愿服务中成人成才！

---

① 习近平对深入开展学雷锋活动作出重要指示强调：深刻把握雷锋精神的时代内涵 让雷锋精神在新时代绽放更加璀璨的光芒［EB/OL］. 新华网，2023-02-23.
② 雷锋心语：我愿永远做一个螺丝钉［EB/OL］. 环球网，2021-04-04.

2023 年毕业典礼
做胸怀祖国的追梦人 （2023 年 6 月 9 日）

　　今天是学校的毕业盛典，这个盛典之"盛"，不在与会人数多，而在与会人员亲！今天是你们的理工专场，这个专场之"专"，不是只有你们在，而是只因你们在！

　　此时此刻，我的心情是复杂的。这个复杂，有满满自豪，有依依不舍，有深深眷念，更有殷殷期待。为师最是自豪时，无非弟子学成日；为师最是不舍日，莫过弟子学成时。弟子挥手自兹去，为师眷念自此始；弟子此去归无计，为师聊寄弟子规。亲爱的学子们，此时此刻，你们羽翼初成，跃跃欲试，一如巢中待飞的小鸟。我们深知，无际的天空才是你们展翅的去处，我们虽有万般不舍，也应狠心舍离。此时此刻，你们芳华四溢，光彩照人，一如待字闺中的爱女。我们深知，有缘的"婆家"才是你们人生的归宿，我们虽有万般不愿，也要忍痛割爱。在此，请允许我代表学校，代表校长，代表全体老师，对毕业在即的你们，表示最热烈的祝贺并致以最诚挚的祝福！亲爱的学子们，毕业快乐！

　　同学们，我们常说：父母是孩子的第一老师，老师是孩子的第二父母，我们做老师的要"一日为师、终身为父"。三年来，你们的老师用"父爱如山、母爱如水"的仁爱之心对待你们，尊重你们、相信你们、欣赏你们；用"望子成龙、望女成凤"的厚望之情培育你们，引导你们、指导你们、教导你们；用"儿是心头肉、娘是挡土墙"的无我之境关爱你们，体谅你们、体贴你们、体悟你们。你们一个个从昨日无所适从的"问号"已经全部变成了今日豁然开朗的"句号"，老师平日婆婆妈妈的一句句絮叨终将化作你们今生心心念念的一串串欢喜。你们的老师是用心的、用情的、用力的，你们的老师是可信的、可亲的、可敬的！在此，也请允许我代表学校，代表校长，代表你们，向你们的老师表示最衷心的感谢、致以最崇高的敬意！敬爱的老师们，辛苦了！

　　同学们，"师不必贤于弟子，弟子不必不如师"。我们做老师的最大心愿，就是希望弟子们青出于蓝而胜于蓝、一届更比一届贤！社会是个大舞台，也是个大擂台，舞台上机遇多多，擂台上挑战多多。儿行千里"母"担忧，临行之际，我再"啰唆"几句。

一、你们此去任重，一定要永怀感恩之心，争做胸怀祖国的追梦人

感恩是一种美德。"苟利国家生死以，岂因祸福避趋之"，这是古圣先贤的家国情怀。立报国之志、学一技之长、明读书之理，做社会主义建设者和接班人，这是理工学子的使命担当。我们出生后以亲为家，长大后以校为家，从今后以国为家，被国家需要是我们人生的最大幸福，为国家奉献是我们人生的无上荣光。党的二十大庄严宣告："从现在起，中国共产党的中心任务就是团结带领全国各族人民全面建成社会主义现代化强国、实现第二个百年奋斗目标，以中国式现代化全面推进中华民族伟大复兴。"① 习近平总书记特别强调，"青年强，则国家强。当代中国青年生逢其时，施展才干的舞台无比广阔，实现梦想的前景无比光明。"② 学子们，你们生在红旗下、长在春风里，备受关怀、备受关爱，深受党恩、深受国恩。我们永怀感恩之心：就是要坚定不移听党话、跟党走，学成文武艺，献与党和国；就是要怀抱梦想又脚踏实地，敢想敢为又善作善成，让青春之花在全面建设社会主义现代化国家的火热实践中绚丽绽放；就是要有理想、敢担当、能吃苦、肯奋斗，让个人梦与中国梦同频共振、比翼齐飞。如此，方技能报国、匠心筑梦。

二、你们此去道远，一定要永保进取之态，争做勇毅前行的奋斗者

进取是一种态度。马克思说："在科学上没有平坦的大道，只有不畏劳苦沿着陡峭山路攀登的人，才有希望到达光辉的顶点。""世上事有难易乎？为之则难者亦易矣，不为则易者亦难矣！"这是古圣先贤的处事态度。"自信满满、永不放弃，自强不息、永不放任，自律坚守、永不放纵"，这是我们理工的进取精神。我们永保进取之态：一定要有矢志不渝的定力，将军路上不追兔，认准的事要义无反顾地去做、专心致志地去做，心无旁骛，万事可破；一定要有滴水穿石的恒心，滴水穿石，不是水滴力量大，而是坚持功夫深，困难的事要坚持不懈地去做、深入细致地去做，迎难而上、攻坚克难，绵绵用力、久久为功，不达目的绝不休；一定要有守正创新的气度，要识人之常性、辨事之常理、察物之常态，知常不妄作、守正不守旧、尊古不复古，勇于接受新事物，敢于接受新挑战，善于抓住新机遇，苟日新，日日新，又日新。如此，可奋发有为、奋发图强。

---

① 中国共产党第二十次全国代表大会文件汇编［M］. 北京：人民出版社，2022：18.

② 中国共产党第二十次全国代表大会文件汇编［M］. 北京：人民出版社，2022：207，213.

三、你们此去自立，一定要永修自律之力，争做行稳致远的大赢家

自律是一种能力。人生在世，谁也不能打倒你，除非你自己打倒自己；谁也不能保护你，只有你自己能保护自己。毕业了，老师将不再如影随形、耳提面命，你们要慎独、慎微、慎言、慎行，严以律己就是严以护己，守身自清就是守身自安。我们读书明理、知书达礼，《西游记》唐僧师徒历经九九八十一难最终修成正果，讲的是自律理、达的是自立礼，自律才能自立，极端自律带来极度自立。我们永修自律之力，就是要己立立人、己达达人，虚心学习养大气、潜心学习养才气、正心学习养勇气，多分人之忧，多成人之美；就是要己所不欲、勿施于人，在邦无怨、在家无怨，不强人所难、不夺人所爱；就是要知足常乐、知止安人，忍得住清贫、耐得住寂寞、受得起挫折、经得起诱惑，不违法乱纪、不违规乱矩、不违德乱俗，不以物喜，不以己悲。如此，则大匠可立、大器可成！

2023 级全体新生军训微党课

以敬父之情敬师（2023 年 9 月 21 日）

今天，我和其他班子成员会同有关部门负责人一道，深入军训现场，感受同学们，看望同学们，慰问同学们，同学们辛苦了！

亲爱的同学们！家庭是你们的第一学校，学校是你们的第二家庭。在家父母义同老师，在校老师情同父母。首先，请允许我代表学校对你们加入理工大家庭表示最热烈的欢迎！对你们开启大学新生活表示最衷心的祝贺！

亲爱的同学们！大学三年已翻开人生新篇章，三年大学生活将成就美好新人生。大学之大，在大师，在大气，更在大任。理工这三年，我们的根本任务是立德树人，你们的重要使命是立报国之志、学一技之长、明读书之理，做社会主义建设者和接班人。使命无比光荣，任务相当艰巨，责任十分重大。

好的开始是成功的一半。军训半月开启大学第一课，半月军训练就三年基本功。为了上好这一课、练好这一功、做好这一半，学校为你们精心挑选了最出色的教官、最负责的老师、最能干的班助，学校要用优秀的他们培养优秀的你们！在此，我提议，让我们以最热烈的掌声对教官、对老师、对班助们的辛勤付出和无私奉献致以最崇高的敬意，表示最衷心的感谢！

刚才，我们详细了解了你们的参训情况，现场感受了你们的精神风貌，深入掌握了你们的思想动态，你们是敢于吃苦、乐于吃苦、能够吃苦的新生一代，你们是召之即来、来之能战、战之必胜的匠心传人，你们是好样的，理工为你们点赞！

亲爱的同学们！在成长的道路上，没有最好，只有更好。下面，为了你们成为更好的自己，我提三点希望：

第一，希望你们稳扎稳打，切身体验教官的"严"。严是爱，松是害。严管出强兵，严管显厚爱。切身体验教官的"严"，就是要正确对待纪律之严明，没有铁的纪律带不出铁的队伍，加强纪律性革命无不胜；就是要正确对待训练之严格，大事成于细，难事成于易，失之毫厘差以千里，细微之处见真功；就是要正确对待批评之严厉，良药苦口利于病，忠言逆耳利于行，闻过则喜，善莫大焉。我们要以严正规矩，以严养自律，以严铸大器，以今日纪律严明、训练严格和批评严厉之军事训练，成就明日不治自理、不教自学、不言自明之理工孩子。

第二，希望你们有情有义，用心体会老师的"爱"。博爱之心胜过严师之道。爱是理工教风之首推，博爱博学、求实求新；爱是理工教师之尊崇，爱校如家，爱岗如命，爱生如子。用心体会老师的"爱"，就是要视学校如家庭，学校为我赋能，我为学校争光，学校是我家，出彩靠大家；就是要敬老师如父母，老师为我立业，我为老师争气，"师不必贤于弟子，弟子不必不如师"；就是要待同学如姊妹，同学与我同行，我与同学同心，己立立人，己达达人，己所不欲，勿施于人。我们要以我们的老师为榜样，以我们的老师为表率，将心比心、以心换心，争做理工诚实可信、和蔼可亲、品学可敬之新师弟子。

第三，希望你们敢闯敢拼，放手体育自己的"勤"。"业精于勤荒于嬉"，勤是理工学风之要义，勤学勤思、笃信笃行；勤是理工特质之追求，勤学、俭朴、乐观，诚信、合作、自律，敬业、专长、创新。放手体育自己的"勤"，就是要勤学苦练，勤可补拙、熟能生巧，只要功夫深铁杵磨成针；就是要勤思善悟，举一反三、触类旁通，世上无难事只怕有心人；就是要勤俭节约，艰苦朴素、艰苦奋斗，学习高标准，生活低要求。我们要勤以立学、行以践知、俭以养德，争做理工大气磅礴、才气横溢、勇气可嘉之时代学子。

《中国青年报》03 理论版·思想者观察

全心育好爱国报国强国的时代新人 (2024年4月14日)

习近平总书记在湖南第一师范学院考察时指出"学校的办学宗旨，既要提高学生的文化素质，又要引导学生立志报国"①，再次强调了高校立德树人的初心，强调了高校为党育人、为国育才的使命，高校立身之本是立德树人，办教育的关键是加强思想政治教育。

当前，我国正在以中国式现代化全面推进强国建设、民族复兴伟业，青年一代正逢其时，教育引导青年学生成长为爱国报国强国的栋梁之材，是高校立德树人的价值要义、时代要领和实践要旨。

引导青年学生倾情爱国立志做大事

引导新时代青年学生立大志向、育大情怀，就是要引导青年学生厚植爱国之情，听党话、跟党走，立志为"强国建设、民族复兴伟业"砥砺前行，立志为共产主义事业奋斗终身。引导新时代青年学生倾情爱国贵在"为生铸魂"，心忧天下、胸怀祖国、情系人民，养成良好的"大我情怀"：

一应倾情培育青年学生"先天下之忧而忧，后天下之乐而乐"的"天下情怀"。引导青年学生合和生同、美美与共，推动构建人类命运共同体，建设更加美好的世界。二应倾情培育青年学生"苟利国家生死以，岂因祸福避趋之"的"家国情怀"。引导青年学生将具体而微的个人梦与宏大叙事的中国梦融为一体、同频共振，感受人生使命的神圣和宝贵，创造人生出彩的空间和可能。三应倾情培育青年学生"衙斋卧听萧萧竹，疑是民间疾苦声"的"人民情怀"。引导青年学生熟悉人民、亲近人民、关爱人民，与人民群众保持血肉联系，在主动服务人民群众的社会实践中增进感情、磨炼意志、建立功业。

引导青年学生忠心报国勤学长本事

引导新时代青年学生学大本领、长大本事，就是要引导青年学生砥砺报国之能，学知识、长才干，虚心学习养大气，潜心学习养才气，正心学习养勇气，时刻准备国家"召之即来、来之能战、战之必胜"。引导新时代青年学生忠心报

---

① 一见. 湖南之行第一站，总书记心系教育的这项根本任务［EB/OL］. 中华网 人民日报客户端，2024-03-20.

国重在"为生赋能",强健身心、修炼德技、信守纪诺,养成良好的"个体素质":

一要悉心培养青年学生敬终如始"自信满满"的乐观心态和强健体魄。引导青年学生"文明其精神,野蛮其体魄",树立良好的健康理念,增强良好的体育自觉,养成良好的生活习惯,"自信人生二百年,会当水击三千里"。二要悉心培养青年学生争先求进"自强不息"的良好品行和出色技能。引导青年学生"德技兼修、五育并举",明大德、守公德、严私德,育匠心、炼匠艺、铸匠魂,爱读书、读好书、善读书,"勿以恶小而为之,勿以善小而不为"。三要悉心培养青年学生行稳致远"自律坚守"的个人修为和团队精神。引导青年学生"与人为善、成人之美",敬畏规矩、遵守规矩,敬畏规律、顺应规律,有言必信、有行必果,做胸怀祖国的追梦人,做勇毅前行的奋斗者,做行稳致远的大赢家。

引导青年学生投身强国勇敢担难事

引导新时代青年学生负大责任、有大作为,就是要引导青年学生实践强国之行,怀抱梦想又脚踏实地,敢想敢为又善作善成。引导新时代青年学生投身强国难在"为生立业",学好专业、就好职业、干好事业,养成良好的"从业品格":

一是着力培塑青年学生"敢担当"的品德。敢担当意味着"事不避难、义不逃责",关键时刻冲得上去,危难关头豁得出来。懂得"老板是从员工中来"的道理,乐于从基层做起,乐于独当一面,善于守正创新,敢于扶正祛邪,勇于攻坚克难。祖国最需要的地方心之所向,人民最需要的时候情之所归,工作最需要的环节身之所在。二是着力培塑青年学生"能吃苦"的品质。能吃苦意味着"任劳任怨、无怨无悔",横眉冷对千夫指,俯首甘为孺子牛。懂得"成功是从失败中来"的道理,失败是成功之母,善于向失败者学习,愿意挑最重的担子。三是着力培塑青年学生"肯奋斗"的品行。肯奋斗意味着"仰望星空、脚踏实地",不驰于空想,不骛于虚声。懂得"幸福是从奋斗中来"的道理,干在实处、走在前列,绵绵用力、久久为功,功成不必在我、功成一定有我,让青春在全面建设社会主义现代化国家的火热实践中绽放绚丽之花。

【媒体聚焦】

探索文化育人新模式（《湖南日报》2023年12月29日）

日前，在湖南省职成学会高职图书馆工作委员会2023年学术年会上，湖南理工职业技术学院党委书记、湖南省职业院校读书联盟理事长叶星成作了题为《书到用时方恨少》的主题报告，从"爱读书、读好书、善读书"三个方面进行了交流介绍。建设书香校园、引领书香湖南、给力书香中国，湖南理工职业技术学院一直在努力……

探索文化育人新模式，湖南理工职业技术学院为学生——赋能·圆梦

近年来，湖南理工职业技术学院悉心为党育人、为国育才，秉持"以文化人、以文励人、以文成人"的文化育人理念，落实立德树人根本任务，精心设计推出"四个一"（每周一书、每人一语、每课一讲、每日一记）文化育人新模式，增强学子综合素养、涵养学子人文情怀、促进学子全面发展。

润物无声的"文化春雨"

今年9月刚迈进大学校园的易霞不会想到，性格有些许内向、不善于表达的自己，会在一个多月后，主动报名参加学校举办的第六届新声奖金话筒主持人大赛。

"这得益于'四个一'活动给我的锻炼，特别是'每课一讲'，让我勇于表达自己。"易霞直言，在"每课一讲"上台前，她认真进行内容写作后，在寝室、教室甚至是路上一遍遍地练习，并用手机录下视频查找不足，从磕磕巴巴到流利背诵，最后在讲台上顺利完成演讲，实现自我突破。

与易霞收获克服困难的勇气不同，来自机械1221班的罗彪感受到的是一种精神的指引。

"知识如月光洒落，满地皆是星辰"，"The harder you work, the luckier you will be"……罗彪告诉我们，他写下的一句句座右铭，在学习生活中，不断指引着他明确方向目标，勉励自己养成好的学习习惯。今年以来，他获得国家励志奖学金、学校一等奖学金，在学校举办的征文、诵读等各项比赛中均获得佳绩。

一个个鲜活的事例，映射出"四个一"文化育人模式的真实写照。湖南理

铸魂育人

工职业技术学院以每周一书、每人一语、每课一讲、每日一记四项活动为抓手，为全体学生带来一阵润物无声的"文化春雨"。

"每周一书"，倡导学生每周读一本"理工书单"推荐的书籍，书单涵盖修身篇、做人篇、处事篇三大类，按照"三年学制、每周一书"原则按图索骥，共推荐书目156种，涵养学生"书卷气"。

"每人一语"，引导学生每人提出一句警示、勉励自己的话，对自己在学习、生活、实践中所获经验教训进行总结提炼，形成自己专属的座右铭，砥砺"鸿鹄志"。

"每课一讲"，学校明确每个月的演讲"主题"，结合国家政策、社会主义核心价值观、学校月教育重点内容等，安排学生自由创作内容，并在每堂课前进行一分钟的脱稿演讲，成就"金话筒"。

"每日一记"，鼓励学生每天坚持写日记和读书心得，结合校园生活、时事形势、社会热点等方面进行广泛有益的深入思考，让学生养成自律好习惯，练就"笔杆子"。

学是一道门，是基础；思是一杆秤，是关键；说是一扇窗，是表达；写是一篇文，是结晶。"四个一"文化育人模式引导学生多读、多思、多说、多写，全方位练好"内功"，夯实基础。

与时俱进的"接力长跑"

"让每位同学都能成为舞台的中心与主角！"在谈及开展"四个一"文化育人模式的初心时，学校校长李科表示，学校从扩大学生参与面、受益面发力，着力为学生搭建提供读书、写作、交流、演讲等多元化育人载体，以期实现文化育人工作全覆盖。

早在12年前，学校就关注到，在各项素质拓展活动中，参与的学生大多是"活跃分子"，而性格腼腆、没什么特长的学生则是"看客"。

于是，学校探索出一场大众普适性的文化活动——"每课一讲"，并在实践中构建了发动组织、过程管理、效果评估、示范演示的闭环机制，实现全体学生参与率达100%，达到让学生大胆自信、乐于表达、善于表达的育人目标。

量的积累，质的飞跃，发生在2017年。这一年，立足培养高素质人才、为学生全方位赋能的出发点，学校在"每课一讲"的基础上，拓展构建了"四个一"文化育人模式。

为保障文化育人活动效果落实见效，湖南理工职业技术学院不断建立健全组织机制，为文化育人事业"接力跑"护航。

学校明确由宣传统战部牵头，学生工作部、团委、图书馆分模块负责，畅通学校—二级学院—班级—个人四位一体的组织管理机制。同时，根据当前形势政策、学校思想政治工作重点、具体培育规划，学校每年出台"四个一"文育活动的实施方案，制定"每周一书""每人一语""每课一讲""每日一记"四个模块具体实施方案，全年按方案执行，落实、落细、落地。

学校还专门成立"四个一"文化育人活动监督考评小组，构建文化育人活动信息化平台，全过程"画像式"采集记录活动开展，进行效果评估。

值得一提的是，湖南理工职业技术学院围绕四项活动不断丰富载体平台。学校收集全体学生座右铭，汇编"理工论语"，每月在团委公众号上推出"每课一讲"优秀演讲稿与演讲视频，开展全校"每日一记"优秀作品评选，并将优秀"每日一记"汇编成册。同时，学校举办了"理工论语"最佳语录评选、军训优秀日记评选、年度优秀日记评选、征文比赛、主持人大赛、辩论赛、经典诵读赛等各项活动，为学生搭建全方位展示自我的"舞台"。张奕同学的《"板凳妈妈"的无疆大爱》获教育部关工委 2023 年"读懂中国"活动最佳征文，湖南省仅 8 所高校获此殊荣。

别开生面的"破茧成蝶"

从专升本，到成功上岸湖南大学研究生，再到顺利入职北京的一家上市公司，湖南理工职业技术学院 2019 届毕业生——欧阳宇安一步一步实现了人生的"三级跳"。

"一路走来，除了帮助我的老师和家人们，对我影响最大的，是通过'四个一'活动练就出的毅力、自信和好习惯。"欧阳宇安告诉我们，在披荆斩棘的过程中，面对问题，学会思考使她明确了努力的方向；面对陌生，善于表达是她破冰的手段；面对挑战，坚持不懈是她的"武器"。

"这使我受益终生。"欧阳宇安感慨道。如今，她仍坚持阅读，对工作上的事情，每天通过写日记进行复盘总结。

在湖南理工职业技术学院，与欧阳宇安一样受益的学生达 7.2 万人。久久为功，终结硕果累累。

以文化人、以文育才取得实效——

学校涌现出"全国践行工匠精神先进个人""中国大学生自强之星""湖南省百佳大学生党员""全国优秀大学生"等一大批优秀学子，获评 2022 年湖南省文明标兵校园，2023 年毕业生就业率达到 93.32%，教育部职成司领导点赞学校"四个一"文化育人做法，认为"理工类院校有如此成体系的文化育人举措的实不多见"。

形成一大批理论与实践研究成果——

《"课前一分钟"演讲与校园文化建设》获评湖南省校园文化成果一等奖；《湖南理工职业技术学院一周一书推荐书单及解读》获评湖南省思政工作优秀研

究成果奖；《"四个一"文化育人，创新大学生综合素质培养模式实践》获评湖南省大学生思想道德素质提升工程优秀项目；学校"四个一"文化育人模式纳入《新时代高职思想政治理论课实践教程》《新时代大学生课外实践育人教程》并已正式出版发行。

擦亮"四个一"文育活动品牌——

2019年，学校倡导发起"湘潭十大高校读书联盟"，承办"我和我的祖国'书香湘潭'全民阅读活动暨湘潭十大高校'学习强国'读书分享会"；2023年，由学校牵头成立"湖南省职业院校读书联盟"，并成为理事长单位。学校承办湖南省职业院校楚怡读书行动，承办湖南省职业院校楚怡读书行动启动大会。

如今，"四个一"文育氛围在湖南理工职业技术学院蔚然成风。学校党委书记叶星成表示：校园是培养人才的摇篮。在新时代、新征程中，学校坚持不懈用习近平新时代中国特色社会主义思想铸魂育人，探索推出"四个一"文化育人新模式，就是要更好地引导全体教师倾情"为生铸魂、为生赋能、为生立业"，更好地引导全校上下悉心打造"不治自理文明新校园、不教自学育人大课堂、不言自明职教新湘军"，为实现中华民族伟大复兴的中国梦贡献理工智慧和力量。

【罗美霞　胡孟婷　朱菁菁】

第三编　铸品牌，立标杆
——全面落实立德树人

始终把高质量为党育人、为国育才作为班子工作重中之重来干，爱子之心爱生，严师之道严徒。

第一辑
理工思政，五育并举别具匠心

教育之道贵育心

【星愿心语】*

思政教育很神圣

思政教育神圣在"把方向"。我国高等教育肩负着培养德智体美劳全面发展的社会主义建设者和接班人的重大任务，办好我国高等教育，必须坚持党的领导，牢牢掌握党对高校工作的领导权，使高校成为坚持党的领导的坚强阵地。牢牢把控社会主义办学方向，思政教育工作者使命光荣、责任重大。

思政教育神圣在"绘本色"。《论语·八佾》中，子夏问曰："'巧笑倩兮，美目盼兮，素以为绚兮'。何谓也？"子曰："绘事后素。"绘事后素的原意是先有白色底子，然后绘画，比喻有良好的质地，才能进行锦上添花的加工。学校培养又红又专、三观端正的合格建设者和可靠接班人，必须把学生的"质地"打好，思政教育就是"打质地""绘本色"。学生本色绘好了、质地打好了，不会为名所惑、为利所诱，也不会为难所困。

思政教育神圣在"增动力"。只有内化于心、外化于行，才会临阵不乱、处变不惊。思政教育主要任务就是"内化于心"。精神力量是无穷的，一个正确理念一旦进入人心，可以转化为巨大的正能量，受益终生。思政教育给学生增添的，是学习动力、生活动力、工作动力，是报效祖国、奉献社会、服务人民的动力，是积极面对挫折、勇于战胜困难的力量之源。

---

* 思政教育研讨会讲话摘要（2017 年 9 月 20 日）。

思政教育很高难

思政教育的挑战是巨大的。当今时代科技进步与信息开放相生，一部手机，就是一个信息库。学生接触信息甚至走在教师前面，学生在海量信息轰炸中难免有迷失自我的时候。思政教师在传授思政知识的同时，还要教导学生明辨是非、增强定力，有效传授和教导还必须因时而变、与时俱进。

思政教育的冲击是多元的。当今世界社会发展与思想多元相伴，各种价值观碰撞不止，如不正确引导，思想道德困境难以预估。因此，我们必须通过思政教育抢占意识形态高地。这是"培养什么人、怎样培养人、为谁培养人"的问题，含糊不得，马虎不得。

思政教育的弱化是存在的。当今社会人才成长与思想成熟相辅，认识上的模糊往往会导致视听上的混淆，有的人认为职教学生学个"一技之长"足矣，不重视思政教育，这是极其错误的。从高职走出的学生，不仅要有建设国家的"一门长技"，还要有忠诚于党的"一颗红心"，要德技兼修，以德为先。

信息开放、思想多元、认识模糊，这些因素或多或少挑战、冲击、弱化着思政教育工作，增加了思政教育难度，我们要正确认识、积极应对、全面强化，不能因工作高难而无所作为。

思政教育很艺术

艺术是有色彩的，艺术是令人心驰神往的，艺术是让人回味无穷的。当一件作品成了艺术品，就能广为流传；当一堂课上成了艺术享受，就能打动人心。思政教育工作者，应该身体力行学会这门艺术，言传身教光大这门艺术。

知识要广，厚积薄发。给学生一碗水，自己要有一桶水。思政教师不仅要有扎实的思政知识基础、完备的思政知识结构，还要有广泛的知识涉猎、开阔的教育视野、丰富的生活经验，博观约取，厚积薄发。

知识要新，与时俱进。"问渠哪得清如许，为有源头活水来"。要处理好知识存量与增量的关系，思政教师要系统学习、深入领会、准确把握习近平总书记治国理政新理念新思想新战略，紧跟日新月异的马克思主义中国化步伐，用最新理论成果武装学生的头脑。思政教师要多看看《人民日报》《求是》《半月谈》《新湘评论》等，掌握天下大事，了解时政热点，确保思政课堂鲜活、有时效。

知识要活，现身说法。小故事能讲大道理。思政教师要善用案例教学，多用事实说话，要广泛涉猎、悉心捕捉我国、我省、我校甚至我们身边的鲜活故事，让天线更接地气，让课堂扣人心弦。

知识要用，明理知行。身教胜于言传。作为思政教师和思政工作者，我们要做社会主义核心价值观的坚定信仰者、积极传播者、模范践行者，要真学、真懂、真信、真用，不能课堂上说一套，课堂外做一套。

【微课链接】

思政教师实践教学研修会
思政教育重一"实"（2018年1月4日）

这次思政教研活动开展得好：一是主题好，"不忘初心·寻根行"，追寻红色文化源头，牢记教书育人使命；二是组织好，专兼职思政教师全体参与，取得了丰硕成果，提振了思政队伍精气神；三是汇报好，同志们言为心声、有感而发，有高度、有厚度、有深度、有温度。

思政教育是一项很神圣、很高难、很艺术的工作。新一届党委高度重视思政教育工作，把思政教育贯穿"四个一流"建设的始终。学有所悟，学以致用，让思政工作入心入脑，关键要在"实"字上下功夫。

第一，思政内容要讲实：抓一天，顾两天。坚持前后连贯，一脉相承，抓今天，即思政教师讲课的重点、观点、亮点一定要突出当前内容，深入宣传学习贯彻党的十九大报告，用最新理论成果武装学生头脑。顾昨天和明天，就是要坚持用发展的观点和辩证思维看问题，学会用昨天故事、明天梦想，讲好党的十九大精神的历史逻辑。

第二，思政主体要抓实：抓两头，带中间。坚持有教无类，因材施教，对优秀学生群体，要给予更严要求，对后进学生群体，应给予更多关爱，通过抓好两头，带动中间。无论是优秀学生、中等学生，还是后进学生，教师都需要悉心培育。直入人心的思政教育如春风化雨，润物虽无声，切入应有形，教师要悉心捕捉最佳时间段、把握情感共鸣区，做到心悦诚服，自会立竿见影。

第三，思政课程要做实：抓课内，重课外。坚持内外兼修，形神并重，思政教师要牢牢把握方向性，传播正能量，落实立德树人根本任务；要不断丰富知识，拓宽知识视野，聆听时代声音，博观约取，厚积薄发；要着力增强趣味性，注重用生动活泼的语言传授科学严谨的知识，善于用喜闻乐见的形式传达为人处世的道理，寓教于乐，寓教于趣。

理工"思政半月谈"

常倾思政情，别具理工味（2021年3月18日）

学校思政教育工作部党总支组织的这期"理工思政半月谈——党史学习教育"研讨会，形式新颖、内容丰富，是一次极有创意、极有深意的高水平学习研讨，是一场很受教育、很受启迪的高品位思想盛宴，值得全校各级党组织观摩学习。学党史、悟思想、办实事、开新局，为更好地把党史学习教育成果转化为立德树人、教书育人的强大动力，我提三点希望。

一是希望大家常倾思政之"情"。人非草木，孰能无情？思政工作是做人的工作，以情感人就是盐溶于水，以情动人就是春风化雨，以情化人就是不教自学。严师出高徒，有情之严令人敬畏，无情之严让人害怕。因此，我们要做有情之严师。

二是希望大家高照党史之"光"。百年党史，光耀千秋。我们要学以明理、学以增信、学以崇德、学以力行，用党史之光引领奋斗者，以党的辉煌成就鼓励我们更加自豪、更加自信，以党的英雄人物激励我们更加自立、更加自强，以党的精神谱系勉励我们更加自觉、更加自律，践行初心使命，讲好理工故事，传承千秋伟业。

三是希望大家别具理工之"味"。理工要有理工的味道，这个味道就是守正创新，就是提质培优，就是落细落小。在队伍建设上要别开生面，做实思政部、做强工作室等；在文化培育上要别出心裁，深悟理工九理、践行理工九条等；在情怀涵育上要别具匠心，弘扬理工精神、担当理工使命等。理工思政教师要有理工思政的味道，要知行合一、行在知前，要名利争推、责任争担，要以身作则、率先垂范，要将习近平总书记提出的"六个要"和"八个统一"内化于心、外化于行，坚定不移听党话、跟党走，努力做全校为党育人的表率、为国育才的先锋。

思政教师红色研修汇报会

博爱博学，求实求新 (2021年9月14日)

这次思政研修行万里路，读无字书，赓续红色血脉，传承红色基因，收获满满。大家谈的不只是耳闻目睹，更是睹物思人、触景生情，内化于心、外化于行；听的不只是学校领导，更是美美与共、互学互鉴，取长补短、互促共进；研的不只是思政课程，更是初心赓续、使命担当，为党育人、为国育才。学思践悟，贵在身体力行，在此，我提三点希望。

一是希望大家持续对标"六个要"着力强师资。就是要按照"政治要强、情怀要深、思维要新、视野要广、自律要严、人格要正"的要求，着力培育理工思政大师、名师。

二是希望大家持续对标"八统一"悉心优课程。就是要按照"政治性和学理性相统一，价值性和知识性相统一，建设性和批判性相统一，理论性和实践性相统一，统一性和多样性相统一，主导性和主体性相统一，灌输性和启发性相统一，显性教育和隐性教育相统一"的要求，悉心打造理工思政金课、精品课。

三是希望大家持续对标"四个有"倾情育学生。就是要按照"有执着信念、有优良品德、有丰富知识、有过硬本领"的要求，倾情培育德智体美劳全面发展的社会主义建设者和接班人。

共建思政课实践教学基地

日出东山，情怀家国（2022年5月31日）

实践教学基地是高校开展思政课实践教学的重要场所。多年来，学校党委高度重视思政课建设，持续创新实践育人形式，不断提高思政教学质量，力促思政课程建设和思政队伍建设有为有位，力促思政实践研学和思政实践教学有声有色，力促社会大思政课和课堂小思政课有血有肉，培根铸魂、启智润心，取得了显著成效。

今天，我们与东山学校共建思政课实践教学基地，是学校用好身边红色资源、加强思政课程建设的又一举措。东山学校是一所让我们心仪已久的百年名校。"公毕方将私治，师严然后道尊"的联句，让我们深深地感受到东山"以公为先"的大我境界、"以师为尊"的良好风尚；"公诚勤俭"的东山校训，让我们满满地读到了"理工九理"的隔代知音、"理工九条"的殊途同归；少年毛泽东的入学故事，百年书院的沧桑碑记，更让我们暖暖地悟出了东山"以生为本"的育人情怀、"实事求是"的湖湘文脉。一百多年来，东山陶铸群英，弦歌不辍。一百多年来，东山人杰地灵，历久弥新，这里有太多太多的思政元素，这里有太多太多的育人文化，从这里走出去的开国领袖毛泽东曾满怀深情地指出，"我在这个学堂里有了不少进步"，诚哉斯言！今天，我们有缘与东山学校携手共建思政课实践教学基地，是学校老师之幸、学生之福，美不胜收，妙不可言！

希望全体思政教师以此为契机，进一步强政治、深情怀、新思维、广视野、严自律、正人格，更加尽职尽责地上好思政课、育好接班人，更加用心用情地引导全体学子行万里路、读无字书，立鸿鹄志、做奋斗者，在实践中认识国情，在实践中锤炼品格，坚定不移听党话、跟党走，坚持不懈长知识、增才干，坚强不屈打头阵、挑重担，在青春赛道上跑出最好的成绩。

《习近平新时代中国特色社会主义思想概论》集体备课

用真理的精神讲真理（2022年10月28日）

讲好习近平新时代中国特色社会主义思想概论课，责任无比重大，使命无上光荣。全体授课老师高度重视，倾情投入，可圈可点，卓有成效。我就精心讲好这门课谈三点体会：

第一，要旗帜鲜明地讲，讲得有灵有魂、有气有神。旗帜鲜明是思想政治理论课的政治本色，是讲好新时代思想政治理论课的基本要求。重在让懂道理、信道理的人讲道理，让听道理的人懂道理、信道理，只有真懂真信，才会讲得理直气壮、大义凛然，才会讲出真心实意、真情实感。

第二，要融会贯通地讲，讲得有筋有骨、有血有肉。融会贯通是思想政治理论课的内在逻辑，是讲好新时代思想政治理论课的关键所在。贵在用科学的态度讲科学，用真理的精神讲真理，用历史的思维讲现实，用全球的视野讲中国，只要实事求是，就可讲得头头是道、丝丝入扣，就可讲得心服口服、心悦诚服。

第三，要别开生面地讲，讲得有声有色、有滋有味。别开生面是思想政治理论课的题中之义，是讲好新时代思想政治理论课的万能钥匙。难在用小故事讲大道理，用小视窗展大场景，用小文字传大文化，只要大题小讲，就能讲得深入浅出、游刃有余，就能讲得触类旁通、豁然开朗。

课程思政成果展示会

润物细无声，育人实有痕（2022年11月1日）

课程思政是一种教育理念，是一种思维方式。好的课程思政，润物细无声，育人实有痕。这个"痕"，重在有意，要在有机，难在有常。

第一，课程思政的目标设计要"形散神聚"，看似随意实有意。这里的神聚就是要聚到为党育人、为国育才这个根本目标上来，不能天马行空、不知所向。这里的形散就是道理众多，理工课程思政讲道理应该小异大同，大同就是各门课都要主动落实好党和国家的育人要求，都要积极落实好理工的育人追求，小异就是适度融入理工教师的正能量的个性化育人表达，用理工味道讲出思政情怀。这里的"形散神聚"，就是要用理工思政铸造理工品牌，让理工课程思政与理工思政课程同向同行，用理工新师引导理工学子立报国之志、学一技之长、明读书之理，做社会主义建设者和接班人。

第二，课程思政的要素选择要"触类旁通"，看似随机实有机。触类就是要紧贴理工专业、紧扣专业课程精挑细选思政要素，不舍近求远另起炉灶。旁通就是要让精心挑选的思政要素吻合用心设计的思政目标。这里的"触类旁通"，就是要观叶落知秋至，见花开晓春来，讲秋至就选叶落，讲春来就选花开，瓜熟蒂自落、理顺章自成。

第三，课程思政的效果表达要"盐溶于水"，看似随常实有常。这里的盐指的是我们的课程思政这个教学传授，这里的水指的是我们的理工学子这个受教群体，这里的"盐溶于水"，就是要让我们的传授入脑入心，让我们的学子愿听想听，听君一席话胜读十年书，勤学勤思、笃信笃行，明理知行、精工致远。

《新时代高职思想政治理论课实践教程》编撰研讨
编一本让人读让人教的"书"（2023年3月7日）

学校工作以"书"为要，读书、教书、著书，编教程，换言之就是编一本让人读、让人教的"书"。这是一项极高雅、极高端、极高难的工作，全体参编者务必勤学勤思、务必笃信笃行、务必用心用情、务必守正创新。

第一，在宏观谋划上要高屋建瓴连天线，别有匠心。我们要进一步融汇"三全育人"格局、十大育人体系，突出时代特征、职教特点、湖湘特色，落实为党育人、为国育才、为生铸魂，让教程更加有为有位。

第二，在中观切入上要深耕厚植接地气，别开生面。我们要进一步体现理实一体、知行合一、教学统一，务求实践导入与思政理论遥相呼应，实践形式与教学要点水乳交融，实践活动与实践参阅相得益彰，让教程更加知己知彼。

第三，在微观操作上要大题小做入人心，别具新意。我们要进一步彰显学生主体、教师主导、学校主责，实现寓教于乐、不教自学、教学相长，注重以"理"服人、以"文"化人、以"美"育人、以"情"感人、以"志"励人、以"网"络人，让教程更加管用实用。

《湖南日报》14 版理论周刊·新域

做好高校思政教育的三个着力点 （2024 年 4 月 18 日）

　　思政教育是高校落实立德树人根本任务的关键。习近平总书记在湖南第一师范学院考察时指出："学校要立德树人，教师要当好大先生，不仅要注重提高学生知识文化素养，更要上好思政课，教育引导学生明德知耻，树牢社会主义核心价值观，立报国强国大志向，努力成为堪当强国建设、民族复兴大任的栋梁之材。①"当前，必须坚持问题导向，统筹办学治校各领域、教育教学各环节、人才培养各方面的育人资源和育人力量，着力破解思政教育上仍然存在的课内课外衔接不紧、校内校外协同不佳、网上网下联动不够这三方面问题，努力培育能担当民族复兴大任的时代新人。

　　进一步促进课内外思政教育的紧密衔接

　　党的十八大以来，各地各高校下大力气创新思政教育的手段和方法，探索出不少行之有效的路子，积累了不少好的经验和做法。与此同时，思政课与学科专业之间的衔接还有不太紧密之处，影响了学生学习效果和对理论知识的理解运用。为此，必须进一步促进课内课外思政教育的紧密衔接，用好课堂育人主渠道：坚持用习近平新时代中国特色社会主义思想铸魂育人，组建专业教学团队，推动思政课关键课程"思路、师资、资源、教法、机制、环境"全面创优，实现课程、专业和人才培养目标三统一，统筹价值塑造、知识传授、能力培养，力促课程思政与思政课程同向同行、显性教育与隐性教育互促互进。实现课内课外协同育人：始终把大力培育和践行社会主义核心价值观作为重中之重，全方位贯穿、深层次融入；着力构建特色校园文化，落细落实社会主义核心价值观教育，打造有底蕴、有温度、有人气的思政精品；对学校办学理念、特色产品、校园特色景观进行精心设计，多维度影响、全时空浸润。强化实践育人主属性：实施社会实践平台建设工程，构建"大思政课"育人平台；开展丰富多彩的社会实践活动，引导学生贯通学思用、统一知信行。

---

　　① 湖南第一师范学院坚持立德树人，教育引导学生立报国强国大志向——用好红色资源 育好栋梁之材得［EB/OL］. 中国教育报 2024-04-09.

进一步促进校内外思政教育的有效协同

近年来，各地各高校在创新推进思政小课堂与社会大课堂的融合中，激发学生民族自豪感，树立报国远大志向，越来越多的思政教育从书本中走出来，走到了学生们的心间。但是，由于受到各种条件制约，目前仍有一些高校的思政课教学停留在传授理论知识层面，缺乏与当代社会实践相结合的内容，使得学生们对理论知识和实际问题的联系感到模糊，难以深刻领会到思政教育的管用、科学理论的魅力。必须立足实践需求，把思政课堂上所讲授的马克思主义及其中国化时代化最新理论成果的基本内容与鲜活的社会实践相结合，既要以基本理论知识为根基，指导学生正确认识和改造世界，同时也要让学生在实践中感悟历史变革和时代发展，进一步体认理论的科学性和真理性，提升学生的理论素养和爱国情怀。具体来说，要在紧贴市场前沿、紧跟产业步伐，动态调整专业，不断提升专业与区域重点产业匹配度的过程中，让学生充分了解和积极参与，使之对自己的职业发展有越来越明晰的规划和定位；围绕就业抓引导，把正确引导毕业生高质量充分就业作为学校思政教育的重要内容，将就业创业教育贯穿人才培养全过程；落实教师企业轮训制度，开展产学研训一体化岗位实践，以高素质双师建设促进高质量产教融合，帮助教师认识校外的世界，从而间接打开学生的视野；探索现代学徒制，开展"政府+园区+学校+企业"四位一体融合实践，开展"学校学习+培训中心实操+企业实践"三站联动育训试点，着力提高教学能力实战性、师徒传承感染力。所有与实践结合的思政教育中，都应积极回应学生关心关注的问题，满足学生在成长成才过程中的实践需要，使思政教育更具亲和力、感染力、针对性和实效性。

进一步促进网内外思政教育的联动配合

网络思想政治教育是当前高校开展思政教育的重要组成部分。将新媒体融入高校思想政治教育工作体系之中，使互联网这个最大变量成为思政教育事业发展的最大增量，是新征程上高校思政教育创新发展和提升成效的重要举措。进一步促进网内外思政教育的联动配合，着力破解不能有效利用网上资源、教学理念传统、教学环节规划不够合理等现实问题，思政教育就能更好地实现从"网下"到"网上"、从"指尖"入"心尖"的目标。必须提质扩容建网络：实施智慧教室全改造，实现教室多媒体设备远程监控管理和集约式常态化课程资源录制；统筹网教资源，建设"学校、二级单位、班级"三级新媒体网络教育平台，健全校园网络教育工作矩阵，实现网络思政教育师生教育平台全覆盖。赋能增效用网络：借助智慧教学平台建设思政课精品在线开放课程，通过网络教学推进党的创新理论成果进课堂、进学生头脑，注重将思政教育融入校园网络文化活动，打造可移动的思政课堂。守正创新管网络：遵守网络规则，维护网络秩序，共同营造良好的网络环境，确保校园网络阵地安全可控。

【媒体聚焦】

培"百年老店"，育时代新人 （红网时刻、新湖南2018年12月5日）

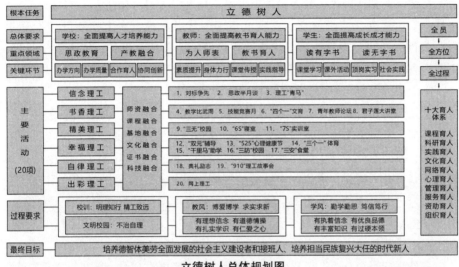

立德树人总体规划图

近日，《湖南理工职业技术学院思想政治工作质量提升工程实施方案》（简称"理工思政"）经校党委会审定，正式推出。

这份事关学校立德树人的顶层设计是怎样形成的？推出"理工思政"对学校人才培养有何重大意义？带着这些问题，红网时刻记者刘玉先第一时间专访了学校党委书记叶星成，探寻"理工思政"推出背后的"故事"。

一、学校推出"理工思政"主要基于哪些考虑？

国无德不兴，人无德不立。学校第二次党代会提出"创造一流办学条件、建设一流教师队伍、培养一流应用人才、实现一流内部治理"（简称"四个一流"）建设目标，其中"培养一流应用人才"是重中之重。学校出台"理工思政"就是为了让教师更好地传道授业解惑，让学生更好地立志立德立技，培"百年老店"，育时代新人。力求"三个进一步"：一是进一步完善学校内部治理机制，落细落小"4321"治理总体部署，更加务实高效地办学治校。二是进一步提升学校人才培养质量，尽职尽责教书育人，更加规范有序地立德树人。三是进一步丰富学校"有核无边"育人内核，有名有实育人活动，更加凝心聚力地铸造理工品牌。

二、学校推出"理工思政"主要遵循哪些原则?

"理工思政"是学校在中国特色社会主义进入新时代、高等职业教育面临新任务的大背景下悉心推出的一份立德树人"洛河书",是学校在坚持特色发展、注重内涵办学的大理念下精心制订的一份教书育人"推背图"。为了制订好这个方案,我们重点把握和遵循了以下原则。

一是坚持教学合一、按学定教。按照"着力培养德智体美劳全面发展的社会主义建设者和接班人、着力培养担当民族复兴大任的时代新人"的目标要求,坚持不懈地营造"博爱博学、求实求新"的优良教风,大力推动以"课程思政"为目标的课堂教学改革,优化课程设置,完善教学设计,加强教学管理,不断提高学生的获得感,实现思想政治教育与知识体系教育水乳交融、有机统一,实现课程思政与思政课程同向同行、协力共举。

二是坚持知行合一、因材施教。按照"既读有字之书、也读无字之书"的过程要求,坚持不懈地营造"勤学勤思、笃信笃行"的优良学风,科学设计不同年级、不同专业的学生课内课外、校内校外、网上网下教学安排,挖掘育人要素,完善育人机制,优化评价激励的规则,强化实施保障的措施。引导学生读懂课内之书,博览课外之书,使学生养文化自信,拓知识视野,长人生智慧;引导学生参加校园文化活动、参与社会实践活动,使学生在活动中增知长智,在实践中修德长才。

三是坚持赛育合一、以比促教。按照"重高峰更重高原,重赛技更重育人"的活动要求,坚持不懈地践行"明理知行、精工致远"的理工校训,合理安排内容丰富、别开生面的"教学大比武、读书大比文"系列活动,展示教与学的成果、展示师与生的风采,比而知不足、比而明目标,学而补短板、学而缩差距,教而传匠心、教而授技能,以比促教、以比促学、以比促改,引导教师争先求进、为人师表、身体力行,引导学生比学赶帮、读书明理、知书达礼。

三、"理工思政"谋篇布局有些什么特点?

"理工思政"是学校立德树人的顶层设计,谋篇布局力求简约、清爽、稳健、大气。具体来说,我们注意把握三点。

一是着眼上,力求"顶天立地"。只有高屋建瓴,才能水到渠成。"顶天立地",就是要上连天线、下接地气、中入人心、浑然一体、融会贯通。学思践悟习近平新时代中国特色社会主义思想,贯彻落实全国全省高校思想政治工作会议和全国宣传思想工作会议、全国教育大会精神,原汁原味不走样。全面把握长株潭地域特点、省发展改革委主管特长、新能源专业特色,统筹学校办学治校各领域、教育教学各环节、人才培养各方面的育人资源和力量,推动知识传授、能力培养与理想信念、价值理念、道德观念教育有机融合，形式多样不拘泥。始终遵循思想政治工作规律、教书育人规律和学生成长规律，坚持以师生为中心，把握师生思想特点和发展需求，因事而化，因时而进，因势而新，优化内容供给、改进工作方法、创新工作载体，激活学校思想政治工作内生动力。

二是着力上，力求"老店长新"。只有开拓创新，才能万古长青。"老店长新"，就是要校小而不小其志、位后而不后其求，继往开来，砥砺前行，培"百年老店"，育时代新人，倾情建设职教新湘军、奋勇拼搏"中国特高校"。今年时逢学校建校40周年，明理知行四十不惑，精工致远百年长新。"周虽旧邦，其命维新""苟日新，日日新，又日新""不日新者，必日退"。一年多来，学校牢牢抓住全面提高人才培养能力这个核心点不放，坚持协同育人、开放办学，对外开疆拓土、探索"有核无边"新模式，对内提质增效、打造立德树人新品牌，形成了良好发展的势头。"潮平两岸阔，风正一帆悬"。回首来路近，凝眸前程远。学校未来发展，必须坚持不懈地走质量立校、品牌强校的路子，坚持不懈地走特色发展、内涵发展的路子，自信满满、永不放弃，自强不息、永不放任，自律坚守、永不放纵。

三是着手上，力求"大题小做"。只有大题小做，才能深入浅出。"大题小做"，就是要从日常做起、从小事做起、从身边做起，知行始行知成，致广大尽精微。坚持问题意识，有的放矢、对症下药，不牵强附会、无病呻吟。积极应对国际国内形势深刻复杂变化等大问题，妥善处理教书育人、教学科研协调发展不够等难问题，着力解决思想政治工作针对性、吸引力不强等老问题。坚持创新理念，去粗取精、删繁就简，不因循守旧、墨守成规。围绕立德树人根本任务，悉心构建"三全"育人格局，完善"十大育人体系"，推进六大特质理工建设，打造二十大精品育人活动。坚持目标导向，尽力而为、量力而行，不虚张声势、故弄玄虚。活动方案设计，有标准、有标志、有标杆，可量化、可监督、可比较。涉及教职工的一律纳入年度绩效考核中，涉及学生的一律纳入学年综合测评中，把"软指标"变成"硬约束"，让"小活动"发挥"大作用"。

四、"理工思政"核心内容有些什么讲究？

"理工思政"六大特质理工二十大育人活动，力求体现立德树人新要求、职业教育新需求和理工育人新追求，"明理知行、精工致远"是贯穿其中的灵魂和红线，旨在引导学生不断提高思想水平、政治觉悟、道德品质、文化素养，做有执着信念、有优良品德、有丰富知识、有过硬本领的时代新人。

第一，建设信念理工，重在以理服人。这是理工思想政治工作的重中之重，是坚持社会主义办学方向的本质要求。理想指引人生方向，信念决定事业成败。建设信念理工，就是要引导师生始终把理想信念教育放在首位，全面加强马列主义、毛泽东思想、中国特色社会主义理论体系学习，学懂弄通悟透习近平新时代中国特色社会主义思想，不断提升思想政治素质，树牢"四个意识"，坚定"四个自信"。学校统筹组织、课程等育人环节，重点推出对标争先、思政半月谈、理工"青马"等三大育人活动，坚持党建带团建、团建促党建，提升思政课程的吸引力、说服力、感染力，加强课程思政的融入性、针对性、有效性，引导全体师生树立中国特色社会主义共同理想，引导先进分子树立共产主义远大理想，为实现中华民族伟大复兴中国梦而埋头苦干、埋头苦读。

第二，建设书香理工，重在以文化人。这是理工思想政治工作的点睛之笔，是引领书香湖南、打造书香中国的经典之作。"古今来许多世家无非积德，天地间第一人品还是读书"。建设书香理工，就是要引导全体师生爱读书、读好书、善读书，涵育师生书生气、书卷气。学校统筹课程、文化、实践、科研等育人环节，重点推出教学比武周、技能竞赛月、"四个一"文育、青年教师论坛、君子莲大讲堂等五大育人活动，引导师生修身做人处事、立志立德立技，做无惑无忧无惧、有情有义有恒的理工新人。其中"四个一"文化育人获省教育厅创新大学生综合素质培养模式实践立项支持，是学校的经典育人活动，要求学生"每周一书、每人一语、每课一讲、每日一记"，引导学生多学、多思、多说、多写，培育学生勤学、俭朴、乐观、诚信、合作、自律、敬业、专长、创新等理工特质职业素养。青年教师论坛刚刚收官，技能竞赛月已经开锣，教学比武周举办在即，这些活动接二连三，人人参与，日日不绝，场场精彩。

第三，建设精美理工，重在以美育人。这是理工思想政治工作的题中之义，是美化育人环境、浓厚育人氛围的大事难事。"入鲍鱼之肆，久而不闻其臭""入芝兰之室，久而不闻其香"。环境是一本形象生动、鲜活立体的教科书，是一个润物无声、育人无形的大课堂。建设精美理工，就是要抓细抓小、抓常抓少，不断为学校添光增彩，不断让学校活色生香。学校统筹管理、服务、文化等育人环节，重点推出"三无"校园、"6S"寝室、"7S"实训室管理等三大育人活动，力求"校区无裸土、四季有花开，校区无垃圾、四处有人管，校区无吸烟、四围有禁令"，室内窗明几净、窗外鸟语花香，校园花开花谢，师生共建共享，寒来暑往身处花园之中，早出晚归如"入芝兰之室"，闭目逸思遄飞，睁眼神清气爽。

第四，建设幸福理工，重在以情感人。这是理工思想政治工作的恒久之计，是保证学生开心学习、快乐生活的暖心之举。讲原则、重感情、干实事，是学校班子的"约法三章"，重感情三分天下而居其一。建设幸福理工，就是要引导全体教师视学校如家庭、视同事如家人、视学生如孩子，引导全体学生视教师如父母、视同学如姊妹，以情感人、以情动人，悉心关怀、悉心呵护，相互理解、相互帮助。学校统筹管理、服务、心理、资助等育人环节，重点推出"双元"辅导、"525"心理健康节、"三个一"体育、"千里马"助学、"三防"校园、"三安"食堂等六大育人活动。"双元"辅导，每位教职工都要联系学生、协助辅导员工作，每位学生都有专兼职辅导员对口负责，"两把钥匙开一把锁"。"三个一"体育，要求一人一天至少锻炼一小时，一目了然，言简意赅。"千里马"助学，融资助、创业、科研、劳育为一体，一石多鸟，事半功倍。诸如此类，帮助孩子纾难解困，引导孩子强身强心，教育孩子知恩感恩，培养孩子忠党爱国、孝亲敬师的品德，使孩子养成勤俭节约、艰苦奋斗的品行。

第五，建设自律理工，重在以志励人。这是理工思想政治工作的不拔之策，是实现一流内部治理的关键一招。三流治理靠人管，二流治理靠制治，一流治理靠文化。三种模式大同小异，同在都有人管、制治、文化的成分，异在各自分量大相径庭，失之毫厘，谬以千里。文化重在点拨，需教育才能觉悟；制度重在奖惩，需明示才算合理；人管重在务实，需换位才会合情。以文化人的结果便是不治自理，这是治理的最高境界。建设自律理工，就是要悉心构建高度自律的校园文化、打造不治自理的文明校园，让文占七分、制占二分、人占一分，无为而无不为。学校统筹文化、组织、管理等育人环节，重点推出典礼励志、"910"理工故事会两大育人活动。典礼励志，利用开学（军训）、毕业、升国旗（每月一次）等重大集会场合，传道授业，释疑解惑，引导学生树立对人民的感情、对社会的责任、对国家的忠诚。理工故事会，通过请学校师德楷模、名师大家、学术带头人等榜样标杆现身说法、示范引领，"天边不如身边，道理不如故事"，激励广大教职员工争先创优、遵纪守法，做"有理想信念、有道德情操、有扎实学识、有仁爱之心"的理工新师。

第六，建设出彩理工，重在以"网"络人。这是理工思想政治工作的压轴之作，是信息化时代立德树人的必须之举。互联网突破了传统的校区边界、知识边界，刷新了传统的时空距离。天下大事，尽在"掌"握，互联网给青年学生提供了广阔的交际空间、认知渠道，给思政工作带来了全新的育人体验、树人挑战。"谁赢得了互联网，谁就赢得了青年。"建设出彩理工，就是要推动思想政治工作传统优势同信息技术高度融合，把学校办到互联网上，把课堂建到学生"掌"上，既可"面对面"，也能"键对键"。学校统筹文化、管理、服务等育人环节，重点建设校园新媒体、理工易班等网络平台，探索创建网上党建园地、网上党校、网络课堂等思政平台。培养网络力量，丰富网络内容，加强网上管理，净化网络空间，守护网上理工。

五、"理工思政"与立德树人是什么关系？

立德树人是根本。"理工思政"是学校立德树人的核心。学校提出培"百年老店"、育时代新人，就是要让理工更像理工，努力实现"三个始终"：始终坚持社会主义办学方向，狠抓思政工作不松劲；始终坚持服务区域经济发展，狠抓产教融合不放手；始终坚持培育理工特质职业素养，狠抓读书明理不懈怠。学校着眼"三个始终"进行"1+3"顶层设计："1"即"4321"内部治理机制，"3"即《思想政治工作质量提升工程实施方案》《产教融合工作质量提升工程实施方案》和《"每周一书"推荐书单》。"4321"内部治理机制，就是围绕学校"四个一流"目标制订"三年行动计划"，明确连续两年考核不称职或排位最后的，给予免职或待岗培训处理；触碰党风廉政建设底线的，实行一票否决，当年考核不称职。这是学校立德树人的"筋骨"，是管总的，已在去年开始运行。这次推出的"理工思政"，着重从学校、教师、学生三方面谋划，会同将于近期推出着重从专业、课程两方面谋划的"理工产教"共同构成"学校内部质量保证体系诊断与改进方案"中五大横向主体建设目标任务。"理工书单"，就是按照修身做人处事三大方面九大道理选书 156 种，作为重点育人书目推荐给学生课外阅读，已经发布。以上"3"是学校立德树人的"血肉"，协同支撑学校"4321"治理机制，落实学校立德树人任务。

六、学校对培"百年老店"有何特别考虑？

培"百年老店"是学校深化产教融合的形象说法，这将在下一步"理工产教"的"师资、课程、基地、文化、证书、科技"六大融合谋划中有很好的体现。培"百年老店"不是要把学校办成商业化门店，而是要为学校注入产业基因，为学生注入工匠精神。我们考虑，职教就应办出职教的样子。高职的特色在产教融合方面，优势也在产教融合方面，产教要真融真合、深融深合，产业就应多向教育靠，企业就应多向学校亲，教育就要多同产业融，学校就要多同企业合，让学生招生即招工、进校即进"店"。诚信、合作、自律、敬业、专长、创新……"百年老店"有太多可资职业教育吸收的"养分"，打造教育界的"百年老店"，培养产业界的"匠心传人"，学校在努力。

七、"理工思政"对德智体美劳有何预期？

德智体美劳是人生素质定位的基本准则，是人类社会教育的趋向目标，你中有我，我中有你，相互依存，相得益彰。如果把一个人的成长成才看作建设一处家园，我的理解是，"德育是把屋扫净，智育是把门打开，体育是把房盖牢，美育是把灯点亮，劳育是把家变殷实"。古人说："一屋不扫，何以扫天下？"学校教书育人，始终要把学生立德作为当务之急、摆在重中之重，融入全方位、贯穿全过程，人人有责、人人负责、人人尽责，"理工思政"就是本着这一原则统筹谋划、精心推出的。

第二辑
理工产教，真融深合别树一帜

职教真谛在融产

【星愿心语】*

加大市场主体办学比重

　　"职教20条"文件中提到，"支持企业办职业院校"，虽只有一句，但言简意赅，特别重要。办学主体不同，办学效果就不同。众所周知，用自己的钱办自己的事，最高效；用自己的钱办别人的事，最节约；用别人的钱办自己的事，最奢华；用别人的钱办别人的事，最浪费。这四种模式，最高效的是第一种。办职业教育，重在产教融合，贵在供需一体，鞋子合不合脚，只有脚知道，企业处在市场最前沿，处在产业最中心，企业办职教，专业选择会更精准，课程选择会更实用，市场嗅觉会更灵敏，人才产出会更高效。我省高职院校，大多是政府、部门在办，当然也有企业办的，像三一、吉利等。下一步，我们应进一步做多、做强企业主办的学校，引导企业办学，合并同类专业，做精专业学院，有效解决全省专业低位重构的问题。我们应进一步做精、做优政府主办的学校，以专业市场化整合优化学校区域性布局，将学校建在产业园区，将专业建在产业链上，减少学校数量，提升学校品质，推进混合制办学，企业能办的，尽量让企业去办，政府精力应主要放在普适性、通用性专业建设引导上，放在企业不想办、办不好的专业学院建设上。

---

　　* 全省职教改革政策研讨会发言摘要（2019年6月17日）。摘登于《湖南工人报》（2024年6月5日理论/05版）《职教真谛在产教融合》

挖掘企业生产实训资源

现在，线上教学资源遍地开花，多如牛毛，良莠不齐，有的只听老师讲，不见学生上，浪费大。教学资源高效建设的关键是，键对键不能替代面对面，线上、线下错位发展，互促共进。线上主要提供线下提供不了的，线下由学校主导，线上由企业主导，这种资源生成机制也可叫"双师"，协同解决产教融合不深的问题、校企合作不紧的问题。需要注意的是，线上资源建设必须走专业化路子，由熟悉线上受众的高水平专业化团队制作，而不是线上不够、线下来凑，马马虎虎、疲于应付。实际上，线上比线下要求更高，即使线下讲得不怎么样，但学生鉴于考勤、礼貌等原因，还会装装样子听，混到下课。如果线上资源不好，学生看都不会看，"牛不喝水强按头"，用了流量不用心。

探索"双师"企业用人机制

探索"双师"企业用人机制是什么意思呢？就是高职院校用人，应该鼓励探索灵活薪酬机制，特别是公办学校，专技教师可不可以编外管理，参照企业同工同酬，非专技队伍编内管理。比如，我们和企业办产业学院，同上一堂课，企业老师课酬1000块，学校老师课酬50块，差别太大。我们可否通过改革管理模式，缩小这种差距，校企"双师"互通，实现同工同酬，甚至人员共享，打造校企命运共同体，以校企用人机制上的一体化破局校企合作上的貌合神离、逢场作戏，实现命运上的真融真合、深融深合。

弥补市场主体作用不足

政府职能重在定向、引导和服务。定向，就是要把准社会主义办学方向，为党育人、为国育才，这是原则问题，不管是政府办还是企业办，都须坚持。引导，就是要最大限度发挥企业办学主体作用，最大限度提升产教融合、校企合作水平。服务，就是要全力促使教育基本公共服务均等化，多在扶贫、扶弱上下功夫，多干雪中送炭的事。比如，生均财政拨款、"双高"建设等，都是扶优扶强的，我们今后制定政策，可更多关注、关心、关照那些条件艰苦、不达标准的学校，学校无论强弱、无论大小，都是为党育人、为国育才，在基本办学条件投入上，不能厚此薄彼，至少要一视同仁。

【微课链接】

京东校企合作签约

京东学院：开启产教融合新征程 (2018年9月6日)

　　金秋九月，瓜果飘香，伟人故里，神清气爽。在这美好时光、美好氛围里，与大家相聚一堂，共同见证湖南理工职院与京东云合作签约，我十分高兴。首先，请允许我代表学校向各位领导和嘉宾的到来表示最热烈的欢迎！下面，我要表达两个感谢：

　　第一，我要对湘潭、对刘副市长一行表示特别感谢。"天上无云不下雨，地上无媒不成婚。"今天能顺利签约，很大一个方面，得益于市长对理工的高看厚爱和悉心指导。昨天，我在短信中向市长汇报合作事宜，市长掷地有声地给我回复了四个字：全力支持！这让我非常感动，体现了市长干脆利落、雷厉风行的办事风格和教育情怀，感谢市长今天亲自到会，市长接下来还将做重要讲话。

　　第二，我要对京东、对京东云的永明先生、京东大学的虎军先生表示衷心感谢。感谢两位先生不远千里，莅临我校现场考察、现场指导。常言道，"有缘千里来相会，无缘对面手难牵。"世界上没有无缘无故的爱，我深信，"每一次相遇都是久别后的重逢"。在我校与京东集团高层尚未正式接触、在与京东大学、京东云两位朋友也是初次会面的情况下，我们便得以顺利签约，不能不说，这种合作是一种相见甚晚、也相见恨晚的重逢，我校将倍加珍惜这份来之不易、弥足珍贵的缘分和友谊。谢谢永明、谢谢虎军一行。在此，我还要特别感谢为我们这次签约做了大量卓有成效工作的京东刘丽女士、学校谭境佳先生及其团队，谢谢你们，辛苦了。

　　湖南理工职业技术学院坐落于伟人故里大美湘潭的中心城区，不算很大，但是很美，校园精巧别致，四季绿树成荫，常年书香四溢。2015年，学校划归湖南省发展和改革委员会主管，特别是去年新一届领导班子成立后，坚持创新引领，注重特色办学，突出内涵发展，致力打造湖南职教新湘军，学校步入全面发展快车道。

　　学校紧贴市场、产业，紧扣职业、就业，优化整合、全新组建了新能源学院、智能制造学院和管理艺术学院。按照"学校紧密对接产业园，专业深度融入产业链"的思路，学校投资近亿元，与湘潭协同建设湖南省公共实训基地，贴近最前沿，与株洲携手打造动力谷分院，还将着眼最核心，与省会长沙谋求产教融合新突破，"有核无边、协同育人"的职教新模式应运而生。学校坚持高起点、高标准、高质量，建造专业高原，打造技能高峰。近年，学校连续摘取全国职业院校技能大赛团体一等奖，不断实现湖南省在全国赛事奖项上零的突破。学校坚持校企合作、协同育人，开放建设一流"双师"型教师队伍。依托内培外引，依托工程实验室、工程研究中心省级科研平台，依托国家级产业园区、行业内领军企业，致力打造德技双馨的专兼职师资队伍。学校坚持立德树人，以德为先，悉心培育具有理工特质的一流应用人才。推出了"理工书单"，着力引导学生读书明理、知书达礼，培育学生勤学、俭朴、乐观、诚信、合作、自律、敬业、专长、创新的理工职业情怀，引导学生自觉做社会主义核心价值观的坚定信仰者、积极倡导者和模范践行者。

学校突飞猛进的发展、创新引领的势头，引起了社会各方的广泛关注，学校产教融合、创新育人的典型案例被省调研组写进了专题报告，呈省高层决策参考。应该说，我们这所正在发力成长的高职后起之秀，来势是好的，信心是足的。我们一定不会辜负各位领导的高看厚爱，一定不会辜负各位嘉宾的千里赴约。

各位领导、嘉宾、老师、同学们，"深化产教融合、校企合作"是党的十九大做出的重大决策，打造全省产教融合样板和发展改革精品，是学校第二次党代会明确的奋斗目标。今天与京东签约协同育人，是学校贯彻落实党的十九大精神的重大举措，是学校引领全省职教创新发展的重头好戏。学校不但看得很重，而且抓得很紧，期望很高。古话说得好，"兼相爱，交相利"，我们走到了一起，我校将一定本着最大的诚意、抱着必成的决心、做出最大的努力、怀着神圣的使命来做好这件事情。我们不仅希望通过这次合作谋得双方、三方进而是多方共赢，更好地服务湘潭企业、服务京东客户、服务理工学生，我们还更期望通过这次合作，摸索出一套在全省甚至全国可复制、可推广的"真融真合、深融深合、耳目一新、管用实用"的校企合作经验。学校作为省发展改革委主管的学校，省发展改革委联系产业，也联系教育，省发展改革委办学校，应该办好一点、带动一线、影响一片，产教双子落，激发满盘活。这不仅是省发展改革委对学校的办学要求和期待，还是学校自身发展的情怀和使命。

各位领导、嘉宾，老师们，同学们，"人生若只如初见，何事秋风悲画扇。"今天，我们的初见，是如此美好。明天，愿我们的合作，将一如今天的初见，令人怦然心动、相见恨晚、历久弥新、流连忘返。

动力谷分院揭牌仪式暨开学典礼

动力谷分院：在创新引领中携手前行 (2018年9月17日)

今天，湖南理工职业技术学院在"有核无边、协同育人"新模式下第一个"学点"——动力谷分院正式揭牌、开学了。这是我校发展历史上的一件大事，也是我省产教融合中的一个新事。首先，我代表全校师生员工，向动力谷分院"呱呱坠地"、向各位同学入选"动力一期"表示热烈祝贺！向莅临今天揭牌仪式并见证这一美好时刻的各位领导、嘉宾表示热烈欢迎和衷心感谢！

湖南理工职院是经省人民政府批准、教育部备案设立的全日制公办普通高等院校。学校初创于1978年，四十载砥砺前行，新时代破茧成蝶。2015年划归省发展改革委主管以后，特别是去年第二次党代会召开以来，学校坚持创新引领，注重特色办学，突出内涵发展，致力打造湖南职教新湘军，步入全面发展快车道。

"有核无边、协同育人"，是学校紧跟市场步伐、切合产业需求，深入贯彻落实党的十九大"深化产教融合、校企合作"精神和省发展改革委党组"四个走在前列"要求，按照教育部宝生部长"把学校建在产业园区、把专业建在产业链上"的职教发展思路提出的全新办学模式。学校的总体构想：一是校园无边界，园区在哪，学点延伸到哪，注重为我用，不求为我有。二是专业无边际，产业需求在哪，专业供给在哪，注重小而精，不求大而全。三是治理无边沿，为而不争，为而不恃，用"无为"的态度尽力而为，注重不治自理、不教自学。四是学制无边限，核心校区上大一，园区学点上大二，企业实训上大三，注重因需施教、因材施教。学校配套推出了"理工九条、理工书单、理工五问"等一系列理工特色育人品牌，总结提炼了"理工校训、理工精神、理工教风、理工学风"等一系列理工特色育人理念，引导教师诲人不倦，引导学生学而不厌。

组建动力谷分院，是学校推进"有核无边、协同育人"新模式迈出的第一步，是学校创新育人、特色办学的大胆尝试，是政、行、校、企开放合作育人、互利共赢办学的积极探索。动力谷分院顾名思义，是学校特别为动力谷园区量身订制的一个学点。分院规模500人，大二起步，引进德国"双元制"模式教学，首期重点建设机电一体化专业。分院从今年3月动议、5月签约到今天开学，用时不到半年，进展十分顺利。这一产教融合的成功范例，得益于相关各方的鼎力协同。其中，株洲动力谷园区是融合关键，是协同育人的内在动力，园区领导及其十分出色的团队，在学点组建中发挥了举足轻重的作用。德国莱茵公司是融合基础，是协同育人的重要平台，其非常专业的团队为学点组建提供了非常宝贵的经验。企业是融合根本，是协同育人的出发点和落脚点，北汽、麦格米特集团等一大批极具教育情怀的领军企业为学点的组建提供了源源不断的活力。党委和政府是融合的中坚，是协同育人的灵魂，特别是省发展改革委伟林主任、名让副主任，教育厅昌忠厅长、若平副厅长，对学校发展给予了全方位悉心指导和多层面倾力支持。难能方可贵，众擎则易举，我们深信，并热切期待，只要各方不忘初心、共勉共进，动力谷学点一定能够成为湖南职教最聚力的精彩好戏、成为湖南产教最经典的融合篇章、成为湖南校地最动人的育才传奇。我提议湖南理工职院动力谷分院的全体老师、同学们，以热烈掌声，对大家高看厚爱学点表示"掏心窝"的感谢！在此，我还要特别感谢动力谷创新中心周琦博士，莱茵科斯特杨峰部长，学校智能制造学院、动力谷分院院长何瑛女士，以及他们精干的团队，为学点建设做了大量艰苦卓绝、极富成效而又默默无闻的工作，谢谢你们！你们辛苦了！

　　各位领导、嘉宾们，各位老师、同学们，中央最近召开全国教育大会，习近平总书记特别强调，"要把立德树人融入思想道德教育、文化知识教育、社会实践教育各环节，贯穿基础教育、职业教育、高等教育各领域"①。学校与大家一道，坚持在创新引领中携手前行。千变万化，万变不离其宗，就是要领悟好习近平总书记的要求，更好地立德树人；千辛万苦，万苦不离其旨，就是要落实好习近平总书记的要求，更好地教书育人。学校第二次党代会，提出了全面推进"四个一流"建设，悉心打造全省产教融合样板和发展改革精品的奋斗目标。"四个一流"，就是创造一流办学条件、建设一流教师队伍、培养一流应用人才、实现一流内部治理。"四个一流"建设，重中之重是培养一流应用人才，只有学生一流，学校才算一流。

　　刚才，气势恢宏的"理工五问"，学子们简约清爽地回答了理工人的情怀：我们的学校是"湖南理工职业技术学院"，我们的校训是"明理知行、精工致远"，我们是"动力一期学员"；我们的使命是"立报国之志、学一技之长、明读书之理，做社会主义建设者和接班人"；我们的精神是"自信满满、永不放弃，自强不息、永不放任，自律坚守、永不放纵"！

　　各位老师、同学们，校小不可小志、位后不可后求。我们忘东忘西，绝不

---

① 习近平：坚持中国特色社会主义教育发展道路 培养德智体美劳全面发展的社会主义建设者和接班人［EB/OL］. 新华网，2018-09-10.

可忘使命；我们丢这丢那，绝不可丢精神。在接下来稍纵即逝的大学岁月中，在动力谷风景如画的大美校园里，我希望同学们持之以恒地育好三种情怀：心忧天下、胸怀祖国、情系理工。我希望同学们持之以恒地用好三个平台：多用运动场、善用图书馆、勤用实训室。我希望同学们持之以恒地练好三项能力：讲卫生、讲合作、讲自律。我希望全体师生始终"把工匠精神刻在心中，把创新意识植入骨髓"，用最刻苦的努力，做最出色的自己；用最动人的情怀，做最自豪的理工人；用最精湛的技艺，做最"牛气"的动力谷工匠。

各位领导、嘉宾们，"删繁就简三秋树，领异标新二月花"。我校将以此为契机，不断推进内涵发展，努力开创学校发改新局面，努力开创发改学校新气象。

京东无人机飞服中心共建签约

校企合作：情深意笃，美不胜言 （2019年3月13日）

人逢喜事精神爽，事遇良辰佳话多，我非常荣幸主持今天的签约仪式。去年秋天，湘潭特别迷人，理工与京东携手电商，相见甚晚、相见恨晚；今年春天，湘潭越发醉人，京东与理工再次并肩，情深意笃、美不胜言！首先，让我们以热烈的掌声对中共湘潭市委副书记、市人民政府代市长张迎春女士、京东云副总裁李永明先生一行的到来表示热烈欢迎和衷心感谢！

刚才，我们共同见证了《无人机（湘潭）飞行服务中心校企合作协议》签约仪式，共同聆听了迎春市长热情洋溢的讲话。"极具战略眼光、极具发展前景"，市长"两个极具"的肯定为这次合作注入了满满的信心，"最真挚的热情、最高效的服务、最优良的环境"，市长"三个最"的情怀为这次合作培植了厚厚的沃土。理工是省发展改革委的学校，不是省发展改革委亲生的，但是省发展改革委亲养的；理工是湘潭的学校，既是湘潭土生的，也是湘潭土长的。理工，这所正发力成长的高职后起之秀，既享受省发展改革委深深的爱，也承受湘潭浓浓的情，理工是幸福的！前天，我向伟林主任、名让副主任报告今天的签约，他们都在北京，不能亲自到现场，但叮嘱我们一定要转达对迎春市长、永明先生及各位领导、嘉宾的问候和谢意。谢谢市长，谢谢大家。各位领导、嘉宾，开弓没有回头箭，落子无悔大丈夫。这次与京东合作，是学校落实党的十九大"深化产教融合、校企合作"战略部署的又一项重大举措，是学校探索"有核无边、协同育人"模式的又一次积极实践。学校必将倾吾所有、尽吾所能，深融深合、新融新合，不负湘潭、不负相知，不负京东、不负今日。

全省工业机器人技术应用技能竞赛开幕

同台竞技：丰收时节又逢君 （2019 年 9 月 12 日）

正是理工好风景，丰收时节又逢君。首先，请允许我代表承办方湖南理工职业技术学院向大赛顺利开幕表示热烈祝贺！向主办方省工业和信息化厅、省人力资源和社会保障厅、省教育厅、省总工会、团省委对我校高看厚爱表示衷心感谢！向各位领导、嘉宾、选手、新闻媒体朋友们莅临理工表示浓情欢迎！此时此刻，我要满怀喜悦地表达三份心情：

一是特别亲切。这是我校第二次承办这项赛事，上一届，也是首届，是在 2017 年的秋夏之交。那一年，我刚从省发展改革委调任学校工作，新一届党委班子成立伊始，我们干的第一件大事就是承办这个赛事。大赛栽梧引凤、高手云集，学校近水楼台、见贤思齐。那届大赛走出了我校第一位"理工大师"陶肖老师，一赛引得百赛来，她所在的团队，连续两年蝉联国家技能大赛一等奖。那一年，陶老师才 28 岁！陶老师因德技双修还荣获了全省五一劳动奖章。一花引得百花开，学校从此批量地斩获国省赛大奖，今年国赛一等奖排名跃入全省高职院校前五，为省争了光，为国育了才。大赛为师生成长提供了良好的平台。

二是特别欣慰。年年岁岁"赛"相似，岁岁年年"校"不同。湖南理工职业技术学院，如同这位优秀员工一样，在短短的两年之中，因赛而学，因赛而进，变得越来越美、越来越好了。两年来，学校向参赛单位学习，同与会名企合作，学先进、赶先进，学一流、创一流，取得了难能可贵的发展。学校跳出本部"一亩三分地"，探索"有核无边"职教新模式，将学校办进产业园区，将专业建在产业链上，全新推出了株洲动力谷分院，引进德国"双元制"教学，入学即入园，开学即开工，开创了我国职教"小而特、专而精、学而优"的现代学徒制试点示范，打造了我省"政、行、校、企"多方合力、协同育人的样板精品，得到了各方的充分肯定。学校打破传统院系专业布局，从机制上响应市场前沿需求，从源头上促进产教深融深合，精心组建了全省首个智能制造学院、首个新能源学院，全新开设了无人机、新能源汽车等一批市场急需专业，成功立项为全省一流特色专业群。同时，学校积极推进光伏发电工程实验室、机器人控制工程研究中心等省级科研平台建设，为专业建设强筋壮骨。学校围绕立德树人根本任务，精心推出了融"十大育人体系""三全育人"格局于一体的"理工思政"，重点打造六大特质理工二十大精品育人活动，寓教于赛、寓教于乐，以赛促学、以文化人，不少活动已成长为省市知名育人品牌。比如，"理工书单"，获评全省优秀思政成果奖，在年初倡导发起的"湘潭十大高校读书联盟"启动仪式上，走出了校门，中青在线、新湖南等国省主流媒体竞相刊发推送。"四个一"文化育人、"4321"管理育人、"千里马"资助育人等项目相继获省立项支持，教师教学比武周、学生技能竞赛月等赛事活动，风生水起，热火朝天。大赛为学校发展注入了蓬勃的活力。

三是特别期待。俗话说：一回生，二回熟，三回四回成朋友。我校承办全省工业机器人技术应用技能竞赛，虽然只是第二回，但与在座的各位领导、嘉宾，早已成了很要好的朋友。职业技能竞赛是职业教育发展的重要组成部分，承办技能竞赛是职业院校的无上荣光。这个赛项已连续两届在我校举办，这不仅很好地促进了学校办学治校、立德树人的工作，而且极大地提升了学校办赛能力和办赛水平。我们特别期待大赛主办方能进一步明确将我校作为该项赛事的固定承办单位，我们将以十二分的努力倾情做好。年内，学校投资上亿元的公共实训基地可投入使用，办赛条件将全面改善，办赛能力将大幅提升，我校有信心把这个赛点办成全省甚至全国的优质赛点，以实实的工作回报各方暖暖的信任，"待到山花烂漫时，她在丛中笑"。

九华分院揭牌仪式暨全国微电网技能竞赛开幕式

九华分院：时至小雪景色新（2019 年 11 月 22 日）

人逢喜事精神爽，时至"小雪"景色新。今天是个好日子，"小雪"无雪，冬日暖阳高照九华分院落成，嘉宾良朋共襄全国大赛开幕，可谓"四美俱，二难并"。首先，请允许我代表学校，向出席今天活动的各位领导、嘉宾表示衷心感谢！向来自全国各地的参赛团队表示热烈欢迎！向湖南理工职院九华分院的揭牌、向全国高职学生智能微电网系统搭建与运维技能竞赛的开幕表示热烈祝贺！

湖南理工职院是经省人民政府批准、教育部备案设立的全日制公办普通高等院校，初创于 1978 年，2015 年划归省发展改革委主管以来，着眼"四个一流"建设，坚持创新引领，注重特色办学，突出内涵发展，致力打造湖南职教新湘军，呈现出了良好发展势头。

组建九华分院，是学校创新办学理念、提出"有核无边、协同育人"模式后组建的又一个学点，是学校推进现代学徒制改革试点、打造全省产教融合样板的又一大举措。九华分院第一期学生为 200 人，重点培育机械设计与制造领域高素质技能型人才，学校主要通过舍弗勒湘潭培训中心这个平台，利用舍弗勒现有设施设备及教学资源，采用德国"双元制"教学模式，与企业联合培养符合社会需求的国际化、高素质、技能型人才。未来，分院将根据园区产业链建设进展，适时增开新能源汽车技术、工业机器人、无人机等急需专业。

九华分院的顺利组建，得益于政、行、校、企凝心聚力、携手共进，有人的出人、有物的出物，人尽其力、物尽其用。其中，湘潭经开区是融合关键，是协同育人的内在动力，舍弗勒集团是融合基础，是协同育人的重要资源。党委和政府是融合的中坚，是协同育人的灵魂。开放合作育人、互利共赢办学，九华分院备受呵护，前景可期。

在九华分院办学之地、落成之际，学校非常荣幸地承办了全国高职学生智能微电网系统搭建与运维技能竞赛，可谓双喜临门。承办技能大赛既是我校肩负的责任和担当，也是我校发展的内涵和追求。湖南理工职院具有浓郁的竞赛文化氛围，一年一度的"学生技能竞赛月"活动，是"理工思政"二十大精品育人活动之一。学校坚持以赛促学、以赛促教、以赛促改，培育了一大批技能型名师高徒，斩获了一大批国家级赛项大奖，目前正依托本部投资上亿的公共实训基地及各地特色鲜明的专业学点，打造一流的职业技能竞赛基地。感谢全国电力职业教育教学指导委员会的信任，感谢南京康尼科技实业有限公司的支持，我校将充分发挥办赛优势，精心组织、悉心服务，努力把本次大赛办得有高度、有精度、有温度，倾情回报领导和同仁的高看厚爱。

各位领导、嘉宾、老师、同学们，习近平总书记特别强调，"要把立德树人融入思想道德教育、文化知识教育、社会实践教育各环节，贯穿基础教育、职业教育、高等教育各领域"①。我校将以九华分院落成和本次大赛承办为契机，坚持不懈地推进内涵发展，坚持不懈地落实立德树人，努力开创学校发改新局面，努力开创发改学校新气象。

最后，祝各位领导、嘉宾身体健康！祝各位老师工作如意！祝各位同学学业有成！祝各位选手心想事成！

---

① 习近平：坚持中国特色社会主义教育发展道路 培养德智体美劳全面发展的社会主义建设者和接班人［EB/OL］. 新华网，2018-09-10.

调研指导九华分院协同育人

有核无边：不能穿新鞋走老路 （2021年3月20日）

九华分院是学校"有核无边、协同育人"的新探索，是学校产教融合、校企合作的新成果。改革要出实在成效，学点需有学点样子，办园区学点，一定不能穿新鞋走老路。一年多来，分院工作大刀阔斧、卓有成效，令人欣喜。下一步，我们还需精雕细刻、扎实推进。

一、要进一步突出园区特色

九华分院是园区学点，要始终坚持开放办学、协同育人；要充分发挥园区优势、用活园区资源，园区有所有，学点有所求；要悉心服务园区发展、满足园区需要，园区有所呼，学点有所应。

二、要进一步落实理工思政

"协同育人"是以"有核无边"为前提的，这个"核"就是理工思政，包括理工校训、教风、学风，理工使命、精神、情怀，理工九理、九条、五问，还有理工书香，等等。这些元素是对德智体美劳五育并举的落细落小，是对培根铸魂、启智润心的守正创新，我们要耳提面命、深耕厚植。

三、要进一步深化三教改革

我们要持续解决不断优化"谁来教""教什么""如何教"的问题。我们既然将学校办进了产业园区，就要把专业建在产业链上，让课堂走入生产车间，让师傅带徒弟，手把手地教，面对面地学，真对真地看，实打实地干，学的都有用，学了就能用，学以致用，管用实用。

《湖南日报》10 版 理论周刊·新域

做实职业院校产教融合的六个着力点（2024 年 6 月 13 日）

全面推动人才培养与产业发展协力同行、互促共进，推动产教融合走深走实，是当前职业院校和用工企业共同面临的一项重大实践课题。2023 年出台的《职业教育产教融合赋能提升行动实施方案（2023—2025 年）》意在以"试点、政策、资金"为抓手，为新时代产教融合赋能增效。写好产教融合这篇大文章，重在校企"互"与"共"上，贵在融合"真"与"深"上，应实实在在加强师资、课程、基地、文化、证书、科技六大要素融合，切实提高融合的"质"与"效"。

校企互聘共培，师资真融深合。做实产教融合，建设知行合一的教师队伍是关键。近年来，各职业院校师资交流、校企互动日益频繁，但常态化、长效化的校企互聘共培机制尚不健全，高素质、高水平的师资融合渠道尚欠通畅。必须进一步促进校企互聘共培，着力加大"请进来""走出去"校企互聘力度，优化校企人才结构，实现校企人才与技术资源互补。灵活聘请企业管理人员、技术骨干、工匠劳模为校外专业带头人或企业导师，聘请合作企业技术骨干担任学校"兼职教师"。着力实施校内教师入企业实践上岗工程，让教师参与企业技术攻关，开展专业技术研究及科研成果转化，鼓励教师在企业建立工作室，保证其必要的企业顶岗锻炼时间。

校企互联共通，课程真融深合。做实产教融合，建设管用实用的职教课程是重点。近年来，各职业院校主动适应产业发展创新课程建设，但"将专业建在产业链上"的互联共通热度尚不充分，"让课堂走入生产车间"的真融深合举措尚待加强。必须进一步促进校企互联共通，深入对接产业转型升级新变化、岗位新需求，推动各类标准、岗位技能等产业链元素融入教育链源头。深度开发专业教学与职业培训标准、教材体系、实训指导、教学视频等资源，将职业岗位纳入人才培养全过程，将职业标准纳入专业教学全方位。通过共建课程，着力实现学校教学与企业生产、学校育人与企业用工同心相应、同气相求。

校企互建共享，基地真融深合。做实产教融合，建设同舟共济的实训基地是核心。近年来，各职业院校积极探索"企业办班""教学工厂""生产实训一体化"等多形式基地融合模式，然而，将"学中做、做中学"的职教理念全面推行到"进校即进厂、招生即招工"的现代学徒制人才培养实践中，依然存在差距。必须进一步促进校企互建共享，充分发挥学校公共实训基地和人力资源的优势，推动专业实训示范基地的共建共享。校企联合共建校内外生产性实训基地、共享校内外教学性实训基地，为学生实验实训、顶岗实习提供充足条件。同时，通过"产业学院""学徒制班""订单班"等多种形式充分吸纳企业资源，打破学校与企业之间的壁垒，着力实现"教学课堂实战化""工学结合常态化""知行合一长效化"，做到学而有用、学而能用、学以致用。

校企互鉴共进，文化真融深合。做实产教融合，建设和合共生的匠心文化是基础。近年来，职业教育与行业企业在文化基础、文化建设、文化发展上有来有往，择善而从已成新常态，但在文化内涵、文化特色、文化功能上参差不齐，和合生同还需加强。必须进一步促进校企互鉴共进，落实立德树人根本任务，应持续加大校园文化与企业文化互鉴共进力度，公共基础课、专业基础课、专业实践课、实习实训、社会实践等课程要全面注入劳动精神、劳模精神、工匠精神等匠师品质。制订专业人才培养方案，应充分吸收学生到企业观摩、见习、顶岗实习等企业课程，分年级、分阶段引导学生感受优秀的企业文化，提升学生匠艺素养。开展校园文化活动，应充分赋予志愿服务、创新创业、技能大赛、科技周、文艺展演、研学旅行等活动职业内涵，培铸学生匠魂情怀。通过校企文化融合发展、校企文化协同熏陶，着力引导学生从学校到企业快速适应环境，从学生到员工快速转换角色。

校企互认共训，证书真融深合。做实产教融合，建设课证一体的融通机制是保证。近年来，职业院校和用工企业在提升学生专业技能上已经形成了广泛共识，但在学历证书与职业技能等级证书无缝衔接、互相认证上还有较大提升空间，在用工企业认证课程及内训体系转化为职业院校教育教学标准上还有较大差距。必须进一步促进校企互认共训，持续推进人才培养与产业需求"共生"、课程开发与证书标准"共生"，统筹开展继续教育培训、职业技能培训、技能等级证书认定、实施"1+X"证书等工作，强化学生综合技能素养，使学生在获取学历证书的同时顺利获得相应技能等级证书。可将教育部颁布的"1+X"证书及行业企业认可的证书有机纳入职业院校人才培养方案，建立健全"1+X"证书与课程的学分、绩点转换机制，着力提升学生的职业能力、就业能力。

校企互利共赢，科技真融深合。做实产教融合，建设协同创新的科技平台是引擎。在加快推动新质生产力发展的导向下，无论是职业院校还是用工企业，对科技教育融汇及科技成果转化都越来越重视，但在高质量推进"产、学、研、用"协同创新上还要继续努力。必须进一步促进校企互利共赢，职业院校应深入调研行业企业生产的实际需求与痛点难点，由学校教师与企业科研人员或技术骨干共同组建科研团队，共同申报科研课题，共同开发科研技术，共同申请科技专利，重点针对产业关键技术、核心工艺和共性问题进行协同创新，积极参与行业技术标准、政策法规、规划决策咨询和参谋服务等项目，着力加速基础研究成果向产业技术市场转化，推动产业转型升级，促进区域经济高质量发展。

打造产教融合新样板 （《湖南日报》2023 年 6 月 15 日）

近年来，湖南理工职业技术学院着眼"为生立业"，坚持走产教融合、校企合作内涵式发展之路。按照"将学校办进产业园区，把专业建在产业链上，让课堂走入生产车间"的职教发展思路，创新办学模式，形成共建共享共赢的校地、校企命运共同体，呈现出专业拔尖、毕业生供不应求、就业率节节攀升的良好局面。

打造产教融合新样板，湖南理工职业技术学院为学生——筑梦·助梦

在成为阿里巴巴数字贸易学院首期学员之前，湖南理工职业技术学院工商企业管理专业 1211 班的刘倩，与许多在校大学生一样，对梦想是什么、未来在哪里，有些迷茫。

5 月 8 日，湖南理工职业技术学院与阿里巴巴（中国）网络技术有限公司星级服务商赛群网络科技有限公司合作共建的"阿里巴巴数字贸易学院"开班。

6 月 2 日，阿里巴巴数字贸易学院举行理论课程阶段总结表彰暨实战项目启动大会，包括刘倩在内的 23 名优秀个人、3 支优秀团队，获得学院表彰。

站在领奖台上，刘倩一扫之前的迷茫。她说："这种新的培养模式，不仅拓宽了我们的知识面、提升了个人技能，更重要的是，帮助我们找到了人生的目标和方向。"

刘倩所言，道出了湖南理工职业技术学院学子的共同心声。

父母之爱子，则为之计深远。湖南理工职业技术学院通过探索现代职业教育校地产教融合发展新模式，为学生筑梦、助学生圆梦。越来越多的高素质技术技能人才，从这里出发，走向全国，为祖国发展添砖加瓦。

100%高质量就业的背后

阿里巴巴数字贸易学院，坐落在湖南理工职业技术学院明理楼北栋，有实训实操工位数 308 个，首届学生由 2021 级电子商务和工商企业管理专业近 300 人组成。

学校同时作为阿里巴巴跨境电商人才培训基地，企业按照师生比 1∶30 派遣企业导师全程入驻学校，共享阿里巴巴课程资料、系统软件、考证题库、实训系统等教学资源，每位学生配备阿里巴巴真实账号，学校以真实项目开展实战化教学。

湖南赛群网络有限公司产教融合部经理、"00后"彭天成，便是11名入驻学校的企业导师之一。

"我主要负责统筹学院的活动、项目业务的推进。"彭天成说，"目前理论课程已结束，接下来会根据学生兴趣爱好和特长，将学生重新分至新媒体营销班、跨境营销班、综合项目班。"

"企业导师都非常年轻，年龄与我们相差不大，没有代沟，上课也非常幽默风趣。我们在轻松活跃的氛围中，接触了以前从来没有接触过的知识。"刘倩说，"数字贸易学院的开设，对我来说是重要的机遇与机会。"

与刘倩有同样感受的，还有来自工商企业管理专业的吴俊杰。"学到的知识越多，越觉得自己基础打得还不够牢，知识面不够宽。"他说，"我给自己定下目标，希望通过努力，不断提升实操技能，拿到年度积分排名第一，获得心仪的工作。"

一方面是企业招不到想要的人才，另一方面却是毕业生面临就业难。这一供需矛盾，成为困扰企业与学校的双重难题。

"阿里巴巴数字贸易学院的成立，能有效破解这个问题。"湖南赛群网络有限公司总经理陈功说，"双方通过资源共享，将企业培养员工的方法前置到学校，让学生无缝对接企业，提升学生实操技能，全程参与完成阿里巴巴数字贸易学院'1+6+6'（1个月的理论课程，6个月的实操实训，6个月的顶岗实习）项目培养的学生，可实现毕业即就业，而且就业薪资比普通毕业生高出15%~30%，其中10%的学生年薪可达10万~15万元。"

湖南理工职业技术学院校长李科表示："作为一所工科类高职院校，风力发电等新能源大类和先进制造大类专业，在学校的多年精耕下，已成为学校的'王牌'专业。反观电子商务、工商企业管理等文科类专业，则一直在寻求特色化内涵式发展新路径和有力抓手。数字贸易学院的成立，正是深入推进学校产教深度融合与电子商务专业群内涵发展的强劲之举，最大的特色就是把'软'专业变'硬'，构建文科专业'实战课堂'，提升学生'实战技能'，最终实现学生高质量充分就业。"

打造全省产教融合样板

阿里巴巴数字贸易学院的成立，是湖南理工职业技术学院持续打造全省产教融合样板，坚持协同育人、开放办学的一个缩影。

近年来，湖南理工职业技术学院构建了"校企互聘共培，师资真融深合；校企互联共通，课程真融深合；校企互建共享，基地真融深合；校企互鉴共进，文化真融深合；校企互认共训，证书真融深合；校企互利共赢，科技真融深合"的六维深度融合新格局。

早在2018年，湖南理工职业技术学院开放办学改革试点——动力谷分院，便在株洲·中国动力谷园区揭牌、开学。

在动力谷园区，政府与学校"联姻"，双方签订校地合作协议，由株洲市高新区出资助学，学校则为园区培养和输送技能人才。同时，学校与园区企业"牵手"，双方签订校企合作协议，明确各自在教学任务分配、设备设施使用与管理、学生实习期待遇等方面的责任与义务。

在人才培养方面，学校与园区企业一方面携手推广现代学徒制，探索"三站互动，分段轮换"的现代学徒制人才培养模式，另一方面签署"互兼互聘"合作协议，制定《现代学徒制"双导师"遴选与管理办法》，明确"双导师"的选拔、培训、考核和奖惩等。

其中，"三站互动"，即在学院、园区分院、园区企业三个训练基地穿插进行授课或培训。"分段轮换"，即分"三阶段"进行培养，第一阶段在本部学理论和专业基础课程，第二阶段在园区分院进行岗位职业技能训练，第三阶段在企业顶岗实习、就业。

经过5年的实践与探索，目前，动力谷分院已形成"政、园、校、企"四位一体的协同育人机制，培养了德艺双馨的"双导师"教学团队，"三站互动分段轮换"现代学徒制人才培养模式得到推广，广受赞誉。

然而，湖南理工职业技术学院并没有停止"深耕细作"的脚步。

2018年，湖南理工职业技术学院与京东集团合作共建京东产业学院。1年后，京东无人机（湘潭）飞行服务中心落地学校，校企双方开启无人机应用技术专业人才培养领域合作的大幕。

2019年，湖南理工职业技术学院与湘潭经济技术开发区管理委员会签订校地合作协议，与德国舍弗勒签订校企合作协议，共同探索园区、学校、企业"三位一体"的职业教育合作模式，打造"湖南理工职业技术学院——九华分院"。

学校与吉利汽车集团共建新能源汽车实训基地，与湘潭谷田网络公司共建动漫人才训练基地，与步步高集团共建步步高班，与苏宁集团共建苏宁班……正是"俯下身子"坚持不懈的实践探索，学校产业学院建设荣获湖南省教育教学成果奖，2023年更是立项湖南省职业教育"楚怡"重点攻关项目"湖南省产业学院发展研究"，一步为先，步步为营，湖南理工职业技术学院的产教融合之路，走得快速而稳健。

共建共享结出教育硕果

2022年，湖南理工职业技术学院出台《对接园区实施方案》，对我省144个园区企业进行全面梳理，实施三年精准对接园区全覆盖，为服务区域经济社会发展铺好路、架好桥。

该校党委书记叶星成、校长李科带队，开展"访企拓岗"促就业专项行动，紧密结合学校专业布局，深入走访新能源类、智能制造类、管理服务类企业，寻找了一批头部企业，建立了一批毕业生实践、实习、就业的基地，聘请了一批企业导师兼职学校专业课程教学，开发了一批产学研合作项目。

正是依托持续多年做实做细做深产教融合，构建"1+N"校企合作生态圈，湖南理工职业技术学院收获了一大批成果。

学校成为教育部现代学徒制试点单位、教育部"1+X"证书试点单位、国家级新能源生产性实习实训基地、教育部工业机器人应用人才培养中心；建设机电一体化技术专业、光伏发电技术与应用专业为国家级骨干专业，成为一批国家专业教学标准的主持或编制单位；立项光伏发电系统控制与优化湖南省工程实验室、复杂环境特种机器人控制技术与装备湖南省工程研究中心；立项建设2个省级楚怡高水平高职专业群，认定2个湖南省职业教育"双师"型名师工作室，校企合作立项3个省级优秀教学团队；5部教材入选"十四五"职业教育国家规划教材；立项湖南省"楚怡"行动高水平教师队伍建设项目6项；获得国、省重大综合性荣誉58项……

与此同时，学校师生也在校企合作、产教融合中快速成长，收获了满满的成长感、价值感、获得感。

师生参加技能竞赛获国家级奖45项，其中一等奖14项；获省部级奖166项，其中一等奖40余项；曾小波获全国第七届黄炎培职业教育奖杰出教师奖；曾小波、陶肖、姜鹏、袁亮、黄利、胡盼获"湖南省技术能手"，授予"湖南省五一劳动奖章"……

湖南理工职业技术学院党委书记叶星成表示，这些年，学校发展持续向好、加快向好、全面向好，得益于学校全面从严管党治党，全面创新办学治校，全面落实立德树人。学校始终坚持"以生为本""爱生如子""为生立业"，注重"以业强基、协同办学，以匠强本、协同育人，以科强能、协同攻关"，力促"产教融合、校企合作、工学结合、知行合一"落细落小，力推"全员、全过程、全方位"育人走深走实，绵绵用力，久久为功，繁花满树，硕果满枝。打造全省产教融合新样板，打造新时代职业教育"三全育人"新标杆，学校在努力。

梦想无垠，步履不停。眼下，湖南理工职业技术学院迎来星光璀璨。未来等待他们的，将是更为广袤深邃的星辰大海。

【罗美霞 肖畅 朱菁菁】

第三辑
理工读书，明理知行别开生面

人生大美是读书

【星愿心语】*

读书无关美与丑

　　读书很重要。我觉得人与人之间的差距，就是一本书的厚度。

　　丑人读书如雪中送炭。我所讲的丑人，不是指貌丑之人，泛指所有先天条件比较差、发展基础不太好的人。人无贵贱之分，但有出身之别，人无法选择自己的出身、改变自己的先天，但可以规划自己的人生、书写自己的未来。知识改变命运。无论是谁，知识都不可能与生俱来。腹有诗书气自华，胸育丘壑多读书。丑人读书，蓄后天之长补先天之短，化被动之局为主动之势，绵绵用力，久久为功，善莫大焉。

　　美人读书似锦上添花。这里的美人，也不单指貌美之人，泛指一切先天条件比较好、发展基础不太差的人。单就女人之美来讲，读书与不读书、多读书与少读书，其美之别大相径庭。在名垂史册的千古女性中，"第一才女"李清照，其婉约清新的过人才情珠圆玉润、赏心悦目，典雅别致的知性之美挥之不去、历久弥新。相较之下，纯如沉鱼落雁、闭月羞花的容貌之美，历经岁月剥蚀后，给人的观感总会大打折扣。读书人之美，美得深刻、美得持久、美得动人。

　　伟人读书将如虎添翼。书入常人之手，丑人增色、美人添香。书入伟人之手，光风霁月，气象万千。毛泽东一辈子嗜书如命，当属读书之楷模。新中国成立后，他回到母校湖南一师，饱含深情地讲："我没有正式进过大学，也没有到外国留过学。我读书最久的地方是湖南第一师范，我的知识、我的学问，是在一师建立了基础。"① 我与一师的小娇校长探讨过，湖南一师是毛泽东读书最久的地方，但同时代同学校的同学那么多，为什么唯有毛泽东脱颖而出，我看答案在于读书。前段时间，我们班赴韶山开展党性锻炼，我看到一个叹为观止的数字，毛泽东一生读书超过 2 万册！约合每日一书，读书之多远非常人所及。刚才，我的同桌在其副校长谈到他家有藏书 2000 册，我想这已经很多了，哪怕是未曾全读。毛泽东 2 万多册书，不仅全读，而且很多还是反复研读，一部

---

* 省委党校第 85 期厅干班读书心得交流会（2018 年 5 月 3 日）。

① 洋中鱼. 一师与历史同行［EB/OL］. 湖南第一师范官网，2009-08-08.

《资治通鉴》就读了 17 遍，真正地践行生命不息、读书不止。青年时，他读《共产党宣言》，坚定报国之志，探寻救国之道，树立了共产主义远大理想。抗战时，他读《战争论》，如沐春风，融会贯通。张首晟院士的《向败将学习——两部兵书的启示》一文，对此进行了生动的历史回顾。法德战争后，双方分别就拿破仑的制胜法宝进行了总结，战胜方法国的结论是拿破仑的大炮用得好，战败方德国的结论是拿破仑的军、政、外交统筹好。德国这部书 *On War*，就是《战争论》，通过斯洛传到毛泽东手中，他看完后，挥笔写下了不朽名著《论持久战》，英文叫"*On Protracted War*"，战略思想醍醐灌顶。伟人读书如虎添翼，站在巨人肩膀上的人，才是真正的巨人。所以说，人与人的差距不怕天高地远，就怕与书无缘。

多将流年付经典

好花不常开，好书不常在。如何在有限的生命里读到更多的书、更好的书，方法不一而足，管用无非两条：

一是选择性地读。特别是要多读经典。经典是经过时间淘漉和历史沉淀的文化精品，是深入人心、世代流传的原创典籍。读经典，不会浪费你的宝贵时间，不会混淆你的价值视听。读经典，也应有所选择，不是所有的经典都值得你读。你应重点阅读与你生活、工作息息相关的经典，关注什么就读什么，追求什么就读什么，缺少什么就读什么，精挑细选地读，有的放矢地读，不要捡到篮子里就当菜，读到哪里算哪里。

二是比较性地读。这是"死书读活"的关键一招。读经典，不能咬文嚼字掉书袋。我比较主张读原著的同时，辅读一些必要的注疏或者解读，有助于加深理解。比如，四大名著、四书五经等，这都是前人在几百年甚至几千年前写的，读这些书，一千个人可能有一千种理解。读书重在增知长智、重在立德长技，这些理解是不是作者的本意并不重要，重要的是其中有没有让你耳目一新的"理解"。如果有，一字即可为师；如果没有，再多也是徒劳。

比如，读《论语》"有朋自远方来，不亦乐乎"，我长期困惑于传统理解：有朋友从远方来，有什么值得高兴的呢？后来，读完南怀瑾的《论语别裁》，我一下子豁然开朗了，原来句中之"远"，并非空间之远，而指时间之远。孔夫子当年率弟子周游列国，虽四处碰壁，但依然乐此不疲，究竟是什么给了他如此巨大的力量？是人生的信念！"自信人生二百年，会当水击三千里"，对此，毛泽东也以诗词形式进行过生动表达。数百年后，董仲舒提出"罢黜百家，独尊儒术"，被汉武帝所接受，西汉后期，儒家思想逐渐成为历代统治者所推崇的正统思想，也逐渐成为中国传统文化的主流思想。这些表明他的所有坚持都是有意义的。读《论语别裁》，使我对《论语》有了更深的理解。

又如，读《水浒传》，我以前看，大都在江湖侠客的恩怨情仇中悲喜纠结，极少关注作者的创作动机。最近，我读了一篇关于《水浒传》书名由来的文章，收获不小。水浒一词源自《诗经》："古公亶父，来朝走马，率西水浒，至于岐下。"这原指西周故郡周原，周人发家之地，借指人生的出路所在、梦想开始的地方。用典"水浒"，寄寓了作者对"在野"梁山好汉们人生出路的深深思考和遗憾。他们找到出路没有？没有。他们替天行道，为什么找不到出路？因为其"道"不足以引领当时、号令天下，注定了"被招安"的悲剧性结局。

没有坚定的信念很难有顽强的意志，没有先进的思想不会有光明的前景。马克思列宁主义揭示了人类社会历史发展的规律，是当今世界最先进的思想。实现共产主义是我们党的最高理想和最终目标，建设中国特色社会主义是现阶段我国各族人民的共同理想。牢固树立"四个意识"、坚定"四个自信"、坚决维护党中央权威和集中统一领导，不仅是应该的，而且是必需的。两部书的比较性阅读，进一步坚定了我的共产主义理想信念。

读书明理贵知行

教书育人，根本在人，关键在书。大学立德树人，关键要让大学生回归读书。去年，我从省发展改革委调任学校后，会同党委一班人，主推的一项重要工作，就是凝心砍好"三板斧"、聚力读好一本书。

第一斧：悉心践行理工校训精神。立德首在明理。我校有个很好的校训，叫"明理知行、精工致远"，将明理作为学校育人的第一要义。为落实这一精神，本届班子结合新时代学生成长的特点和职业教育的特色，开门见山地明确了三大方面九大道理，引导学生读书明理、知行合一。一是明勤学、俭朴、乐观的修身之理。勤学是一个人成长、成熟、成功的动力之源，非学无以广才；俭朴太重要了，艰苦朴素、艰苦奋斗，什么时候都不过时，一个不懂得俭朴、经常入不敷出的人，很难有可持续的廉政；乐观是攻坚克难的基石，是幸福生活的先决，一个郁郁寡欢的人很难有大的作为。跳江而死的屈原，抑郁早逝的贾谊等，乐观如能再多点，生命或许更精彩。二是明诚信、合作、自律的做人之理。诚信是公民的第二身份证，合作是社会发展的重要动力，自律是社会和谐的安全阀，安身立命缺一不可。三是明敬业、专长、创新的处事之理。一个团队最怕三种人：一是敷衍塞责的人，二是身无所长的人，三是抱残守缺的人。立德树人须防微杜渐、敬终如始。

第二斧：量身打造理工经典书单。明理重在读书。校党委按照"三年学制、每周一书"的规模，围绕以上道理按图索骥，从浩如烟海的馆藏图书中撷珠采玉，推荐图书156种，辑目成单，简称"理工书单"，这是目前可查的我国第一个由校党委审定推出的高校育人书单，引导学生读以修身、读以做人、读以处事，以课外之书辅课内之学，以生活之理长生存之技。这一规模高出全国人均阅读量水平，相当于世界人均阅读量中上水平。打造书香理工，引领书香湖南，给力书香中国，我们在行动。

第三斧：着力组织理工读书活动。这个活动主要有四大内容，简称"四个一"文化育人活动：一是"每周一书"，要求师生一个星期至少读一本书，不一定要本本精读，但至少要说得出子丑寅卯。二是"每人一语"，从师生学思践悟中，去粗取精，编目成册，打造"理工论语"，激励教学相长、师生共进。三是"每课一讲"，不管是什么专业的课，都要坚持"课前一分钟"演讲，学生轮流讲，老师指导讲，谈得失，悟兴替。四是"每日一记"，"学而不思则罔，思而不学则殆"，要求学生勤学勤思、学有所悟、日有所记。"四个一"文化育人活动深入开展，引起了上下广泛关注，受到了各方一致好评，全校读书蔚然成风。有人半开玩笑半认真地对我说："书记书记，你是每周一书、每日一记，简称书记！"

【微课链接】

第 6 期读书共享会

书读百遍，其义自见 (2017 年 12 月 25 日)

我刚才反复通读了《医生的修炼》，收获满满。书中蕴含了许多耐人寻味的道理，给我印象最深的是阿图的"三勤"。

一是勤动手。病人术后伤口缝合，可以手缝，也可以机缝，他多选择手缝，给自己更多的历练机会，从不偷懒。二是勤动脑。善从小事例悟大道理，他从拒绝年轻新人担任其儿子家庭医生一事中，反思到医疗公平性及新人成长问题，提出了反对病人选择医生的建议。三是勤动笔。阿图是个有心人，他不仅医术精湛，思维缜密，而且文笔优美，文字出彩。对每个经手病例，他出色完成任务后，都会详尽记录在案，情文并茂。他能成为白宫最年轻的健康政策顾问，成为影响奥巴马医改政策的关键人物，我想与其"三勤"是密不可分的。作为职业技术学院的学生，你们能明此"三勤"之理，对你们日后的职业生涯一定大有裨益。

读书明理，知书达礼。一本好书，不同的人阅读悟出的道理不同，不同时期阅读给人的启迪也不同，读好书如遇故知，其乐融融，美不尽言。腹有诗书气自华，希望同学们爱读书、读好书、善读书，做有书香气的理工学子。

探寻"理工书单"背后的故事

读书明理，知书达礼（2018年1月3日）

近日，《湖南理工职业技术学院"每周一书"推荐书单》（简称"理工书单"）经校党委会审定，正式推出。这份事关学校立德树人的书单究竟是怎样形成的？推出"理工书单"对学校"一流应用人才"培养有何重大意义？带着这些问题，笔者第一时间专访了校党委书记叶星成，探寻"理工书单"推出背后的"故事"。

一、学校推出"理工书单"主要基于哪些考虑？

教书育人，根本在人，关键在书。学校第二次党代会提出"四个一流"建设目标，其中"培养一流应用人才"是重中之重。学校出台"理工书单"就是为了引导理工学子爱读书、读好书、善读书，读书明理，知书达礼，建一流学校，育一流人才，力求"三更好、三共进"。

一是更好地贯彻党的教育方针、落实立德树人根本任务，推动教师教书与学生读书有机融合，教学相长，师生共进。二是更好地贯彻学校办学理念、践行校训精神，推动明理知行与精工致远有机融合，知行合一，文理共进。三是更好地营造勤学勤思读书氛围，打造书香理工，推动读书明理与知书达礼有机融合，笃信笃行，学思共进。

二、学校推出"理工书单"主要遵循哪些原则？

"理工书单"是学校在中国特色社会主义进入新时代、立德树人面临新任务的大背景下探索推出的一份育人书单，是学校在坚持特色发展、注重内涵办学的大理念下研究制订的一份明理书单。书之香，在藏，更在读。从浩如烟海的馆藏图书中撷珠采玉，是一项高雅工作，也是一项高难动作。为了制订好这一书单，我们重点把握和遵循了以下原则。

一是坚持立德与练技相结合。干事创业，技很重要，德很关键。学校立德树人，始终坚持德技双修、以德为先。"理工书单"主要侧重课外人文书籍，旨在引导学生读课外之书、辅课内之学，明生活之理、练生存之技，充分发挥学生读书明理在学校立德树人中的不可替代的作用。

二是坚持鸿篇与微著相结合。大著作蕴含大智慧，小故事能讲大道理。"理工书单"不拘一格、大小兼收，有自成体系的鸿篇巨制，也有短小精悍的经典名篇。如《习近平谈治国理政》统筹"五位一体"，协调"四个全面"，高屋建瓴，博大精深；《资治通鉴》纵贯上下千余年，行文洋洋数百万，毛泽东毕其一生十余次批阅仍手不释卷。又如，《弟子规》《朱子家训》等，多则千把字，少则几百字，字字珠玑，微言大义。

三是坚持管用与实用相结合。管用，就是能充分发挥学校育人功能；实用，就是要充分激发学生读书兴趣。"理工书单"应师生之需、融师生之智、汇师生之力，注重把握二者结合点，寓教于读，寓读于乐。小书单折射大世界，时涉古今，地及中外，事关政、经、文、史、哲等各个领域，一单在手，读书不愁。小书单还有小讲究，书目既有历久弥香的经史子集、现身说法的名人传记，也有妇孺皆知的四大名著、喜闻乐见的《天龙八部》，一书在读，心悦诚服。书单坚持师生共建共享、不断推陈出新，确保内容鲜活、与时俱进，力求"每周一书单，相看两不厌"。

三、"理工书单"谋篇布局有些什么特点？

"理工书单"是一份有个性的书单，谋篇布局力求致广大尽精微，散而不乱，简而不单。具体说，我们注意把握三点。

一是功能上，力求明理知行。立德首在明理，明理重在读书。学校结合学生成长特点和职业教育特色，明确学生在校期间需要重点读懂三大方面九大道理。一是修身方面，明勤学、俭朴、乐观之理；二是做人方面，明诚信、合作、自律之理；三是处事方面，明敬业、专长、创新之理。所荐书目，均以理为据，按图索骥，引导学生读以修身、读以做人、读以处事。

二是结构上，力求统筹兼顾。选篇开合有度，开在品类，合在经典，让学生循读书源头，养文化自信，拓知识视野，长人生智慧，分门别类，各有侧重。在政治上突出引领，明确要求研读党和国家领导人系列著作；在文化上重视传统，大力提倡精读诸子百家等经典名著；在视野上强调开放，积极主张选读适量的外国书籍；在时代上注重聆听，悉心推荐泛读明理性畅销书籍。

三是数量上，力求见贤思齐。打造书香理工，引领书香湖南，给力书香中国，提升阅读量是当务之急和重中之重。据报道，世界当前各国成年国民人均纸质图书年阅读量，韩国15本，法国24本，日本44本，以色列最多达68本，我国不到5本。学校按照"三年学制、每周一书"的原则，力求每个学生在校期间至少读书156本，即每年不低于52本书，这一规模高出全国人均阅读量，可保持世界阅读中上水平。

四、"理工书单"对明九大道理有什么讲究？

天下书万万千，世上理明不完。"理工书单"预期的三大方面九大道理，力求体现立德树人的要求、职业教育的需求和理工育人的追求，"安身立命"和

铸魂育人

"待人处事"是贯穿其中的灵魂和红线，旨在引导青年学子勤以修身、夯实人生基础，诚以做人、拓展人生空间，敬以处事、实现人生价值。

第一方面：修身，明勤学、俭朴、乐观之理。

孔子说："绘事后素。"其比喻有良好的质地，才能进行锦上添花的加工。明修身之理，就是要将勤学、俭朴和乐观，作为人生最重要的三种底色读懂、悟透、修深，力求生活有着落、精神有寄托。

勤学，是人生成长、成熟、成功的源头活水，是生存的不二法门。"玉不琢不成器；人不学不知道"，综观古今中外，但凡成功之人皆为勤学之士。书单从传记、哲学、教育、文学几大类书籍中精选了 16 个书目，其中《习近平的七年知青岁月》作为"理工书单"第一书目隆重推荐。

俭朴，是人生踏实、行稳、致远的基本前提，是生命的既有本色。"历览前贤国与家，成由勤俭破由奢"，艰苦奋斗精神任何时候都是不可或缺的必修课。书单从政治、哲学、语言、文学几大类书籍中精选了 10 个书目，其中首推王沪宁的《政治的人生》。

乐观，是人生攻坚、克难、制胜的重要基础，是生活的幸福先决。"人有悲欢离合，月有阴晴圆缺，此事古难全"，心态决定命运，悲观者山穷水尽，乐观者柳暗花明。书单从哲学、文学、历史等几大类书籍中精选了 22 个书目，其中首推周振甫的《毛泽东诗词欣赏》。

第二方面：做人，明诚信、合作、自律之理。

做事先做人，做人先立德。德不厚而人不立，人不立则事不成。明做人之理，就是要将诚信、合作和自律，作为人生最基本的三项原则坚定、坚持、坚守，力求做人有分寸、处世有底线。

诚信，是公民处世的"第二身份证"，是人生立德的当务之急。人无诚信不立，家无诚信不和，业无诚信不兴，国无诚信不宁。书单从哲学、文学等几类书籍中精选了 10 个书目，其中首推《曾国藩家书》。

合作，是人类社会赖以生存和发展的重要动力，是人生立德的重中之重。无合作不社会。"一支竹篙难渡汪洋海，众人划桨开动大帆船"，彼此平等，相互尊重，共同成就，合作的力量是巨大的。书单从哲学、政治、语言、文学、历史等几大类书籍中精选了 20 个书目，其中首推四大名著，从草根阶层、帝王将相、神仙鬼怪、达官显贵等不同层面生动阐述了社会合作的重大现实意义。力推司马光的《资治通鉴》（中华书局版）、王伯祥的《史记选》和《易中天中华史》，从时间、人物、空间等不同角度真实再现了社会合作的深远历史意义。

自律，是社会和谐的安全阀、保险箱，是人生立德的必须之举。无自律不人生。自律是一种修养，更是一种修为，行万里路，持三尺戒，己所不欲，勿施于人。讲自律，就是讲规矩。书单从哲学、政治、语言、历史等几大类书籍中精选了 26 个书目，其中基本是历史性经验总结，讲道理的多，讲故事的少。我们首推孔子的《论语》，半部《论语》治天下，其理之要可见一斑。南怀瑾的《论语别裁》，特别推荐给大家。

第三方面：处事，明敬业、专长、创新之理。

修身、做人，最终是为了处事。明处事之理，就是要将敬业、专长和创新，作为人生最可贵的三重境界追求、历练、成就，力求干事有责任，成事有办法。

敬业，是高效处事之基，就是要召之即来，愿干、肯干，有真情怀。不挑肥拣瘦，不偷懒耍滑。书单从哲学、文学等几大类书籍中精选了 12 个书目，其中首推《朱镕基讲话实录》。

专长，是高效处事之要，就是要来之能战，会干、能干，有真本事。"工欲善其事，必先利其器""没有金刚钻，不揽瓷器活"。书单从哲学、经济管理等几大类书籍中精选了 16 个书目，其中首推《唐浩明评点梁启超辑曾国藩嘉言钞》，力推《千年金融史》《阿图医生》（第 1 季）。

创新，是高效处事之魂，就是要战之必胜，善干、敢干，有真担当。创新是引领发展的第一动力。书单从领袖著作、哲学、经济管理、语言、文学、历史等几大类书籍中精选了 24 个书目，其中首推《习近平谈治国理政》，坚持解放思想、实事求是、与时俱进、求真务实，以全新的视野深化对共产党执政规律、社会主义建设规律、人类社会发展规律的认识，进行艰辛理论探索，取得重大理论创新成果，形成了习近平新时代中国特色社会主义思想。同时，力推《智能浪潮》。

五、"理工书单"对知书达礼有什么预期？

预期之"礼"既是学校"一流应用人才"所应需，也是学校"一流教师队伍"所应备，概括说是六个字：可靠、合格、幸福。可靠，就是政治上过硬，做坚定的社会主义接班人。合格，就是技能上过关，做出色的社会主义建设者。幸福，就是生活上过好，做快乐的社会主义共享者。我们具体可表述为"三无"和"三有"。

"三无"，是指无惑、无忧、无惧。无惑是安身的基础，只有心里有底、肚里有数、脑里有方，才能嘴中有谱、手上有法、脚下有路。无忧是立命的核心，一个忧心忡忡的人难有大的作为，以从容平和的心态，用乐观主义的精神，干力所能及的事情，不消极，不懈怠。无惧是自强的关键，只有无惧的人才有开拓性，不墨守成规，不循规蹈矩，只有无惧的人才有进取心，敢于扶正祛邪，敢于较真碰硬。

"三有"，是指有情、有义、有恒。有情是待人之道。情是很私人的东西，每个人内心深处，都有一方动人的情愫，或亲情，或友情，或爱情，这是生活的原动力，做人应做有情人。有义是立业之本。义有民族大义、国家大义，是一种团队精神，是一种责任担当。心忧天下，胸怀祖国，义最能打动人、感召人，因为义是无私的，只有义字当先，才会一呼百应。有恒是成事之要。滴水穿石，不是水滴力量大，而是坚持功夫深，只要功夫深，铁杵磨成针。

借此机会，我代表学校党委、行政衷心祝愿我们的老师和学子们，好好读书，明理知行，做一个无惑、无忧、无惧的人，做一个有情、有义、有恒的人。

附：湖南理工职院"每周一书"推荐书单（2018年版）

湖南理工职院"每周一书"推荐书单（2018年版）

学校立德树人，坚持德技双修、以德为先。立德首在明理，明理重在读书。学校根据立德树人的要求、职业教育的需求和理工育人的追求，明确学生在校期间需重点读懂三大方面九大道理。一是修身方面，明勤学、俭朴、乐观之理；二是做人方面，明诚信、合作、自律之理；三是处事方面，明敬业、专长、创新之理。我们按照"三年学制、每周一书"原则按图索骥，共推荐图书156种，鼓励学生读以修身、读以做人、读以处事，以课外之书辅课内之学，以生活之理长生存之技，做社会主义可靠接班人、合格建设者和幸福生活者。

一、修身篇（48种）

（一）勤学（16）

1. 中共党校采访实录编辑室《习近平的七年知青岁月》
2. 萧灼基《马克思传》
3. 萧灼基《恩格斯传》
4.［美］罗斯·特里尔《毛泽东传》
5. 叶永烈《钱学森传》
6. 姚昆仑《梦圆大地：袁隆平传》
7. 林语堂《苏东坡传》
8. 朱熹《近思录》
9. 王阳明《传习录》
10.［美］阿里·阿莫萨维《神逻辑》
11. 王朝晖，袁凤东《向成功者学习什么》
12. 孙宝义，刘春增，邹桂兰《向毛泽东学读书》
13.［美］乔希·维茨金《学习之道》（第2版）
14.［美］莫提默·J.艾德勒，查尔斯·范多伦《如何阅读一本书》

15. ［英］维克托·迈尔-舍恩伯格，肖尼恩·库克耶《与大数据同行：学习和教育的未来》

16. 董卿《朗读者》

（二）俭朴（10）

1. 王沪宁《政治的人生》

2. 费勇《转念的力量》

3. ［美］肯特·纳伯恩《朴素的人生真理》

4. ［美］凯利·麦格尼格尔《自控力》

5. 孙郡锴《做人要低调，说话要幽默》

6. 傅雷《傅雷家书》

7. 路遥《平凡的世界》

8. 周国平《各自的朝圣路》

9. 贾平凹《自在独行》

10. ［美］加布瑞埃拉·泽文《岛上书店》

（三）乐观（22）

1. 周振甫《毛泽东诗词欣赏》

2. 李开复《做最好的自己》

3. ［美］马丁·塞利格曼《活出最乐观的自己》

4. ［美］梅洛迪·贝蒂《快乐生活的50个秘密》

5. 孙日峰《心态是一种选择》

6. 刘同《向着光亮那方》

7. 李泽厚《美的历程》

8. 俞敏洪《愿你的青春不负梦想》

9. 郭斯特《梦想还是要有的，万一实现了呢》

10. 王滟明，邹简《哈佛积极心理学笔记：哈佛教授的幸福处方》

11. ［美］威尔·鲍温《不抱怨的世界》

12. ［美］亚伯拉罕·马斯洛《动机与人格》

13. ［美］卡尔·罗杰斯《论人的成长》

14. ［日］大山泰弘《我们为什么工作》

15. 杨绛《我们仨》

16. 季羡林《牛棚杂忆》

17. 余秋雨《文化苦旅》

18. ［美］欧内斯特·海明威《老人与海》

19. ［美］海伦·凯勒《假如给我三天光明》

20. ［美］米奇·阿尔博姆《相约星期二》

21. 蔡仲德《中国音乐美学史》

22. ［英］威尔·贡培兹《现代艺术 150 年》

二、待人篇（56 种）

（一）诚信（10）

1. 曾国藩《曾国藩家书》

2. 王应麟《三字经》

3. 乐贵忠《诚信是金》

4. 张书衍，董琳《诚信决定成败》

5. 郝士钊《做人的底线》

6. ［美］保罗·詹森，杨毅宏《诚信的种子》

7. ［美］戴维·霍萨格《信任的力量》

8. ［美］朗·霍尔，丹佛·摩尔，林恩·文森特《世界上的另一个你》

9. 金庸《天龙八部》

10. ［西班牙］塞万提斯《唐·吉诃德》

（二）合作（20）

1. 施耐庵《水浒传》

2. 罗贯中《三国演义》

3. 吴承恩《西游记》

4. 曹雪芹《红楼梦》

5. 司马光《资治通鉴》（互见《读通鉴论》）

6. 王夫之《读通鉴论》

7. 储欣《史记选》

8. 易中天《易中天中华史》

9. 蓝天《方与圆全集》

10. 姜沈利《驾驭合作》

11. ［美］罗伯特·西奥迪尼《影响力》

12. ［法］让—雅克·卢梭《社会契约论》

13. 夏志强《不可不知的礼仪》

14. 陈原《语言与社会生活》

15. 朗世荣《如何讲话有逻辑，怎样说服有力量》

16. 马东《好好说话》

17. 李安《这样说话最受欢迎》

18. ［美］戴尔·卡耐基《卡耐基：做一个会说话会办事的聪明人》

19.［美］马歇尔·卢森堡《非暴力沟通》

20.［日］东野圭吾《解忧杂货店》

（三）自律（26）

1.《论语》（参读《论语译注》杨伯峻译解；南怀瑾《论语别裁》）

2.《周易》

3.《孟子》

4.《老子》

5.《庄子》

6.《大学》

7.《孝经》

8. 李零《我们的经典》（参读《论语译注》）

9. 蔡志忠《蔡志忠中国古籍经典漫画》（互见《老子》《庄子》《孟子》《大学》，参读《论语译注》）

10.［美］马歇尔·古德史密斯《自律力》

11. 李达《社会学大纲》

12. 李松《中国一定能：用核心价值观托起未来》

13. 吴楚材，吴调侯《古文观止》

14. 朱柏庐《朱子家训》

15. 李毓秀《弟子规》

16. 李里《蒙书讲义》（上）（互见《弟子规》《朱子家训》）

17. 魏源《海国图志》

18. 史幼波《新儒学的开山之作：史幼波〈周子通书〉〈太极图说〉讲记》（参读周敦颐《太极图说》）

19. 翦伯赞《中国史纲要》

20. 吕振羽《中国民族简史》

21. 冯友兰《中国哲学简史》

22.［英］伯特兰·罗素《西方哲学史》

23. 蔡元培《中国伦理学史》

24. 当年明月《明朝那些事儿》

25.［德］黑格尔《历史哲学》

26.［以色列］尤瓦尔·赫拉利《人类简史》

三、处事篇（52 种）

（一）敬业（12）

1.《朱镕基讲话实录》编辑组《朱镕基讲话实录》

2. 姜文刚《敬业的人最受欢迎》

3.［美］阿尔伯特·哈伯德《自动自发》

4. 龙小语《以感恩心做人以责任心做事》

5. 汤木《将来的你，一定会感谢现在拼命的自己》

6. 杨润，史财鸣《互联网+工匠精神》

7. 洪朴正《做事的底线》

8. 李尚龙《你只是看起来很努力》

9. 李肇星《说不尽的外交》

10. 杨建刚，何伟《敬业精神：优秀员工的职业基准》

11.［美］摩西奶奶《人生永远没有太晚的开始》

12. 萧寒《我在故宫修文物》

（二）专长（16）

1. 唐浩明《唐浩明评点梁启超辑曾国藩嘉言钞》

2.［美］威廉·戈兹曼《千年金融史》

3.［美］阿图·葛文德《阿图医生》（第1季）

4. 金迪《领悟国学智慧提升职业素养》

5.［英］马克·司徒慕德《责任引领未来》

6. 项前《团队正能量》

7. 陈德述《儒家管理思想论》

8. 张与驰《道家的管理之道》

9. 丁川《拿业绩说话用结果证明》

10. 郑一《洛克菲勒的人生智慧》

11. 彦涛《不可不学的管理学32定律》

12.［美］曼昆《经济学原理》

13.［美］彼得·德鲁克《卓有成效的管理者》

14.［美］克里斯汀·拉尔森《正能量（青少年励志经典文库）》

15.［英］亚当·斯密《国富论》

16.［日］稻盛和夫，山中伸弥《匠人匠心：愚直的坚持》

（三）创新（24）

1. 习近平《习近平谈治国理政》

2. 马克思，恩格斯《共产党宣言》

3. 马克思《资本论》

4.《毛泽东选集》

5.《邓小平文选》

6. 《江泽民文选》

7. 《胡锦涛文选》

8. ［美］布雷特·金《智能浪潮》

9. ［德］克劳斯·施瓦布《第四次工业革命》

10. 易北辰《移动互联网时代：生活、商业与思维的伟大变革》

11. ［英］李约瑟《中华科学文明史》（参读［英］李约瑟《中国科学技术史》）

12. 曾国平，曾经《创新思维与创造力》

13. ［美］约翰·斯维尼，艾琳娜·伊梅尔茨卡《创新者的心智模式：培养创新思维的五大行为习惯》

14. ［美］埃里克·冯·希佩尔《大众创新：免费创新如何推动商业未来》

15. 《赢在中国》项目组《牛根生创业人生》

16. 木沐《敢拼，世界就是你的》

17. ［英］东尼·博赞《思维导图》（使用手册）

18. 付岩《社群思维：精神商业时代的创新创业法则》

19. 高铭《天才在左，疯子在右》

20. 文茜《格力女王董明珠》

21. 孙力科《任正非：管理的真相》

22. 郭宏文，王淼《李彦宏：专注成就百度人生》

23. 天宇《搜索张朝阳》

24. 阿里巴巴集团《马云内部讲话》

第 44 期读书共享会
书中自有"千钟粟"（2019 年 4 月 9 日）

很高兴参加今天的创新创业主题读书共享会。刚才，分享了同学的读书体会，参与了小组的双创讨论，见识了师生的答疑解惑。总体感觉，活动有创意，组织很成功，大家说得精彩、听得认真、问得用脑、答得用心。我听完很受启发、很受教育。

党中央高度重视创新创业，习近平总书记特别强调，创新是引领发展的第一动力。今年全国两会期间，习近平总书记参加福建代表团审议时再次强调："营造有利于创新创业创造的良好发展环境。"① 从创新理念到创业实践，再到创造精神，从"双创"到"三创"，内涵更加丰富，意义更加突显，我们要悉心领会、悉心把握。

引导创新、指导创业、鼓励创造，是我们学校办学出发点，也是我们学生读书落脚点。书中自有"千钟粟"，书中自有"黄金屋"。学校培"百年老店"、育时代新人，办不一样的理工，重中之重在于引导学生爱读书、读好书、善读书。读书明理，知书达礼，我们将"理工九理"作为学校创新之基、创业之础、创造之源，融入学生血液、植入学生骨髓，引导学生大众创业、万众创新、传众创造。借此机会，我提三点希望：

第一，老板都从员工中来，希望同学们乐当员工、善当员工。将军起于卒伍，宰相出于州牧。"合抱之木，生于毫末；九层之台，起于累土；千里之行，始于足下"，讲的都是"古今兴盛皆在于实、天下大事必作于细"的道理。乐当员工，就是要不以职小而小其实、不因位低而低其细；善当员工，就是要以德服人、以能服人、以理服人，近悦远来，万方辐辏，瓜熟蒂落，水到渠成。

第二，成功都从失败中来，希望同学们敢于失败、善于失败。失败是成功之母。成功者的经验固然走心，但失败者的教训更加醒脑。成功者没有灵丹妙药，坚持不懈地试错就是济世良方。敢于失败，就是要无畏无惧，敢闯敢试；善于失败，就是要吃一堑长一智，莫在一坑摔两次。张首晟的《向败将学

① 营造有利于创新创业创造的良好发展环境：习近平总书记参加福建代表团审议时的重要讲话产生热烈反响［EB/OL］. 中国政府网，2019-03-11.

习——两部兵书的启示》一文讲到，法德战争后，双方分别就拿破仑的制胜法宝进行了总结，战胜方的结论是拿破仑的大炮用得好，战败方的结论是拿破仑的军、政、外交统筹好。德国这部书 *On War*，就是《战争论》。通过斯洛传到中国，毛泽东读后挥笔写下了不朽名篇《论持久战》，英文叫"*On Protracted War*"，战略思想醍醐灌顶，指导抗日居功甚伟。

第三，幸福都从奋斗中来，希望同学们勤于奋斗、善于奋斗。历史由勇敢者创造，时代由奋斗者书写。习近平总书记 2018 年新年贺词一语中的："把这个蓝图变为现实，必须不驰于空想、不骛于虚声，一步一个脚印，踏踏实实干好工作。"① 创新是如此，创业是如此，创造更是如此。勤于奋斗，就是要自信满满、永不放弃，自强不息、永不放任，自律坚守、永不放纵；善于奋斗，就是要苦干加巧干、敢干不蛮干，奔跑追梦，继往开来。

---

① 国家主席习近平发表二〇一八年新年贺词［EB/OL］. 人民网，2017-12-31.

湘潭十大高校读书分享会开卷词

将读书进行到底（2019年4月23日）

莲城四月，春和景明；伟人故里，书香扑面。在这美好时光、美好氛围中，我们相约理工职院、相聚博学楼下美美与共，共襄"我和我的祖国·书香湘潭"、共享湘潭高校"学习强国"，共度第24个世界读书日，将读书进行到底。首先，请允许我代表承办方，代表全校师生员工，对湘潭市委、市政府的高看厚爱表示衷心感谢！对大家的盛情出席表示诚挚欢迎！对活动的顺利开启表示热烈祝贺！

读书是一件美事，人生大美是读书。人与人的差别，就是一本书的厚度。常人读书活色生香，伟人读书光风霁月。古今来许多世家，无非"读书"，天地间第一人品，还是读书。

读书是一件善事，学校大气在读书。学校之大，要大师，更要大气。腹有诗书气自华。学校大气，就是无处不在的书生气、无时不存的书香气、无人不有的书卷气。学校立德树人，重在让学生崇尚读书，贵在让老师引领读书，读书明理，知书达礼。

读书是一件大事，社会大同要读书。书籍是人类进步的阶梯。从鸡犬相闻的桃源梦想到共产主义远大理想，从人民公社的探索实践到人类命运共同体的伟大构建，千百年来，人类社会大同的不懈追求，无一不与人民文化认同相得益彰。读书，事关国家前途、民族希望。

湖南理工职院是一所努力奔跑的高校"小老弟"。近年来，在省发展改革委、省教育厅、湘潭市和社会各界的关心支持下，学校"苔花如米小，也学牡丹开"，坚持创新引领、突出特色办学、注重内涵发展，学先进赶先进，学一流创一流，学样板铸样板，悉心打造不治自理的文明新校园，倾情构建不教自学的育人大课堂，奋勇拼搏不言自明的职教新湘军，办学质量大幅跃升，办学影响全面提升，办学活力如日东升。湖南理工职院也是一所尊崇读书的高校"好兄弟"，厚植湘潭书香气，传承发改书卷气，涵养教育书生气，理工思政近悦远来，理工产教别开生面，理工读书蔚然成风！

各位领导、嘉宾、同仁，教育是成人之美的伟大事业，读书是导人向善的美好事情。教育的欣欣向荣，需要全体教育者言传身教；读书的蒸蒸日上，需要无数读书人身体力行。书山有路勤为径，行百里者半九十。今天，湘潭十大高校将同心发起读书联盟，湘潭全民阅读将携手翻开崭新一页，让我们同城悦享、同声祝福，祝福湘潭幸福平安，祝福祖国繁荣昌盛，祝福中华好儿女书香满神州。

诵读经典照亮人生

人生出彩贵一"实"（2019 年 5 月 27 日）

很高兴参加今天的经典诵读比赛活动。全程分享了参赛选手的出彩诵读和人生感悟，总体感觉：活动举办得很成功，组织精密、准备精心、展示精彩，既是一次别开生面的经典大诵读，也是一堂情景交融的视听大思政，更是一场丰富多彩的成长大分享，很好地展现了理工学子自信、自强、自律的知书达礼精神风貌，很好地彰显了理工老师可信、可亲、可敬的教书育人师表风采。听后很受教育，很受鼓舞，一个字点评：好！

今晚活动主题是"诵读经典，照亮人生"。人生是个大课题，也是个老话题，不同的人有不同的理解，同一个人，不同年龄阶段感受也各不相同。人生是一次"单向行进"的不归旅程，人生是一台"现场直播"的无悔大戏，没有预赛，没有彩排。人生路漫漫，上下而求索，出彩关键到底是什么？我的理解，可用一个字表述：实！唯"实"以贯之，人生之路方可行稳致远，唯"一"以贯"实"，人生之彩方显难能可贵。

第一，要始终若一地朴实修身，这是人生茁壮成长的必需之举。大道者至简，朴实者无华。人生之过，过在好大喜功、华而不实；人生之错，错在贪得无厌、德不配位。金无足赤、人无完人，朴实修身，就是要知耻后勇、知足常乐、知止安人。始终若一，就是要慎始敬终、善始善终、慎终追远。始终若一地朴实修身，就是要开诚布公、闻过则喜，一日三省、知错就改，不期一蹴而就，不期一鸣惊人，不期一劳永逸。

第二，要表里如一地诚实做人，这是人生走向成熟的必由之路。诚信者无欺，诚实者无忧。人生之真，真在真心真意、真情真性，人生之善，善在与人为善、导人向善。人之初，性本善，诚实做人，就是要自立立人、自达达人，己所不欲，勿施于人。表里如一，就是要相由心生、言为心声，有二说二、有一说一。表里如一地诚实做人，就是要返璞归真、抱朴守真，兼相爱、交相利，不要掩耳盗铃，不要虚与委蛇，不要朝秦暮楚。

第三，要知行合一地踏实处事，这是人生历练成才的必要之义。知是行之始，行是知之成。人生之要，要在召之即来、来之能战、战之必胜，人生之美，美在无惑无忧无惧、有情有义有恒。知而不行等于无知，踏实处事，就是既要仰望星空，又要脚踏实地；既要着眼长远，又要做好当前；既要心忧天下，又要善待身边。知行合一，就是要敢想敢做、立说立行。知行合一地踏实处事，就是要不驰于空想、不骛于虚声，干在实处、走在前列，积小善为大善，积小成为大成，不能眼高手低，不能挑肥拣瘦，不能急功近利。

第十一届读书月活动启动式

学史爱党勤读书（2021 年 4 月 23 日）

今天是第 26 个"世界读书日"，我们兴高采烈相约博学楼、相聚图书馆，共同开启学校"第十一届读书月"活动。首先，我代表学校向为本次活动付出辛劳的老师、同学表示衷心感谢！向刚才受到表彰的"书香班级"表示热烈祝贺！

人不学不知义，书不读不知香。我是喜欢读书、重视读书的。关于读书，我与大家有过不少交流，"读书明理，知书达礼""人生大美是读书""将读书进行到底"等等。今天，我再次强调读书的重要性、学史的必要性，倡导全校师生学史爱党勤读书。

读书是家族兴盛之本。"耕读传家久，诗书继世长""安居不用架高堂，书中自有黄金屋"等，讲的都是读书传家的道理。众所周知，湘人曾国藩，耕读传家，泽被后世。曾国藩治家以"八本堂"为经、"八字规"为纬，哪八本？"读书以训诂为本、诗文以声调为本、事亲以得欢心为本、养生以戒恼怒为本、立身以不妄语为本、居家以不晏起为本、做官以不要钱为本、行军以不扰民为本"。哪八规？"书、蔬、鱼、猪、早、扫、考、宝"。这八本、八规，无一不是将读书摆在首屈一指的位置。曾国藩只是古人读书的代表之一，"古今来许多世家，无非积德，天地间第一人品，还是读书"。

读书是民族强盛之基。犹太民族是世人公认的智慧民族，智慧背后，是犹太人精神成长中对书籍如饥似渴的阅读，犹太民族也被誉为"读书的民族"。全球犹太人不足 2000 万，但其地位、贡献叹为观止。有报道，哈佛大学三分之一的学生是犹太人，耶鲁大学四分之一的学生是犹太人，常春藤名校的教授 30% 是犹太人，全球 23% 的诺贝尔奖获得者是犹太人。犹太人人口占据 80% 的以色列，人均图书馆、人均阅读量均居世界第一，约每 4500 个犹太人拥有一个图书馆，人年均读书达 68 本。犹太人对读书的重视，使这个国家、这个民族人才辈出，在推动人类文明进步中创造了累累硕果。以色列是世界上人均创业公司数量最多的国家，弹丸之地拥有近万家活跃的高科技公司，超过 350 家跨国公司在以色列设有研发中心。犹太人读书读出了大门道，引起了世界各国的浓厚兴趣，不少国家将全民阅读纳入国家立法统筹谋划、高层推进。

中华民族是一个尊崇读书的民族。自古以来，修齐治平，家国一体，激励一代代优秀儿女诗书继世、耕读传家，保家卫国、安邦定国。我们党的革命前辈大都嗜书如命，伟大领袖毛泽东一生读书超过 2 万册，周恩来总理少年时立下宏伟志向"为中华之崛起而读书"，当属读书人的典范。习近平总书记在多个场合强调领导干部要加强读书学习，要爱读书、读好书、善读书，"真正把读书学习当成一种生活态度、一种工作责任、一种精神追求，自觉养成读书学习的习惯"①。党和国家一直致力于激发全民读书热情，推动书香中国建设，尤其是党的十八大以来，以习近平同志为核心的党中央高度重视全民阅读工作，自 2014 年起，全民阅读已连续八次写入政府工作报告。中华大地，全民读书之风呈现欣欣向荣之势。中华文明五千年绵延不绝，读书厥功至伟；中华民族伟大复兴坚持不懈，读书责任在肩。

读书是学校昌盛之根。学校之大，要大师，更要大气。学校大气，就是无处不在的书生气、无时不存的书香气、无人不有的书卷气。学校立德树人，重在让学生崇尚读书，贵在让教师引领读书。学校高度重视读书育人，多措并举引导学生爱读书、读好书、善读书，系统构建"四个一"文化育人活动，倡导"每周一书、每人一语、每课一讲、每日一记"，特别推出理工育人书单，引导学生读书明理、知书达礼，持续举办理工读书月活动，推进"理工读书·共享会"，开展"书香班级"创建评选，激发读书活力，营造读书氛围，打造书香理工，引领书香湖南，给力书香中国，让读书蔚然成风，让理工别开生面。

同志们、同学们，年年岁岁"读"相似，岁岁年年"书"不同。2021 年是中国共产党成立 100 周年，读书的核心是学史，明理的要义是爱党。读书明理，学史爱党，在此，我抛砖引玉，谈三点体会。

第一，学史爱党要悉心学思践悟我们党一心为民的无私情怀。一心为民是我们党人心所向的根本。中国共产党百年奋斗历程，一心为民的初心使命始终不变，始终以百姓心为心，与人民同呼吸、共命运、心连心。从"全心全意为人民服务"，到"权为民所用、情为民所系、利为民所谋"，到"坚持以人民为中心""人民对美好生活的向往就是我们的奋斗目标"，对中国共产党来说，无论走过多长的路，无论风云如何变幻，其始终把人民群众的利益放在首位，把老百姓的安危冷暖放在心上，把人民生活更加幸福美满作为最大的政绩。我们学史爱党，就是要更好地身体力行，先公后私、大公无私。

① 习近平：领导干部要爱读书读好书善读书——在中央党校 2009 年春季学期第二批进修班暨专题研讨班开学典礼上的讲话 [EB/OL]. 中共中央党校（国家行政学院）网，2009-05-13.

第二，学史爱党要倾情学思践悟我们党与时俱进的奋斗精神。与时俱进是我们党永葆生机的源泉。我们党与时俱进，坚持知行合一。知方面，从毛泽东思想到邓小平理论、"三个代表"重要思想、科学发展观，再到习近平新时代中国特色社会主义思想，百年来，中国共产党不断推进马克思主义中国化，党的理论与时俱进。行方面，从推翻三座大山，到社会主义革命，到改革开放和现代化建设，到民族伟大复兴的中国梦，百年来，中国共产党不断推进中国革命建设任务创新，党的使命与时俱进。与时俱进是中国共产党始终保持先进性的基本要诀，是中国日益走近世界舞台中央、从追跑到并跑再到领跑的重要原因。也正是中国共产党始终坚持改革创新、与时俱进的勇气，中华民族实现了从站起来、富起来到强起来的历史性飞跃。我们学史爱党，就是要更实地恪尽职守，开拓创新、奋斗不止。

第三，学史爱党要着力学思践悟我们党自我革命的政治勇气。自我革命是我们党茁壮成长的关键。金无足赤，人无完人，一个人的成长必然伴随着与疾病、与毛病作斗争，一个团队的成长必然伴随着与自身、与对手作斗争。"能胜强敌者，先自胜者也""胜人者有力，自胜者强"。从"思想建党""制度治党"，到"全面从严治党"，从"三大纪律、六项注意"提出，到"不忘初心、牢记使命"主题教育，中国共产党从不讳疾忌医，敢于直面问题，勇于自我革命，以极强的自我修复能力，革弊立新，清扫顽疾，以"打铁必须自身硬"的鲜明态度，将自我革命进行到底，迈过了一个又一个艰难险滩。我们学史爱党，就是要更加严格地以身作则，闻过则喜、知错就改。

同志们、同学们，最是一年春好处，绝胜书香满校园，让我们携手理工读书月，争做理工读书人，学党史、悟思想、办实事、开新局。最后，预祝大家开卷有益！预祝活动圆满成功！

"职教生心中的二十大"视频微党课

读中华经典，做大国工匠（2022年11月24日）

欢迎加入湖南理工职业技术学院！今天，我带大家逛校园。我们的校训是"明理知行、精工致远"。这里就是明理园，校训景观首善地，书香校园导读区。

人生大美是读书，我们做大国工匠，要多读中华经典。习近平总书记在党的二十大报告中特别强调，"坚持和发展马克思主义，必须同中华优秀传统文化相结合"①，这是两个结合之一。加强中华优秀传统文化教育，关系中华民族生存与发展。学校秉承中华传统美德，力推读书明理。

我们系统构建"四个一"文化育人，倡导"每周一书、每人一语、每课一讲、每日一记"，贯通学思用，统一知信行。

我们精心推出理工育人书单，引导大家读以修身，读以做人，读以处事，明"勤学、俭朴、乐观，诚信、合作、自律，敬业、专长、创新"九理。理工九理，有机融合中华传统文化与现代职教特质，一体呈现国家育人要求和学校办学追求。看明理园，品"明理九石"，一石刻一理。

我们理工读书别开生面，着眼九理组织读书月、读书共享会、书香班级、书香支部等丰富多彩的读书活动，发起湘潭十大高校读书联盟，理工九理、近悦远来。明理知行、匠心传人。

同学们，明理园、知行角、精工楼、致远亭，校训景观，次第花开。大学三年，希望你们学思践悟、知书达礼、德技兼修、五育并举，响应习近平总书记的号召："立志做有理想、敢担当、能吃苦、肯奋斗的新时代好青年，让青春在全面建设社会主义现代化国家的火热实践中绽放绚丽之花。"②

---

① 中国共产党第二十次全国代表大会文件汇编［M］. 北京：人民出版社，2022：265–267.

② 中国共产党第二十次全国代表大会文件汇编［M］. 北京：人民出版社，2022：265–267.

湖南省职业院校楚怡读书行动开卷词

理工读书向未来 （2023年2月22日）

又是一年春好处，绝胜书香满校园。在这美好时光、美好氛围里，我们相约理工职院、相聚博学楼里美美与共，共襄"湖南省职业院校楚怡读书行动"，共启"湖南省职业院校读书联盟"，共享湖南省职业院校推荐书单，"悦"读新时代，逐梦新征程！首先，请允许我代表承办方，代表正在省委党校学习的李科校长和全校师生员工对湖南省教育厅的高看厚爱表示衷心感谢！对全省职教同仁的盛情出席表示诚挚欢迎！对楚怡读书行动的顺利开启表示热烈祝贺！读书是一件美事，人生大美是读书；读书是一件善事，学校大气在读书；读书更是一件大事，社会大同要读书。人与人之间的差距，就是一本书的厚度。

理工是向往读书的。我们理工的校训，"明理知行、精工致远"，将读书明理作为育人第一要义，理工图书馆是学校地标，理工教学楼是书卷造型，理工校徽是书卷托日，理工读书心驰神往，理工读书薪火相传。

理工是用心读书的。"用心读好一本书"是学校"四一两全"战略定位的重中之重。我们系统构建"四个一"文化育人活动，倡导"每周一书、每人一语、每课一讲、每日一记"，贯通学思用，统一知信行。精心推出理工育人书单，引导师生读万卷书、行万里路，读以修身，读以做人，读以处事，明"勤学、俭朴、乐观，诚信、合作、自律，敬业、专长、创新"九理。着眼九理组织读书月、读书共享会、书香班级、书香支部等丰富多彩的读书活动，发起湘潭十大高校读书联盟，理工九理、近悦远来。明理知行、匠心传人。

理工是得益读书的。一花引得百花开。近六年，学校在省教育厅、省发展改革委的坚强领导和湘潭市的大力支持下，以兄弟院校为师，向兄弟院校学习，读书守正创新，事业蓬勃发展，先后获评教育部现代学徒制试点单位、湖南省文明标兵校园、湖南省新能源职业教育教学指导委员会秘书处单位等一大批国省荣誉，招录线以年均数十分的幅度逐年攀升，就业率紧盯全省目标稳步提升，省排位以数十名的幅度快速上升，学子斩获职业技能竞赛国家级一等奖14项、省级一等奖40余项。理工读书，善莫大焉。

各位领导、嘉宾、同仁，教育是成人之美的伟大事业，读书是导人向善的美好事情。教育的欣欣向荣，需要全体教育者言传身教；读书的蒸蒸日上，需要无数读书人身体力行。一燕不成夏，独木不成林。今天，理工读书抛砖引玉，湖南职教筑巢引凤，省教育厅组织全省职业院校将同心发起读书联盟，湖南职教读书将携手翻开崭新一页，让我们同享阅读、同逐梦想，读中华经典，做大国工匠，读大美湖南，绘锦绣潇湘！

"悦读新时代，争做新青年"读书大会

用心读好一本书，香溢理工九重天（2023年4月3日）

刚才，13名师生的阅读分享联系自身实际、呼应时代关切、彰显家国情怀，能量正、襟量宽、质量高，这是一场精彩纷呈的思想盛会，是一场收获满满的思政盛宴。我听后倍感欣慰、备受鼓舞，切实感受到理工读书读起来了、读进去了、读出来了，切身体会到理工读书读出了色彩、读出了芳香、读出了味道，理工读书别开生面！"将读书进行到底"，是理工矢志不渝的追求。5年来，学校党委绘出了"建设书香理工、引领书香湖南、给力书香中国"的读书蓝图，提出了"每周一书"的读书倡议，推出了"明理知行"的"理工书单"，牵头发起"湘潭十大高校读书联盟"，申请成立"湖南省职业院校读书联盟"。理工读书抛砖引玉、近悦远来，理工读书使命光荣、责任重大。

"用心读好一本书"，是落实学校第三次党代会确定的"四一两全"战略擘画的关键一环。学因"用"而贵，书因"读"而香。理工读书向未来，必须始终坚持学思用合一，始终坚持知信行统一，始终坚持真善美归一。下面，我提三点希望，与大家共勉。

第一，希望大家一脉相承弹好理工读书"三重奏"：增智，明理，达礼。就是要开卷有益长知识、读书明理懂进退、知书达礼讲规矩，实践出真知，吃堑也长智，除了读有字书外，还要读无字书，"悦"读新时代，争做新青年。开卷不增智、读书不明理、知书不达礼，书读再多也徒劳。

第二，希望大家一如既往追求理工读书"三重境"：修身，做人，处事。就是要夯实人生基础、拓展人生空间、实现人生价值，内化于心，外化于行，格致诚正，修齐治平，"悦"读新时代，逐梦新征程。"两耳不闻窗外事，一心只读圣贤书"，书读再多也枉然。

第三，希望大家一往无前越过理工读书"三重山"：立志，立德，立技。就是要以"书"为标有理想，以"书"为砺敢担当、以"书"为鉴能吃苦、以"书"为范肯奋斗，绵绵用力，久久为功，"悦"读新时代，成就新辉煌。咬文嚼字掉书袋，浅尝辄止装样子，书读再多也白搭。让我们乘着湖南省职业院校楚怡读书行动的东风，以阅读的名义集结，为实现中华民族伟大复兴中国梦"用心读好一本书"！

"明俭朴、养清廉"主题读书共享会

戒奢以俭，清心养廉（2023年12月19日）

　　读书共享会今天的主题是"明俭朴、养清廉"，师生同登台，出色又出彩，既是一场读书共享，也是一次廉洁共育。俭者，够用不浪费；朴者，本真不修饰；清者，清正不歪搞；廉者，廉洁不贪求。俭朴是理工清廉文化的特质、内核和要义。下面，我分享三点体会与大家共勉。

　　一、养清廉要在正三观，明俭朴是正三观之常识

　　世界是物质的，物质是平衡的，世上没有一本万利，没有一劳永逸，任何的贪得无厌、索求无度，无不归因于财迷心窍、利令智昏，以俭朴养清廉，花赏其半开，酒饮其微醺，利勿占完，福勿享尽，得天独厚应替天行道。人生是打拼的，幸福是奋斗的，人间没有免费的午餐，没有坐享其成，任何的不劳而获、无功受禄都必将自取其辱、自取其亡，以俭朴养清廉，知足者常乐，知止者不辱。是非审之于己，审的是良知；毁誉听之于人，听的是民心；得失安之于数，安的是常识。三观正了，"不以物喜，不以己悲""先天下之忧而忧，后天下之乐而乐"，俭朴常识瓜熟蒂落，清廉智慧水到渠成。

　　二、养清廉贵在明九理，明俭朴是明九理之常理

　　理工倡导读书明理，明"勤学、俭朴、乐观，诚信、合作、自律，敬业、专长、创新"九理，旨在引导师生更好地修身、做人、处事，道理万万千，俭朴本色观。儒家先贤修身做人讲"仁、义、礼、智、信"，待人接物讲"温、良、恭、俭、让"，履职尽责讲"忠、孝、廉、耻、勇"，向上向善，克勤克俭。"理工九理"是理工版本的修、齐、治、平，是中华优秀传统文化在理工以文治校、以文化人实践中的与时俱进。读书明理打好了俭朴底色，人生才能丰富多彩；知书达礼守住了清廉底线，人生才会幸福平安。我特别推荐大家读于谦《入京》诗，"绢帕蘑菇与线香，本资民用反为殃，清风两袖朝天去，免得闾阎话短长。"俭朴常理勿以善小而不为；清廉美德勿以恶小而为之。

　　三、养清廉重在守九条，明俭朴是守九条之常规

　　没有规矩不成方圆，"理工九条"是理工教职工行为必须遵守的规范，是理工打造"不治自理"文明新校园的内核。办学千万条，规矩第一条。以案说法，所有的不规矩根在不俭朴，所有的破规矩源在不清廉。以史为鉴，所有的腐化

铸魂育人

都是俭朴上的破防，所有的堕落都是清廉上的失守，顺境逆境永无止境，得意失意切莫大意。学校要求全体教职工做政治上的明白人、品行上的规矩人、教育上的有心人，就是要学思践悟习近平新时代中国特色社会主义思想，做"忠诚、干净、担当"的"四有"好老师，就是要身体力行湖南理工职业技术学院教职工九条规范，做"可信、可亲、可敬"的"三可"好老师。俭朴常规一夫当关，清廉操守万夫莫开。

　　清廉是一种智慧，是一种美德，是一种操守，更是一种能力。不清廉是无知、无德、无用，更是无能。明俭朴、养清廉，善莫大焉，功在不舍！

252

第十届中国社会科学院毛泽东思想论坛

跟毛泽东学读书[*]（2023 年 12 月 26 日）

　　读书很重要，人与人的差别就是一本书的厚度，家与家的兴衰就在一本书的温度，国与国的强弱就看一本书的力度。党中央很重视读书，党的十八大以来，全民阅读连续 10 年写入政府工作报告，习近平总书记"希望全社会都参与到阅读中来，形成爱读书、读好书、善读书的浓厚氛围"①。推进强国建设、民族复兴伟业，读书大有可为、大有作为！

　　湖南人有"三会"，会读书、会种田、会打仗。毛泽东是伟大领袖，是湖南人的杰出代表，是一位由湖南普通农家子弟成长起来的伟大革命家，也是一名从中华优秀传统文化中走出来的成功读书人。我认为，毛泽东读书匠心独运、形神俱佳，有三大过人之处：酷爱、博览和活用。

　　酷爱，就是把读书看成第一生命，"饭可以一日不吃，觉可以一日不睡，书不可以一日不读"。"书卷多情似故人，晨昏忧乐每相亲"，毛泽东读书"形神俱佳"，"形"在嗜书如命，"神"在志存高远。从"孩儿立志出乡关，学不成名誓不还"，到"为有牺牲多壮志，敢教日月换新天"，他专心致志，矢志不渝。毛泽东"爱读书"，爱在"立志"！

　　这份志，是"无我"的壮志，是身无分文、心忧天下的家国情怀。学生时代，他读书为了启心智、养大气，寻求他心目中能够变动天下人之心的"大本大源"。他以"子任"为名，"以天下兴亡为己任"，他将"为人、为国人、为世界人而学"作为读书方向。

　　这份志，是"大我"的斗志，是身在兵位、胸为帅谋的责任担当。五四时期，他读书为了树信仰、求真知，选定"主义"付诸实践。他在《湘江评论》创刊词中大声疾呼："天下者，我们的天下；国家者，我们的国家；社会者，我们的社会。我们不说，谁说？我们不干，谁干？"

　　这份志，是"有我"的同志，是身体力行、率先垂范的领袖气度。新中国

＊　摘载于《新湘评论》2024 年第 8 期。

①　习近平总书记致首届全民阅读大会举办的贺信［EB/OL］．中国政府网，2022-
　　04-23.

成立前后，他读书为了践初心、担使命，防止党内骄傲自满情绪，提醒经受住执政考验。他在党的七届二中全会上义正辞严："务必使同志们继续地保持谦虚、谨慎、不骄、不躁的作风，务必使同志们继续地保持艰苦奋斗的作风。"

博览，就是读了很多书，毛泽东在中南海菊香书屋的藏书就多达 9 万册。我在韶山参观看到了一个数字，毛泽东一生读书超过 2 万册，约合"每日一书"，这令人叹为观止！毛泽东读书"形神俱佳"，"形"在博览群书，"神"在取精用宏。这个"取精"，既体现在经常"荐读"上，也体现在刻苦"攻读"上。他经常推荐书给领导干部们阅、给人民大众读、给亲人朋友看，推荐书实质是推荐理，目的是传道，让受荐者读书明理、知书达礼，以理服人、以文化人，以荐促学、以学促干。他"攻书到底"坚韧不拔，《资本论》读了 3 遍，《二十四史》读了 3 遍，《资治通鉴》读了 17 遍，《共产党宣言》读了不下 100 遍，我国四大名著终身伴读爱不释手，好书不厌百回读，喜之愈深阅之愈切，读之愈久爱之愈甚。"海到尽头天作岸，山登绝顶我为峰"，读书读到一定境界，"曾经沧海难为水，除却巫山不是云"。毛泽东"读好书"，好在"取精"！

活用，就是能够实现从书本知识到认识、到智慧、到能力、到实践、到创造的有效转换，活学活用，管用实用。毛泽东读书"形神俱佳"，"形"在活学活用，"神"在实事求是。他强调，精通书本知识"全在于应用""马克思列宁主义的伟大力量，就在于它是和各个国家具体的革命实践相联系的。对于中国共产党来说，就是要学会把马克思列宁主义的理论应用于中国的具体的环境""使马克思主义在中国具体化，使之在其每一表现中带着必须有的中国的特性"，实现了马克思主义中国化的第一次历史性飞跃，大大加快了中国革命的胜利进程。读了书不用、读了书不会用，如同白读、没读，不如不读。同样的马列著作，毛泽东读得融会贯通、用得出神入化，王明读书就读不活、用不好，只会死记硬背、生搬硬套、陷入本本主义泥潭不能自拔。毛泽东反对本本主义就是反对"死读书"，反对本本主义就要理论联系实际、坚持实事求是，实事求是是毛泽东思想活的灵魂。毛泽东"善读书"，善在"求是"！

我是一名教育工作者，我们教书育人，根本在人，关键在书，关键要让大学生回归读书。我们办学治校，要更好地引导学生"爱读书、读好书、善读书"。我们湖南理工职业技术学院坐落于伟人故里、大美湘潭，我们跟毛泽东学读书，倍感亲切，倍加珍惜。

我们敬终如始尊崇读书。我们的校训，明理知行、精工致远，将读书明理作为育人第一要义；我们的图书馆是学校地标，教学楼是书卷造型，校徽是书卷托日；我们的底气是无处不在的书生气、无时不存的书香气、无人不有的书卷气；我们的学生使命是"立报国之志、学一技之长、明读书之理，做社会主义建设者和接班人"。书香育人，薪火相传！

我们从上到下重视读书。特别是学校第二次党代会以来，教书别开生面，读书次第花开。我们系统构建"四个一"文化育人，倡导"每周一书、每人一语、每课一讲、每日一记"，贯通学思用，统一知信行；我们精心推出理工书单，引导师生读万卷书、行万里路，读书明理、知书达礼；我们悉心组织读书活动，融读于趣、寓教于乐。我们牵头发起湘潭十大高校读书联盟、申请成立湖南省职业院校读书联盟，承办湖南省职业院校楚怡读书行动，组织发布湖南省职业院校推荐书单。我们主编《新时代大学生课外实践育人读书教程》，我们"每周一书"作为湖南经验推介全国。建设书香理工，引领书香湖南，给力书香中国。书香育人，近悦远来！

我们由弱变强得益读书。一花引得百花开。我常用三项指标表达我们这七年读书的欢喜：一是新生招录线实现了翻番，年均增幅近30分；二是毕业生就业率实现了引领，今年超过93%；三是学校省排位实现了跨越，从全省后排步入前列。"为生铸魂"打造新时代职业教育"三全育人"新标杆，"为生赋能"探索新时代文化育人新模式，"为生立业"打造新时代产教融合新样板，学校发展加快向好、持续向好、全面向好。书香育人，功在不舍！

跟毛泽东学读书，善莫大焉！

"小书本" 读出 "大情怀"（红网时刻 2019 年 4 月 25 日）

4 月 23 日，"我和我的祖国·书香湘潭"全民阅读活动暨湘潭十大高校"学习强国"读书分享会在湖南理工职业技术学院举行。

4 月 23 日，是世界读书日。这一天，对湘潭而言，意义非凡。当天，"我和我的祖国·书香湘潭"全民阅读活动隆重举行，湘潭十大高校读书联盟正式启动。

同样，这一天于湖南理工职业技术学院而言，可谓蓬荜生辉。作为坐落于湘潭的高职院校，学校很荣幸地成为活动承办方。

见微知著，在全民阅读氛围日益浓厚、看书不再是"一个人的事"的当下，弹丸小校的湖南理工职院有着怎样的读书氛围？又是凭借什么样的气质和情怀"一读成名"？

"校小不小志，位后不后求。"

说弹丸小校，是因为无论从办学历史还是办学规模而言，湖南理工职院都谈不上"高富帅"。

学校前身为 1978 年创建的湖南煤炭干部中等专业学校，2005 年 3 月经省政府批准正式建立湖南理工职业技术学院，2015 年划归湖南省发展改革委主管。目前，在校师生 7000 余人。

"校小不小志，位后不后求。"学校党委书记叶星成道出了该校孜孜以求的目标。

在他看来，学校虽起步晚、规模小，但"苔花如米小，也学牡丹开"。自 2015 年划归湖南省发展改革委后，学校坚持创新引领、突出特色办学、注重内涵发展，悉心打造不治自理的文明新校园，倾情构建不教自学的育人大课堂，奋勇拼搏不言自明的职教新湘军……一大批极具理工特色的育人模式相继推出，学校发展呈现出良好势头。

在 2018 年全国职业院校技能大赛中，理工职院一举摘得风光互补发电系统安装与调试团体一等奖、制造单元智能化改造与集成技术团体一等奖、光伏电子工程的设计与实施团体二等奖、高校数学建模挑战赛二等奖等四项大奖，批量获奖的同时，还实现了湖南在这些赛项上一等奖零的突破。

同样是在 2018 年，湖南理工职院在"有核无边、协同育人"新模式下第一个"学点"——动力谷分院在株洲中国动力谷园区揭牌、开学，并与德国莱茵科斯特公司，麦格米特电气公司，北京汽车股份有限公司株洲分公司签订校企合作协议。

学校还与广州南方测绘集团合作成立"摄影测量数据处理中心"，开启了多层次、多形式、多领域的合作，搭建了学校与企业人才培养的直通车。

今年3月13日，京东无人机（湘潭）飞行服务中心与学校"强强合作"，校企双方将共建无人机应用技术专业，在无人机应用技术专业人才培养体系、师资队伍、专业课程、无人机专业实训基地建设等领域开展广泛合作。

"去年学校新能源技术应用与新能源装备制造两个专业群成为全省高等职业教育一流特色专业群建设项目，学校在2018年高职教育国家三大奖项数量统计中排名全国第150位，全省第10位……"学校党委副书记、校长陈静彬介绍。

这些成绩的取得，无不印证着"校小不小志，位后不后求"的追求。

"理工读书"就是学校立德树人的三大顶层设计之一，旨在引导青年学生成长成才，千方百计让学生回归读书。

力推"理工书单"，引导青年学生成长成才

当然，上面这些成绩的取得也与学校始终把立德树人作为学校立身之本，推出"理工思政""理工产教""理工读书"等一大批极具理工特色的育人模式息息相关。

比如，"理工读书"就是学校立德树人的三大顶层设计之一，旨在引导青年学生成长成才，千方百计让学生回归读书。

何为"理工书单"？叶星成介绍，就是学校按照"三年学制、每周一书"规模，从浩如烟海的馆藏图书中撷珠采玉，推荐书目156种，三年里供学生学习阅读。

"理工书单"主要侧重课外人文书籍，旨在引导学生读课外之书、辅课内之学，明生活之理、练生存之技。"理工书单"不拘一格、大小兼收，有自成体系的鸿篇巨制，也有短小精悍的经典名篇。如《习近平谈治国理政》，高屋建瓴，博大精深；《资治通鉴》纵贯上下千余年，行文洋洋数百万。

可以说，"理工书单"是在立德树人面临新任务的大背景下探索推出的一份育人书单，是学校在坚持特色发展、注重内涵办学的大理念下研究制订的一份明理书单。学校结合学生成长特点和职业教育特色，明确学生在校期间需要重点读懂三大方面九大道理：一是修身方面，明勤学、俭朴、乐观之理；二是做人方面，明诚信、合作、自律之理；三是处事方面，明敬业、专长、创新之理。所荐书目，均以理为据，按图索骥，引导学生读以修身、读以做人、读以处事。

同时，"理工书单"也是一份有个性的书单，谋篇布局力求致广大尽精微，散而不乱，简而不单。政治上突出引领，明确要求研读党和国家领导人系列著作；

文化上重视传统，大力提倡精读诸子百家等经典名著；视野上强调开放，积极主张选读适量的外国书籍；时代上注重聆听，悉心推荐泛读明理性畅销书籍。

"书单是基本固定的，当然我们也会根据重要理论的出台或热点的出现对书单进行微调。"叶星成补充，书单还入选省委宣传部 2017 年度全省思政优秀成果奖。

"四个一"文化育人活动，引导学生勤学善思

学生在读书的基础上，不定期开展读书分享活动，分享读书感悟、交流读书心得也是必不可少的。

4 月 2 日举行的"展·青春风采，赢·创业未来"理工读书·共享会上，学生们以"理工书单"——处事篇中创新为主题，就《创行：大学生创新创业实务》这一书籍分享心得体会。

光电学员 1173 班学生李彬认为，从每个人生命的长河来看，我们都会经历大大小小的失败。最早的失败包括刚刚开始走路时的摔倒；吃饭时不小心噎到自己；追求女孩子被拒绝；没有考上理想的学校……把创业当成人生试炼，你会发现，生命本质上就是一个不断失败，直至逼近人生真相的过程。在这个连续的"创业"体会中，你会变得越发平和，越发智慧，成为英雄。

"我十分钦佩图德的创业行为，他那种坚持不懈、努力钻研的精神是我们现在创业者十分需要的，也是十分可贵的品质。"在工商学员 1183 班学生饶明看来，这个案例让自己联想到，在自己追求创业成功的道路上不免会遇到向自己泼冷水的人或者不顺心的事，面对这一切，我们最好的办法就是不忘初心、砥砺前行。

现场，五位同学的领读与读书分享点燃了现场气氛，大家就创新创业过程中遇到的困惑、难题、自身创业定位等问题向现场创业导师提问，导师则针对学生的提问，做了全面而深入的解答。

读书重明理，知行贵合一。学校培"百年老店"、育时代新人，办不一样的理工，重中之重在于引导学生爱读书、读好书、善读书，读以修身、读以做人、读以处事。学校依托书单，重点推出每周一书、每人一语、每课一讲、每日一记"四个一"文化育人活动，引导学生勤学善思、能说会写。这一活动入选省教育厅 2018 年度全省大学生综合素质培养模式创新立项。

湖南理工职院立德树人新思路，文化育人新模式，以及产教融合新样板，引得大批兄弟院校、园区企业等来学校考察，交流探讨新形势下如何更好走出产教两悦、师生共赏的职教发展新路。

"教育是成人之美的伟大事业，读书是导人向善的美好事情。教育的欣欣向荣，需要全体教育者言传身教；读书的蒸蒸日上，需要无数读书人身体力行。行百里者半九十，其作始也简，其将毕也必巨，理工人读书永远在路上。"叶星成表示。

【红网时刻记者　刘玉先】

第四编　守初心，担使命
——全面从严管党治党

始终把高站位带班领队、固本强基作为班子工作要中之要来抓，宁可直中取，不向曲中求。

第一辑
用创新理论凝心铸魂

以学铸魂

以学增智

以学正风

以学促干

【星愿心语】*

全面学起来，以点带面强化于体

习近平总书记的报告，擘画复兴新蓝图，创造历史新伟业，满怀使命、满怀责任、满怀信心、满怀深情，站得高、看得远、谋得深、落得实，进一步指明了党和国家事业的前进方向，是我们党团结带领全国各族人民在新时代、新征程坚持和发展中国特色社会主义的政治宣言和行动纲领，听后让人心潮澎湃，让人热血沸腾。全校上下要坚定不移用习近平新时代中国特色社会主义思想凝心铸魂，坚持不懈深学细悟笃行党的二十大报告。今天党委理论学习中心组集中学习开了头，接下来，党委会第一议题要专题学，马克思主义学院要深入研学，各党总支党支部思政半月谈要分头细学，君子莲大讲堂要集中领学，个个学，学得见贤思齐。

---

* 党委理论学习中心组学习党的二十大报告发言摘要（2022 年 10 月 16 日）。

深入学进去，深思熟虑内化于心

学而不思则罔，思而不学则殆。各级各部门、各同志，要把自己摆进去，把工作摆进去，把问题摆进去，有的放矢学，深入浅出学，别开生面学，学而知不足，学而明方向，学而成共识，处处思，学得融会贯通。

高效学出来，学以致用外化于行

我们要学思践悟、以学促干，求真务实、埋头苦干。要把思想伟力切实转化为工作动力，要把全面建成社会主义现代化强国重任结合到学校第三次党代会报告修改完善、贯彻落实上来，分解到学校全面落实立德树人根本任务上来，细化到全面落实学校"四一两全"战略定位和使命任务上来，踔厉奋发，勇毅前行，精中拓、稳中进、特中强，时时行，学得立竿见影。

学习习近平新时代中国特色社会主义思想

好好学习，天天向上 （2018年7月3日）

习近平新时代中国特色社会主义思想是马克思主义中国化的最新理论成果，是一个集时代性、原创性与系统性于一体的科学体系，是全党全国人民为实现中华民族伟大复兴而奋斗的行动指南。

习近平新时代中国特色社会主义思想有一种精神深入骨髓——自信、自强、自律；习近平新时代中国特色社会主义思想有一条主线贯穿始终——坚持以人民为中心；习近平新时代中国特色社会主义思想有一个办法立竿见影——改革创新。

全校上下要专心致志学、联系实际学、融会贯通学，准确把握这一科学理论体系的核心要义和丰富内涵、时代背景和历史贡献、理论特色和实践要求。要常学常新、常学常悟、常学常用，切实把思想和行动统一到习近平新时代中国特色社会主义思想上来，自觉用习近平新时代中国特色社会主义思想武装头脑、指导实践、推动工作，推进学校"四个一流"建设。

让初心使命在"四个一流"建设中熠熠生辉

（2019年10月13日）

今天，我们来到胡耀邦同志的出生地浏阳开展革命传统教育。耀邦同志是久经考验的忠诚的共产主义战士，伟大的无产阶级革命家、政治家，人民军队杰出的政治工作者。耀邦同志毕其一生尽心尽力为党和国家工作、全心全意为人民服务的初心使命令人感动、催人奋进。学校组织中层以上全体党员干部，深入革命老区，追忆革命故事、缅怀革命先烈、接受革命洗礼，讲"不忘初心、牢记使命"主题教育党课，别具深意。下面，按照"守初心、担使命，找差距、抓落实"总要求，我从"继往开来、好好学习、自我革命、争先求进"四个维度和大家进行交流。

一、缅怀先烈，继往开来

先烈的壮举是感人的，先烈的情怀是动人的，先烈的力量是育人的。古人云："以铜为镜，可以正衣冠；以古为镜，可以知兴替；以人为镜，可以明得失。"应该说，每一位革命先烈都是后来者的现实明镜，每一位革命先烈都是后来者的历史老师，每一位革命先烈都是后来者的精神财富。缅怀先烈，可以更好地激励来者。学校高度重视革命传统教育，我们先后赴延安看革命圣地的事迹，到沙洲村听半条被子的故事，赴韶山瞻仰毛泽东铜像，今天来浏阳参观胡耀邦同志故居，每一次深情缅怀，都令人心潮澎湃、感慨万千。我感受最深的有四点：

第一，初心使命，源在大爱。我们的党是在中华民族正蒙受世所罕见的屈辱、中国人民正遭受无以复加的苦难中呱呱坠地的，从诞生的那一刻起，就把实现"为人民谋幸福、为民族谋复兴"作为奋斗目标，写进了自己的纲领。无数共产党员在革命道路上前赴后继、奔走呼号，挽民族于危难、救黎民于水火，有情有义，无私无我。这些感天动地的壮举，无一不源自他们内心深处对祖国拳拳的爱、对人民浓浓的情。耀邦同志就是其中的杰出代表，他有一句话："心在人民，原无论大事小事；利归天下，何必争多得少得。"这句话言简意赅地生动表达了"中国共产党人的良心"。如同耀邦同志一样的无数共产党人的这一颗颗"良心"，因为大爱，所以无私。

第二，初心使命，重在坚信。一代代革命先烈，一代代共产党人，无论来自什么地方，他们都有一个共同的特质，那就是无一不对马克思主义具有坚定的信仰、无一不对共产主义具有坚定的信念。湖南人夏明翰的《就义诗》："砍头不要紧，只要主义真。杀了夏明翰，还有后来人。"这诗如今读来，依然令人肃然起敬。他一家满门忠烈，弟弟夏明震、夏明霹，妹妹夏明衡，外甥邬依庄全部以身殉国。正是夏明翰这种"主义真"的信心和革命必胜的信念，让一代代共产党人在救国救民的道路上义无反顾地舍生忘死、出生入死。因为坚信，所以坚定。

第三，初心使命，难在坚守。古人道："有善始者实繁，能克终者盖寡"，还有一句话叫"做一天好事易，天天做好事难"，讲的无一不是"坚守难"的道理。在共产党成长壮大的历程中，"能克终者盖寡"的案例并不鲜见。当年参加党的一大的 13 位代表里一半以上离经叛道，没有经受住革命的考验而改弦易辙，甚至走到了人民的对立面。习近平总书记在瞻仰上海中共一大会址和嘉兴南湖游船时讲话强调："入党誓词字数不多，记住并不难，难的是终身坚守。"① 党的十八大以来，落马的大大小小党员、领导干部，无一不是在党性锻炼的征途上当了逃兵，无一不是在对初心使命的坚守上出了问题。因为无守，所以无终。

第四，初心使命，贵在实干。说一千道一万，不如动手干一干。邓小平同志也说过，"不干，半点马克思主义也没有"。纵观历史，无论是一呼百应的大人物，还是默默无闻的小角色，但凡有所成就的共产党员，无一不是知行合一的楷模和身体力行的典范。所以，习近平总书记反复强调"干在实处、走在前列"，反复强调"幸福是奋斗出来的"，反复强调"撸起袖子加油干""我们都在努力奔跑，我们都是追梦人"。这次主题教育，我们是否实现"理论学习有收获、思想政治受洗礼、清正廉洁作表率"，最终都会体现在"干事创业敢担当、为民服务解难题"上。因为实干，所以兴邦。

二、好好学习，天天向上

这是借用毛泽东的题词，我很喜欢这句话，小时候在教室里上课抬头看见这 8 个字，用红纸写着贴在黑板上方的墙上。这次全党开展"不忘初心、牢记使命"主题教育，重中之重是深入学习习近平新时代中国特色社会主义思想，摆在第一位的具体目标就是"理论学习有收获"，借用这句题词很能表达我此时的心情。这次主题教育，学校列了专门的学习清单，全校共产党员要悉心学懂弄通习近平新时代中国特色社会主义思想以及习近平总书记关于教育工作、关

---

① 习近平在瞻仰中共一大会址时强调：铭记党的奋斗历程时刻不忘初心 担当党的崇高使命矢志永远奋斗［EB/OL］．中国政府网，2017-10-31.

于湖南发展的一系列重要论述、指示和最近最新讲话精神。

习近平新时代中国特色社会主义思想是以习近平同志为核心的党中央用真挚的人民情怀、顺应时代呼唤书写的光辉思想，是新时代中国共产党的思想旗帜，是国家政治生活和社会生活的根本方针，是当代中国马克思主义、21 世纪马克思主义，具有极强的感召力、感染力。我很喜欢读习近平总书记的文章，无论是在机关还是在学校，总是把学习习近平总书记重要讲话、领悟总书记思想作为工作不可或缺的一部分。我对习近平总书记治国理政有三点感悟历久弥新：一是站得高，看得远；二是谋得全，虑得深；三是务得虚，落得实。习近平总书记治国理政大气磅礴——风格上，体现了宽广视野、开阔胸襟、菩萨心肠、霹雳手段；方法上，注重了系统谋划、统筹推进、专项落实、重点突破；原则上，坚持了目标导向、问题意识、底线思维、改革办法。这些蕴含在讲话、体现在决策中的治理思想和领导艺术，值得每个领导同志和全体共产党员认真学习、深入领会和悉心把握。

学《习近平关于"不忘初心、牢记使命"重要论述选编》时，我体会最深的有两篇文章，一篇是习近平总书记在十八届中央政治局常委同中外记者见面时的讲话，题目为《人民对美好生活的向往，就是我们的奋斗目标》。这是一篇关于执政的纲领性讲话，是全书的文眼，字不多、字字珠玑，文不长、句句关责。"责任"两字贯穿民族复兴、人民幸福、党的领导始终，习近平总书记开门见山地指出：对民族的责任，就是要团结带领全党全国各族人民，接过历史的接力棒，继续为实现中华民族伟大复兴而努力奋斗，使中华民族更加坚强有力地自立于世界民族之林，为人类做出新的更大的贡献。对人民的责任，就是要团结带领全国各族人民，继续解放思想，坚持改革开放，不断解放和发展社会生产力，努力解决群众的生产生活困难，坚定不移地走共同富裕的道路。对党的责任，就是要同全党同志一道，坚持党要管党、全面从严治党，切实解决自身存在的突出问题，切实改进工作作风，密切联系群众，使我们的党始终成为中国特色社会主义事业的坚强领导核心。文章不写一句空，七年多来，习近平总书记是这么说的，也是这么干的。大家印象最深的莫过于全面从严治党，他在该讲话中提到"尤其是一些党员干部中发生的贪污腐败、脱离群众、形式主义、官僚主义等问题，必须下大气力解决"①，几年来紧盯不放、抓铁有痕、踏石留印、立竿见影。说到，做到，这就是习近平总书记的担当。

---

① 中共中央党史和文献研究院，中央"不忘初心、牢记使命"主题教育领导小组办公室. 习近平关于"不忘初心、牢记使命"重要论述选编［M］. 北京：党建读物出版社，中央文献出版社，2019：57.

我体会最深的还有一篇文章叫《认真学习党章，严格遵守党章》，习近平总书记发表于 2012 年 11 月 16 日《人民日报》。党章是党的总章程，是全党必须共同遵守的根本行为规范。没有规矩不成方圆。习近平总书记对立规矩一直非常重视，反复强调"要坚持原则、敢抓敢管，立'明规矩'、破'潜规则'"①。一个拥有 9000 万党员的大党，没有纪律和规矩注定是一盘散沙。就在这个月 8 日下午，省委书记杜家毫同志在省委党校为党员干部讲了一堂生动的专题党课，专门强调了"守纪律、讲规矩、重自觉"的问题，并一针见血地指出："在个别地方和党员干部中依然存在'两个维护'不入心不入脑、热衷传播小道消息、玩心重责任心缺失、对组织不忠诚不老实等现象。"这些现象在我们学校的党员干部中有没有呢？请大家悉心对照、深入反思。

三、刀刃向内，自我革命

刀刃向内、自我革命，是中华民族的传统美德，是中国共产党党员的优秀特质。万世师表孔子有个弟子叫曾子，说过一句很了不起的话："吾日三省吾身，为人谋而不忠乎？与朋友交而不信乎？传不习乎？"这句话的意思就是："我每天不断反省自己，替别人做事有没有尽心尽力？和朋友交往有没有诚心诚意？对老师传授的内容有没有温故知新？"他告诉人们"人无完人"，提醒人们"人贵自知"，引导人们"知错即改"。然而千百年来，芸芸众生知其理者可能不少，践其行者又有多少？择善而从固然如此不易，刀刃向内可想何其难哉？中国共产党党员应该做到、能够做到、必须做到。

为什么这样说呢？毛泽东和习近平总书记的回答一语中的。毛泽东说："共产党员是一种特别的人，他们完全不谋私利，而只为民族和人民求福利。"我们必须"坚持真理、修正错误"。习近平总书记强调："我们党为什么能够在现代中国各种政治力量的反复较量中脱颖而出？为什么能够始终走在时代前列、成为中国人民和中华民族的主心骨？根本原因在于我们党始终保持了自我革命精神，保持了承认并改正错误的勇气，一次次拿起手术刀来革除自身的病症，一次次靠自己解决了自身问题。"②"我们党之所以有自我革命的勇气，是因为我

---

① 习近平在十八届中央纪委六次全会上发表重要讲话［EB/OL］. 中国政府网，2016-01-12.

② 中共中央党史和文献研究院，中央"不忘初心、牢记使命"主题教育领导小组办公室. 习近平关于"不忘初心、牢记使命"重要论述选编［M］. 北京：中央文献出版社，党建读物出版社，2019：282.

们党除了国家、民族、人民的利益，没有任何自己的特殊利益"①。"不谋私利才能谋根本、谋大利，才能从党的性质和根本宗旨出发，从人民根本利益出发，检视自己；才能不掩饰缺点、不回避问题、不文过饰非，有缺点克服缺点，有问题解决问题，有错误承认并纠正错误。"② 这次中央决定在全党以"不忘初心、牢记使命"主题教育来一次思想洗礼、行为纠偏，就是为了有效防止小问题变为大问题、小管涌沦为大塌方，让我们的党朝气蓬勃、永葆青春。

只有正视问题的自觉，才能发现不足、找到短板；只有拥有刀刃向内的勇气，才能解决问题、不断进步。党的十九大之后，学校对照办学治校、立德树人的要求，本着正风肃纪、凝心聚力的初衷，研究推出了"理工九条"，作为理工人的行为规范，理工共产党员作为理工人的排头兵，要对照九条，扪心自问，我们是不是都很好地做到了？包括我和每个班子成员在内，都要对照习近平新时代中国特色社会主义思想和党中央决策部署，对照党章规定，对照人民群众新期待，对照先进典型、身边榜样，反躬自问，找一找在增强"四个意识"、坚定"四个自信"、做到"两个维护"方面存在哪些差距，找一找在群众观点、群众立场、群众感情、服务群众方面存在哪些差距，找一找在思想觉悟、能力素质、道德修养、作风形象方面存在哪些差距。择长而扬之，寻短而补之。知错即改，善莫大焉！

四、凝心聚力，争先求进

学校开展"不忘初心、牢记使命"主题教育的效果如何，最终要体现在着眼一流办学治校、为党为国立德树人上来。学校要力争做到四个全面：

一是要全面凝心。就是各级各部门、各位党员都要把心思高度统一到习近平新时代中国特色社会主义思想上来，统一到习近平总书记关于立德树人一系列重要指示上来，统一到省委、省政府关于推动教育高质量发展部署上来，统一到省发展改革委关于办学治校"四个走在前列"的要求上来。

二是要全面聚力。就是各级各部门、各位党员都要把力量高度凝聚到学校第二次党代会提出的打造全省产教融合样板和发展改革精品总体目标上来，凝聚到学校"四个一流"建设任务上来，凝聚到"三年行动计划"上来，凝聚到

---

① 中共中央党史和文献研究院，中央"不忘初心、牢记使命"主题教育领导小组办公室. 习近平关于"不忘初心、牢记使命"重要论述选编 [M]. 北京：中央文献出版社，党建读物出版社，2019：282.

② 中共中央党史和文献研究院，中央"不忘初心、牢记使命"主题教育领导小组办公室. 习近平关于"不忘初心、牢记使命"重要论述选编 [M]. 北京：中央文献出版社，党建读物出版社，2019：282.

"理工思政"六大特质理工、二十大精品育人活动上来。

三是要全面争先。就是各级各部门、各位党员都要有向一流兄弟院校学一学的势头，要有同一流兄弟院校比一比的劲头，就是要学一流、创一流，学先进、赶先进，学样板、铸样板，要咬住青山不放松、迈开脚步奋力跑、撸起袖子加油干。

四是要全面求进。这个进，是稳中求进，是因势利导的进、顺势而为的进、众望所归的进，既尽力而为，又量力而行，各级各部门、各位党员既不能因畏难而缩手缩脚、徘徊不前，又不能因急功而盲目铺摊、瞎搞蛮干。

2021 年第一次升国旗仪式

用党史之光引领奋斗者（2021 年 3 月 15 日）

今年是中国共产党建党 100 周年。盛世华诞百年梦，艳阳高照锦绣春。在这政通人和、万物生发的美好时光里，我们满怀憧憬地举行了 2021 年第一次升国旗仪式。借此机会，我代表学校党委，向大家平安返校表示热烈欢迎！对大家工作学习致以良好祝愿！对大家学思践悟党史寄以深切厚望！

"胸怀千秋伟业，恰是百年风华"。站在"两个一百年"历史交汇点上，我们回顾过去，感慨万千。第一个百年，是我们党苦难辉煌的百年、英雄辈出的百年、精神焕发的百年。一百年来，我们党艰难困苦、玉汝于成。团结带领人民闯过激流险滩，越过惊涛骇浪，攻克了一个又一个看似不可攻克的难关，创造了一个又一个彪炳史册的人间奇迹，取得了举世瞩目的辉煌业绩，实现了"嫦娥"探月、"长五"飞天、"蛟龙"入海、航母入列、北斗组网、5G 商用等无数激动人心的伟大创举，迎来了中华民族从站起来、富起来到强起来的伟大飞跃。一百年来，我们党群星璀璨、英雄辈出。百年奋进，我们党涌现出了包括毛泽东、周恩来、朱德在内的一大批为民族独立、人民解放而义无反顾的革命前辈，涌现出了包括张伯礼、张定宇、陈薇在内的无数为抗击新冠疫情而勇敢逆行的人民英雄，涌现出了包括李保国、张桂梅、黄大发在内的无数为脱贫攻坚而呕心沥血的时代楷模，等等。一百年来，我们党精神焕发、光耀千秋。群英荟萃，铸就了包括红船精神、长征精神、延安精神、抗战精神、大庆精神、雷锋精神、抗疫精神、脱贫攻坚精神等在内的中国共产党人斗争、创业、创新的精神谱系，为救国、富国、强国提供了源源不断、历久弥新的洪荒伟力。

站在"两个一百年"历史交汇点上，我们展望未来，心潮澎湃。第二个百年，全面建设社会主义现代化国家新征程已经开启，经济社会发展第十四个五年规划全新开局。"时代造就英雄，伟大来自平凡"。我们响应中央号召，学习百年党史，就是要总结历史经验，把握历史规律，立足新时代本职岗位，传承老一辈精神火炬，在实现中华民族伟大复兴的道路上继续前进，接力千秋伟业，讲好理工故事。为此，我提四点希望，与大家共勉。

第一，希望大家学以明理，认清历史大势，把稳思想之舵。要通过党史学习，更加深刻地理解中国共产党为什么"能"、马克思主义为什么"行"、社会

铸魂育人

主义为什么"好";更加深刻地领悟"没有中国共产党就没有新中国""只有社会主义才能救中国""只有中国特色社会主义才能发展中国";更加深刻地认识加强理论创新、开展理论创造、推进马克思主义中国化、开辟马克思主义新境界的重大历史价值和现实意义,始终坚持用习近平新时代中国特色社会主义思想武装头脑、指导实践、推动工作。

第二,希望大家学以增信,强化历史自觉,保持战略定力。要通过党史学习,进一步坚定对马克思主义的信仰,进一步坚定对社会主义、共产主义的信念,进一步坚定对实现中华民族伟大复兴中国梦的信心,进一步坚定"四个自信"、增强"四个意识",做到"两个维护",坚定不移听党话、跟党走,自觉做共产主义远大理想、中国特色社会主义共同理想的坚定信仰者和忠实践行者,努力为实现中华民族伟大复兴中国梦而奋斗。

第三,希望大家学以崇德,弘扬历史传统,传承红色基因。要通过党史学习,更好地培育和践行社会主义核心价值观,严守个人私德、信守家庭美德、遵守社会公德、恪守职业道德、笃守党性大德,赓续共产党人的精神血脉。教师们要为人师表、以身示范,将崇德守德融入立德树人、教书育人全过程、各环节。同学们要知行合一、身体力行,将崇德守德融入学习生活、成长成才全领域、各方面。日有所进,月有所长,行而不辍,未来可期。

第四,希望大家学以力行,续写历史篇章,走好长征新路。一代人有一代人的长征,一代人有一代人的担当。作为新时代理工人,学以力行,就是要始终坚持"为党育人、为国育才",始终坚持"明理知行、精工致远",不断擦亮特色发展标帜、树牢立德树人标杆、勇当改革创新标兵,努力服务"三高四新"新战略、开创学校发改新局面、展现发改学校新气象。要不忘初心、牢记使命,全面加强队伍政治建设、发挥先锋模范作用、突出党建工作引领,更好地管党治党、培根铸魂;要凝心聚力、继往开来,持续改善办学条件、加强师资建设、提质人才培养、优化内部治理,更好地办学治校、争先求进;要读书明理、知书达礼,悉心涵养家国情怀、砥砺奋斗精神、培育全球气度,更好地立德树人、启智润心。

党史学习教育"学史力行"专题学习

行有令，行有知，行有预，行有需（2021年6月22日）

学校党史学习教育前三个专题和"我为师生办实事"总体是好的，活动有特色，学习有成色，工作有起色，增强了班子凝聚力，提振了队伍精气神，刷新了育人成绩单。

认真"回头看"是为了更好"向前走"，学史力行，是学史明理、学史增信、学史崇德的最终体现、最好检验，说一千道一万，不如动手干一干。学校"学史力行"：

第一，要行"有令"，始终做到有令即行、有禁即止。认真落实党中央、省委、省发展改革委党组、省委教育工委等上级一系列关于管党治党、办学治校、立德树人的重要指示要求，严格执行学校各项规章制度，坚决恪守学校教职工行为规范。

第二，要行"有知"，始终做到知行合一、表里如一。着力加强师资队伍建设，引导教师以立德树人、教书育人为己任，以学高为师、身正为范为信条，为人师表，以身作则，身体力行，率先垂范，做学生的"四有好老师""四个引路人"。

第三，要行"有预"，始终做到谋划科学、执行坚定。"凡事预则立，不预则废"，按照主管部门最新指示做好"十四五"发展规划完善的相关工作，对照党委行政年初部署落实工作，力促学校"精中拓、稳中进、特中强"。

第四，要行"有需"，始终做到以师为尊、以生为本。多想师生之所想，多急师生之所急，多深入师生、融入师生，多为师生办实事、解难题。

庆祝建党 100 周年暨表彰大会

学史爱党，明理知行（2021 年 6 月 29 日）

今天的大会，既是一场庆祝大会、表彰大会，又是一堂思政教学、专题党课。首先，我代表学校党委向离退休老同志、向光荣在党 50 年的老党员致以崇高敬意，向辛勤工作在各条战线的教职工党员，向勤奋学习、勇于创新的青年学生党员，向为推进学校"四个一流"建设努力奋斗的全体师生致以诚挚的问候。

一百年来，我们党始终为人民谋幸福、为民族谋复兴、为世界谋大同，中国共产党对中国人民、对中华民族和对世界的伟大贡献已经无可辩驳地证明，中国共产党是伟大、光荣、正确的党！我们理工正是有了党的正确领导，我们理工人正是从百年党史中汲取了奋进的力量，才推动学校各项事业取得长足发展。

正是一代代中华民族的优秀儿女壮怀激烈的牺牲、上下求索的追寻、千难万险的跋涉、执着坚定的前行，才成就了中华民族的百年辉煌。我们不能忘记老一辈无产阶级革命家的丰功伟绩、不能忘记革命先烈的流血牺牲、不能忘记仁人志士的顽强奋斗，他们的历史功绩我们必须永远铭记。也正是一代代理工人艰苦奋斗的创业、百转千回的探索、勇挑重担的坚持、呕心沥血的奉献，才成就了现在理工的繁花满树。我们不能忘记理工"创业者"的负重前行、不能忘记理工"守业者"的万般艰辛、不能忘记理工"助力者"的守望相助，他们的奋斗精神我们必须代代传承。

面对新时代新使命、面对省发展改革委党组新要求、面对高等职业教育发展新机遇，全校上下必须以更坚定的信念、更强烈的责任、更积极的态度、更过硬的作风，迎难而上，攻坚克难，努力开创学校事业发展新局面。在此，我提三点希望。

第一，学史爱党，坚定不移地践行共产党人的初心和使命。就是要从党的光辉历史中汲取坚守初心使命的营养剂和动力源，汲取真理的滋养和思想的力量，汲取鉴得失和知未来的智慧，汲取循规律和顺大势的气度，乘大势、创伟业；就是要深刻铭记中国共产党领导、中国特色社会主义道路是历史的选择、人民的选择，深刻认识中国共产党是中国人民和中华民族的主心骨，毫不动摇坚持党的领导，毫不动摇听党话、跟党走，毫不动摇忠诚核心、维护核心、看齐核心；就是要守住"为人民谋幸福、为民族谋复兴"这颗宝贵初心，走好"中国特色社会主义"这条正确道路，高举"习近平新时代中国特色社会主义思想"这面伟大旗帜，共圆中华民族伟大复兴中国梦。

第二，明理知行，坚定不移地践行人民教师的初心和使命。就是要好好学习、天天向上，做"有理想信念、有道德情操、有扎实学识、有仁爱之心"的"四有"好老师；就是要学高为师、身正为范，恪守"博爱博学、求实求新"的教风，践行"理工九条"，践悟"理工九理"；就是要凝心聚力，继往开来，按照省发展改革委党组最新指示科学谋划，对照校党委年初部署抓好落实，力促学校"精中拓、稳中进、特中强"。

第三，精工致远，坚定不移地践行时代新人的初心和使命。就是要牢记理工使命，立报国之志、学一技之长、明读书之理，做德智体美劳全面发展的社会主义建设者和接班人，以德定方向、以智长才干、以体健身躯、以美塑心灵、以劳圆梦想；就是要深耕理工特质，更加勤学、俭朴、乐观，争当修身典范，更加诚信、合作、自律，争当做人标杆，更加敬业、专长、创新，争当处事楷模；就是要弘扬理工精神，自信满满、永不放弃，自强不息、永不放任，自律坚守、永不放纵，在艰苦奋斗中砥砺奋进，在开拓进取中引领前行。

习近平总书记"七一"讲话学习研讨

大格局，关键词，总号召 (2021年7月6日)

习近平总书记在庆祝中国共产党成立100周年大会上的重要讲话高屋建瓴、逻辑严密、思想深邃。大家认真学习、踊跃发言，互学互鉴、互促共进，很受启迪、很受教育。下面，我结合学习思考，谈三点体会。

第一，要认真学习习近平总书记治国理政的"大格局"。"七一"重要讲话以四个"伟大成就"和九个"以史为鉴"总揽百年党史，化繁为简，言简意赅，很好地体现了抓主要矛盾、抓关键环节的领导艺术和工作方法。学校学史力行，就是要聚焦落实立德树人根本任务、聚力用好产教融合关键一招，更加高质高效地为党育人、为国育才。

第二，要悉心领悟共产党百年党史的"关键词"。"七一"重要讲话高频词语别具深意，用得最多的依次是"人民""民族""中国共产党""发展""坚持""社会主义""复兴""奋斗"这八个词语，人民和民族高居首位，很好地体现了中国共产党为人民谋幸福、为民族谋复兴的初心使命，从人民到奋斗，很好地体现了"幸福是奋斗出来的"拼搏精神，很好地体现了以人民为中心的发展思想。学校学史力行，就是要一以贯之"以公为先、以校为家、以师为尊、以生为本"的治校理念，更加从严从实地管党治党、办学治校。

第三，要积极响应党中央践行宗旨的"总号召"。"七一"重要讲话，习近平总书记号召全体党员："牢记初心使命，坚定理想信念，践行党的宗旨，永远保持同人民群众的血肉联系，始终同人民想在一起、干在一起，风雨同舟、同甘共苦，继续为实现人民对美好生活的向往不懈努力，努力为党和人民争取更大光荣！"① 学校学史力行，就是要悉心引导广大青年学子"立报国之志、学一技之长、明读书之理，做社会主义建设者和接班人"，更加善始善终地坚守初心、肩负使命。

---

① 习近平：在庆祝中国共产党成立100周年大会上的讲话［EB/OL］. 中国政府网，2021-07-15.

党委理论学习中心组学习十九届六中全会精神

守正创新，深学笃行（2021年11月23日）

全体党员干部要充分认识党的十九届六中全会召开的里程碑意义，着力在"理解、融入、做好"上下功夫、出实效。

第一，要更加全面深刻地理解百年党史。要深入学习领会《十九届六中全会公报》，准确把握"两个确立""三个需要""四个时期"等全新表述的深刻内涵，全面认识四大历史意义和十大历史经验，响应中央号召，凝心聚力、深学笃行。

第二，要更加积极主动地融入复兴伟业。要牢记习近平总书记的嘱托，全面贯彻党的教育方针，落实立德树人根本任务，厚植爱党、爱国、爱人民、爱社会主义的情感，努力培养德智体美劳全面发展的社会主义建设者和接班人。

第三，要更加务实创新地做好本职工作。各部门、各单位要结合省第十二次党代会精神，干学结合，以学促干，立足本职抓谋划，对照目标抓落实，着力做好政治建设、安全防范、教学管理以及校区连片、乡村振兴、中层选聘等重点工作，确保今年工作收好官、明年工作起好步。

党史学习教育专题学习

以史为鉴，开创未来（2022 年 1 月 7 日）

本次学习是党史学习教育专题民主生活会会前学习，主题是以史为鉴、开创未来，关键要三统、四增、三落。

第一，要进一步强化三"统"。统一思想、统一意志、统一行动，始终对党绝对忠诚，坚决与以习近平同志为核心的党中央保持高度一致。

第二，要进一步促进四"增"。增长智慧、增进团结、增加信心、增强斗志，始终不忘初心、牢记使命，为实现中华民族伟大复兴中国梦努力奋斗。

第三，要进一步抓好三"落"。落小目标、落细任务、落实举措，始终聚焦我们正在做的事情，前赴后继建好班子队伍，强筋壮骨补足精神之钙，凝心聚力落实立德树人，以更加昂扬的姿态迈进新征程、建功新时代。

全校上下要认真落实省发展改革委党组明确的精致办学新要求，以时不我待的紧迫感、舍我其谁的责任感和功成不必在我、功成必定有我的使命感，一起向未来，锐意进取，奋楫笃行，着眼精美建校园、持续改善办学条件，着眼精干带队伍、持续加强师资建设，着眼精品建专业、持续强化内涵建设，着眼精工育学生、持续提质人才培养，着眼精细定职责、持续优化内部治理，矢志不移打造全省产教融合样板，凝心聚力创建全省高水平职业院校，力促学校精中拓、稳中进、特中强，确保学校政治过硬、安全过关、教学达标，以优异成绩迎接党的二十大胜利召开。

巡视整改工作动员部署会

真改实改，不折不扣（2022年6月7日）

巡视作为党内监督的战略性制度安排，是加强党的建设的重要举措，是从严治党、维护党纪的重要手段，是加强党内监督的重要形式。下面，我就巡视整改工作提三点要求：

一是务请高看重看，扎实做好巡视整改"后半篇文章"。充分认识抓巡视整改是践行"两个全力维护"的重要体现，是推动"两个全面从严"的重要抓手，是落实"两个全省定位"的重要基础，要闻过则喜、知错就改。

二是务必落细落小，全面确保巡视整改任务落到实处。强化责任落实，突出立行立改，坚持开门整改，加强督促检查，要真改实改、不折不扣。

三是务求见效见果，不断加强巡视整改成果综合运用。坚持"当下改""长久立"有机结合，更好地服务精致办学，更好地实现标本兼治，更好地落实立德树人，要立竿见影、管用实用。

主题教育读书班

逢山开路，遇水架桥（2023年4月25日）

习近平新时代中国特色社会主义思想既部署"过河"的任务，又指导解决"桥或船"的问题，体现了马克思主义世界观和方法论的有机统一。学校学习贯彻习近平新时代中国特色社会主义思想，就是要坚持好、运用好贯穿其中的立场、观点和方法，更好地恪尽职守办学治校，在落细落小中落实，在善抓善管中善为，在出色出彩中出新。下面，我根据省委晓明书记在主题教育读书班讲话中提出的14个方面的要求，就学校如何深入贯彻落实和同志们进行交流。

第一，要强化系统观念。要求用普遍联系的、全面系统的、发展变化的观点观察事物，加强对各领域工作的前瞻性思考、全局性谋划、战略性布局、整体性推进。抓工作只有强化系统观念才能有效避免顾此失彼、畸轻畸重等问题的产生。学校强化系统观念，我们落实到"办好理工一点、带动教育一线、影响产业一片"的办学担当上，打造不治自理文明新校园，构建不教自学育人大课堂，致力不言自明职教新湘军。什么是不治自理？不是乱而不去理，而是治而不用理，强调以"自律"为内核的治理。什么是不教自学？不是偷懒不去教，而是用情用心教，师傅领进门、修行靠个人，强调以"育心"为内核的教育。什么是不言自明？不是做了不去说，而是不说也要做，知行合一、敬终如始，强调以"务实"为内核的作为。

第二，要用好辩证法。要求一分为二地看问题，化不利为有利，化劣势为优势，对工作视角、思想、方法都是一次深刻洗礼。危机危机，危中有机，危机不可怕，可怕的是不能化危为机。小学校可有大作为，小题目可作大文章，小书本可育大情怀，小平台可展大才华。大小可以转换、强弱可以转化、优劣也可以转变。我们要校小不小志、位后不后求，"苔花如米小，也学牡丹开"。这个转的过程，就是破土破壳的过程，就是改革改进的过程，就是向上向善的过程。

第三，要坚持实事求是。要求想问题、做事情必须坚持一切从实际出发，坚持理论联系实际，坚持在实践中检验真理和发展真理。作为领导干部，一定要求真务实、真抓实干，宁可直中取，不向曲中求。我强调三点：一是要诚实。"理工九条"第五条：治学诚信，不弄虚作假、沽名钓誉。这是理工人必备的学术道德，是学校安身立命的终极依靠。学校发展呼唤真才实学，假博士不如真学士，假教授不如真传授。治学诚信，就要一是一、二是二，老老实实做学问，踏踏实实晋职称。不弄虚作假、沽名钓誉，就是不要急功近利、投机取巧，弄虚作假是为人师表的大忌，不是读书人所为，不为教书人所屑，不被理工人所容。二是要务实。"麻雀吃玉米和屁股打商量"，既要登高望远，又不好高骛远。这就需要调查研究，没有调查就没有发言权、决策权，这世上，没有一成不变的地，没有一劳永逸的事，没有一模一样的人，想问题、做决策必须因时、因地、因人制宜，必须量体裁衣、因势利导。三是要踏实。既要改革创新，又要遵规守矩。治大国若烹小鲜，治大学如履薄冰，欲致远先行稳，欲行稳先踏实，任何急功近利的标新立异都是得不偿失的，甚至贻害无穷的。

第四，要注重战略策略。要求把战略的坚定性和策略的灵活性结合起来，站位要高、做事要实。战略的坚定性，就是要善于从战略上看问题、想问题，注重把方向、抓大事、谋长远。策略的灵活性，就是要紧密联系具体实际，确定本地区、本部门、本系统的发展思路、工作部署、政策措施，把确定的战略一项一项抓深入、抓具体、抓出效果，把"战略图"变成"战役图""施工图""实景图"。一个个体成长都要有职业规划，何况一个单位、一个团队的发展？学校两届党委都是有战略的，就是要着眼一流办学校，从上届的"四个一流"到本届的"四一两全"，在战略上一脉相承，在策略上与时俱进。"四个一流"策略是"五个等式"，2017年，我在团学工作会上提出的，最后一个讲"自豪"。当时，我自信满满地指出"追求一流是我们理工人的情怀。用自己辛勤的汗水换来的成果足以让人自豪，干成了别人以为干不成的事情足以让人自豪，当目标实现，外界看到大家流下的艰辛汗水和取得的丰硕成果而自愧不如时，让人自豪。"这些话现在看来依然提气！我们提出"建设书香理工、引领书香湖南、给力书香中国"，就是走了一条别人不想走、不会走的路。学校不读书干什么？建道超车，不是弯道，也不是改道，是建一条新道、走一条新路，高站位、高标准、高质效上路，这是策略上的成功。

学校新一届党委精心绘制了"四一两全"蓝图，党代会报告"当前形势"，从全国、全省、全校三个层面深入分析学校面临的机遇挑战后，十分明确地提出了"精中拓、稳中进、特中强"的办学策略，加快发展务虚务实兼要，务虚重在务实，虚的更加看重实，实的更加看重虚。务虚就是要时移事变、事异备变，不让浮云遮望眼，方向不错。学校从省发展改革委划转至省教育厅管理，厅直属学校"同锅吃饭、同台比武"将成常态，我们精致办学、特色发展已成单选。务实就是要尽力而为、量力而行，不鹜虚声驰空想，办法可行。学校争先求进，比不了办学层次就比办学水平，比不了办学规模就比核心竞争力，比不了专业数量就比专业特色。干在实处走在前，我们只要坚定不移强内涵、一任接着一任干，就一定能不负组织不负己，不负时代不负生。

第五，要坚持问题导向。要求把问题作为研究制定政策的起点，把工作着力点放在最突出的矛盾和问题上，把化解矛盾、破解难题作为打开局面的突破口。履职尽责的意义就是发现问题、分析问题、解决问题，对存在的问题，必须"谁家的孩子谁抱走"。我在党政办调研时强调"悉心尽好一份责，干在实处走在前"，既是向党政办提出的要求，也是向全学校发出的号召。我们如何发现问题、分析问题、解决问题？就是要高站位看待部门职能、高标准对待岗位职责、高质效善待工作职守，站位不高你就发现不了问题，"横看成岭侧成峰，远近高低各不同"！标准不高，你就分析不了问题，质效不高，你就解决不了问题。

第六，要抓住主要矛盾。要求对各种矛盾做到心中有数，同时又要优先解决主要矛盾和矛盾的主要方面，以此带动其他矛盾的解决。比如，学校第三次党代会明确了六大任务二十大工程，如何抓主要矛盾？我在学校两会上强调了"三个三"。抓队伍建设，要倾情做好"三个人"——政治上的明白人、品行上的规矩人、教育上的有心人，也就是做到习近平总书记要求的"忠诚、干净、担当"。抓事业发展，要着力提质"三件事"——教书以育人、读书以成才、著书以立言。我们精心讲好一堂课，贵在以生为本，教之义在育，文之义在化，循循善诱，诲人不倦。我们用心读好一本书，贵在以育为要，增智明理达礼，修身做人处事，立志立德立技。我们静心立好一家言，贵在以用为重，学思践悟知信行、一人一年一成果。抓人才培养，要全心关注"三类生"——特别优秀的学生、特别困难的学生、特别调皮的学生。有教无类并非平均用力，爱生如子绝非放任自流。特别优秀的学生要重点引导，让优秀变得更优秀，小学校可以出大工匠。这个"优秀"就是习近平总书记强调的要"有理想、敢担当、能吃苦、肯奋斗"，想成功就要敢失败、善失败，想当老板就要乐当员工、当好员工。特别困难的学生要悉心照顾，让"吃饱喝足、才美外现"，勿让"一分钱难倒英雄汉"。这是学校"千里马"助学的初心所在、要义所在，不能让这些学子因生计拖累学业。特别调皮的学生要设法调教，让"浪子回头金不换"。教育的意义，不是让每个学子变为天才，而是把每个学子育成人才，让每个学子因教育有方而不断向上向善。"养不教，父之过。教不严，师之惰。"这个"严"既要严管，又要厚爱。教师要满怀爱心去管、有的放矢去管、千方百计去管，精诚所至，金石为开。抓工作要寻关节点、推工作要找突破口，牵一发动全身，力四两拨千斤。

第七，要透过现象看本质。要求善于抓住问题的本质和要害所在。比如，我们煤气费、水电费收缴问题，表面上看是收费问题，实质是工作不深入、不细致，是作风问题。大家走马观花、视而不见，影响校企关系，影响学校形象。我们如果不透过表象看实质，不从作风上彻底转变，只是就事论事、泛泛而谈，头痛医头，脚痛医脚，是没法从根本上解决问题的。今天，我在此特别强调，各级各部门主要负责人，守土有责，就要守土负责、守土尽责，对职能、职责、职守范围内的事进行一次大排查、大摸底、大整改，再也不能"泥巴萝卜吃一节擦一节"，千万不要"做一天和尚撞一天钟"。

第八，要着力改革创新。要求以满腔热情对待一切新生事物，不断拓展认识的广度和深度，敢于说前人没有说过的话，敢于干前人没有干过的事。我们要把改革创新作为"破局"的先导和抓手，解放思想、敢闯敢试、大胆创新，以思想之新、改革之勇、创新之力引领发展之变。在学校过去的六年工作中，我总结了三条经验，第一条穷则变、变则通，讲的就是改革创新问题。这几年，学校精准识变定方略、科学应变明目标、主动求变强举措，千头万绪盘活办学资源，千方百计厚植办学优势，千辛万苦增添办学后劲，学校面貌焕然一新，改革创新功不可没。实现"四一两全"新蓝图，改革创新重任在肩，我们要逢山开路、遇水架桥，我们要攻坚克难、勇往直前。

第九，要增强法治思维。要求各级领导干部提高运用法治思维和法治方式深化改革、推动发展、化解矛盾、维护稳定的能力。从现实看，依法治校，务必加强。这里，我特别讲一下合同管理问题，签订合同一定要慎之又慎、细之又细，执行合同一定要实之又实、严之又严。既不要去坑人，也不要被人坑，要重信重诺、守信守诺，公买公卖、互促互进。法治意识、法治思维、法治水平，是一个学校办学水平的重要体现，精深推进"四个一流"建设，依法治校工作务必大落实、大突破、大提升。至于违法乱纪、越权办理就不只是法治水平的问题了，这是法纪意识问题。

第十，要走好群众路线。要求密切联系群众，经常深入基层、深入实际了解群众所思所盼、所急所忧，把工作抓到群众心坎上。习近平总书记每次发表讲话，念兹在兹的都是人民群众。我们要向习近平总书记"我将无我、不负人民"的崇高境界看齐，心里装着群众、凡事想着群众，竭尽全力为群众谋福祉。具体到学校，一个重要方面，就是要大力实施民生改善计划，紧紧抓住师生员工最关心、最直接、最现实的利益问题，采取更多惠民暖民举措，解决更多急难愁盼问题，扎实推进同工同酬、共建共享，持续增强理工人的获得感、幸福感、安全感。实施这个计划，要两面用力。一要尽力而为，学校做大家的贴心人、暖心人，设身处地为大家着想，将党和国家政策用足用好。二要量力而行，大家要做学校的知心人、当家人，个别同志只要组织好处，不念组织难处，甚至不要组织纪律，这是不行的。

第十一，要凝聚人心力量。要求在新征程上寻求最大公约数，画出最大同心圆。人心齐，泰山移。众人划桨开大船，众人拾柴火焰高。从学校看，当前我们肩负的改革发展稳定任务很重，面临的矛盾风险挑战不少，必须实施"同心筑梦"，必须坚持团结奋斗，调动一切可以调动的积极因素，凝聚一切可以凝聚的力量，群策群力，共建共享。相信，我们是心往一处想、劲往一处使的；相信，我们中没有开倒车、搅浑水的；相信，我们没有无事生非、节外生枝的，更没有"过街老鼠"人人喊打的。我们求同存异、兼容并蓄，我们八仙过海、各显神通，这样我们学校才会日新月异、与时俱进。

第十二，要突出精准精细。要求在工作中不断强调精准的态度、精准的方法，这是习近平总书记反复倡导的，强调扶贫要精准扶贫，不能手榴弹炸跳蚤，强调政策实施要精细、精确、精准。比如习近平总书记强调城市工作要注重精细管理，用"绣花"的功夫等。可见，"精准"作为一种思想和工作方法，不只是针对某一项工作，而是对所有工作的普遍要求。务精准求精细，学校费尽了心思。学校围绕"四一两全"战略定位，一连明确了"五精"：着眼精细定职责，持续优化内部治理；着眼精干带队伍，持续加强师资建设；着眼精品建专业，持续强化内涵建设；着眼精工育学生，持续提质人才培养；着眼精美建校园，持续改善办学条件。将"精中拓"放在办学策略首位，这方面问题一般不大，但数量不少，而且大多是视而不见、充耳不闻、熟视无睹、习以为常的。为什么我经常强调勿以恶小而为之、勿以善小而不为？细节往往决定成败，细微往往更见水平。

第十三，要树牢底线思维。要求凡事要从坏处准备，努力争取最好的结果。比如，习近平总书记指出安全生产必须警钟长鸣、常抓不懈，丝毫放松不得。安全是"1"，其他的是后面的"0"，安全生产工作每一天都是从零开始的，今天没事只能说今天没事，明天还是从零开始，稍有放松和懈怠，危险就随时可能逼近。安全无小事，学校安全之弦必须人人紧绷、事事紧绷、时时紧绷、处处紧绷，要防患未然、处之泰然、确保安然。

第十四，要坚持久久为功。要求在抓任何工作时，都要有一种久久为功、利在长远的耐心和耐力，要有"功成不必在我、功成必定有我"的胸襟和格局。对我校而言，实现"四一两全"美好蓝图是一项长期工程，在座各位都是围绕这个目标"栽树"的人，而不是"乘凉"的人，更不是坐等"摘果子"的人，因此必须多做一些打基础、利长远的事情。大家想想"四一"：悉心尽好一份责、精心讲好一堂课、用心读好一本书、全心育好一代人。哪有止境？"两全"：全省产教融合样板、全省高水平职业院校。哪有止境？拿回一块牌子就算吗？

我们这些年也拿回了不少牌子，但"四一两全"战略擘画从来都不是奔着牌子去的。我们要办好理工一点、带动教育一线、影响产业一片，培"百年老店"、育匠心传人，建设不治自理文明新校园、构建不教自学育人大课堂、打造不言自明职教新湘军，这样的牌子谁授给我们？唯党性责任授给我们，唯时代使命授给我们，唯我们对教育的良心授给我们。"不要人夸颜色好，只留清气满乾坤"，我喜欢这句话。

庆祝建党 102 周年暨表彰大会

上下同欲者胜，同舟共济者赢（2023 年 7 月 1 日）

站在新起点、奋进新征程。习近平总书记强调："新征程是充满光荣和梦想的远征，没有捷径，唯有实干。"① 全体党员要以先进集体为榜样，以先进个人为标杆，全力跑好学校第三次党代会擘画蓝图"第一程"、牢牢站稳湖南职教发展"第一排"、勇于打响改革创新"第一枪"、带头冲在求真务实"第一线"、始终牢记立德树人"第一位"。各级党组织要始终沿着学校党委确定的方向踔厉奋发、勇毅前行，全力把党委做出的决策部署转化为全校上下推动高质量发展的现实成果，以昂扬奋进的姿态奋力夺取学校"双高"建设新胜利。

第一，全体党员要以学铸魂强党性，用忠诚履职坚守共产党人的初心。要把学懂弄通做实习近平新时代中国特色社会主义思想作为一种政治追求、工作方式和生活习惯，潜心读原著学原文悟原理，全面把握习近平新时代中国特色社会主义思想的科学体系和精髓要义，夯实坚定拥护"两个确立"、坚决做到"两个维护"的思想根基，用敬畏之心敬业、用律人之心律己、用爱子之心爱生，做政治上的明白人、品行上的规矩人、教育上的有心人。

第二，全体党员要以学增智强本领，用创新思维筑牢共产党人的初心。要着力提升政治能力，善于驾驭复杂局面、凝聚社会力量、防范政治风险。要着力提升思维能力，善于把握事物本质、把握发展规律、把握工作关键、把握政策尺度。要着力提升实践能力，增强推动高质量发展、服务群众、防范化解风险的本领，不断从党的科学理论中悟规律、明方向、学方法、增智慧，把看家本领、兴党本领、强国本领学到手。

第三，全体党员要以学正风强宗旨，用求真务实践行共产党人的初心。要厚植为民情怀、涵养务实作风、坚守廉洁底线，自觉在工作实践中精准定位，以时时放心不下的责任感、积极担当作为的精气神履好职、尽好责。要强化实干导向，既重当前，更谋长远，按规律办事，按规矩做事，不务虚功，不图虚名。要坚持实事求是，力戒形式主义、官僚主义，推动形成清清爽爽的同事关

---

① 习近平. 在二十届中央政治局常委同中外记者见面时的讲话 [J]. 求是，2022（22）：4-7.

系、规规矩矩的上下级关系，当好学校风清气正政治生态的引领者、营造者、维护者。

第四，全体党员要以学促干强担当，用奋楫笃行彰显共产党人的初心。我们既是党员，也是教师，要主动担当教书主责、践行育人初心，坚守课堂教学岗位，深耕三尺讲台，要把实现初心的大目标，细化成一个个岗位承载的小目标，要以钉钉子的精神，一件事情接着一件事情办，一年接着一年干，不断形成推进教学改革创新的优良风尚，形成学校高质量发展的生动实践。

为实现"四一两全"美好蓝图不懈奋斗（理工官微 2023年4月25日）

4月25日，我校学习贯彻习近平新时代中国特色社会主义思想主题教育读书班开班仪式在图书馆报告厅举行。

省委第二十八巡回指导组成员肖家福、陈梦云出席。党委书记叶星成进行开班仪式动员讲话暨专题辅导报告。学校全体领导、师生代表共计300余人参加。开班仪式由党委副书记、校长李科主持。

叶星成在动员讲话中指出，学校党委举办这次读书班，是落实中央关于主题教育部署的重大举措，是落实省委关于扎实抓好这次主题教育的重要一环。深入学习贯彻习近平新时代中国特色社会主义思想，用习近平新时代中国特色社会主义思想凝心铸魂，是全体教育工作者立德树人的神圣使命和根本遵循。

随后，叶星成进行题为《深入学习贯彻习近平新时代中国特色社会主义思想，为实现"四一两全"美好蓝图而不懈奋斗》的专题辅导报告，报告从理论框架体系、时间空间维度、方法论、结合湖南和学校实际四个视角，全面引导师生理解把握习近平新时代中国特色社会主义思想，并就如何抓好抓实这次主题教育提出了具体要求。报告强调，习近平新时代中国特色社会主义思想是一个系统全面、逻辑严密、内涵丰富、内在统一的科学理论体系，必须融会贯通、全面理解、整体把握。要真正弄明白"有什么""是什么""干什么"的问题，我们就要融会贯通掌握各大板块，全面系统理解主要内容，深入学习领会基本观点。

报告指出，习近平新时代中国特色社会主义思想以全新视野深化了对共产党执政规律、社会主义建设规律、人类社会发展规律的认识，实现了马克思主义的新飞跃，是马克思主义中国化时代化的最新成果。并就"为什么说是中国化的最新成果与为什么是时代化的最新成果"进行了深入分析，引导师生知其言更知其义、知其然更知其所以然。

报告强调，习近平新时代中国特色社会主义思想体现了马克思主义世界观和方法论的有机统一。我们学思想，就要在学习、掌握和运用科学的思想方法、工作方法、领导方法上下功夫，做到学思践悟，知行合一。报告结合学校工作实际，从"强化系统观念、用好辩证法、坚持实事求是、注重战略策略、坚持问题导向、抓住主要矛盾、透过现象看本质、着力改革创新、增强法治思维、走好群众路线、凝聚人心力量、突出精准精细、树牢底线思维、坚持久久为功"14个方面逐一进行了解读与分析。报告坚持好、运用好其中的立场、观点和方法，引导师生更好地恪尽职守办学治校、更好地在落细落小中落实、在善抓善管中善为、在出色出彩中出新，形成了一整套管用实用的特色办学方略，推出了一大批耳目一新的特色办学成果。办学治校争先创优，学思践悟再接再厉。

报告指出，党的十八大以来，习近平总书记对湖南省工作有一系列重要讲话和指示批示，构成了习近平新时代中国特色社会主义思想的"湖南篇"，对湖南省工作具有极强的指导性和针对性。我们要把习近平总书记关于湖南省工作的重要讲话和指示批示精神放到习近平新时代中国特色社会主义思想的整体框架中，结合湖南实际反复学习领会、不断深化认识，为加快实现湖南"三高四新"美好蓝图贡献湖南理工职院力量。

报告要求，全校特别是中层主要负责人以上干部要不折不扣地落实中央、省委部署，落实指导组的要求，全心投入、扎实抓好这次主题教育。一是紧扣重点关键抓实主题教育。突出"学习贯彻习近平总书记关于湖南工作的重要讲话和指示批示精神"这个重中之重，突出"理论学习"这条主线，突出"大兴调查研究"这个鲜明特色，突出"推动学校高质量发展"这个重要着力点，突出"群众满意"这个根本评判标准。二是坚持"三个结合"抓实主题教育。把学与做、查与改、破与立结合起来。三是强调过硬作风抓实主题教育。静下来精学深学，沉下来勤思熟悟，严起来务求实效。

湖南理工职业技术学院党员干部将以高质量读书班为引领，推动主题教育在我校走深走实，聚焦"学思想、强党性、重实践、建新功"的总要求，通过专题辅导、集中自学、支部学习研讨等方式，围绕党的二十大报告和党章、《习近平著作选读》《习近平新时代中国特色社会主义思想专题摘编》等必读、选读书目，潜心读原著、学原文、悟原理，结合学校工作实际深入学习领会，全面把握习近平新时代中国特色社会主义思想的科学体系和精髓要义，夯实坚定拥护"两个确立"、坚决做到"两个维护"的思想根基，以学铸魂、以学增智、以学正风、以学促干，努力把习近平新时代中国特色社会主义思想转化为立德树人、教书育人的强大力量，为实现学校"四一两全"美好蓝图而不懈奋斗！

第二辑
用初心使命抓班带队

敢抓敢管

善抓善管

常抓常管

【星愿心语】*

"一把手" 要敢抓敢管义无反顾

一要硬起来。打铁必须自身硬。"一把手"是主要负责人，基本特征是负主要责任。义不避难、事不逃责、坚不可摧，是一把手必须具备的素质。自身硬，就是要坚定不移地做政治上的明白人、做品行上的规矩人、做教育上的有心人，忠诚，干净，担当。近年来，学校大刀阔斧处理了不少棘手问题，守正义直面"要挟"寸步不让，护公益直面"威胁"临阵不乱，之所以敢抓敢管，就在于班子自身硬得起，对问题不回避，对干部不偏袒，心底无私天地宽。

二要正起来。心正则事明。共产党员心正，就是要不忘初心、牢记使命，就是要迎难而上、攻坚克难。我们都是共产党员，入党誓词80字，最动容的一句："随时准备为党和人民牺牲一切！"一个真正的共产党人，信仰如炬，清风扑面，大义凛然！一个真正的共产党人，襟怀坦荡，临危不惧，处变不惊！一个真正的共产党人，最大的荣幸是以身殉职，为共产主义奋斗终身！

三要狠起来。知者行之始，行者知之成。我们讲知行合一，就是要言必信、行必果；我们讲令行禁止，就是要对触犯纪律底线、违反法律红线、侵犯道德标线的，执纪问责，决不手软。过街老鼠人人喊打，歪风邪气露头就打，"宜将剩勇追穷寇，不可沽名学霸王"，确保学校风清气正、海晏河清。

---

* 加强部门单位"一把手"监督集体谈话摘要（2023年4月13日）。

"一把手"要善抓善管责无旁贷

一要讲原则。这个原则主要指抓班的权衡、带队的尺度。"一把手"首要任务是抓班带队，几个人弄不到一堆、想不到一起、干不到一处，是最大的不称职。"一把手"和"老百姓"最大的不同，"一把手"必须要有影响力、凝聚力、号召力。这些"力"从哪里来？无非来自公正，来自待人一视同仁。不能亲亲疏疏，你亲了一个就会疏掉一片；不能团团伙伙，你团伙一次就会孤独一任。无非来自公平，来自接物一以贯之。你心中始终要有杆"秤"。这杆秤不是今天的电子秤，是古时的"十六两"秤，也叫"十六星"秤。第一颗星叫"定盘星"，代表基准，剩下称为准星，共十六颗。前七颗由北斗七星演化而来，代表方向，提醒过秤时得守中正，不能贪金恋银——偏"向"；中间六颗代表东西南北上下六方，代表位置，提醒过秤时得守公平，不能缺斤少两——错"位"；后三颗代表"福、禄、寿"，缺斤少两则折福折禄折寿，秤杆高高则添福添禄添寿。"人生最大收获不是无所不有，而是无私奉献"，这是秤杆上的思政！无非来自公开，来自行事一览无余。我们凡事要正大光明，不能偷偷摸摸，不能暗箱操作，集体领导、民主集中，群策群力、众望所归。《三十六计》第一计"瞒天过海"，内容是"备周则意怠，常见则不疑。阴在阳之内，不在阳之对。太阳，太阴。"一如中国象棋，楚河汉界，红先黑后，调兵遣将，众目睽睽，落子无悔，心悦诚"服"。我谋略不会、棋艺不精，但读书明理、知书达礼，觉得这个"服"就"服"在公开上。我们为人处事要光明磊落，不能搞阴谋诡计，但蕴含在象棋中的规则意识、公开思维大有可鉴之处。我们在日常管理中，涉评优评先等敏感事项时，也有闹得鸡飞狗跳的人，为什么有人闹情绪？除了极个别私心太重、胡搅蛮缠外，大多还是因为宣传解释不到位，误打误闹。办事公开，善莫大焉。

二要重感情。人非草木，孰能无情？我深信，用感情凝聚起来的队伍是打不散、搞不乱的，"譬如北辰，居其所而众星共之"。这个重感情，不是徇私情，而是讲人性、知人情，有人味，在原则内力所能及地关心人、体谅人、成就人，成事之要在成人之美。我再次强调：高质效恪尽职守，一定要融小我于大我，先师生之忧而忧，后师生之乐而乐；融当前于长远，以学校之发展促个人之成长；融工作于学习，以知识之日进促能力之日升。我们要把岗位当作事业平台奋发有为，把团队当作人生缘分倍加珍惜，把匠心当作职业品质毕生追求。让"我和我的理工"同进步、共成长。

三要干实事。我这里要重点说说学校"四一两全"战略中的"悉心尽好一份责"，在党政办调研时，我进行了深入解读，尽责如何才算悉心？就是要"高站位看待部门职能、高标准对待岗位职责、高质效善待工作职守"。"三高、三待、三职"既是对党政办提出的要求，也是向全校发出的号召。学校"四一两全"战略使命光荣、任务艰巨，全校上下非真抓实干不可、非埋头苦干不可、非奋发有为不可。六大任务，二十大工程，谁家孩子谁家抱，牵头抓总分工合作，同心协力众志成城。我上午在李科校长办公室看到两位处长，还一起谈到，做事如做文。做文，小切口大文章，题目小易出彩；做事，小岗位大作为，"水居下天下王"。我们校小不小志、位后不后求，"苔花如米小，也学牡丹开"。我们绝不能学《红楼梦》中的晴雯姑娘异想天开、不切实际，"风流灵巧招人怨"。"四一两全"战略部署，今年的阶段性目标任务，李科校长已经非常明确地写进了行政工作报告中，请大家各安其位、各负其责、保质保量、出色出彩地扎实干好。

"一把手"要常抓常管心无旁骛

一是不能有一下无一下。自己想起来了抓一下，上级催起来了抓一下，情况急起来了抓一下，平日优哉游哉、不闻不问，任其天马行空、来去自由，最后习以为常、积重难返，想管时管不了了。这样，不仅坏了风气、误了事业，还坏了队伍、误了同事。

二是不能严一下松一下。《孟子》曰："虽有天下易生之物也，一日暴之，十日寒之，未有能生者也！"中医望闻问切，不怕冷、不怕热，就怕时冷时热、骤冷骤热，拿不准症候，就是钢筋水泥也经不住一曝十寒的冷冷热热，何况万物之灵、血肉之躯？中央反复强调：党的作风建设永远在路上！推动全面从严治党向纵深发展！紧紧扎牢"三不腐"篱笆！必须全面从严、一严到底，讲的就是这个道理。我们要在学习贯彻习近平新时代中国特色社会主义思想主题教育中进一步学思践悟、身体力行。

三是不能东一下西一下。一流的内部治理必须聚焦，高效的办学治校必须对症。问题是时代的声音，聚焦对症，就是要强化问题意识，坚持问题导向，积极面对问题、深入分析问题、着力解决问题，细水长流大河东，抓住问题不放松。绝不能浮光掠影、朝三暮四，绝不能似是而非、隔靴搔痒，不解决实际问题徒劳无益。我们一定要绵绵用力、久久为功，一定要攻坚克难、滴水穿石，不解决实际问题决不罢休。

【微课链接】

第二届党委第一次全体会议
同事是一种缘分 （2017年8月5日）

中共湖南理工职业技术学院第二次代表大会已经胜利闭幕。第二届党委第一次全体会议通过了纪委第一次全体会议的选举结果，选举产生了新一届党委班子书记、副书记，圆满完成了大会各项任务。在此，我对大家的当选表示祝贺，对大家对我的信任表示感谢！

今天，在座的每位同志都是未来五年学校发展的引领者和建设者，在会议选举产生新班子的这一刻起，我们就步入了人生事业的新考场。在这个考场中，事业是考题，师生是考官，我们是考生，大家肩上的担子不轻。这是时代赋予我们的最重责任，是组织给予我们的最大信任，是学校寄予我们的最深期望。全体班子成员在开启理工职院内涵式特色发展的新长征中，一定要恪尽职守，奋力拼搏，不负厚望、不负重托，向党和人民交上一份满意的答卷，向学校和师生交上一份满意的答卷。

借此机会，我提三点希望，与大家共勉。

第一，党性是一种责任，要时刻牢记。新一届党委、纪委班子的产生，是省发展改革委党组、纪检组信任和关爱的结果，更是全校广大党员、干部群众和全体师生信赖和拥护的结果，省发展改革委党组对学校班子精挑细选、配齐配强，对我们而言是一种鼓励，更是一种鞭策。我们要满怀感恩之心，满怀感激之情，不忘初心、牢记使命，担起肩头之责。一要心无旁骛，要全面从严管党治党，聚焦立德树人，聚心教书育人。二要开拓进取，要有争先求进的心气、争先创优的志气，校小不小志，位后不后求。三要锐意改革，要敢于破旧立新，勇于革故鼎新，善于推陈出新。实现学校"四个一流"建设任务，完成十二项重大工程，我们班子非聚焦不可、非攻坚不可、非创新不可。

第二，同事是一种缘分，要倍加珍惜。我们班子，每个人的年龄、知识、性格及成长环境各不相同，但大家的初心是相同的、使命是相同的，我们站在为党育人、为国育才的同一条战壕中。我们要凝心聚力、众志成城，始终坚信团结就是力量，始终坚信人心齐、泰山移，众人划桨开大船、众人拾柴火焰高。我们要兼容并蓄、求同存异，大事讲原则，小事讲风格，相互之间多尊重、多理解、多包容。我们要八仙过海、各显神通，集体领导、分工负责，各司其职、同心协力，牵头的真正牵起头，负责的切实负起责。

第三，自律是一种能力，要不断提升。自律不是愿意不愿意，而是应该不应该，这是一个价值观问题。胜人者有力，自胜者强，自律是每位班子成员必须具备的一项能力。学校第二次党代会明确的目标高、任务重、难题多，还会涉及利益调整。守底线者才有底气，我们要在矛盾的风口浪尖上闲庭信步，要在问题的攻坚克难中游刃有余，就必须行得正、踏得实、站得稳，就必须经受住各种考验，不为名利所惑、不为人情所困。作为"班长"，要求大家做到的，我首先做到，要求大家不做的，我坚决不做。一不违法乱纪，始终把党纪国法摆在前面。二不违规乱矩，始终把令行禁止融入日常。三不违德乱俗，始终把为人师表铭刻心底。

建设风清气正的班子，除了做到这个"大三不"。我还要特别强调做好"小三不"。一是上下级不要有利益往来。上下级之间不要吃吃喝喝、不要请请送送，拿人的手短，吃人的嘴软。二是公私间不要有非分之想。始终坚持以公为先、以公为重、公私分明，不损公肥私、假公济私，不用公家的钱干私人的活，不打公家的牌子办自家的事情。三是生活上不要有攀比之心。世上本无事，庸人自扰之，烦恼都是攀比出来的。党员领导干部本就不是来享受的，生活上要安于简约、乐于俭朴、尽量简单，"你吃你的肉，我喝我的汤"，再者大家以薪养家总体不错，比上不足，比下有余，一定要知足常乐、知止安心。

同志们，理工发展的接力棒已经传到了我们手中，我坚信，有省发展改革委党组的坚强领导，有全体班子成员的克己奉公，有全校党员同志和广大教职员工的群策群力，我们一定能够在理工职院这张育人画卷上续写出不负时代的动人篇章。我深信，理工的明天会更好！

第三届一次教职工暨工会会员代表大会

众人划桨开大船（2018年3月17日）

学校第三届一次教职工暨工会会员代表大会各项任务圆满完成。这是一次群策群力的大会，这是一次凝心聚力的大会。闭会之际，我再强调几句。

一、希望大家安心走好脚下的路

脚下路是什么？就是倾情打造全省产教融合样板和发展改革精品，争先求进奔一流。今年是"四个一流"建设的第二年，大家要心无旁骛朝前走、一鼓作气聚力干。

一要坚定不移。有人问，我们提"四个一流"，国家提"两个一流"，有什么联系？我说，从初衷看，都是奔一流，其实是一回事。学校推进"四个一流"建设，如何才算一流？发改委领导来校现场办公时，有个说法，力争综合实力进入全省高职院校前十，话说回来，这个综合排名全省是没有的，但有单项排名，我们可以一个一个往前挤，靠前的单项多了，综合实力自然不差。综合排名虽然没有，但有综合性比较。比如，湖南省文明校园创建，全省高校首批大约十个指标，给高职院校的指标不多，如果我们能入列，排名自然是前十。又如，党建对标争先，全省头雁工程也不会太多，能入选首批示范高校，排名自然是前十。大思政、大产教等，只要榜上有名，就是非同一般。有一个指标——招生录取线，有重要参考价值，这是高校的生命线，只要这根线不断往上走，问题就全解决了。这根线关系学校综合实力，当然，这个实力从内涵提升到外在体现，有个传导的过程，不会立竿见影，就像竹子栽种头几年是不发笋的，厚植深耕到一定年限，一夜春雨至，满园新笋出。中国梦的实现需要历史耐心，实现学校一流同样需要历史耐心。

心中有阳光，脚下就有力量。人生有目标，生活就有奔头。一个人如此，一个团队也是如此。商鞅变法前的秦国，不值一提，国君喝酒都不请秦王入席，觉得降档次；国君集会都不与秦王同行，觉得掉面子。秦王受够了，下决心发愤图强，颁布求贤令，谁让秦国强起来，与谁裂土封疆。商鞅生逢其时，走马上任，内政强素质，外交树形象，大刀阔斧推改革，节衣缩食备耕战，废井田、重农桑、奖军功，统一度量，建立县制，搞得风生水起。古代以农为本，备耕即备战，耕战打天下、耕读守天下，万改不离"耕"。"耕"得好则吃不愁，吃不愁则人丁旺，人丁旺则兵源足，兵源足则大事成。特别是奖励军功，按斩敌人头数计，重赏之下勇夫多，虎狼之师就这么练成了！作始也简，将毕必巨，十年不到，秦国摇身一变，成了战国后期最强大的集权国家，内外焕然一新，上下扬眉吐气。学校奔一流，也要奋发图强，爱云同志的行政报告中特别强调的"几个加强、几个侧重"，就是学校当前的"重农桑、奖军功、建县制"，势在必行，刻不容缓。

学校"四个一流"建设，预期三年开花、五年结果、十年成熟。十年磨一剑，融不进国家"双一流"，就做学校"四个一流"，融进了国家"双一流"，还做学校"四个一流"，一流建设，只有更好，没有最好。走自己的路，进与不进，奋斗在哪儿，一流就在哪儿。

二要坚守不弃。我们要坚守专业方向，新能源轻装上阵，要集中火力干、持之以恒推，新学院要有新作为；智能制造全新亮相，牌子挂出了，旗子竖起了，声音传开了，要大刀阔斧干、精雕细刻推，只能干好，不能干砸。我们要坚守理工特质，悉心培育理工特色职业情怀，勤学、俭朴、乐观、诚信、合作、自律、敬业、专长、创新，悉心开展理工特色育人活动，每周一书、每人一语、每课一讲、每日一记，办不一样的学校，培不一样的老师，育不一样的学生。为什么黄埔军校人才辈出？我喜欢孙中山撰的那副对联："升官发财请往他处，贪生畏死勿入斯门。"我不知道这是不是黄埔特质，但这的确激励着一期又一期的黄埔学员。为什么东山学校出了毛泽东？我喜欢东山那副对联："公毕方将私治，师严然后道尊。"我不知道这是不是东山特质，但这的确激励培育出了一位心忧天下的历史伟人。一校的文化特质，是一校的核心竞争力，没有特质的学校，再好也算不得一流，理工文化特质还需不断提炼、不断积淀。我们要坚守理工九条，没有规矩，不成方圆，理工九条就是理工办学治校的规矩，理工特质是对学生的，理工九条是对老师的，理工专业是对学校的，建设好，坚守好，绵绵用力，久久为功。爱云同志的行政报告提出"稳规模，打基础，寻突破"，这就是对这三条最好的坚守。

三要坚持不懈。校园景观提质，我们在图书馆后的"上善园"中添置了一块景观石，上刻"滴水穿石"四个大字。滴水穿石，不是水滴力量大，而在坚持功夫深。愚公移山，积年累月挖，子子孙孙挖，再大的山也不愁移不走。滴水穿石，时时刻刻滴，日日夜夜滴，再硬的石也不愁滴不穿。读破"理工书单"，最喜西游一记，其中有宝贵的坚持精神。我去国外学习，有外国人问我，西天取经，为什么非要步行呢？唐僧几个徒弟，腾云驾雾，呼风唤雨，都非等闲之辈，特别是大师兄孙悟空，一个筋斗云十万八千里，取经是分分钟的事。我笑而未语，文化之别，说不清楚。行万里路，是中华大智慧，以苦为修，以难为进。腾云取经，经书或可取回，但功德不会圆满。事在难上磨，人在苦中练，九九八十一难，一难一磨砺，一难一精进。学校"四个一流"建设，也会有险阻，也会有艰难，爱云同志的行政报告希望大家"牢记使命，攻坚克难"，点到了要害，讲到了点子。

二、希望大家悉心处好身边的人

人事就是做事必须靠人，做事最终为人。习近平总书记指出，"人民对美好生活的向往，就是我们的奋斗目标。"[①]"中国共产党人的初心和使命，就是为中国人民谋幸福，为中华民族谋复兴"[②]，始终坚持以人民为中心的发展思想。学校也是如此，我们的初心使命就是为党育人、为国育才、为师生谋幸福、为学校谋发展。我和爱云同志去教育厅汇报，若平副厅长说："你们是全省高校唯一的'爱心'班子。"他将我和爱云的名字合在一起，开个玩笑。言者无心，听者有意，"爱心"是我们班子的特质，"讲原则、重感情、干实事"。在学校，党委领导，校长负责，爱云同志至关紧要，我和爱云同志一起谋划，我们把"心"都放在学校上，把"爱"都献给大家，希望大家也以心换心，以爱报爱。

一要善待同事。爱云同志在报告中讲道："要营造开放包容的人际氛围，了解人才，关心人才，尊重人才，爱惜人才。"我们就是要善待人，上对下要善待，左对右也要善待。红尘中，亿万人，天南海北聚一起，朝夕相处同一事，可遇不可求，我们要待以真心、待以真意、待以真情，多提醒，多呵护，多补台，彼此携手，共同成长。人非圣贤，孰能无过，知错能改，善莫大焉！

二要善待自己。为什么善待自己？自己是自己最好的朋友，自己是自己最大的敌人。这世上，只有自己可以打倒自己，只有自己可以保护自己，胜人者有力，自胜者强。一是要客观看待自己，不高看，也不低看，不狂妄自大、目中无人，也不自惭形秽、目中无己。二是要严格要求自己，敬畏组织，敬畏规矩，非礼勿知，非礼勿行。最近一期的《三湘风纪》通报了全省高校18起违法乱纪案例，道德败坏，师德沦丧，触目惊心。前车之鉴，后事之师，保护好自己，维护好学校。

三要善待亲人。百善孝为先，不孝者无以治国，不孝者无以为师。中国的国，国家国家，始终与家联系在一起，国是最大家，家是最小国。外国的国，"country"，是一个空间概念。社会主义核心价值观基本内容24个字包括国家、社会、个人三个层面价值目标，每个层面8个字，国家层面是富强、民主、文

---

① 习近平等十八届中共中央政治局常委同中外记者见面［EB/OL］.中国政府网，2012-11-15.

② 中国共产党第十九次全国代表大会报告。

明、和谐。党的十八大提出建设美丽中国，一时"美丽"成了热词，如果将"美丽"纳入国家层面，社会、家庭层面均再增补一个的话，我认为社会可以补"仁爱"，家庭可以补"孝亲"，这都是中华传统文化的优秀内核。学校倡导"以校为家"，就是融仁爱与孝亲的家校一体，兼顾事业家庭，兼爱同事家人，不能顾了工作忘了家，也不能光顾家庭不要校。这是幸福理工的核心要义，这是不治自理的逻辑起点。

三、希望大家用心干好手头的活

干好手头的活，就是要干好本职工作、做好当下，守土有责、守土负责、守土尽责，干不了当下，如何干长远？谋不了一域，如何谋全局？一事不成，则一事无成。

一要专心致志。在升国旗仪式上，我讲过，希望大家不要三心二意，不要一心二用，不要心不在焉，一连用了三个"不要"，讲的就是专注，不要吃着碗里的看着锅里的、喝着咖啡想美酒，不要管理的羡慕专技的、专技的羡慕管理的。身在曹营心在汉，什么事情也做不成。专心致志就是要干一行、爱一行、干好一行，不是做给领导看，也不为做给别人看。我们要经常问问自己，我为学校做了什么？我为学生做了什么？是否对得起这份职业？我们要做到问心无愧。

二要勤学苦练。勤学，"理工九理"第一理，学生读书要明理，教师教书也要明理。勤学是一辈子的事。社会发展日新月异，知识更新与时俱进，学如逆水行舟，不进则退，慢进亦退！学了还要思，知了还要行，这个过程就是练，不仅要练，还要苦练，一个人总要有一技之长、过人之处，达不到登峰造极，也绝不能平庸至极。不求过得硬、只求过得去，这不是奔一流的状态。世界上没有与生俱来的"天才"，都是勤学苦练来的，都是日积月累来的，都是熟能生巧来的，吃得苦中苦，方为人上人。

三要分工合作。讨论中，不少同志谈到工作中有职责不清、扯皮打架的问题。这个要辩证地看，很多工作，本身就是你中有我，我中有你，做不到井水不犯河水。分不清的东西，就一起干，讲合作、讲自律，牵头的切实牵起头，配合的全力配合好，合作是理工"读书明理"中做人的基本道理。元旦晚会，班子和中层合唱《众人划桨开大船》。我不善唱，但我一直在努力唱，唱出我的最好，合唱就是合作。众人划桨开大船，开大船一起划桨需要配合，开小船一人划桨左右手也要讲配合，学校千头万绪，更加需要配合。真正解决问题的，还是合作！

2018 年度中层正职述职述廉暨民主测评会

匠心筑梦，继往开来（2018 年 12 月 31 日）

今天，是个很特别的日子，既是全年工作结束、本轮中层收官的一天，也是学校不惑之年收尾的一天；既是中层述职测评、互学互鉴的一天，也是学校匠心筑梦、继往开来的一天。过去怎么看？未来怎么干？刚才，爱云同志针对大家反映的问题，提出了切实的意见。在此基础上，我谈几点感想。

一、总体感觉：过去一年难能可贵

过去一年，是喜庆的一年、奋进的一年、收获的一年。

第一，喜庆之年。四十不惑，校庆之喜。校庆晚会上，我表达了三层意思：一是四十载栉风沐雨、砥砺前行，回顾学校穷且益坚的发展历程，收获了难能可贵的理工精神，自信满满、永不放弃，自强不息、永不放任，自律坚守、永不放纵，艰难困苦，玉汝于成，这是学校培"百年老店"的宝贵财富。二是四十载弹指一挥、人生不惑，抒发学校老当益壮的雄心壮志，体现了难能可贵的理工担当，办好理工一点、带动教育一线、影响产业一片，自我加压，迎难而上，这是学校培"百年老店"的初心使命。三是四十载春华秋实、破茧成蝶，开启学校争先求进的发改实践，展现了难能可贵的理工作为，打造不治自理文明新校园，构建不教自学育人大课堂，致力不言自明职教新湘军，这是学校培"百年老店"的全新起航。我刚才和爱云同志交流，爱云说："书记，我只想做好学校自身，您却总想引领。"我说："省发展改革委办学校，不能跟着跑，小学校可以有大作为。"昨天会后，有同志说："书记气场很大，魄力很足。"我说："书记哪有什么气场，书记讲话的底气，源自你们出色的工作，离开你们，书记啥都不是。"

第二，奋进之年。2018 年是学校"四个一流"建设的关键一年。为什么是关键一年？因为，这是新班子"三年行动计划"全面实施的一年，这是新理工发展改革破局突围的一年，这是同志们顽强拼搏、奋勇前进的一年。这一年，我倍感欣慰。一是无哑炮。念念不忘，都有回响，没有放哑炮。大家上午述职侃侃而谈、从容不迫、信手拈来、如数家珍，多潇洒！多自信！不是因为你们写得有多好，也不是因为你们说得有多好，而是你们言之有物、干得很好。二是无逃兵。水无压力不上，人无压力不进。这支队伍，我在不断施压、不断加压，但同志们都受住了，目前为止，没有一个撒手不干的。三是无敷衍。大家都是尽心尽力、尽职尽责的，我昨晚致辞讲的全是掏心窝的感谢，"感谢乐于担当、兢兢业业的全体教职员工"这句话是有所指的，这份感激之情，是发自内心、不吐不快的，大家辛苦了。

第三，收获之年。天道酬勤，一分耕耘一分收获。这一年来，同志们守得云开见月明，繁花满树，硕果累累。"理工九条""理工思政""理工书单"接二连三出台，动力谷分院、京东学院、苏宁班摩肩接踵，两大特色专业群入选全省一流，一批国省技能奖收入学校囊中，一大批教改项目相继立项，一大批名师高徒脱颖而出，北院实训基地大楼拔地而起，湖南省文明校园创建一气呵成……这一年来，同志们在耕耘中苦并收获着，在奋进中痛并快乐着。今天中午，我找处长们谈心还说道："理工是我家，幸福靠大家。理工是我家，幸福你我他。大家工作中，可以有痛，但不能有恼，一定有苦，但不能有闷，你们有痛有苦，我们一起分担，你们有闷有恼，我们失职失责，什么叫讲原则、重感情、干实事？就是要规规矩矩做人、开开心心工作、快快乐乐生活。这一年来，大家做到了，这是最大的收获。

二、总体感谢：全校上下凝心聚力

第一，感谢大家对班子的支持。大家对班子的支持，我概括为三点。一是信任。大家对班子的信任一天天在增加。我和爱云同志感受尤深。记得我们刚来，我们谈"四个一流"，谈"何去何从"，谈"三个一定要"，一定要用发展眼光谋求学校未来，一定要用改革思维破解发展难题，一定要用忘我精神追逐理工梦想。那时的大家将信将疑、边走边看，现在的大家全身全心、你追我赶，信心源自信任，行动源自心动，你们的信任给了班子更大的信心。二是包容。大家对班子的包容一层层在增加。繁重任务带来巨大压力，严格要求难免严厉批评。不少同志都挨过我的批评，有资历不浅、职务不低的处长，有学问不浅、职称不低的教授，等等。大家知错即改、见贤思齐，没有牢骚、没有怨恨。你们的包容给了班子更大的干劲。三是理解。大家对班子的理解一分分在增强。你们很多诉求，我们无法满足，你们很多困难，我们没能解决。甚至，我们的不少改革，还触及了你们的既得利益，但是你们都能设身处地、换位思考，都能以公为先、以校为家。你们的理解给了班子最大的支持。

第二，感谢大家对自身的完善。孔子说，"三人行必有我师焉"。师要有师的样子，为人师表，要身正，还要学高。在自身提升上，学校是花了心思的，你们是下了功夫的。乃冰同志述职时有量化表述，做了很多工作，除了传统的省培、国培外，还破天荒地组织了两次出国培训，送团队赴金华职院、赴汽车职院跟班学习等等。特别是发改青年干部论坛，极大地提升了学校青年教师队伍的整体素质，展现了理工教师队伍的良好形象。全校有32位青年教师全程参与，选题、破题、解题，我主持的会议就有四五次，一个专题一个专题研讨，一篇稿子一篇稿子研改，精雕细刻，反复打磨。学校最后抱得一批大奖归，赢得了全委上下好评。获奖固然重要，过程尤为珍贵。我给青年教师们讲，人间万事出艰辛，毛泽东领略中华文化博大精深，吸纳先贤智慧乐此不疲，《资治通鉴》读了17遍！沈从文写《边城》，改了100遍，没有艰辛的汗水结晶哪有出彩的翠翠形象？师傅领进门，修行靠个人。同志们的自我完善，就是学校的一流建设，你们一流了，学校自然就一流了。

第三，感谢大家对工作的提升。大家对班子的支持、对自身的完善，最终体现在对工作的提升上，不是一点点，而是大幅度提升。这一年来，学校发展日新月异，同志们开心，领导们满意，同行们羡慕，大家纷纷感叹"士别三日，刮目相待"。有口皆碑，说明大家干得好，表明大家尽了力。一是创新力。创新是引领发展的第一动力。常规工作你跳不出就是守摊子，创新工作你做不好就是摆样子。我们要扎扎实实做，大大方方说，做好了可以说，做不到不要说。这一年来，同志们以改革求突破，以实干求实绩，抓重点、破难点、出亮点，敢闯敢试，敢打敢拼，想了很多新点子，出了很多新主意，开拓进取，锐意创新，成效显著。二是执行力。执行力最能体现战斗力。我们这支队伍是有执行力的。刚到学校，我和爱云拜访老同志，听取意见，老同志谈得最多的就是担心班子成员踩不上节奏、干部队伍跟不上步伐。现在看来，这个担心是多余的，我们班子成员是能干的，干部队伍是肯干的。比如，学校"三无"校园建设，要求四季有花开、校园无裸土，昨天刚刚拔掉明理园的老菊花，新品种今天就已归位，花团锦簇，赏心悦目，执行不过夜，干工作要的就是这个劲头。三是协同力。协同力，是一种能力，更是一种胸怀。身单则力薄，众擎则易举，协同则功倍。世界无处不协同，衣食住行要协同。人人为我、我为人人，一人牵头，众人给力！万事不求人，根本不可能！学校讲不治自理、讲合作自律，讲的就是协同，没有协同就没有一流。为什么我们要合唱《众人划桨开大船》？唱的不是歌，是协同。这一年来，大家是这样唱的，也是这样干的，干得比唱得好。

三、总体感触：事在人为境由心造

经一事长一智，品一人悟一心。我与大家共事一年多，有哪些心得体会呢？我感触最深的有三点：

第一，得其中，必须欲乎上。欲乎，是个目标问题；得乎，是个成效问题。这句话，讲的是目标选定问题。一个国家，一个团队，都有自己的目标，目标有约束性的，也有导向性的，导向目标要富于想象力、引导力，约束目标应具有强制性、可达性。我们国家,有两个百年奋斗目标,有中国梦,这是导向性的,也有分步走具体指标,这是约束性的。我讲的这个"欲乎上"是指导向性的目标,视野要尽量宽一些,心气要尽量高一点。一年来,我们全力申报卓越校,虽未成功,但到手了两个特色一流专业群;我们志在青年干部论坛一等奖,虽未取得,但有许多二、三等奖。我常讲"让理工更像理工",这是句很有情怀的话,不是让理工像清华,不是让理工像金华,让理工更像理工,就是要做好理工自己,做出理工特色。我们提"四个一流"、提错位发展、提产教融合样板、提发展改革精品,就是奔着第一去的,绵绵勤用力,久久自为功。

第二,善待事,必须善待人。这是建设幸福理工的出发点,也是幸福理工建设的落脚点,就是要诚以待人、敬以处事、同工同酬、共建共享。一方面,办学治校、立德树人,要始终把关心人、爱护人、培养人、发展人摆在重中之重的位置;另一方面,安身立命、待人处事,要始终与人为善、导人向善,你投人以桃,人会报你以李,善者无欺,仁者无敌!当然,做仁者不是做好好先生,为善者不是搞一团和气。

第三,带好队,必须律好己。"其身正,不令而行,其身不正,虽令不从"。在座的都是中层,都是领导,你想把你的队伍带好,你必须先做好自己。你自己都做不好,谈什么带队伍?你要想部属召之即来,你必须身先士卒;你要想部属来之能战,你必须率先垂范;你要想部属战之必胜,你必须拼之以命。在学校,你们是兵头将尾,既是指挥"官",也是办事"员",官员浑然一体,天下无不带之队,人心无不聚之理。

四、总体感悟:业精于勤行成于思

感觉、感谢、感触,回顾过去,三感交集,展望未来,我还有句感悟,就是业精于勤,行成于思。跨过"四十不惑",就要起步"百年长新"了,我们是要有些思想准备的。我有几句话与大家共勉:

第一,一事不成,一事无成。这句话我在青教论坛上讲过,"千里之行,始于足下",古来大事皆成于细,你手上的事都干不成,我们不会指望你干其他的事,你当下的事都办不好,我们不会指望你办好长远的事。我和爱云同志常说,一个学校都办不好,还能办什么?反过来,一个学校办得好,还有什么办不好?这不是阿Q精神,这是工作态度。最近,我们在思考中层调整问题,对此感触颇深,办事利索的同志,大家争着要,办事磨叽的同志,大家不会说你磨叽,也不会太感兴趣。群众的眼睛是雪亮的,这次中层选聘,党委高度重视民主推荐意见,大家要悉心把手头工作做扎实、做出彩,做到心服口服,不怕不众望所归。

第二,功多业熟,熟能生巧。习近平总书记说"幸福是奋斗出来的",我说

"功夫是苦练出来的"，毛泽东读《资治通鉴》17 遍、沈从文改《边城》100遍，都是下苦功夫，只要功夫深，铁杵磨成针，吃得苦中苦，方为人上人。只有干起来才会好起来，只有动起来才会快起来。功夫不负有心人！大家都羡慕好文章，又都怕写文章，你不苦练，哪好得了？看多了，写多了，积累多了，满腹锦绣，出口成章，顺理成章。前天，李强给我晚会致辞稿，我看了一遍，问谁写的，连问三遍，一声不吭，我说这东西写得不错，他才吞吞吐吐说是他写的，写得确实不错，对付着念也没问题。书记从来不是一个对付的人，让大家写稿，就是要练一练大家，实践出真知、实战出猛将！世界上没有天才，所谓的天才，都是"鸭子凫水——暗中使劲"。

第三，出其不意，攻其不备。这是个策略问题，学校提出打造职教新湘军、奋进中国特高校，能奋进吗？爱云刚才也说了，今年全国才 50 个指标，省里最多一所！那不干了吗？不！还是要干的。我们要出其不意、攻其不备地干，这个出其不意、攻其不备，不是要大家哗众取宠、投机取巧，而是让大家更加精准地干、更加高效地干、更加务实地干。只要干，就有可能干成。世界上没有十拿九稳的事，也没有一成不变的事，历史上以少胜多的经典战例大多是出其不意、攻其不备、逢凶化吉的，大多是走投无路、急中生智、遇难成祥的。比如，四渡赤水，红军四面受敌，毛泽东临危受命，只有一点是确切的，必须跳出敌人包围圈，不跳出包围圈，红军就没了，革命就没了，其他都是不确切的。心中有信念，脚下有力量，最终成功了！学校目前情况与其类似，我们确切的也只有一点，就是要打造职教新湘军、奋进中国特高校，其他也是不确切的。我们要有必成的信念，要有必成的路径，这个路径，可能就是"有心栽花花不开，无心插柳柳成荫"。这样的事不是没有！长沙新区费了老大劲无疾而终，动力谷分院却一拍即合、水到渠成，三年计划跟不上千变万化。又如，教育部"把专业建在产业链上，把学校办到产业园区"的话音刚落，我们动力谷分院已经开学，这就是我们的"奇兵"，类似的"奇兵"还有不少，只是未引起重视而已，我们的"原子弹"被别人当作了"酒瓶子"。在这一点上，我们要有十二分的自信，只要奋进方向是对的，坚持不懈，虽远必达。这也是我经常讲的，小学校也可有大作为。况且，信息时代，全国一盘棋，都在学习习近平新时代中国特色社会主义思想，都在落实立德树人根本任务，全国一个屏，信息是共享的，机会是均等的，谁干在实处谁就可能走在前列，谁抢占先机谁就可能技高一筹。

讲到这里，我回应一下柏舟同志刚才提到的动力谷分院定位问题。该怎么定位？我们必须跳出学校看学点，着眼长远看当前。最近，我在全省教育大会上发了言，就谈一个观点，如何谋求湖南教育未来 15 年的发展！《湖南教育现代化 2035》，这是个中长期规划，现在发展日新月异，士别三日当刮目相看，教育发展必须与时俱进，要接天线，更要接地气。对职教而言，我们要抢抓发展机遇，打造职教湘军，给职教以更高的站位！要革故鼎新、推陈出新，这个"故"和"陈"就是我省职教当前存在的问题：院校数量太多，分类指导不够，政府、市场应各展所长，协同发力，市场能办的尽量让市场办，政府腾出手脚强弱项、补短板、保基本、促平衡。学校不是企业，无法自谋生路，要么同等支持，要么摘牌停办。我们学校算小的，但有位书记说他们学校比我们学校还小，120 亩，运动场非常小。要坚持全省一盘棋，统筹组建几大职教集团，打造校企命运共同体，组建产业学院，这职教集团就如同我们"有核无边"中的"核"，这产业学院就如同我们"专业学点"中的"点"，核之不存，点将焉附？这就是我的回应，动力谷分院永远不是传统意义上的二级学院，它是个新生事物，包括教师构成、教材创新、教法探索，有待全新构建，这是教改大课题。

第四，校兴我兴，校荣我荣。办学治校，我强调自觉自律、不治自理，倡导以校为家、校我一体，不是一家人，不进一家门。在一个锅里吃饭，大家要各展所长、各尽所能、全心全意、倾情倾力地爱这个家、护这个家。三百六十行，行行出状元，在什么岗位工作不重要，重要的是你工作抓不抓得到位、干不干得出彩，抓到位了、干出彩了，你就是理工的功臣，理工因你自豪，理工缺你不可。

第六轮中层干部选聘民主推荐会

重整行装再出发（2019年1月2日）

今天，我们全新启用"大匠之门"阶梯会议室，召开学校第六轮中层干部选聘民主推荐大会。阶梯步步高，成长兆头好！刚才，奇卫同志做了工作安排，刘洋同志讲了工作纪律，请对照落实。在此基础上，我再强调三点。

一、正心诚意，统一思想认识

统一认识，是做好选聘的当务之急。学校重大工作部署，动力谷分院组建也好，理工思政推进也好，我都要先谈认识，认识不到位，众说纷纭，步调上难一致，认识到位了，众志成城，工作上好开展。这轮选聘，我是这样看的：

第一，这是一项例行工作。春夏秋冬，岁月轮回，三年一任，到期再聘，这和孩子到了学龄就上学、桃李到了春天就开花是一个道理，大家一定要以平常心对待，不要大惊小怪，不要胡思乱想，更不要无事生非。

第二，这是一项严肃工作。事关学校发展，事关学校风气。从发展上看，我们应该严肃以待。这轮选聘，是学校"四个一流"建设的题中之义，是学校一流治理的关键一环，更是学校推进"四个一流"建设的重要保障。我们要把学校从后进干到先进，从三流干到一流，没有一流的队伍是不行的，队伍的一流，很大方面体现在人事搭配、人岗适配上，体现在结构优化、活力激发上，体现在人尽其才、才尽其用上。从风气上看，我们必须严肃以待。人们常说正风肃纪，正什么风？正用人之风，一个单位用人公正与否，直接关系这个单位的风气好坏和人心向背。用人不公、用人不正，一切规划都会是空话，没有人会信。我和爱云同志很看重学校风气，党代会后，我们着手的第一件事情就是约法九条、正风肃纪，其中第四条"用人公正，不请托说情、任人唯亲"，是对党委自身立规，是党委的公开承诺。这次选聘，大家表现都不错，希望大家一如既往坚持下去。这次选聘，人员会有上有下、有进有出，结果不可能人人满意，但规则需一视同仁、一以贯之。

第三，这是一项深细工作。人事无小事，事事关大体，弄不好会闹得满城风雨、乌烟瘴气甚至怨声载道，很多问题不是出在原则上，而是出在方法上，工作不深不细，造成误解误读。这次选聘，我跟奇卫、乃冰同志反复交代了，一定要把工作做深做细，一定要让大家心服口服。同志们应该已感受到了党委的良苦用心。比如，报名环节，我要求工作到人到位，报名截止前夜，要求人事处对照名册逐一细核；资格审查环节，有几位不符合所报岗位条件，交代人事处逐一回复解释；人选酝酿环节，我还会逐一谈话，逐一听取班子成员和大家的意见建议，最大限度地兼顾好大家的诉求。

为什么把工作做这么细、这么深？因为中层选聘是双向选择，你们在选适合你们的岗位，学校也在选适合岗位的你们。从学校选聘角度来讲，就是动员你们积极报名，应报尽报，给组织更大的挑选空间。没报名的有以下几种情况：一是工作太忙，忘了报的；二是分身无术，力不从心的；三是想无"官"一身轻的；四是喜欢教书，倾情育人，心无旁骛的。学校基本尊重大家的意愿，但是有一种情况，我是做了工作甚至进行了批评的，学校争先求进奔一流，我们要义无反顾迎难上，不能畏难撂挑子，不能怕苦卸担子。令人欣慰的是，同志们的组织纪律性、工作责任心还是极强的，一说即通，一召即回，你们的踊跃报名是对学校最好的支持，是对党委最大的信任，谢谢你们。从你们自身选学校岗位来讲，我希望大家"一颗红心、两手准备"。岗位总量是有限的，供不应求，有的专业性岗位、可胜任的同志不多，有的通用性岗位，可挑选人员太多，因各种原因，有的同志可能到不了理想岗位，可能达不到自己预期，这就要讲大局、顾全局，接受组织挑选、服从组织安排。

我大学毕业20多年，接触了许多岗位，不管什么时候、什么岗位，从团省委省学联到省发展改革委，从机关党委、基础产业处到规划处、交能处、环资处，从机关到基层挂职锻炼，再到规划处、社会处，从办事员到副主任科员、主任科员，从副处长到处长，我始终坚持两点：一是有的选不必选，二是没的选不去选。组织安排的就是最好的，熟悉岗位欣然前往、熟能生巧，陌生岗位来者不拒、迎难而上。从党务到业务，从项目到政策，从微观到宏观，我一步步走过来，从不挑肥拣瘦，这种跨行业的交流给我带来极大挑战的同时，也给我带来了极大提升，多岗位历练，让我更加自信、更加从容。现身说法，我想表达的是，扎扎实实做事，认认真真履职，才是成长的关键，一定要相信组织、依靠组织、服从组织。

前不久，我和爱云同志去发展改革委汇报"双一流"工作，省发展改革委领导主动关心我们的成长。他说，你们工作干得不错，我们心中有数。走出办公室，我们心里暖暖的。同志们，省发展改革委党组信任我们，校党委同样信任你们，你们把工作关心好，我们把你们关心好。

二、格物致知，把准用人导向

把准导向，是做好选聘的重中之重。这次选聘酝酿已久，导向问题，我和爱云同志进行了深入沟通，党委经过了反复讨论，我们的意见高度一致。我即兴讲一下，大致包括三点：

第一，坚持德才兼备、以德为先。国无德不兴，人无德不立。学校是立德树人的地方，学校选人尤其重德。什么是德？党的十八大以来，习近平总书记反复强调了道德重要性，号召全国人民讲道德、尊道德、守道德，要求党员干部明大德、严公德、守私德。具体到学校，就是要自觉做到"理工九理""理工九条"。这九理，涵盖了修身、做人、处事的主要方面，这九条，囊括了干事创业、教书育人的基本规范，这两个"九"，有德的要求，也有才的要求，德才集于一身，知行合于一体，是学校不治自理文化的内核。今年元旦，学校给大家送了祝福是一张转往 G2019 次"百年长新"号的车票，这是形象说法，表达的是学校对大家的期许，希望大家"带上勤学、俭朴、乐观、诚信、合作、自律、敬业、专长、创新等候上车"，提醒大家"沿途经过修身、做人、处事、明理、知行、精工站"，要求大家"严禁携带口是心非、阳逢阴违，伤风败俗、违法乱纪，颐指气使、阿谀奉承，请托说情、任人唯亲，弄虚作假、沽名钓誉，优亲厚友、厚此薄彼，挑肥拣瘦、推诿扯皮，损公肥私、假公济私，敷衍塞责、玩忽职守等危险品上车。"这 18 个负面清单，就是无德！我们创"四个一流"、建职教湘军，培"百年老店"、育时代新人，必须远离这些清单。我深信，在座各位都是有德的、有才的，不同的是，有的可能表现得更加优异、更加出彩一些，有的可能在某些方面、某些时候还存在某些不足。

第二，坚持全校调配、以岗定人。全校有三支队伍，一支管理队伍，一支教师队伍，一支辅导员队伍，职责各有侧重，素养各有要求。这次选聘，形式上是管理队伍调整优化，实质上是三支队伍整体提升。这次选聘，重在打通三支队伍交流渠道，管理队伍的可以去教师队伍，可以去辅导员队伍；教师队伍、辅导员队伍的，也可以到管理队伍中来。无论进还是出，这都是队伍建设需要，都是事业发展需要，都会因需设岗、以岗定人，都是择优选拔、统筹使用。学校借此进一步加强教师队伍建设，"让最优秀的老师培养更优秀的学生"，人尽其才、才尽其用；进一步加强管理队伍建设，让最能干最肯干的同志挑最重的担子、啃最硬的骨头；进一步强化三支队伍管理，增设"全面从严治党全面从严治校"专职督导，督事向好、导人向善。我特别强调一下，这个专职督导是学校着眼一流内部治理探索推出的重大举措，党委看得很重、期望很高，拟选尊师重教、资深望重的同志担任。

第三，坚持中青搭配、以业为重。我们要大力选拔年轻干部，让事业后继有人。这是下了很大决心的，在这点上，我和爱云同志不谋而合，我们党委班子思想高度统一，并向发展改革委进行了汇报。什么是年轻干部？按照发展改革委青年干部论坛要求，年龄 35 岁以下，党委明确，放宽到 40 岁以下，保证中层正职 1/3 的比重，副职队伍要增加更多年轻人，梯队培养。这主要基于三点考虑：

这是中央、省委的要求。党的十八大以来，习近平总书记高度重视年轻干部选拔培养，发表了系列重要讲话，做出了系列重大安排。省委召开专门会议，做了专题部署。这次中组部组织全国范围年轻干部考察，找我、爱云、刘洋谈了话，这是党组织关心重视的结果，是党组织教育培养的结果，冰冻三尺非一日之寒，我们不能辜负组织的信任重托，我们也要重视学校年轻人的选拔培养。

这是事业发展的需要。明理知行四十不惑，精工致远百年长新。去年，学校提出"培百年老店、育时代新人"，任重道远。事业，是一代代前赴后继的人干出来的，未来永远属于年轻人。作为是干出来的，本事是练出来的，我们应该给年轻人创造历练机会、提供成长平台，我们不创造，谁创造？我们不提供，谁提供？人生成长，关键几步，大多在年轻时代、起步阶段，错过了，不会再有。所以，党委下了很大决心、花了很多心血，校庆晚会上，学校专门推出了"新时代、新理工、新青年"综艺节目。青年论坛上，学校专门指导了《责任青年》课题研究，就是为了引导青年、激励青年，让青年脱颖而出，让青年茁壮成长。

这是年轻同志的担当。你们还记得青年毛泽东 1919 年写在《湘江评论》上的创刊词吗？"天下者，我们的天下；国家者，我们的国家；社会者，我们的社会；我们不说谁说？我们不干谁干？"身无分文，心忧天下，这就是湖南一百年前年轻人的家国情怀！如今读来，这依然令人热血沸腾、肃然起敬。改天换地的伟大事业，最终在这一代人手上美梦成真！校庆晚会上，我特别表达了一句谢词，"感谢乐于担当、兢兢业业的全体教职员工"。为什么这样说？同志们争先求进创一流太辛苦了，事在难中磨，人在苦中练，在这难与苦中，活跃着一大批优秀的年轻身影。学校"四个一流"建设、"三年行动计划"，与时俱进，没有最难、只有更难，没有最苦、只有更苦，特别是管理岗位，就是辛苦岗位，其他岗位也辛苦，但管理岗位经常多急事、多难事、多险事、多重事。所以说，急难险重岗位，年轻人不多干点谁干？年轻人不多苦点谁苦？

三、克己复礼，严格自我要求

严以律己，是做好选聘的必须之举。在此，我们约法三章，请大家克己复礼、共同守护。

第一，严守纪律。加强纪律性，革命无不胜。人事工作讲的就是纪律、严的就是纪律，必须按规定做、按程序做，不能随心所欲、为所欲为。严守哪些纪律呢？刘洋同志交代得很清楚了！班子成员要模范遵守，不得玩忽职守；组织人事处要认真履职，发挥好职能作用；校纪委要加强监督，对违纪违规及时亮剑；在座各位要令行禁止，顾大局，识大体。这次选聘，也是一次干部考察、一次政治体检。用人难，难在识人。一个干部，该如何辨识？我们要看关键地方、关键时刻，利益攸关地方最关键，生死存亡时刻最关键。这次选聘，大家既是推荐者，也是被推荐者，都是当事人，都是相关者。大家虽无生死存亡考验，但有上下进退抉择，大家一定要正确对待组织、正确对待同志、正确对待个人，不要意气用事、节外生枝，不要丢了位子、再丢面子。民主推荐环节，请大家认真负责地投票，内举不避亲，外举不避仇，把最优秀的人推荐给组织、推荐给学校，我和爱云来校时间不长，对大家了解不够，你们的意见对党委决策非常重要。

第二，信守承诺。人无信不立、事无信不成。诚信，是人的第二身份证，为人师表者，诚信比生命宝贵。信守哪些承诺呢？我认为至少有两个方面：一是入党誓词，大家绝大多数都是党员，入党之时，都是举过手、宣过誓的，"执行党的决定，严守党的纪律"，言犹在耳，历久弥新。二是理工九条，推出之际，大家都是留过言、表过态的，"对党忠诚，不口是心非、阳奉阴违"，一言既出，驷马难追。现任中层正职、部分副职，我还会找你们谈，听你们意见，请大家言为心声、表里如一，我会记录在案，大家都是成年人，要说话算话。

第三，坚守岗位。选聘工作，从今天推荐到交接完成，要公示，要核查个人事项，要报批，要一段时间。在此期间，正值年头岁尾，工作千头万绪，学生工作、安全工作、财务工作等，每项都很重要，误不得、错不得、乱不得。班子成员要各司其职，守土有责、守土负责、守土尽责，中层干部要站好最后一岗，看好自己的门，管好自己的人，确保思想不乱、工作不断、步子不慢。

同志们，不是一家人、不进一家门！这次选聘，不管我们职位变不变，我们一颗红心不能变；不管我们岗位变不变，我们敬业精神不能变；不管我们际遇变不变，我们前行步伐不能变！我们是共产党员，我们是理工一员，继往开来新征程，重整行装再出发，让我们不忘初心、不负师心，同心同德、同向同行！

第六轮中层干部履新交接会

我们都是追梦人（2019 年 1 月 16 日）

今天，我们再次相聚"大匠之门"，见证学校第六轮中层干部交接。匠门打开，喜事连来！上次推荐会，我说："阶梯步步高，成长兆头好！"说曹操，曹操到，言犹在耳，任命已至，我们校长就要出任市委组织部长了，让我们以最热烈的掌声，对爱云、对大家的履新表示祝贺！下面，我结合半月以来的所见所闻、所思所感，与大家做个开诚布公的交心，概括起来，就是"三问"。

一、推心置腹，如何看？

如何看这次中层选聘？一定要看清楚！要正确对待组织、正确对待同志、正确对待个人。

第一，这次选聘，组织上倾心吐胆，用心良苦。我用三句诗词形容：一是"看似寻常最奇崛"。寻常，指从年前选聘"开锣"到今天"鸣金"收兵，不足一月水到渠成，看似波澜不惊；奇崛，指从最初起意选聘到真正动手，准备长达一年，可算深思熟虑。为什么建议从发改委里选派一位纪委新书记而非业务副校长？为什么要在党员群分享入党誓词视频强调温故知新？为什么新年伊始送给全体教职工"百年长新"起程票，提醒严禁携带"负面清单"上车？为什么不厌其烦地找大家谈？我们就是为了不断提高大家的认识、统一大家的思想，为学校"四个一流"建设正本清源，为学校"三年行动计划"凝心聚力，为学校"一流队伍建设"强基热身！二是"成如容易却艰辛"。容易，指星星还是那个星星，月亮还是那个月亮，学校的人没有变，学校的事没有变，一个坑一个萝卜，"照葫芦画瓢"；艰辛，指"瓢"的画法迥然不同，轻描淡写则轻而易举，绘声绘色则难上加难。这个绘声绘色，就是要将人事统一起来、将人才挑选出来、将能位匹配起来，要让"人尽其才、才尽其用"落到实处。这次选聘，党委从动议、推荐，到考察、决策，做了大量深入细致的工作，一岗一方案比选，一人一方案优化，集思广益、群策群力，左顾右盼、精挑细选，确保选人绘声绘色、人选肯干能干。三是"众里寻他千百度"。王国维用此形容治学最高境界，我用此形容用人最高境界，"蓦然回首，那人却在灯火阑珊处"，何等欢欣鼓舞、何等喜出望外！这次选聘，不能说炉火纯青，但算是渐入佳境，实现了三重预期：全校统筹调配，队伍整体优化了；中层有进有出，管理整体年轻了；督导专职配备，执行整体加强了。新提拔 17 名中层干部，7 名有辅导员经历、6 名来自教学一线，中层 35 岁以下的占比超过 50%，正职 40 岁以下的占比达到 1/3。2 名教授、1 名副教授从管理正职岗位转入一线教学队伍。3 名资历丰富的管理正职转任专职督导，督事向好、导人向善大督导格局初步形成，全面从严治党、全面从严治校治理体系加快完善。

第二，这次选聘，同志间一视同仁，一以贯之。孔子说，"丘也闻有国有家者，不患寡而患不均，不患贫而患不安"，公道正派，自古备受推崇，无论什么行当。这次选聘，学校党委视公道正派为生命，呵护备至，规则上一视同仁、工作上一以贯之，坚持原则不动摇、执行标准不走样、履行程序不变通，没有民主测评、民主推荐的坚决不上会，没有考察材料的坚决不上会，没有纪委意见的坚决不上会，群众不拥护的坚决不提拔，实绩不突出的坚决不重用，能位不匹配的坚决不将就。就目前来看，班子成员都是规规矩矩的，参与各位都是本本分分的，没有发现请托说情、绕弯路、抄近路、走邪路的，没有发现亲亲疏疏、上下其手的。我对不正之风恨之入骨，我对跑官要官深恶痛绝。请纪委密切关注，请大家严格监督，发现一起查处一起，不管是谁，绝不手软，绝不姑息。当然，监督要言之有据、言之有理，勿道听途说、肆意猜测，勿无中生有、无事生非。这次人事改革力度很大，实现了"能进能出、能上能下"，我深信，念念不忘，必有回响。

第三，这次选聘，个人应敝帚自珍，知恩图报。我对受聘同志交个"底"，将一句话送给年轻的你们：你们的受聘和成长不只是个人努力的结果，其中蕴含了太多人的厚爱和期盼。你们一定要知恩感恩，感恩组织悉心培养，感恩师长倾情教诲，感恩老领导无私栽培，感恩同事们鼎力支持。你们要始终保持蓬勃朝气、昂扬锐气和浩然正气，低调低调再低调、勤奋勤奋再勤奋、规矩规矩再规矩，要不怕苦、不怕累、不怕难，要召之即来、来之能战、战之必胜。我将一句话送给年长的你们：你们昨日的出彩赢得了今天的喝彩，你们奋斗明天必将带来美好未来，你们要做好年轻人表率，做好新理工中坚，不能有半点倦怠，不能有丝毫松懈。无论年轻的还是年长的，凡是这次受聘的，一律试用一年，不胜任立马调整。我向转任同志祝个"福"，你们讲大局、顾全局的党性修为，你们为人梯、掖后学的绿叶情怀，是学校的精神财富，你们有丰富的管理经验，你们有丰富的人生阅历，祝福你们将这些带到新岗位，发挥新作用，做出新贡献。我对所有参与的同志道声"谢"，你们的参与是对学校最深的热爱、是对组织最大的信任，你们是最棒的，你们给了党委一班人奋勇前行的力量。绿叶是一种情怀，努力一定会赢得未来。

二、整装待发，如何干？

我提纲挈领讲几条，新校长到任后，还会具体部署。

第一，要咬定青山不放松，坚定不移推进"四个一流"建设。"四个一流"是学校第二次党代会确定的奋斗目标，是新一届班子的初心使命。这四个方面，对任何学校而言，都是不可或缺的"四梁八柱"，是不可轻而言之、回而避之的，对理工而言，更加欠缺、更加迫切。我们认准了就要绵绵用力，坚持了定能久久为功。

第二，要持之以恒不懈怠，义无反顾打造全省产教融合样板和发展改革精品。"样板精品"是第二次党代会提出的总体目标，是学校的特色"二重奏"。从全省高职来讲，我们要有争先求进创一流的眼界，要有"办好理工一点、带动教育一线、影响产业一片"的担当，打造产教融合样板，就是要争取走在全省高职院校前列，要创新不要安常，要引领不只跟跑。从委属单位来讲，我们要有争先求进创一流的心气，要有"全身融入发改、悉心服务发改、倾情出彩发改"的自觉，打造发展改革精品，干在立德树人实处，走在委属单位前列，要人见人爱、花见花开，不要有你不多、无你不少。这两个目标是很高的，都是虎口拔牙。经过一年多的努力，学校呈现出了好势头。比如，产教样板。我今天上午受邀参加了教育厅职教发展战略研讨，9位书记、校长出席，我发了言，讲理工样本，谈职教未来。我大致谈了3个观点：其一，登高望远、提升湖南职教新坐标，倾情打造职教湘军，这是学校孜孜以求的，要与广电湘军、出版湘军比肩，湖南职教有这实力，实至应该名归。其二，正本清源、刷新湖南职教新内涵，职教怎么搞？我们可以按理工这么搞，"1+3"顶层设计，立德为先、落实立德树人不走偏，立技为要、深化产教融合不放手，立足为重、彰显湖南特质不言弃。其三，创新引领、夯实湖南职教新基础，要有全国定位。我谈了三条：一要着眼竞争力提升，大手笔整合高职专业。坚持全省一盘棋，统筹高职院校，组建职教集团，打造"一集团多院校"命运共同体，组建类似理工学点的专业学院，走出湖南特色路子，为国家提供经验。二要着眼培养力提升，大力气规范高职办学。立德要有标准、立技要有标准，我们理工有"1+3"顶层设计，包括4321治理机制、理工思政、理工产教、理工书单，理工九条、理工五问等等。三要着眼执行力提升，大视野配强高职班子。这也是理工体会，火车跑得快需靠车头带，学校班子特别是党政"一把手"要配优，把高职院校打造成全省人才高地、人才摇篮。我们要知道学校打造全省样板是可能的，所以不能懈怠。又如，发改精品，可量化的至少有二：一是青年干部论坛，一年一届，学校要拿到一等奖；一是年度绩效考评，学校要拿到优秀委属单位。这两项指标，都是发展改革委评选的，学校能名居榜首，肯定是精品，这得靠实力说话、靠实绩说话。百尺竿头更进一步，三年行动还有两次机会！

第三，要满血上岗谋开局，紧锣密鼓推动 2019 年学校工作再上新台阶。2019 年工作，是本轮中层全新开局，是"百年老店"全新开局。满血上岗，就是要自信满满、干劲十足，"三年行动计划"扫尾、"四个一流"建设收官，要靠大家背水一战。一要平稳交接迅速上手。这是一次交接部署会，刚才纪委和人事处已提了要求、做了安排，请会后立说立行，各就各位，扎好大本营，吹响集结号，新气象拿出来，新步伐走起来。分管领导要深入一线督促指导，压实一岗双责，落实严管厚爱。二要抬头看路埋头拉车。这是一次出发动员会。我们要从宏观上认识本职工作，国省政策、同行水平和学校要求，要心里有数。要从中观上谋划本职工作，长项是什么？短板是什么？对策是什么？我们要胸中有谱。要从微观上落实本职工作，重点如何抓？难点如何破？亮点如何出？我们要手上有招。2019 年工作要点，党委已开会研究，分门别类地开了单子，几十项任务，哪些提质、哪些增效、哪些破零、哪些倍增，一目了然，请领回去拿出过硬举措，春季开学第一课工作务虚会，全面部署到位。三要一手谋篇一手开局。马上放寒假了，工作千头万绪，请好好梳理，分出轻重缓急，要事重点办，急事加快办，不要误了事。特别是安全问题，一定要高度重视，意识形态安全监控、留校学生安全管理、设施设备安全维护，还有财产安全、保密安全等，不能出问题。归总一句话，中层已走马上任，工作要焕然一新。

三、班子队伍，如何建？

毛泽东说："领导者的责任，归结起来，主要地是出主意、用干部两件事。"[1] 人事不分家，人用活了，事才好做。新一轮中层选出来了，三支队伍提起来了，是不是就用活了呢？还早！还远！如何做到"中层一子落、学校满盘活"？靠抓！靠带！一级做给一级看，一级带着一级干。我和爱云高度重视抓班子、带队伍，我们有一半精力用在了这上面，逢会必讲。我今天还要再强调一次。

第一，要以身作则，率先垂范。正处长、副处长等，一定要身正、品正，风正、行正。我们讲德才兼备，是以德为先的，能力大小问题，可以理解，十个指头没有一样齐的，但作风问题，不可宽恕。我批评人，大多批评作风，一般不批评能力。以身作则，率先垂范，就是要做到"身正为范"，当然，最好加上"学高为师"，以德为先，还是要有才的，用为人师表的风范当领导，没有不服的。有次，我问境佳同志，"你是管理艺术学院的院长，给我说说，什么是管理艺术？"境佳从学术上进行了一番解读。我说："管理艺术，偏正词组，管理是一门科学，更是一门艺术，管理艺术，千艺术万艺术，管好自己最艺术，自

---

① 毛泽东. 毛泽东选集：第二卷 [M]. 北京：人民出版社，1991：527.

己管不好，谁服你管？我也不服！其身正，不令而行；其身不正，虽令不从。为什么大会小会反复强调自律自律再自律，就是让大家管好自己。自律上，我要求班子，班子要求你们，你们监督我，要想学校不治自理，先让自己无可挑剔，我接受24小时"探照灯"无死角监督，但你们也要做到理工九条。做到理工九条，吹响集结号，不会没人应！

第二，要己所不欲，勿施于人。带队贵在带心，人心散了，队伍难带。"虽董之以严刑、振之以威怒，终苟免而不怀仁、貌恭而不心服！"①"理工九条"第三条："待人真诚，不颐指气使、阿谀奉承"，我的解读讲的就是带心，强调"己所不欲，勿施于人"，强调有距离交往、等距离交流、零距离交心，做到"三个距离"，团队一定好带。

管理艺术，管好自己是最大的艺术，管好别人也大有艺术。拿我们党委来说，班子9个人，同心同德、同向同行，大事讲原则，小事讲风格。若平副厅长说我们是"爱心"班子，千年修来的缘分！大家会说，中层班子人少，比党委班子好带！我说，不一定！班子好不好带，不在人多人少。8个人的好带吗？八仙过海，各显神通，带不好就是一盘散沙。7个人的好带吗？七星高照，大吉大利，带不好就会祸之所伏。6个人的好带吗？六边形比较省料，但很不稳定。5个人的好带吗？唐僧取经队伍，就是5个人，莫忘了白龙马，也是三灾八难，九死一生。4个人的好带吗？四个人的问题大了，长沙"三打哈"，不就是四个人干的吗？3个人的好带吗？三点成一面，最稳定了，三人二比一，搞不定可以票决！票决可以解决人事，很难解决人心。人少点，动之以情即可，人多点，建之以制即可，人再多点，必须化之以文，带学校离不开文化，带中层离不开制度，带班子离不开感情，我相信不治自理的队伍是不可战胜的，这个不治自理，三足鼎立，缺一不可，这个情，是大公无私的同志之情。2个人的好带吗？两个人也不好带，小两口好时如胶似漆，坏时鸡飞狗跳，老死不相往来的都有。有人说话了，1个人总好带吧？一个人最不好带，有钻牛角尖的，天天和自己较劲，跟自己斗气。古人说，胜人者有力，自胜者强，又回到了第一条，自律，战胜自己的唯一办法就是自律。己所不欲，勿施于人！

抓班子带队伍，要珍惜同事、善待同志。不要拉拉扯扯、一团和气，不要剑拔弩张、硝烟四起。我和爱云志同道合、亲如兄妹，但我们是美美与共、和而不同的。工作中，我提出一个想法，她想了想会说："书记，你看能不能这样？"我一看，爱云的主意好啊，就那样了！书记讲得对，她就支持，书记讲得不对，她就讲出对的来。反过来，她讲得不对，我也会说出理由，以理服人，

① 魏征. 谏太宗十思疏［M］//古文观止. 长沙：岳麓书社，1992：442.

几个来回，方案就完善了。一团和气要不得，一团和气要搭班子做什么，就是要多几个人，群策群力，集思广益。你不要剑拔弩张，我讲了好多次，你说你关心同事，同事有什么差错，你善意提醒，做个净友未尝不可，为什么非要舞刀弄枪让他遍体鳞伤？没有必要！同事有这样或那样的问题，你与人为善、导人向善，循循善诱、度人度己，多好！

抓班子带队伍，要登高望远、心平气和。有的班子带不好，不全是"一把手"的问题。我讲个故事，"3×8＝23"的故事，从前有个县官判案，两人吵到公堂，一人说3×8＝23，一人说3×8＝24，你来我往，互不相让，请县官明断。县官沉思片刻，大喝一声："将3×8＝24的拉下去打五十大板。"被打的人怨气冲天，痛骂县官"是非不分"，县官若无其事笑了笑说，"你和他那样的人争得寻死觅活，不打你打谁？"道理自己去悟！我相信，这个世上没有不可融化的冰，只要你愿意去融化、愿意被融化。海纳百川，有容乃大；壁立千仞，无欲则刚。但凡菩萨心肠的人都有霹雳手段，但凡菩萨心肠的人都会淡泊名利、超然生死，吾虽不能至，然心向往之！

第三，要相互包容，共同成就。希望大家"以校为家"，家有家的样子。什么是家的样子？家要有家的氛围、家的温暖、家的期盼、家的呵护。我们很多同志，真是把同事当成自己的兄弟姐妹，把老同志当成自己的爷辈父辈，把学生当成自己的子辈侄辈。何瑛就是个例子，她班上有个孩子，品学兼优，还担任班长，家里比较困难，有次他找到何瑛说："何老师，我想到桂林去看看，但手头拮据，您可否赞助我500元？"何瑛二话没说掏出500元给他，孩子心满意足地走了、如愿以偿地回了。多年后，那孩子依然记着，他说，这500元温暖了他的整个世界。求人需求大丈夫、济人须济急时无。500元不是很多，但500元体现的是"以校为家、爱生如子"的为师情怀，何瑛并未因孩子"不务学业"而一拒了之，并未因增加"额外开支"而一口回绝。说实话，换成那孩子的亲生父母，他们也未必做得到。我相信，何瑛这样的老师，学校还有不少。每个人都有不起眼的伟大，若干这样的"不起眼"，汇成我们一流的教师队伍，成就我们理工家庭的不凡！今天，我讲何瑛的故事，不是说何瑛就完美无缺了，何瑛有何瑛的不足，人无完人，"三人行，必有我师焉，择其善者而从之，其不善者而改之"，做得好就表扬，做得不好就批评。

同志们，我们都是追梦人，以校为家并肩行！新时代、新理工、新中层、新气象。家长里短，嘘寒问暖，温情以待，抱团取暖，日子就这样过去了，生活就这样过来了，一起稳稳地走，多么美妙、多么幸福。最后，祝大家明天更好，祝理工百年长新！

静彬校长履新见面会

满怀期待话"静心"（2019年1月23日）

谢谢年来副主任，谢谢静彬校长，我在此代表学校表个态：

一、坚决拥护省委决定

第一，感谢省委高看厚爱。从爱云同志离任，大家的难分难舍，我可以感受到省委对理工的高看，是配优配强的；从静彬同志履新，大家的奔走相告，我可以感受到省委对理工的厚爱，是配强配优的。

第二，珍惜省委精挑细选。静彬同志年富力强，年轻有为，具有可贵的高校工作经历，具有丰富的领导工作经验，静彬治学校，"杀鸡用牛刀"。

第三，不负省委重托期待。搭班子干事业，新搭档新作为，继续履行老班长职责、发挥老班底优势，与静彬校长一道，携手并肩、协力同心把湖南理工职院越办越好。

二、认真落实发改委要求

第一，坚持创新引领。对标"四个走在前列"，全面推进"四个一流"建设，悉心打造全省产教融合样板和发展改革精品。

第二，突出特色办学。重点做好新时代追梦特征、省发展改革委主管特长、长株潭地域特点、新能源专业特色四篇点睛文章，走出具有理工特色的办学路子。

第三，注重内涵发展。坚持社会主义办学方向，狠抓思政工作不松劲；坚持服务区域经济发展，狠抓产教融合不放手；坚持培育理工人文情怀，狠抓读书明理不懈怠。我们要培养具有理工特质的匠心传人。

三、热烈欢迎静彬履新

第一，由衷高兴，可遇而不可求。从搭"爱心"班子，到"静心"搭班子，这是理工的缘分，是星成的福分。我将一心一意善待、全心全意珍惜、尽心尽意同事，不负"爱心"之美誉，不负"静心"之期待。

第二，悉心呵护，可敬而不可慢。如同爱云，静彬同志也是满怀一颗红心、带着柴米赴任、心无旁骛履职的，全校上下，特别是在座各位中层以上干部一定要真情实意、责无旁贷地支持校长工作，多添彩少添堵，多出力少出气，多分忧少分心，撒娇找校长，撒气找书记。

　　第三，满怀期待，可望而定可及。坚决贯彻落实党委领导下的校长负责制，倾情支持静彬同志依法履行校长职责。治大国若烹小鲜，治大学如履薄冰。大学，立德树人、教书育人，为人师表、授人以渔，最大的特点是人，最大的难点是人，最大的亮点也是人。理工"大学不大、高校不高"，但麻雀虽小、五脏俱全，履职尽责，不敢松懈。这一年多来，学校新一届班子坚持内严要求、外树形象，内凝人心、外聚人气，内强质量、外塑品牌，打造不治自理文明新校园、构建不教自学育人大课堂、致力不言自明职教新湘军，培"百年老店"，育时代新人，虽然见到了起色，但也仅仅是谋了篇布了局，举了棋定了向，"走在前列"任重道远，"四个一流"百端待举。我深信，静彬同志履新，必将迎来理工发展又一段辉煌岁月，必将迎来理工校长又一棒精彩接力，必将迎来理工师生又一任最美校长！

2019年度工作务虚会
坚持一张蓝图干到底 （2019年2月25日）

这是学校第六轮中层第一次务虚。新中层，新气象，台上头头是道，台下耳熟能详，谈得精彩，听得精神，大家动了脑子用了心、下了功夫费了神。刚才，分管领导进行了点评，静彬校长提了要求。集中务虚是为了分头落实，一天务虚是为了一年落实。下面，我围绕更好的"落实"，再强调几点。

一、坚持一张蓝图干到底

这张蓝图，就是学校"1+3"顶层设计。从宏观方面讲，这是落实立德树人的理工方案，从微观方面讲，这是奋进"四个一流"的布局谋篇，我们必须坚定不移地推、坚持不懈地干，必须绵绵用力抓、久久为功干。

第一，狠抓理工思政不松劲，牢牢把握社会主义办学方向。理工思政，六大特质、理工二十大育人活动已经成型，这些活动融"三全"育人格局、十大育人体系于一体，涉及各级各部门全体管辅人员，涉及各专业各学科全体授课教师，涉及各学院各年级全体学生，校级层面统筹协调，二级学院落地生根。教育者一个不能少，受教育者一个不能缺。当务之急，抓紧完善活动方案，丰富活动内涵，提升活动品质，要一活动一方案、一实施一评估、一学年一提升，要让社会主义核心价值观春风化雨，让习近平新时代中国特色社会主义思想入脑入心。我们积极申报全省"三全"育人改革试点学校、试点院系，扎扎实实地干、大大方方地报，以思政品质树理工品牌，以育人实效创理工实绩。

第二，狠抓理工产教不放手，始终坚持服务区域经济发展。理工产教，重在校地协同、校企合作，贵在真融真合、深融深合，实在有核无边、协同育人，我们将学校办进产业园区、把专业建在产业链上。通过一年多的探索，我们已有了很好的开局，明确了"师资、课程、基地、文化、证书、科技"六大融合思路，形成了动力谷分院、京东学院、舍弗勒班系列融合成果。现在，国家职教改革20条已经出台，当务之急，要抓紧研究推出《学校产教融合质量提升工程实施方案》，进一步加大融合力度，进一步加快融合步伐，进一步提高融合质量。

第三，狠抓读书明理不懈怠，着力培育理工特质职业素养。理工提出"办不一样的学校、培不一样的老师、育不一样的学生"，三个"不一样"，最终要体现在学校"产品"——学生身上。学生与众不同，学校才能与众不同，学生与众不同，教师才能与众不同。这个"不一样"，就是"理工书单"强调的，要明勤学、俭朴、乐观修身之理，明诚信、合作、自律做人之理，明敬业、专长、创新处事之理。在学校，读书明理、知书达礼；在社会，学有所用、学以致用。冰冻三尺非一日之寒，内化于心需久久为功。我们要持之以恒地实施"四个一"文化育人活动，引导学生多读、多思、多说、多写，书读百遍，其义自见，工多艺熟，熟能生巧，滴水穿石，入心入脑。

这里，我还要强调几项具体工作：

一是党建引领，对标争先。这项工作千万不要再拖，我讲了半年，今年务必绘声绘色、有滋有味地干起来。当务之急，我们要抓紧出台《学校党建质量提升工程实施方案》，系统谋划、协同推进，高端谋划、高质推进。其一，要有特色，说得出口，不能人云亦云，上下一般粗、左右一个样。其二，要有品牌，拿得出手，不怕不识货，就怕货比货，一工作就是一亮点，一活动就是一品牌，有形象、有内涵、有味道。其三，要有成效，干得出彩，言行如一，知行合一，可落实、可落地、可操作。

二是科研突破，提质增效。这项工作必须要有起色，科研是一所学校的核心竞争力，创一流必须重科研，我讲的科研，除了纵向、横向课题外，还包括学校两个省级科研平台。学校科研基础薄弱，要有大突破必须做"活"文章。其一，机制要活。要摸清家底、定好目标，要找到接口、精准切入，要搭建班子、务实推进。其二，用人要活。盘存量，让想搞科研的搞科研，能搞科研的搞科研；做增量，找合作企业合作，找业内专家合作，甚至找网络众筹，构建科研命运共同体，做不活人文章，突不破科研关。其三，成果要活。主攻应用方向，服务企业、服务区域、服务教学，产有所呼，校有所应，企有所求，校有所供，要有论文、专利，还要有产品。

三是严督实导，不治自理。这项工作必须抓到实处，要有计划督，有重点导，盯紧年度任务督，盯紧考核目标导。其一，鞭策后进力量。重点督教学，督教师队伍后进部分，督了还要导，可集中讲评、集中培训，改了还要善，让后进变先进、先进更先进。其二，加强薄弱环节。工作跟不上节奏、上不了档次的就是薄弱环节，见不了实效、出不了亮点的就是薄弱环节，如课堂建设问题、"三无"校园问题，要重点督、及时导。其三，化解问题隐患。这也是质量诊改，可和规划处一起来做，如廉政风险、教学事故、安全隐患、形式主义等，都是督导重点对象，早发现，早整改，防患未然。

此外，专业建设要着力补短板，加快做强管艺专业群；国赛备战要着力扬长项，争取百尺竿头更进一步；双创基地建设要着力促协同，校企共建，各展所长；校史编撰、校歌征集、三馆建设，喊了快一年，只听楼梯响，不见人下来，要真正干起来、全面抓上来。

二、坚持一把尺子量到底

这把尺子，就是工作成效。工作好不好，关键看成效。坚持一把尺子量到底，就是要确保工作开展更加有力、有序、有效。

第一，分出轻重缓急，精准发力。内部工作，分不出轻重缓急，眉毛胡子一把抓，就是"乱弹琴"，不靠谱，不着调。分出了轻重缓急，哪些工作该开锣了，哪些工作该加油了，哪些工作该收尾了，一目了然，一清二楚，不会抓瞎，不会抓乱。不以事小而不为，不以事杂而乱为，不以事急而盲为，不以事难而怕为，分出了轻重缓急，就不会丢三落四，急而不慌，忙而不乱，有的放矢，事半功倍。

第二，加强分工合作，协同发力。执行层面有两件事：一是分工，一是合作。分工容易合作难，执行学问很大方面就是合作学问。对内重在有的放矢，对外贵在通力合作，无社会不合作，无团队不合作，讲分工，更需讲合作。任何分工，都是相对的，都是管好一段渠、种好一块田。我们理工思政二十大活动、理工产教六大融合、理工读书"四个一"文化育人，哪一项不是你中有我、我中有你？永录同志谈到的，学校"一篮子松花蛋"，发展破零问题，每个零的突破，都必须举全校之力，众擎则易举，厚植方根深。工作上不能没有协同，没有协同就没有一流。

第三，强化绩效考核，持续发力。水有压力则上，人有压力则进。没压力就没动力。纳入绩效考核，就是要给大家压力、给大家动力。绩考是要较真排位的，是要奖罚兑现的。纳入了绩考，争先创优，你追我赶，互促共进，不治自理。所以，我们要召之即来，来之能战，为学校发展而战、为部门实绩而战、为自己面子而战。

三、坚持一个原则讲到底

这个原则，从宏观方面讲，是党的根本组织制度和领导制度；从微观方面讲，是做决策、抓落实的明智之举、必须之举。"讲原则、重感情、干实事"，这个原则有一个重要内容就是民主集中。

第一，要正确对待和而不同的意见。这是民主的内在要求。和而不同，是和睦相处，不随便附和，是独立思考，非人云亦云。无论什么领域、任何事物以及事物内部、事物之间都包含着矛盾，矛盾双方的统一与斗争推动事物运动、变化与发展。我们要正确对待"和而不同"的意见，就是千万不要忽视次要矛盾和矛盾的次要方面，对和而不同的意见，要心平气和地听取，客观理性地分析。一个团队，一个班子，只有群策群力，才会尽善尽美。举个例子，我在省发展改革委工作时，做湘江综合枢纽项目遇到了很大的阻力，当时反对的声音很大，项目上马迟迟下不了决心。我们打破传统思路，组织项目可行性研究的同时，安排专门力量开展不可行性研究，然后，针对不可行性研究问题寻求可行性解决办法，问题迎刃而解，项目不仅及时上马，而且负面影响还降到了最低。任何决策，没有最好，只有更好，重视和而不同的意见，会让决策变得更好。

第二，要坚决执行学校党委的决定。这是集中的初衷所在。议而不决，决而不行，民主就失去了意义。一个坚强有力的领导班子，既要有科学决策，又要有高效执行，大家有不同看法，在决策前、决策中可以充分讨论，反复商量，不断完善方案，决策一旦形成，就要坚决执行，不能说长道短、消极对抗。如果出现新情况、遇到新障碍，或者发现原决策确有欠妥之处，大家也需按程序提请党委复议。党委是集体领导，"三重一大"事项必须上党委会研究，就是要多几双眼睛看看，多几个耳朵听听，兼听则明，兼容并包，防止家长制，防止一言堂，尽量不出纰漏、不出失误。党委决策，书记只有一票，坚决执行党委的决定，是坚信党委的集体智慧，坚决执行党委的决定，是坚信群策群力的水平。决而不行，啥事不成。

第三，要倍加珍惜团结共事的局面。这既是民主集中的需求，也是不治自理的追求。小胜靠智，大胜靠德，长胜靠和。一个不和的单位，民主难有好民主，集中难有好集中，"槽里无食猪拱猪"。一个和的单位，劲往一处使，心往一处想，"三个臭皮匠，顶个诸葛亮"。倍加珍惜团结共事的局面，就是要积极营造"以校为家"的良好氛围，家和万事兴，相敬如宾，相待如亲；倍加珍惜团结共事的局面，就是要积极营造"以公为先"的良好尊崇，大道之行，天下为公，"公毕方将私治，师严然后道尊"；倍加珍惜团结共事局面，就是要积极营造"不治自理"的良好文化氛围，万事和为贵，既要讲原则，敢于抑恶扬善、勇于扶正祛邪，又要重感情，多与人为善，多导人向善。

主题教育微党课

责无旁贷担使命 (2019 年 10 月 22 日)

责无旁贷担使命，既是一名党员必须具备的可贵情怀，也是一所学校理应尊崇的自觉追求，全体教职员工要心领神会、身体力行。下面，我着眼学校"四个一流"建设，用"发展改革、令行禁止、事在人为"三个关键词与同志们分享我对"责无旁贷担使命"的学思践悟。

第一，关于发展改革。学校发展是大家的福，学校改革是大家的责。改革是发展的关键一招，改革是有阵痛的。建一流理工，大家既应享发展之福，也要承改革之痛。

第二，关于令行禁止。令行，体现一个人的担当；禁止，反映一个人的品行。看一个人，既应看有为，观其令行，又要看无为，观其禁止。全体教职员工要自觉对照"不忘初心、牢记使命"的主题教育要求和"理工九条"，反躬自问，扬长补短，"勿以恶小而为之，勿以善小而不为"。

第三，关于事在人为。"大事难事看担当，逆境顺境看襟度，临喜临怒看涵养，群行群止看识见。"① 我希望全体教职员工做无私心、无忧郁、无畏惧、无疑惑，有担当、有襟度、有涵养、有识见的理工新人，始终不忘初心、牢记使命，悉心为党育人、为国育才。

---

① 金缨. 格言联璧［M］. 武汉：湖北人民出版社，1994：32.

2019 年度中层述职暨民主测评会

多琢磨事，少琢磨人（2020 年 1 月 8 日）

这次"三述一评"是学校将党建、廉政工作纳入部门单位整体工作，与业务工作同部署、同落实、同检查、同考核的重要环节，是学校创新年度绩效考核、统筹"四个一流"建设、落实立德树人任务的重大举措。从会议情况看，整个活动准备充分、述职实在、测评民主，述出了重、特、亮清单，评出了前、中、后排名，达到了比、学、促效果。

2020 年，是学校实施"十三五"规划的收官之年，是学校"四个一流"建设首期任务的决胜之年，是学校谋划"十四五"发展的规划之年，事情多，任务重。在此，我重点围绕"人、事"，提三点希望。

第一，希望大家多琢磨事，少琢磨人。铁打的营盘流水的兵，琢磨人是最不靠谱、最不地道的。同事同事，重中之重是把事情做好、把工作做实，全体班子成员和中层负责同志要一门心思谋工作、凝心聚力推工作、尽职尽责干工作。

第二，希望大家做事为重，做人为先。做好学校的事情，关键在人。做人为先，就是要为人师表、严于律己，以身作则、率先垂范；就是要一岗双责、并驾齐驱，协同发力、不可偏废；就是要与人为善、导人向善，"己所不欲，勿施于人"。

第三，希望大家绘事后素，立德树人。立德树人，是学校的根本任务，是我们的初心使命。要坚持一张蓝图干到底，推进"四个一流"建设不懈怠；要坚持一把尺子量到底，严守"理工九条"不松劲；要坚持一个品牌树到底，落实"理工思政"不分心。任尔东西南北风，立德树人不放松。

2021 年度工作务虚会

务虚以落实，行稳以致远（2021 年 2 月 27 日）

　　这次会议安排紧凑、内容丰富，工作谋划到位、准备充分。下面，我就扎实做好今年工作，谈三点意见。

　　一是要温故以知新。重温入党誓词、重温理工九条，就是要进一步明确新时代的新任务、新要求，走好新征程，全面加强党的领导，始终坚持党建引领，把政治建设作为管党治党、办学治校、立德树人的当务之急、重中之重。

　　二是要务虚以落实。要抓当前，谋长远，坚持实作风、实目标、实举措。做到"三化"——管理精细化、标准化、人性化，"三不"——履职不折腾、名利不计较、工作不懈怠，"三有"——工作有适度压力、合理动力、巨大合力。

　　三是要行稳以致远。要始终坚持尊师重教稳基础，立德树人稳根本，做特培优稳重心，不断提升学校核心竞争力。

第三届五次教职工暨工会会员代表大会
学校的事，说到底是师生的事（2022 年 1 月 10 日）

2022 年是我校进入突出特色立校、着眼精致办学新阶段，持续打造全省产教融合样板和发展改革精品的全新一年。新年伊始，习近平总书记在元旦贺词中饱含深情地谈道："大国之大，也有大国之重。千头万绪的事，说到底是千家万户的事。"① 始终把人民放在心中最高的位置，这让人听后特别暖心。办好一所学校何尝不是如此？下面，我感同身受地与大家交流三点。

第一，党委行政的事说到底是教师学生的事。讨论中，各位代表履职行权、建言献策，提了很多真知灼见，既有着眼长远的谋划，也有事关当前的做法，既有关系全局的难点，也有事涉日常的细节，涉及人、财、物、制方方面面。代表所提建议，无论谋划还是做法，无论难点还是细节，都是师生的操心事、烦心事、揪心事，关系师生的获得感、幸福感、安全感。这些事，就是党委行政的大事、要事、急事，小事一件件办好了，大事才会一步步办成，急事一件件办妥了，要事才会一步步办稳。请大会秘书组认真梳理，将其中的真知灼见充分吸纳进各个报告中去、落实到各项工作中来。

第二，办学治校的事说到底是立德树人的事。"十四五"，学校办学治校思路已经清晰，就是要坚持不懈全面从严治党、全面从严治校，认真落实省发展改革委精致办学的要求，持续改善办学条件以求精美、持续加强师资建设以求精干，持续强化专业建设以求精品，持续提质人才培养以求精工，持续优化内部治理以求精细，力促学校精中拓、稳中进、特中强，确保学校政治过硬、安全过关、教学达标。这"五精"，是学校当前及今后"四个一流"建设的具体体现，是学校落实立德树人根本任务的主要抓手。"五精"归一，学校所有工作都必须以立德树人作为根本出发点和落脚点，删繁就简、化繁为简，补差纠偏、正本清源。

第三，精益求精的事说到底是团结奋斗的事。邓小平说："世界上的事情都是干出来的，不干，半点马克思主义都没有。"② 习近平强调："人世间的一切

---

① 国家主席习近平发表二〇二二年新年贺词［EB/OL］. 中国政府网，2021-12-31.

② 刘灿. 业绩都是干出来的［EB/OL］. 中国共产党新闻网，2022-06-01.

幸福都需要靠辛勤的劳动来创造。"① 学校要实现精益求精的目标，全校上下要更加凝心聚力地干起来，几个报告从大家中来，最终要到大家中去，靠大家落实，会上通过后，大家要一切行动听指挥、对照部署抓落实；全校上下要更加齐心协力地干起来，众人拾柴火焰高，众人划桨开大船，上下同心、其利断金，拧成一股绳、无往而不胜；全校上下要更加尽心竭力地干起来，要有"春蚕到死丝方尽，蜡炬成灰泪始干"的奉献精神，要有"不到黄河心不死，不到长城非好汉"的顽强意志，要有"不鸣则已、一鸣惊人"的必胜决心。功成不必在我、功成一定有我，出勤更出力，用心更用情。

① 习近平等十八届中共中央政治局常委同中外记者见面［EB/OL］. 中国政府网，2012-11-15.

第七轮中层干部履新交接会
欲强自我先强团队（2022年1月18日）

首先，我代表学校对第六轮中层干部倾情履职表示衷心感谢，对第七轮中层干部满血上岗表示热烈祝贺！为进一步凝聚奋进力量，共创美好未来，下面，我提三点希望，与大家共勉。

第一，希望大家努力在艰苦磨砺中增长德能。磨砺和德能永远是比翼双飞的，磨砺经受越多，德能增长越快。抓工作如奏乐器，要心中有谱，只有分出轻重缓急，才会奏出抑扬顿挫；带队伍如对家人，要心中有爱，深信用爱凝聚起来的队伍是不可战胜的，仁慈是大爱，严管是厚爱，爱之深者恨之切，恨之切者爱之深；律自己如师三友，要心中有范，虚心竹有低头叶、傲骨梅无仰面花，大雪压青松、青松挺且直。我们要始终牢记习近平总书记的殷殷嘱托："对党忠诚，必须一心一意、一以贯之，必须表里如一、知行合一，任何时候任何情况下都不改其心、不移其志、不毁其节。"①

第二，希望大家努力在淡泊名利中宽广胸怀。名利心和胸怀度永远是此消彼长的，名利心越小，胸怀度越大。心中装有多少人，手上才能带多少人；心中厚有多少德，手上才能成多少事；心中修有多少福，手上才能积多少财。履职尽责，修身做人，要多容人、多厚德、多修福，心有多大、天地就有多大，梦有多远，道路就有多远。

第三，希望大家努力在成就团队中成就自我。自我和团队永远是相辅相成的，大河有水小河满，大河无水小河干，欲强自我者必先强团队。以校为家、重在以公为先，以师为尊、重在以生为本，新中层新期待，新征程新祝福，众人划桨开大船、撸起袖子加油干，让我们一起向未来，为全新启航学校"四个一流"建设精益求精新征程，持续打造全省产教融合样板和发展改革精品而努力奋斗！

---

① 习近平在中央党校（国家行政学院）中青年干部培训班开班式上发表重要讲话 [EB/OL]. 中国政府网，2021-03-01.

李科校长履新见面会

以誓师信心当"班长"（2022 年 7 月 21 日）

多谢建华副书记，多谢潘军处长，欢迎李科校长，我们一定会落实建华副书记的讲话要求，提高政治站位，打造坚强有力的领导班子；我们一定会坚持抢抓机遇，推进学校内涵式高质量发展；我们一定会全面从严治党，营造风清气正的干事创业氛围。在此，我代表学校表个态。

一、坚决服从省委决定

第一，感谢省委重视理工学校。理工生在楠竹山，长在湘潭市，44 年来，从省煤炭局到省发展改革委、省教育厅，主管部门几经变迁，穷则变，变则通，特别是发改 7 年，重整行装，浴火重生。这次又得省委高度重视，学校作为首批省直主管高职划归省教育厅统一管理，再次沐浴改革春风，踏上放飞快车，每次变迁，无不写满省委的高看，全校上下，满怀期待。

第二，感谢省委优配理工班子。特别是本届党委，五年三任校长，或部门领导，或地方主官，或教育行家，年轻有为，年轻能干，多经历多维度加强学校领导，助力学校发展，每任加持，无不写满省委的厚爱，全校上下，满怀感激。

第三，感谢省委信任理工"班长"。最大的幸福莫过接续奋斗。"吏不畏吾严，而畏吾廉；民不服吾能，而服吾公"。下一届，省委继续提名我为理工书记人选，是对"班长"从严治党、清廉治校的充分肯定，是对"班长"以公为先、以校为家的最好奖掖，每届提名，无不写满省委的信任，全身上下，满怀自豪。

二、认真落实根本任务

第一，更加聚焦立德树人。学思践悟习近平新时代中国特色社会主义思想，始终坚持社会主义办学方向，狠抓思政工作不松劲；始终坚持服务"三高四新"美好蓝图，狠抓产教融合不放手；始终坚持培育理工特色职业情怀，狠抓读书明理不懈怠。引导广大学子自信满满、自强不息、自律坚守，立报国之志、学一技之长、明读书之理，做德智体美劳全面发展的社会主义建设者和接班人，做担当民族复兴大任的时代新人和匠心传人。

第二，更加聚心精致办学。"苔花如米小，也学牡丹开"，始终坚持"精中拓、稳中进、特中强"，奋力谱写学校"四个一流"建设精益求精新篇章；持续打造全省产教融合样板，将学校办进产业园区，把专业建在产业链上，让课堂走入生产车间；聚力建设全省高水平职业院校，引导全校上下各司其职、各尽其能、各安其位，悉心尽好一份责，精心讲好一堂课，用心读好一本书，全心育好一代人。

第三，更加聚力特色发展。理工校园不大、大楼不高、高处不多，但理工欣欣向荣、生机盎然、朝气蓬勃。理工无所有，聊赠一枝春，这个"春"就是理工内涵式、高质量特色发展，"不治自理文明新校园、不教自学育人大课堂、不言自明职教新湘军"的特色理念，"办好理工一点、带动教育一线、影响产业一片"的特色愿景，"有核无边、协同育人"的特色模式，"理工党建、理工思政、理工产教、理工读书、理工督导"的特色品牌，管用实用耳目新，百尺竿头更进步。

三、倾情支持校长工作

第一，以拜师姿态当兄长。我的校长们开始不太理解我的不耻下问，这不只是谦卑自牧，这是我发改规划工作中养成的职业习惯，见好就"收"，闻过则喜。我的三任校长都是"70"后，三人行必有我师。过去，我学爱云静水流深、学静彬雷厉风行，今后，我要学李科教书育人。我深信，以校长为师，功在小我，利在大学。

第二，以为师情怀当学长。我和李科都是师范出身，都是师大校友。德高为师，身正为范，很喜欢师大校训"仁爱精勤"，精神气质独特，价值追求鲜明。学而优则仕，学而优则师。学长我学虽不优，但与学弟同校为仕、同校为师，愿与学弟携手同行、携手共进，用鸟飞高空的视野和格局，洞悉职教全局和规律，用蛙安一域的实干和精熟，适应理工环境和时节，用敬畏之心敬业、用爱子之心爱生、用律人之心律己，不负母校"仁爱精勤"之训，不负我校为仕为师之责，不负全校满怀接纳之情。

第三，以誓师信心当"班长"。坚决贯彻落实党委领导下的校长负责制，倾情支持李科校长依法履职，团结党委一班人，带领全校旗帜鲜明讲政治、多措并举养清廉、凝心聚力抓质量、齐抓共管保平安。校小不小志，位后不后求，在继承中创新，在创新中发展，在发展中成就，在全省职教赛道上砥砺前进、奋勇争先，跑出最好成绩。在此，我也推心置腹，情怀难于智慧，过程重于结果，治大学校不能丢里子，理小学校不能顾面子，天空没有翅膀痕迹，贵在我们努力飞过。

民主党派人士座谈会

同心同德，同向同行 （2022年9月6日）

在学校第三次党代会即将召开之际，我们召开民主党派人士座谈会，广泛听取意见建议，非常必要，非常重要。首先，我代表校党委，对大家长期以来关心党委工作、关注学校发展表示感谢。刚才，大家围绕学校第三次党代会报告、各党派特色活动、自身工作情况及发展规划踊跃发言，我听后甚感欣慰。

今年是中国共产党明确提出统一战线政策100周年，我们要深刻学习领会习近平总书记在中央统战工作会议上的重要讲话精神，认真贯彻落实党的各项统战政策，抓好统一战线队伍建设。在此，我提三点希望与大家共勉。

一是希望真心做朋友。要进一步提高政治站位、强化政治担当。全面贯彻新时代党的教育方针，加强沟通交流，努力提升参政议政、民主监督的能力，保持"长期共存、互相监督、肝胆相照、荣辱与共"的友好关系。

二是希望专心做贡献。要进一步提高能力素质、坚持真抓实干。立足本职岗位，加强业务学习、增长才干水平，勤思考、善总结、敢创新，在克难攻坚中做出更大贡献。

三是希望用心做标兵。要进一步提高工作标准、奋力争先创优。坚持"以公为先、以校为家、以师为尊、以生为本"，悉心尽好一份责，精心讲好一堂课，用心读好一本书，全心育好一代人，不负时代不负生。

2022 年度述党建述职述廉暨民主评议会

春暖花开会有时 （2023 年 3 月 10 日）

首先，我代表学校表达感激之情。各党总支、党支部是学校决战一流的先锋队，2022 年是本届党委任期的收官年。各部门单位的年度集中"三述"，也是学校五年多发展的精彩绽放。过去五年多，全校奋发图强、团结一心，用发展眼光谋学校未来，用改革办法促学校发展，用忘我精神逐理工梦想，争先创优，争先求进，整体向上向前。学校励精图治、焕然一新，获评教育部现代学徒制试点、省文明标兵校园、省优秀清廉学校、省读书联盟理事长单位等一大批荣誉称号，招录线逐年攀升、省排位大幅提升，全面向善向好。事业是苦干出来的，幸福是奋斗出来的，全校团结一心成就学校一流，全校师生的奖杯赢得了学校口碑。作为"班长"，我深表谢意。

其次，我代表个人表达歉疚之情。过去五年多，学校党委校小不小志、位后不后求，在各级各方的大力支持下，着眼"四个走在前列"，力推"四个一流"建设，虽然取得了诸多难能可贵的突破，但也留下了不少久攻不克的堡垒。校园面积依然偏小，围城之困并未全破；人员编制依然偏少，瓶颈制约并未全解；福利待遇依然偏低，民生实事并未全实；等等。有的是挟泰山超北海，心有余而力不足，但有的是用心不专、用情不深、用力不均，也有的是要求不严、督促不力、落实不够，但不管什么原因，毕竟好事没有全办好，实事没有全办实。作为"班长"，我深表歉意。

最后，我代表党委表达期盼之情。没有一流队伍，绝无一流事业。党委提出"办不一样的学校、培不一样的老师、育不一样的学生"，这个"不一样"着重在"不治自理、不教自学、不言自明"，体现在"办好理工一点、带动教育一线、影响产业一片"，路虽远行则将至，事虽难做则必成。作为"班长"，我满怀希冀。

第一，希望大家自觉自律不治自理。就是要令行禁止，树立正确的是非观、义利观、荣辱观，知足不辱，知止不殆。要严守中央八项规定、严守教师十条准则、严守理工九条规范，内化于心，外化于行，表里如一，始终如一，越自觉者越自主，越自律者越自由。

第二，希望大家自强自立不教自学。就是要有备无患，树立强烈的危机感、使命感、责任感，居安思危，临危不惧。为人师表者，己立立人，己达达人，将"为党育人、为国育才"落实到"为生铸魂、为生赋能、为生立业"上。我们首先要"为己赋能、为己立业"，以责生之心责师，以敬畏之心敬业，学习学习再学习，努力努力再努力，以知识的吐故纳新适应职教事业的日新月异，以能力的与时俱进应对人生挑战的不时之需。

第三，希望大家自信自行不言自明。就是要奋发有为，树立顽强的凝聚力、意志力、战斗力，绵绵用力，久久为功。要"苔花如米小，也学牡丹开"。一如郑板桥的《竹石》："咬定青山不放松，立根原在破岩中。千磨万击还坚劲，任尔东西南北风。"我坚信车到山前必有路，坚信春暖花开会有时，坚信天道酬勤定成功。理工五年，佳期恍然如梦；理工未来，前程一定似锦。

中层主要负责人任前谈话

发挥关键少数的关键作用（2023年3月23日）

这次集体谈话的中层主要负责人，是学校党委为确保换届后有人员异动的部门单位工作平稳运行而统筹优化调整的，是届中调整，有的是正职交流转任，有的是副职主持履新。无论是转任正职，还是主持副职，大家都是中层主要负责人，都是对一个部门单位负主要责任的人，是关键少数。今天，我把大家召集起来谈话，就是为了进一步严肃纪律，压实责任，希望大家珍惜组织的信任和培养，切实发挥好关键少数的关键作用，努力做到"六好"。

一是管好自己，作好表率。"其身正，不令而行；其身不正，虽令不从"。我们要旗帜鲜明讲政治，以身作则严规矩，率先垂范乐担当，勿以恶小而为之，勿以善小而不为。

二是建好班子，带好队伍。我们要坚持民主集中制，大事讲原则，小事讲风格，凝心聚力，众擎易举，众人划桨开大船，众人拾柴火焰高。

三是抓好工作，干好事业。我们要敢作敢为，善作善成，抓重点，破难点，出亮点，干在实处走在前，为学校"四一两全"建设倾情倾力、尽职尽责。

党政办工作一线调研

悉心尽好一份责，干在实处走在前 (2023年4月11日)

我对党政办的工作总体上是满意的，队伍比较精干、人员比较精神、工作比较精准，难能可贵的是，大家埋头干活话不多、热心服务事不拖，倾情履职效不错，有团队精神，有大我情怀，有匠心品质。

"悉心尽好一份责"是学校第三次党代会"四一两全"战略擘画的重要一环，是落实学校"四一两全"战略部署的关键一环。事业是实干出来的，幸福是奋斗出来的，学校"四一两全"战略擘画使命光荣、任务艰巨，全校上下各级各部门非真抓实干不可、非埋头苦干不可、非奋发有为不可。

我平日对党政办的同志表扬不多、批评不少，不是对大家不关心，而是对大家有"偏"心，党政办是我直接分管的，我希望党政办的同志要做全校真抓实干的表率，做全校埋头苦干的表率，做全校奋发有为的表率，悉心尽好一份责，干在实处走在前。我提出三点要求与大家共勉。

第一，要高站位看待部门职能。每一个部门都是学校的四梁八柱，不可或缺，不可替代。高站位看待，就是要跳出部门看部门，着眼全校对坐标，立足部门促发展。党政办是学校党委行政的参谋助手、前哨后院，肩负承上启下、协调左右的重要使命，是学校面子，更是学校里子。我们高站位履行党政办职能，必须高瞻远瞩、内外兼修，必须高屋建瓴、守正创新，必须高明远识、善作善成。

第二，要高标准对待岗位职责。每一份职责都是职能的落细落小，积沙成塔，汇流成河。高标准对待，就是要不以事小而不为，不以事杂而乱为，不以事急而盲为，不以事难而怕为。我们高标准落实党政办职责，就是要规之以范办好文、规之以程办好会、规之以矩办好事，不以恶小而为之，不以善小而不为。比如，保密无小事、事事关大体，必须万无一失。用印勿小看、印印显大气，必须清晰端正，一个单位印都盖不正，谈何治理？还有办公用房、公务用车、接待用餐等，都要一丝不苟、一"尘"不染。

第三，要高质效善待工作职守。每一次职守都是分内应尽责任，守土有责，守土负责，守土尽责。高质效善待，就是要种好自家地，抱好自家娃，保质保量，出色出彩。我们高质效恪尽党政办职守，就是要融小我于大我，先师生之忧而忧、后师生之乐而乐；融当前于长远，以学校之发展促个人之成长；融工作于学习，以知识之日进促能力之日升。把岗位当作事业平台奋发有为，把团队当作人生缘分倍加珍惜，把匠心当作职业品质毕生追求。用敬畏之心敬业、用律人之心律己、用爱子之心爱生，争做政治上的明白人、品行上的规矩人、教育上的有心人。

第四届一次教职工代表暨工会会员代表大会

一分部署九分落实（2023年4月16日）

这是一次团结的大会、胜利的大会。在全体代表共同努力下，会议听取并审议了行政工作报告、工会委员会工作报告、财务预决算报告、学术委员会工作报告等四个报告，审议通过了职称评审实施细则，选举产生了新一届工会委员会、经费审查委员会，审议通过了新一届提案工作委员会、民主管理委员会、女工委员会，圆满完成了各项工作任务。我对全体代表认真负责的履职和卓有成效的工作表示感谢。

这也是一次凝心的大会、聚力的大会。校领导深入各小组和代表们坐在一桌、说在一起、议在一处，添彩"四一两全"美好蓝图，增色"四个一流"精深篇章，点睛"双高"建设目标任务，同心同德，群策群力，形成了更加广泛的发展共识，汇聚了更加磅礴的奋进力量。我对全体代表表现出来的过硬政治素养和良好精神风貌表示满意。

这更是一次动员的大会、部署的大会。一分部署九分落实。今天会议通过的几个报告，就是学校全年工作的任务书、作战图，特别是李科校长的行政工作报告，简明扼要，条分缕析，请各部门单位各负其责、认真落实，请各位代表率先垂范、带头落实。我有三点期待：

第一，抓队伍建设"落实"，要倾情做好"三个人"——政治上的明白人、品行上的规矩人、教育上的有心人。这就是习近平总书记要求的"忠诚、干净、担当"，我们要在主题教育中进一步学思践悟、身体力行，党委班子成员要带头，各级"一把手"要带头，在座各位代表要带头，一级做给一级看，一级带着一级干，引导全校上下知行合一、令行禁止，勿以恶小而为之，勿以善小而不为。

第二，抓事业发展"落实"，要着力提质"三件事"——教书以育人、读书以成才、著书以立言。精心讲好一堂课，贵在以生为本，教之义在育，文之义在化，循循善诱，诲人不倦。用心读好一本书，贵在以育为要，增智明理达礼，修身做人处事，立志立德立技。静心立好一家言，贵在以用为重，学思践悟知信行、一人一年一成果。大家岁岁有新惊喜、新成果，学校才会年年有新突破、新发展。

第三，抓人才培养"落实"，要全心关注"三类生"——特别优秀的学生、特别困难的学生、特别调皮的学生。有教无类并非平均用力，爱生如子绝非放任自流。特别优秀的学生要重点引导，让优秀变得更优秀，小学校可以出大工匠。这个"优秀"就是习近平总书记强调的要"有理想、敢担当、能吃苦、肯奋斗"。特别困难的学生要悉心照顾，让他们"吃饱喝足、才美外现"，勿让一分钱难倒英雄汉。这是学校"千里马"助学的初心所在、要义所在，不能让我们的学子因为生计而拖累学业。特别调皮的学生要设法调教，让他们"浪子回头金不换"。教育的意义，不是让每个学子变为天才，而是把每个学子育成人才，让每个学子因教育有方而不断向上向善、向前向好。"养不教，父之过。教不严，师之惰"。这个"严"既要严管，又要厚爱，要满怀爱心去管、有的放矢去管、千方百计去管，精诚所至，金石为开。

统一战线思政学习座谈会

讲政治，爱岗位，做贡献（2023年12月14日）

刚才，各民主党派、无党派人士代表集中学习了习近平文化思想和全国宣传思想文化工作会议精神，观看了学校"凝聚统战向心力，画好最大同心圆"教育视频，并围绕学校高质量发展、各自党派特色活动以及职业生涯规划等主题踊跃发言。我对大家的高质量建言献策表示感谢！对大家高站位干事创业致以敬意！对大家的高水平履职尽责充满期待！

民主党派、无党派人士是学校发展的重要力量，全面加强党委对统战工作的领导，推动构建大统战工作的格局，谋求最大公约数，画好最大同心圆，是学校"同心筑梦"工程的题中之义。下面，我提三点希望与大家共勉。

一是希望大家旗帜鲜明讲政治，始终与国家同频共振。要不断加强理论学习，学思践悟习近平新时代中国特色社会主义思想，深入贯彻落实好习近平总书记关于做好新时代党的统一战线工作的重要指示和习近平总书记在党外人士座谈会上的重要讲话精神，全面贯彻落实好上级关于统战工作的各项决策部署。要不断加强沟通交流，努力提升参政议政、民主监督的能力，为全面建设社会主义现代化国家、全面推进中华民族伟大复兴而团结奋斗。

二是希望大家敝帚自珍爱岗位，始终与理工同进共退。要始终秉持"以公为先、以校为家、以师为尊、以生为本"治校理念，悉心尽好一份责，精心讲好一堂课，用心读好一本书，全心育好一代人，为将学校加快打造成全省产教融合样板、全省高水平职业院校而添砖加瓦。

三是希望大家立足本职做贡献，始终与自己同甘共苦。幸福是奋斗出来的，一分耕耘一分收获。要积极响应学校"一人一年一成果"的号召，全身心投入"双高"建设，要干在实处多出成果，要争先创优出好成果，要在服务团队中展示自我，要在出彩团队中成就自我，为使自己成长为"可信、可亲、可敬"的理工新师而笃行不怠。

高质量落实党委领导下的校长负责制

和合生同，美美与共[*]（2023年12月25日）

党委领导下的校长负责制是党对高校领导的根本制度，是高校坚持社会主义办学方向的重要保证。这一制度既是理论命题，又是实践课题，在理论上深入探讨，在实践中不懈探索，具有重大现实意义和深远历史意义。

我从省发展改革委调任湖南理工职院担任书记六年多来，同事三任各具特色、非常能干的校长，无论是与爱云搭"爱心"班子、与静彬建"静心"班子，还是与李科带"信心"班子，我始终坚持把严守政治纪律和政治规矩放在首位，坚决贯彻落实党委领导下的校长负责制，和合生同，美美与共。我的美好感觉源自共同努力，多年探索实践，让我体会最深的有三点。

第一，干事上同力共担，坚持系统化推进，是高质量落实这一制度的核心。同事同事，众擎易举。履好书记的职，须尽到干事的责。这个系统化推进，就是谋全局、虑长远，就是凝共识、聚合力，就是校小不小志、位后不后求。一是争先求进定目标。学校第二次党代会系统提出突出内涵发展，打造全省产教融合样板和发展改革精品总体目标，以及创造一流办学条件、建设一流教师队伍、培养一流应用人才、实现一流内部治理"四个一流"具体目标，提出"办好理工一点、带动教育一线、影响产业一片"班子担当，自我加压，凝心聚力。学校第三次党代会坚持一张蓝图干到底，注重与时俱进促提升，奋力谱写"四个一流"建设精益求精新篇章。二是删繁就简抓重点。聚焦思政教育、产教融合、读书明理三大重点，明确工作任务，建立内控机制，落实立德树人。进行"1+3"顶层设计，"1"就是"理工治理"，即"4321"内部治理机制，围绕"四个一流"目标，编制"三年行动计划"，实现两轮连续末位淘汰和党风廉政建设一票否决；"3"就是建设六大特质理工、实施二十大精品育人活动的"理工思政"，汇校地、校企、校行融合于一体的"理工产教"，培养学生九大特色职业情怀的"理工读书"，三位一体、协同发力，五育并举、德技兼修。三是令行禁止督落实。学校出台《全面从严治党全面从严治校督导实施方案》，建立常态化内部督导体系和可持续诊断改进机制，构建了融"督管、督教、督学"于一体的严

---

* 登载于《湖南教育·职业教育》2024年5月刊。

督实导大机制，导人向善，督事向好，学校第三次党代会后升级为"三全育人"专项督导，扬长补短，再接再厉。学校出台了全新绩效考核方案和管理办法，按照人事统一、责权统一、奖罚统一原则分级分类考核，分解任务、细化目标、压实责任，让干与不干、干多干少、干好干坏不一样，同工同酬，共建共享。

第二，待人上同心共勉，强调人性化引导，是高质量落实这一制度的关键。人事人事，事在人为。做好学校的事，须善待学校的人。这个人性化引导，就是与人为善、导人向善，就是挖潜提质、赋能增效，就是不教自学、不治自理。一是融厚爱于严管，出台教职工行为规范，约法"九条"，明确引导方向，列出负面清单，严班子以身作则，严机制以理服人，严规矩以儆效尤，实现从严治党、从严治校全覆盖、零容忍，扶正祛邪，防微杜渐。二是融制度于文化，秉持"以公为先、以校为家、以师为尊，以生为本"的治校理念，总结提炼了"理工校训、理工使命、理工精神、理工教风、理工学风"等系列特色校园文化，完善出台了《学院章程》《党委领导下的校长负责制实施细则》《落实"三重一大"集体决策制度的实施办法》等各类人财物管理制度近100项，坚持制度硬管、文化软治，双管齐下，相得益彰。三是融公正于奖罚，治理之策，唯奖唯罚，有功即奖、有过必罚，奖要奖得光明正大，罚要罚得心服口服。奖罚上面，一视同仁，正式临时一个样，有编无编一个样，干部工人一个样，让想干事、会干事的人有奔头，让坏规矩、乱纪律的人生敬畏。

第三，律己上同向共进，注重平民化情怀，是高质量落实这一制度的前提。干部干部，先干一步。当好一班之长，须率先垂范一步。这个平民化情怀，就是以身作则、身体力行，就是己所不欲、勿施于人，就是己立立人、己达达人。一是铁面无私讲原则。带头践行"理工九条"，不违法乱纪，不违规乱矩，不违德乱俗，坚守大节，管住小节。纯洁同事间关系，零距离交心、等距离交流、有距离交往，不搞亲亲疏疏、网开一面、下不为例。二是平易近人重感情。我深信，凡是用感情凝聚起来的队伍都是不可战胜的。始终把自己当成一名普通理工人，处处站在最广大师生员工的合法合理诉求上思考问题、谋划发展、推动工作。始终把呵护刻在心头，坚持坦诚相见，注重交心谈心，预防针常打，紧箍咒常念，把问题摆在明处，把丑话说在前头，多化解矛盾，多解决难题，多为群众办实事。学校持续实施教职工全覆盖谈心谈话和党政负责人上门家访，将思想政治工作做细做深做到家，大家有话愿意向党说，学校有事乐于共分担。三是身先士卒干实事。始终把牵总抓在手上，坚持党委集体领导，落实民主集中制，对"三重一大"事项，实行党委集体研究决定。始终把实效摆在首位，坚持分工不分家，放手不放任，对急、难、险、重工作，高看实抓、紧盯严抓、聚力主抓，常抓不懈，一抓到底。

【媒体聚焦】

省教育厅夏智伦厅长一行深入学校调研指导

（理工官微 2022年11月2日）

11月1日上午，省教育厅党组书记、厅长夏智伦来我校调研指导工作。省教育厅办公室主任余伟良，职成处处长崔书芳陪同调研。校党委书记叶星成，校长李科，党委班子成员以及相关职能部门、二级学院负责人参加调研座谈。李科主持调研座谈会。叶星成做工作汇报。

在现场调研中，夏智伦一行先后考察了学校北院省级公共实训基地、南北院校区畅通工程、大学生创新创业基地。现场调研结束后，夏智伦一行在南院求实楼机关党员活动室召开座谈会，研究探讨学校当前和今后的发展工作。

会上，叶星成代表学校做了工作汇报。过去五年，在省委、省政府的正确领导和省发展改革委、省教育厅、湘潭市的大力支持下，学校党委坚持用发展眼光谋划学校未来，用改革办法破解发展难题，用忘我精神追逐理工梦想，着眼办学条件、教师队伍、应用人才、内部治理"四个一流"目标，全面从严管党治党，全面创新办学治校，全面落实立德树人，励精图治、奋发图强，奋力推进学校后发赶超、跨越发展，走出了一条都市区学校集约化办学、高质量发展的内涵式特色新路。

叶星成还满怀期待地汇报了学校未来发展的总体考虑。他表示，学校将在省教育厅的坚强领导和关心支持下，继续保持良好的工作状态，坚定不移走内涵式发展道路，认真贯彻落实党的二十大精神，主动服务全省"三高四新"战略定位和使命任务，紧紧围绕落实立德树人根本任务，引导全校上下各安其位、各司其职、各尽其能，悉心尽好一份责、精心讲好一堂课、用心读好一本书、全心育好一代人，持续打造全省产教融合样板，聚力创建全省高水平职业院校。未来五年，在推进学校面上工作大提升的基础上，实现点上工作再突破。重点实施六大任务二十大工程，持续全面从严管党治党、持续改善办学条件、持续加强师资建设、持续提质人才培养、持续强化内涵建设、持续完善内部治理，力促学校精中拓、稳中进、特中强。

夏智伦厅长对学校过去五年的发展成就表示高度赞赏，并充分肯定学校在内涵建设、人才培养、产教融合、校园文化建设等方面的工作。他指出，学校专业建设成果突出、校园文化特色鲜明、校园环境优美精致、师生精神风貌蓬勃向上，各方面发展态势稳步向好。夏智伦厅长对学校未来发展的总体考虑十分认可，表示将大力支持学校打造全省产教融合样板、创建全省高水平职业院校。他向学校党委班子和广大师生提出了三点要求。

一是提高站位。要进一步提高政治站位，坚定捍卫"两个确立"、坚决做到"两个维护"。深入学习宣传贯彻党的二十大精神，将学习宣传贯彻党的二十大精神作为学校当前和今后一个时期的首要政治任务，原汁原味全面学、用心用力深入学。充分认识学习宣传贯彻党的二十大精神的重大意义，全面准确把握党的二十大精神的内涵实质，结合学校实际，制定行动方案，深刻钻研领悟，狠抓贯彻落实。积极组织党委中心组研讨学、全体师生集中学、专题学、自学等多种形式学习贯彻党的二十大精神，切实用党的二十大精神统一思想、统一意志、统一行动。

二是坚定信心。要清醒认识管理体制调整的重大意义，充分把握管理体制调整相关政策，继续保持强劲势头办好学校。省教育厅与学校原主管单位将加强合作共建，在干部队伍建设、信息沟通交流、人才引进调配等方面，一如既往地支持原主管单位参与进来，与学校保持密切联系，共同助力学校发展。要坚持以"共享"促"共建"，发挥信息共享优势、专业指导优势，调动积极性，紧密对接行业企业需求，深入推进产教融合、校企合作，并按照教育教学规律，更加科学、合理、高效地办学治校。

三是勇于担当。要抢抓湖南职业教育黄金发展的十年机遇，开拓视野和眼界，锚定目标不放松。在学校用地、项目工程、校园设施等硬件建设上提质增效；在办学水平、内部治理、人才培养等软件建设上狠下功夫。切实增强领导班子能力，充分发挥党委把方向、管大局、做决策、保落实的职能。勇于创新思路理念，打造品牌、塑造精品、提高声誉；勇于攻坚克难，凝心聚力、团结拼搏、奋发作为。希望理工加入教育厅这个大家庭后能把立德树人事业办得越来越好，在特色发展之路上越走越远。

李科进行总结。他表示，学校将认真领会此次会议精神，扎实贯彻落实到学校各项工作之中，在省教育厅党组的坚强领导下，埋头苦干、勇毅前行，力促学校事业全方位高质量发展，为打造职教湘军、谱写湖南职业教育改革发展新篇章贡献理工力量。

第三辑
用规章制度管党治党

"班长"以身作则

班子风清气正

队伍令行禁止

【星愿心语】*

严立规以类相从

约法"三章"，要求自己"讲原则、重感情、干实事"，尽心尽力、尽职尽责。正风"六不"，要求班子成员"不违法乱纪、不违规乱矩、不违德乱俗，不收礼、不损公、不攀比"，以上率下、令行禁止。明令"九条"，要求全体教职工对标正负清单、规范日常行为，严以修身，诚以待人，公以处事，乐以尽责。健全机制，出台《党委落实全面从严治党主体责任规定》《加强"一把手"和领导班子监督实施方案》《党建质量提升工程实施方案》《学院章程（修订）》《清廉学校建设实施方案》《师德师风建设实施方案》《全面从严治党全面从严治校督导实施方案》等一系列治党治校规矩，对天线接地气，肃风纪聚人气。

---

* 第二届党委班子任期述职报告摘要（2022 年 8 月 5 日）。

严守规以身作则

　　身先士卒、率先垂范，带头学理论、强信念，带头把方向、抓导向，带头管阵地、强队伍，带头坚持民主集中制原则，带头落实双重组织生活制度，带头如实报告个人有关事项，党群统战、意识形态、人才建设等重要工作亲自部署，疫情防控、文明创建、乡村振兴等重要事项亲自研究，产教融合、体制调整、机构设置等重要改革亲自推进，积极落实第一议题，切实担起第一责任。抓早抓小、防微杜渐，用好批评和自我批评武器，用活谈心谈话和家访制度，用足执纪监督第一种形态，对苗头性、倾向性问题，开展提醒教育、约谈函询，让"红红脸、出出汗"成为常态。老牛舐犊、老生常谈，清廉是福、贪欲是祸，有事无事讲，婆婆嘴、碎碎念；入党誓词常温、理工九条常念，大会小会抓，不忘初心、牢记使命。

严执规以儆效尤

重防范、未雨绸缪不能腐，严格落实党风廉政建设党委主体责任、纪委监督责任、分管领导"一岗双责"，建立健全重点领域、关键环节、特别时期廉政风险防控体系，群防群控、联防联控。重惩戒、望而生畏不敢腐，方向错了、止步就是进步，问题出了、长痛不如短痛，本着惩前毖后、治病救人原则，对违反理工九条，触碰党风廉政、师德师风建设底线的从快处置、从严处理，在评先评优、表彰奖励、选拔任用上一票否决，极大地爱护了同志、维护了学校。重警示、知难而退不想腐，以身边案说身边事、用身边事警身边人，举一反三，触类旁通，持续加强党风廉政教育，引导全体教职工特别是党员领导干部敬畏法纪、敬畏组织、敬畏师生。

【微课链接】

探寻"理工九条"背后的故事
正风肃纪，凝心聚力（2017年11月17日）

湖南理工职业技术学院教职工行为规范

一、对党忠诚，不口是心非、阳奉阴违。

二、为人师表，不伤风败俗、违法乱纪。

三、待人真诚，不颐指气使、阿谀奉承。

四、用人公正，不请托说情、任人唯亲。

五、治学诚信，不弄虚作假、沽名钓誉。

六、办事规矩，不优亲厚友、厚此薄彼。

七、乐于担当，不挑肥拣瘦、推诿扯皮。

八、廉洁奉公，不损公肥私、假公济私。

九、善作善成，不敷衍塞责、玩忽职守。

近日，《湖南理工职业技术学院教职工行为规范》（简称"理工九条"）经校党委会审定，印发全校执行。这份事关全校教职工行为导向的规范性文件究竟是怎样形成的？出台"理工九条"对学校"四个一流"建设将有何重大影响？带着这些问题，笔者第一时间专访了校党委书记叶星成，探寻"理工九条"出台背后的"故事"。

一、学校出台"理工九条"主要基于哪些考虑？

学校发展，关键靠人。学校第二次党代会提出"打造全省产教融合样板和发展改革精品"，任重道远，绝不是轻轻松松、敲锣打鼓就能实现的，需要全体教职工拧成一股绳，铆足一股劲，协力同心，勠力奋斗。没有一流队伍不可能有一流发展，没有一流作风不可能创一流业绩。出台"理工九条"就是为了正风肃纪，凝心聚力，带一流队伍，创一流业绩。力求"三个更好"：一是更好地贯彻落实党的十九大精神，以全面从严治党推动全面从严治校。二是更好地贯彻落实省发展改革委党组"四个走在前列"的要求，以干在实处推动走在前列。三是更好地贯彻落实学校"四个一流"建设部署，以一流内部治理推动办学条件改善、教师队伍建设和应用人才培养。

二、学校出台"理工九条"主要遵循哪些原则？

纲举目张，执本末从。"理工九条"是学校在中国特色社会主义进入新时代、全面从严治党面临新任务大背景下出台的一个统领性、引领性规范，是学校在步入二次跨越发展新阶段、推进全面从严治校大框架下出台的一个导向性、约束性规范。为了制订好这一规范，我们重点把握和遵循了以下原则。

一是坚持天线与地气相结合。"理工九条"坚决贯彻党的十九大精神，落实全面从严治党要求；坚决贯彻党的教育方针，落实立德树人要求；坚决贯彻省发展改革委党组"四个走在前列"部署，落实全面从严治校要求。

二是坚持倡导与禁行相结合。"理工九条"扶正祛邪，立场坚定，是非分明。每一条分两节表述，前一节旗帜鲜明地提出学校倡导的思想品德，不言而喻地说"要"；后一节一针见血地指出学校禁止的行为习惯，毫不含糊地说"不"。

三是坚持他律与自律相结合。"理工九条"重他律，更重自律，是行为规范、更是价值追求。引导教职工惩前毖后、见贤思齐，让歪风邪气成过街老鼠、无处藏身，让善举良端层出不穷、蔚然成风。

三、"理工九条"谋篇布局主要具有哪些特点？

个人行为千头万绪，处理不好纵有千言万语也难尽其意。"理工九条"谋篇布局力求简约清爽、管用实用，尽量用最少文字表达最多意思，用最简形式表现最繁内容，用最小篇幅表示最大决心。具体说，我们注意把握三点。

一是谋篇上力求大处着眼、小处着手。"理工九条"使用了"滴水见太阳"表现手法，寓大于小，小中见大。"理工九条"看似零散单薄，但涵盖了个人"修身、待人、处事、尽责"等主要行为，明确了个人思想品德形成、行为习惯养成等基本要求，坚持了问题意识、底线思维，体现了行为导向、价值追求。

二是布局上力求语言整饬、简洁明了。"理工九条"参照了《普通高等学校学生行为准则》语言风格，朗朗上口，便于记忆。每条基本上都由成语组成，妇孺皆知，一看就懂。与《普通高等学校学生行为准则》一道形成一体两翼育人大格局，构成立德树人教学姊妹篇，互促共进，相得益彰。

三是用意上力求内化于心、外化于行。"理工九条"融入了学校"明理知行、精工致远"的校训精神，身教重于言传。只有切实内化于心的东西，才能真正外化于行。教师身体力行，学生耳濡目染，教育润物无声，用最优秀的人培养更优秀的人，这是学校最希望收到的效果。

四、"理工九条"核心内容主要有些什么讲究？

"理工九条"体现了学校教职工的职业特点、师德师风的本质要求和发展改革的时代特征，"厚爱"与"严管"是贯穿其中的核心和灵魂，旨在引导全体教职工严以修身、诚以待人、公以处事、乐以尽责。

第一条：对党忠诚，不口是心非、阳奉阴违。这是理工人必备的政治品格，是学校建功立业的首要前提。党的十九大报告强调，"党政军民学，东西南北中，党是领导一切的。"① 学校是培养社会主义事业建设者和接班人的坚强阵地，必须坚持党的领导。对党忠诚，就是要听习近平总书记的话、跟中国共产党走，不断增强政治意识、大局意识、核心意识、看齐意识，自觉维护党中央权威和集中统一领导，自觉在思想上、政治上、行动上同党中央保持高度一致。不口是心非、阳奉阴违，就是要绝对忠诚，忠诚不绝对是绝对不忠诚，不能嘴里说一套，心中想一套，不能当面做一套，背后干一套。

第二条：为人师表，不伤风败俗、违法乱纪。这是理工人必备的师德修为，是学校教书育人的内在要求。学不高无以为师，身不正无以为范。为人师表，就是要率先垂范，身体力行，做社会主义核心价值观的积极倡导者和模范践行者，让教师更像教师。不伤风败俗、违法乱纪，就是要以身作则、令行禁止，做党纪国法、校规校风的自觉维护者和模范遵守者，要求学生做到的，教师首先做到，要求学生不做的，教师坚决不做。

第三条：待人真诚，不颐指气使、阿谀奉承。这是理工人必备的处世之道，是学校团结共事的制胜法宝。爱人者，人恒爱之；敬人者，人恒敬之。待人真诚，就是要有距离交往、等距离交流、零距离交心，讲原则，重感情，不敷衍，营造严肃活泼、和谐有序的良好人际关系。不颐指气使、阿谀奉承，就是上下级之间要平等相处、简单相处，上对下不要官气十足，下对上不要曲意逢迎。

第四条：用人公正，不请托说情、任人唯亲。这是理工人必备的人事纪律，是学校风清气正的关键一环。用人风气是学校风气的"晴雨表"，用一贤人则群贤毕至，见贤思齐就蔚然成风。用人公正，就是要坚持德才兼备、坚持五湖四海、任人唯贤，坚持事业为上、公道正派。不请托说情、任人唯亲，就是要在选人用人问题上讲大局、讲纪律，信组织莫信关系，靠组织莫靠关系，凡是请托说情的，绕弯路、抄近路、走邪路的一律不用。

第五条：治学诚信，不弄虚作假、沽名钓誉。这是理工人必备的学术道德，是学校安身立命的终极依靠。板凳坐得十年冷，文章不写一句空，学校发展呼唤真才实学，假博士不如真学士，假教授不如真传授。治学诚信，就是要一是一、二是二，老老实实做学问，踏踏实实晋职称。不弄虚作假、沽名钓誉，就是千万不要急功近利、投机取巧，弄虚作假是为人师表的大忌，一旦东窗事发必将鸡飞蛋打，这既不是读书人所为，也不为教书人所屑，更

---

① 习近平：决胜全面建成小康社会 夺取新时代中国特色社会主义伟大胜利——在中国共产党第十九次全国代表大会上的报告［EB/OL］. 中国政府网，2017-10-27.

不被理工人所容。

第六条：办事规矩，不优亲厚友、厚此薄彼。这是理工人必备的任事之道，是学校有序运转的先决条件。见事贵乎明理，处事贵乎心公。任事者，当置身利害之外，于私事眈眈者，于公务必疏。办事规矩，就是要铁面无私讲原则、秉公用权讲程序、驾轻就熟讲方法。不优亲厚友，不仅不能为亲友搞特殊化，甚至应瓜田李下避嫌疑，学校中层以上领导干部本人及亲属应自觉远离学校任何涉利项目。不厚此薄彼，就是要一视同仁、一把尺子量到底，不能看人下菜碟。

第七条：乐于担当，不挑肥拣瘦、推诿扯皮。这是理工人必备的责任意识，是学校攻坚克难的起码要求。新时代新思想，新使命新担当。乐于担当，就是要以舍我其谁的姿态、高度自觉的意识、极端负责的态度和勇于牺牲的精神，将工作时时放在心上，将责任稳稳扛在肩上，将任务紧紧抓在手上，不等不拖，不避不让。不挑肥拣瘦、推诿扯皮，就是要敢于面对困难、勇于接受挑战、善于解决问题，不能见到好处就争、想到矛盾就推、遇到麻烦就躲。

第八条：廉洁奉公，不损公肥私、假公济私。这是理工人必备的大我情怀，是学校乘风破浪的源头活水。大道之行，天下为公。有了私心，简单的事情就会变得复杂，出以公心，复杂的问题就会迎刃而解。廉洁奉公，就是要严以修身、严以用权、严以律己，清费廉取，简单生活，克己奉公，夙夜在公。不损公肥私、假公济私，就是要心存敬畏，守住做人本分，守住法纪底线，清清白白做人，干干净净做事。

第九条：善作善成，不敷衍塞责、玩忽职守。这是理工人必备的敬业精神，是学校争创一流的不竭动力。建设一流学校，难免会遇到许多困难，但山高人为峰，路远脚更长，实干有险阻，苦战能过关。善作善成，就是要以雷厉风行、立说立行的胆魄和气度，就是要以抓铁有痕、踏石留印的信心和决心，忠诚不渝地干、务实创新地干、精益求精地干、无怨无悔地干，不到黄河心不死，不到长城非好汉。不敷衍塞责、玩忽职守，就是要除去"畏难心"、戒掉"浮躁气"、不做"老好人"，要勇于攻坚克难，敢于较真碰硬，立足本职创一流，着眼岗位建功业。

五、"理工九条"制订过程主要经历哪些环节？

出台"理工九条"是学校治理的一件大事。制订过程中，我们先后经历了前期调研、条文起草、征求意见、修改完善、审定印发等多个阶段，广泛发动党委班子成员、各总支、支部，各部门单位层层参与，特别是党的十九大召开后，我们又组织学校师生结合党的十九大精神的学习，进行了不同层次的讨论，字斟句酌，数易其稿，整个过程既是一个充分听取意见、广泛汇集智慧、悉心博采众长的过程，也是一个深入宣传发动、持续凝聚共识、全面动员部署的过程。人间万事出艰辛，历尽天华成此景。可以说，"理工九条"是全校上下集体智慧的结晶，是全校师生众望所归的结果，是理工文化不可或缺的部分，必将融入理工人血液，深入理工人骨髓，与理工人一道朝夕相伴、风雨同行。

新任中层干部春季开学第一课

办事千万条，规矩第一条 (2019年2月25日)

没有规矩不成方圆，新征程新使命，新履职新作为，办事千万条，规矩第一条。"理工九条"是理工立德树人的规矩，是理工不治自理的内核，理工人要人人自律、时时恪守、处处谨遵，理工中层以上领导干部要以身作则、率先垂范、令行禁止。"理工九条"与《新时代高校教师职业行为十项准则》不谋而合，核心讲了两个字：人和事。用理工人干好理工事，关键要把握好"六大关系"。

一要把握好师生关系。学校是个大家庭，教学相长、师生共进，学生始终是中心，教育引导青年学生成长成才，始终是学校工作的重中之重。

二要把握好同事关系。要零距离交心、等距离交流、有距离交往，要共之以事、同之以心，要与人为善、导人向善。

三要把握好亲疏关系。要用共产党人情操，唯德唯能、唯才是举，要有古圣先贤胸怀，"内举不避亲、外举不避仇"，要以全校一盘棋思想，统筹调配、以岗定人，人尽其才、才尽其用。

四要把握好公私关系。"公毕方将私治，师严然后道尊"。先去私心然后治公事，先平己见然后听人言。

五要把握好权责关系。赋权必予责、行权必履责、滥权必追责。

六要把握好名利关系。营造良好的功而不贪、过而不诿文化氛围，形成有效的实至名归、众望所归激励机制，引导全体师生员工求真求实，不贪小利，不务虚名。

2019 年第一次升国旗仪式

让支部更像支部，让党员更像党员（2019 年 3 月 11 日）

春风习习拂面，晨光融融暖心。在这书香袭人的校园里，在这万象更新的时节中，我们满怀自豪和期待之情举行了新学期第一场升国旗仪式，这既是一场凝心聚力的师生大集会，也是一场知行合一的开学总动员。首先，我代表学校，向大家过去一年卓有成效的辛勤工作和惜时如金的刻苦学习表示衷心感谢和亲切慰问！2019 年，是新中国成立 70 周年，是五四运动 100 周年，也是学校跨过四十不惑、迈向百年长新的开局之年。学校明确今年为"党建质量提升年"，将以更高标准、更严要求和更实行动管党治党、办学治校。下面，我提三点希望，与大家共勉。

一、希望全体班子成员进一步加强党的政治建设，让党委更像党委

让党委更像党委，关键要全面强化管党治党主体责任、持续加强办学治校全面领导。进一步加强党的政治建设，就是要始终坚定政治信仰，深入学习习近平新时代中国特色社会主义思想，学深悟透，融会贯通，真信笃行；就是要始终坚持党的政治领导，坚决做到"两个维护"，坚定执行党的政治路线，坚决站稳政治立场，提高政治能力，净化政治生态，严肃党内政治生活，严明党的政治纪律和政治规矩，发展积极健康的党内政治文化，突出政治选人用人的标准，永葆清正廉洁的政治本色；就是要始终坚持民主集中制组织原则和活动准则，贯彻落实党委领导下的校长负责制，把方向、管大局、做决策、督落实，确保党委统一领导、确保党政分工合作、确保运行协调高效。

二、希望全体基层组织进一步彰显战斗堡垒功能，让支部更像支部

决策美不美，关键靠党委；执行酷不酷，关键看支部。进一步彰显支部的战斗堡垒功能，就是要着力提升支部的战斗力，全面推进支部"五化"建设，不断强化支部政治属性和政治功能，切实用好批评和自我批评的锐利武器，从严教育管理监督党员，坚持问题导向、靶向治疗，对大是大非敢于亮剑，对歪风邪气坚决斗争；就是要着力增强支部凝聚力，讲原则、重感情、干实事，关心人、爱护人、尊重人，组织、感召、引领群众合力推进学校"四个一流"建设；就是要着力激发支部创造力，奔跑追梦其命维新，迎难而上开拓创新，与时俱进推陈出新，做到急事有预见、急而不慌，难事有办法、难而不惧，险事有绝招、险而不躲，重事有担当、重而不避。

三、希望全体共产党员进一步发挥先锋模范作用，让党员更像党员

说一千道一万，不如率先垂个范。进一步发挥党员先锋模范作用，就是要努力做好理论武装的表率，充分用好"思政半月谈"活动平台，深入学习习近平新时代中国特色社会主义思想，加强思想政治教育，推动学习教育往深里走、往心里走、往实里走，筑牢信仰之基，补足精神之钙，把稳思想之舵；就是要悉心做好履职尽责的表率，知而不行等于未知，学懂弄通重在做实，全面落实"理工思政"，着眼岗位创一流、立足本职做贡献，守土有责、守土负责、守土尽责；就是要发誓做好令行禁止的表率，没有规矩不成方圆，全体党员要牢记入党誓词，自觉做党纪国法、公序良俗、教师规范、学生守则的模范遵守者，自觉做社会主义核心价值观的坚定信仰者、积极传播者和模范践行者，勿以恶小而为之，勿以善小而不为。

2019 年党务工作暨全面从严治党工作大会

管党治党，常抓常新（2019 年 6 月 4 日）

年至六月，岁已过半，工作谋划早已到位，工作要点早已下发，学校中层早已部署，党的各项工作已经风生水起地开展起来了。所以，今天党务工作大会，是一次再动员、再部署、再强调。

一、关于党建工作，要着力在"扬长补短"上下功夫

学校明确今年是党建质量提升年，将以更高标准、更严要求和更实行动管党治党、办学治校。扬长补短抓党建，就是要按照《中国共产党章程》要求，对标对表，查漏补缺，让差的变好、让好的更好。

我们下什么功夫？主要是"三强化"：

一是着力强化学校党委的领导核心作用。全体班子成员要始终坚定政治信仰，深入学习习近平新时代中国特色社会主义思想，学深悟透，融会贯通，真信笃行；要始终坚持党的政治领导，坚决做到"两个维护"，坚定执行党的政治路线，坚决站稳政治立场，提高政治能力，净化政治生态，严肃党内政治生活，严明党的政治纪律和政治规矩，发展积极健康的党内政治文化，突出政治标准选人用人，永葆清正廉洁的政治本色；要始终坚持民主集中制组织原则和活动准则，贯彻落实党委领导下的校长负责制，把方向、管大局、做决策、督落实，确保党委统一领导、确保党政分工合作、确保运行协调高效。

二是着力强化基层组织的战斗堡垒作用。要着力提升支部战斗力，全面推进支部"五化"建设，不断强化支部政治属性和政治功能，切实用好批评和自我批评的锐利武器，从严教育管理监督党员，坚持问题导向、靶向治疗，对大是大非敢于亮剑，对歪风邪气坚决斗争；要充分发挥党支部在加强师生思想政治引领、筑牢理想信念根基中的战斗堡垒作用；要着力增强支部凝聚力，讲原则、重感情、干实事，关心人、爱护人、尊重人，组织、感召、引领群众合力推进学校"四个一流"建设；要着力激发支部创造力，奔跑追梦其命维新，迎难而上开拓创新，与时俱进推陈出新，做到急事有预见、急而不慌，难事有办法、难而不惧，险事有绝招、险而不躲，重事有担当、重而不避。

三是着力强化全体共产党员的先锋模范作用。要努力做理论武装的表率。充分用好"思政半月谈"活动平台，深入学习习近平新时代中国特色社会主义思想，加强思想政治教育，推动学习教育往深里走、往心里走、往实里走，筑牢信仰之基，补足精神之钙，把稳思想之舵。这里，我特别强调一下，请大家悉心用好"学习强国"学习平台：一要丰富学习形式。线上学习与线下辅导、教育培训、研讨交流结合起来，形成良好的学习氛围，注重在"两学一做"学习教育常态化、制度化，"不忘初心、牢记使命"主题教育以及增强"脚力、眼力、脑力、笔力"教育实践上发挥好阵地作用。二要务求学习实效。坚持效果导向，反对形式主义，不提不切实际的要求。三要加强学习引导。严禁恶意炒作、抹黑平台，严禁软件刷分。要悉心做履职尽责的表率。知而不行等于未知，学懂弄通重在做实。着眼岗位创一流、立足本职做贡献，守土负责、守土尽责。要发誓做令行禁止的表率。没有规矩不成方圆。全体共产党员要牢记入党誓词，自觉做党纪国法、公序良俗、教师规范、学生守则的模范遵守者，自觉做社会主义核心价值观的坚定信仰者、积极传播者和模范践行者。充分发挥师生党员在团结凝聚师生、与错误思想作斗争中的先锋模范作用，勿以恶小而为之，勿以善小而不为。今天会议增加了一项议程，重温入党誓词，就是要让大家时时知道自己的政治身份，不忘初心、牢记使命。希望同志们温故知新、常温常新。

我们如何下功夫？主要是"三抓"：

一是书记抓、抓书记。为了充分发挥支部战斗堡垒的作用，我们今年重构学校基层党组织体系，把支部建在处室、建在二级学院，基本上一部门一支部，除个别单位外，处长兼支部书记，压实一岗双责。这一架构可以较好防止"两张皮"的问题，较好发挥"一条龙"的作用。党建工作不过关，行政工作过不了关。二是统筹抓、抓统筹。党建、行政同谋划、同部署、同督导、同考核。三是务实抓、抓务实。坚持问题意识、目标导向、底线思维、改革办法，有的放矢抓。

二、关于宣传思想工作，要着力在"凝心聚力"上做文章

宣传思想工作是学校面子，更是学校里子，既是出彩理工呈现，也是理工出彩切入，很必要，很重要。一个明智的领导，都会看重宣传、抓实宣传。一个能干的领导，既是策划员、指挥员，又是战斗员、宣传员，宣传本身就是高智慧战斗。长征结束，毛泽东主席总结说，长征是宣言书、是宣传队，是播种机，每逢革命重大关头，毛泽东都是亲自捉刀、冲锋陷阵。全国思想宣传工作会议上，习近平总书记特别强调各级党委的政治责任和领导责任，对宣传思想战线加强党的领导和党的建设提出了明确要求，"加强党对宣传思想工作的全面领导，旗帜鲜明坚持党管宣传、党管意识形态"①。

---

① 习近平出席全国宣传思想工作会议并发表重要讲话［EB/OL］. 中国政府网，2018-08-22.

　　凝心聚力抓宣传，就是要把全校上下思想认识统一到贯彻习近平新时代中国特色社会主义思想上来，统一到落实高校立德树人根本任务上来，统一到打造全省产教融合样板、发展改革精品、推进学校"四个一流"建设上来。

　　我们做什么文章？就是要让主旋律奏得更响、让好声音传得更广、让正能量聚得更多、让主阵地筑得更牢。要坚持不懈用习近平新时代中国特色社会主义思想武装头脑、教育师生；要坚持不懈把学校意识形态管理责任落到实处；要坚持不懈深入开展文明校园创建活动；要坚持不懈推进"理工思政"落地生根开花结果；要坚持不懈讲好理工故事、传播理工声音。

　　我们如何做文章？高质量的宣传思想工作，需"笔杆子"，更需"脑瓜子"，是"脑力活"，更是"体力活"。怎么抓？我认为也是三条：

　　一要讲政治，高举旗帜扬正气。宣传工作就是政治工作。宣传思想工作讲政治，必须把党的领导贯穿到宣传思想工作各领域各环节中，确保党的旗帜在宣传思想战线上高高飘扬。各级党组织要强化政治责任，旗帜鲜明坚持党管宣传、党管意识形态，各级主要负责同志要把责任扛在肩上，带头把方向、抓导向、管阵地、强队伍，不断提高宣传思想工作的能力和水平。在宣传内容上，要严把政治导向，坚持什么、倡导什么，要理直气壮，反对什么、抵制什么，要旗帜鲜明，积极抢占舆论斗争制高点，把好风向标，打好主动仗。在思想激荡中举旗帜、在众声喧哗中立主流。凡事必须三思而后行，谨言慎行。

　　二要勇担当，守正创新聚人气。宣传思想战线的同志要重实戒虚有作为，大力弘扬实事求是、求真务实的精神，牢固树立马上就办、只争朝夕的责任感、紧迫感，努力提高宣传思想工作的实效性、时效性。按照习近平总书记提出的"守正创新"要求，创造性地开展宣传思想工作，把理论舆论、网上网下、内宣外宣贯通起来，努力建设具有强大凝聚力和引领力的社会主义意识形态，培养担当民族复兴大任的时代新人。要着重选择树立学校优秀典型和宣传先进事迹，着力用"身边的人和事教育身边的人"，为学校推进"四个一流"建设营造氛围、凝聚力量。

　　三要提素质，增强"四力"夯底气。宣传思想工作是专业性很强的工作，没几把刷子干不了，没有高素质、好把式、真功夫是干不出漂亮活的。我们要按照习近平总书记的要求，不断增强脚力、眼力、脑力、笔力，努力打造一支政治过硬、本领高强、能打胜仗的宣传思想工作队伍。宣传部要组织开展各层级的信息宣传员学习培训，努力提升信息宣传人员的业务素质。全体宣传思想战线的同志们要加强实践锻炼，通过多写稿子来练"笔杆子"，锤炼业务能力，要借助文字、镜头、画面等多种载体，充分运用校园官网、官微自主优势和校外媒体传播优势，讲好理工人爱岗敬业、团结奋斗、共建幸福理工的生动故事。

理工宣传立竿见影，一抓见效。一年多来，我看得重、盯得紧、抓得细，社会反响是好的，大家从点击量看得出，以前一个微推阅读量就二三十人次，现在多到了几千人次，时有文章被国、省主流媒体转载。对学校不同领域、不同式样的文章，坚持以身作则、以文示范，我写了不少东西，在发展改革委文字工作做得久一点，因此我带头，希望大家能跟上来，我可以当宣传员，但不能只抓宣传，大家要接好这一棒，书记不是偷懒耍滑的人，不是博取虚名的人，我在学校两年，只写工作上的文，只在学校媒体上发，主要为了凝人心、扬正气、明导向、强引领。

三、关于全面从严治党，要着力在"正风肃纪"上出实招

正风肃纪出实招，出什么实招？就是要出惩前毖后、治病救人的招，出抑恶扬善、扶正祛邪的招，出令行禁止、管用实用的招。如何出实招？

一是在总体要求上，坚持目标导向与问题导向有机统一。着眼目标要求以问题倒逼方式促成目标达成。这一方式是以习近平同志为核心的党中央推进全面从严治党的创造性实践，是行之有效的。

二是在推进方式上，坚持思想建党与制度治党同向发力。思想建党是党的建设的基础工程，制度建设是党的建设的根本保证。思想建党是制度治党的内核与前提，制度治党是思想建党的载体和保障，坚持二者同向发力，既是统筹推进党的各项建设的关键所在，也是新形势下全面从严治党的具体要求和基本遵循。坚持思想建党与制度治党同向发力，就是要坚持思想引领与制度规范相互协调、相互促进，以思想建设激发党的建设活力，以制度建设规范党内生活行为。

三是在工作着力点上，坚持抓住"关键少数"与全面覆盖相互协同。在全面从严治党中抓住"关键少数"，其实质就是抓住全面从严治党的主要矛盾。全面覆盖强调的是每一个党员都是全面从严治党的对象与直接参与者。注重全面覆盖，就是每位党员在党性锻炼、党员先锋模范作用发挥，尤其是遵守《中国共产党章程》和党的纪律与行为准则上都不能置身事外，都应是落实全面从严治党方略的主体。抓好"关键少数"，就是要确保"关键少数"示范效应带动党建工作、党风廉政建设工作不断向好，让全面从严治党工作基础不断夯实。

四是在具体策略上，坚持猛药去疴与长效机制同频共振。习近平总书记强调："以猛药去疴、重典治乱的决心，以刮骨疗毒、壮士断腕的勇气，坚决把党风廉政建设和反腐败斗争进行到底。"① "标本兼治是我们党管党治党的一贯要

---

① 习近平在十八届中央纪委三次全会上发表重要讲话 [EB/OL]. 中国政府网, 2014-01-14.

求。深入推进全面从严治党，必须坚持标本兼治。"① 猛药去疴重在治标，长效机制重在治本。坚持猛药去疴与长效机制同频共振，就是坚持标本兼治。

四、推心置腹谈几点体会

一是千里之堤溃蚁穴。堤溃蚁穴、气泄针芒，小恶绝对不可小看。同志们要严以律己，一日三省，勿以恶小而为之，勿以恶小而轻之，勿以恶小而误之。

二是响鼓还需重锤敲。信任不能代替监督。理工督导就是不治自理的重锤。要加快出台理工督导方案，着力构建融督管、督教、督学于一体的全面从严治党、全面从严治校大督导体系，督事向好，导人向善。

三是久病良医是自修。久病成良医，心病心药治。自己的病因自己最清楚，有的一针见血、药到病除，有的知止而后安、不治自理。自修中，境界以高为度，胸怀以广为度，眼界以宽为度，思想以深为度，执行以力为度，我们要坚持德智体美劳"五育"并举、高广宽深力"五度"兼修。

---

① 习近平在十八届中央纪委七次全会上发表重要讲话［EB/OL］. 中国政府网，2017-01-06.

党史学习教育"学史崇德"专题学习

强党性，严管理，厚师德 (2021年5月24日)

这次现场教学和集中研讨，大家很投入，看得仔细，听得认真，讲得到位，取得了教育实效，达到了学习预期。在此基础上，我提三点要求与大家共勉。

第一，要持续强党性，做合格党员。入党誓词就是党性体现，就是合格标准，誓词字数不多，涵盖很广，要求很高，每位党员都要信守承诺，随着党龄的增长，不仅要不断地口头重温，还要倾情地心头铭记、全力地手头落实。我们要以老一辈无产阶级革命家为学习榜样，始终把人民利益看得高于一切，随时准备为党和人民牺牲一切。

第二，要全面严管理，做合格书记。我们都是学校各级党组织的书记，第一职务是党内职务，第一职责是党建职责。我们必须要落实好一岗双责，肩负起管党治党的责任，抓好班子、带好队伍、育好人才，尽心尽力，尽职尽责，率先垂范，以身作则。

第三，要着力厚师德，做合格教师。就是要认真对照习近平总书记提出的有理想信念、有道德情操、有扎实学识、有仁爱之心的"四有好老师"标准，持续加强师资队伍建设，坚持不懈扬长项、补短板，持之以恒练内功、强素质。学史爱党守初心，立德树人担使命，用"四有好老师"培育"四有好学生"，以优异成绩向建党100周年献礼。

党支部组织生活会

推进规范化，突出政治性，提升战斗力（2022年3月9日）

今天，很高兴以党员身份参加宣传统战部党支部组织生活，我是从新能源学院教工一支部新调整过来的，初来乍到，请多关照。宣传统战部是党委重要工作部门，近年来，支部工作很有起色，值得肯定。当前，学校"四个一流"建设步入精益求精的新阶段，将持续打造全省产教融合样板，聚力创建全省高水平职业院校，争先求进任重道远，宣传统战部党支部要进一步提高政治站位，围绕部室职能，狠抓自身建设，争创优秀支部，做出更大贡献。

第一，要持续推进支部规范化。切实抓好支部"五化"建设，不断推进支部设置标准化、组织生活正常化、管理服务精细化、工作制度体系化、阵地建设规范化，以支部的规范化建设推动工作的高质量开展。

第二，要持续突出支部政治性。不断强化支部政治功能，不断提高党员的政治判断力、政治领悟力和政治执行力，不断增强"四个意识"、坚定"四个自信"，坚决捍卫"两个确立"、做到"两个维护"。

第三，要持续提升支部战斗力。全面树牢三个意识：一是问题意识。积极发现问题、深入分析问题、有效解决问题，做到耳聪目明、眼疾手快。二是融合意识。用部室职能目标统筹支部工作举措，让党建和业务互促共进、相得益彰。三是主人意识。党内都是同志、是平等的。每位同志都要满怀正能量、唱响主旋律，充分发挥共产党员的先锋模范作用，增添党支部的战斗堡垒作用，强国有我、请党放心。

全省教育系统全面从严治党工作视频会

遵规守纪，争先创优（2022年5月13日）

刚才，同志们通过视频会，集中收看了警示教育专题片《师蠹》，认真听取了省纪委常委、省监委委员樊凤鸣的重要讲话，听取了省委教育工委分管日常工作的副书记、省教育厅党组书记、厅长夏智伦的重要讲话，听取了省纪委监委第五监督检查室主任高友根的有关案情通报，听取了省教育厅党组成员、省纪委监委驻省教育厅纪检监察组组长曹世凯的纪检监察工作报告，收获很大，感受很多。下面，我结合学校实际，就如何贯彻落实这些讲话精神，强调三点。

一是要全面对标上级要求，遵规守纪不打折扣。全校上下要深入学习贯彻习近平总书记重要讲话精神，持之以恒推动学校全面从严治党向纵深发展，准确把握全省教育系统全面从严治党工作视频会议精神，认真落实党委主体责任、书记第一责任、纪委监督责任、班子成员和部门一岗双责，切实把凤鸣同志强调的"五个深刻"以及智伦厅长强调的弹好全面从严治党"五线谱"奏响教育系统正风肃纪"进行曲"的要求落到学校管党治党、办学治校、立德树人工作实处。

二是要积极对标同行水平，争先创优不降标准。当前，全省高职"双高"创建申报评审工作在开展，学校正积极响应。全面从严治党是"双高"创建的题中之义、重中之重。学校创建全省"双高"有学校的强项，经多年努力，学校已走上了一条都市区学校集约化办学、高质量发展的新路子，但学校也有学校的不足，不少工作百尺竿头有待更进一步。管理体制调整后，学校扬长补短的目标将更加聚焦、争先求进的任务将更加迫切，三人行必有我师，全校上下要以更高的标准、更严的要求和更实的工作，向同仁学习，学先进、赶先进，创先进、当先进，"双高"创建没有最好，只有更好。

三是要认真对照自身基础，推陈出新不讲条件。今年是学校班子换届启动之年，全校上下要以省委第一巡视组延伸巡视、省审计厅驻省发展改革委审计组延伸审计问题整改和此次全面从严治党暨警示教育大会精神贯彻落实为契机，全力以赴改问题、破难题，不留死角、不遗隐患，聚精会神抓改革、谋发展，持续打造全省产教融合样板，聚力创建全省高水平职业院校，悉心尽好一份责，精心讲好一堂课，用心读好一本书，全心育好一代人，以实际行动迎接党的二十大和学校第三次党代会召开。

2023 年春季开学第一课

学思践悟两个结合，精深推进"四个一流"

（2023 年 3 月 28 日）

坚持两个结合，是中国共产党百年奋斗得出的历史启示，是取得百年辉煌成就的密钥。我们学思践悟两个结合，就是要用活两个结合密钥，做实两个结合密钥，让两个结合在理工办学治校的生动实践中熠熠生辉。

学校发展改革，无论是过去的"四个一流"实践，还是未来的"四一两全"擘画，均较好地体现了两个结合，实现了活学活用，两个五年是融会贯通、一脉相承的，就是要坚定不移秉承"质量立校、人才强校、特色兴校、文化彰校"的办学理念，坚定不移秉持"以公为先、以校为家、以师为尊、以生为本"的治校理念，坚定不移走好内涵式发展道路，奋力谱写学校"四个一流"建设精益求精新篇章，培养德智体美劳全面发展的社会主义建设者和接班人，培养担当民族复兴大任的时代新人、匠心传人。

学思践悟两个结合，精深推进"四个一流"，关键在人，关键靠人，关键要打造一支"可信、可亲、可敬"的理工新时代教师队伍。我提出三点要求共勉。

一是要过硬，做政治上的明白人。就是要思想先进听党话、作风优良跟党走、业务精进报党恩，时刻提醒自己：要不忘初心、牢记使命，要服从组织、听从安排，要为党育人、为国育才。

二是要过关，做品行上的规矩人。就是要坚守红线不违纪、把牢底线不犯法、对准标线不失德，时刻警示自己：要以身作则、率先垂范，要学高为师、身正为范，要学为人师、行为世范。

三是要过好，做教育上的有心人。就是要用敬畏之心敬业，用律人之心律己，用爱子之心爱生，时刻反问自己：假设我是孩子，我该怎么办？假设是我的孩子，我该怎么办？只有设身处地换位思考，才能迎刃而解教育之问。

"以学谋私"问题专项整治

狠批"私"字闪念间（2023年4月6日）

为确保"以学谋私"专项整治落实处、见实效，我再强调三点。

第一，务请提高站位、主动参与。要站在中央反腐倡廉高度上认识，这是一项政治任务，专项整治"以学谋私"，严防损公肥私、假公济私；要站在学校"四一两全"战略上认识，这是一项重大工程，专项整治"以学谋私"，力促清廉润心、清风扑面；要站在理工新师队伍建设上认识，这是一项关键举措，专项整治"以学谋私"，争做政治上的明白人、品行上的规矩人、教育上的有心人。

第二，务必协同发力、统筹推进。要提纲挈领统专题，以清廉学校建设为主题，盯紧重点领域，聚集关键问题，破解老大难题；要齐抓共管统力量，以纪检监察队伍为主力，广泛动员群策群力，扎实推进同心协力；要多措并举统成果，以线索资源共享为主方，综合运用巡视、巡察、审计、督导等各项成果，举一反三，触类旁通。

第三，务求惩前毖后、治病救人。要徇私必查、谋私必纠。没有发现问题不表明没有出现问题。我们必须全覆盖、零容忍、严执纪，要守土有责、守土负责。个人无问题不代表主管或所在单位部门没问题，必须压实一岗双责、落实守土尽责。要防意如城、防患未然。现在无问题不保证今后不出问题，必须狠批私字闪念间、正心诚意固堤防、建章立制保平安。

2023 年党务工作暨全面从严治党工作大会

全面从严，全面进步，全面过硬（2023 年 6 月 6 日）

　　过去一年，是学校砥砺前行的一年，是学校与时俱进的一年。这一年，学校推陈出新了一大批重要工作，争先创优了一大批重大事项，增光添彩了一大批国省荣誉，出类拔萃了一大批优秀师生，执纪问责了一小撮失范行为。亮点频出，精彩纷呈，以儆效尤，学校发展态势持续向好、加快向好、全面向好，这是党建示范引领之效，是治党全面从严之果。2023 年是学校全面贯彻党的二十大精神的深化之年，是全面实施"十四五"规划的中期之年，是全面落实第三次党代会战略部署的开局之年。以高质量党建引领高质量发展，以全面从严管党治党保证全面落实立德树人意义深远、责任重大，我下面结合正在开展的深入学习贯彻习近平新时代中国特色社会主义思想主题教育，再强调三点。

　　一、要以政治建设为统领，深入实施"头雁领航"工程，推动党委班子全面过硬

　　坚定站稳政治立场。坚定贯彻执行党的教育方针，严格遵守政治纪律、政治规矩，着力提高政治"三力"，认真落实党委领导下的校长负责制。实施"关键锻造"工程，带领各级党组织、全体党员干部在履职尽责上忠诚担当，在办学治校上守正创新，在立德树人上建功立业，确保学校发展改革精中拓、稳中进、特中强。

　　深入开展主题教育。实施"同心筑梦"工程，引导全校上下学懂弄通做实习近平新时代中国特色社会主义思想，以学铸魂、以学增智、以学正风、以学促干。悉心尽好一份责、精心讲好一堂课、用心读好一本书、全心育好一代人，持续打造全省产教融合样板，聚力创建全省高水平职业院校，确保学校"双高"建设硕果累累。

　　确保正确办学方向。加强"出彩理工"建设，坚持党管宣传、党管意识形态，教育青年学生坚定不移听党话、跟党走。引导学生自觉践行社会主义核心价值观，成长为德智体美劳全面发展的社会主义建设者和接班人，成长为担当民族复兴大任的时代新人。

　　二、要以大抓基层为导向，全面实施"群雁竞飞"工程，推动基层组织全面进步

　　提升党建标准化、规范化水平。各部门单位"一把手"要坚决扛牢管党治党主体责任，严格落实一岗双责，高标准、严要求开展基层党组织标准化建设，使基层党组织成为师生最贴心、最信赖的组织依靠，成为学校教书育人的战斗堡垒。

增强党员教育管理工作质效。各基层党组织要严肃党内政治生活，认真执行"三会一课"，办好"一月一课一片一实践"主题党日活动，过好"政治生日"，提高党员发展质量。

创建基层党建工作品牌矩阵。各基层党组织要紧紧围绕学校中心工作，贴近师生现实需求，着力打造"一支部一品牌"，找目标、求突破、抓重点、破难点、出亮点，为学校高质量发展提供坚强组织保障。

三、要以作风建设为重点，大力实施"清廉润心"工程，推动管党治党全面从严

效能建设还要进一步加强。坚持以绩效考核为牵引，实施"严考实评"工程，完善考评机制。细分工作到岗、压实责任到位、严考成效到事、实评业绩到人，做到有为者有位、实干者实惠。

作风建设还要进一步加强。坚持以督导工作为鞭策，实施"督事导人"工程，坚持问题导向，紧盯学校立德树人、教师教书育人、学生学习成人。开展常态化、专业化、立体化督导，协助发现问题、协商分析问题、协调解决问题，任务聚焦、工作聚力，督事向好、导人向善。

党风廉政建设还要进一步加强。坚持以"理工九条"为镜鉴，持续深化清廉学校建设，全面营造党风清明、作风清廉、教风清正、学风清新、文化清朗的育人氛围。强化教育监督，严肃执纪问责，让党员干部知敬畏、存戒惧、守底线，争做政治上的明白人、品行上的规矩人和教育上的有心人。

探寻"理工督导"背后的故事

督事向好，导人向善（2023年6月29日）

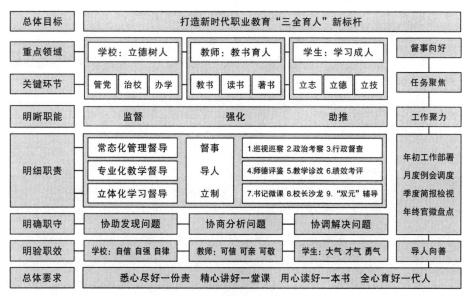

"三全育人"专项督导总体框架

一、学校"理工督导2.0"主要初衷是什么？

一分部署，九分落实。学校第三次党代会提出"奋力谱写'四个一流'精益求精新篇章，聚力奋进'四一两全'内涵发展新蓝图"战略擘画，任重道远。学校在2019版"督管、督教、督学"三位一体大督导基础上，探索推出"三全育人"专项督导新机制（简称"理工督导2.0"），进一步明晰了"监督、强化、助推"新职能，明细了"督事、导人、立制"新职责，明确了"协助、协商、协调"新职守。"理工督导2.0"主要初衷，简单说就是三个更好：一是更好地促进学校第三次党代会确定的目标任务落地落实；二是更好地促进学校"三全育人"综合改革走深走实；三是更好地促进培养德智体美劳全面发展的社会主义建设者和接班人，培养担当民族复兴大任的时代新人、匠心传人。

二、学校"理工督导2.0"主要导向是什么？

"理工督导2.0"是学校深入开展学习贯彻习近平新时代中国特色社会主义

思想主题教育的重要成果，是学校"学思想、强党性、重实践、建新功"的全新探索。我们坚持三大导向：

一是坚持政治导向。坚持以习近平新时代中国特色社会主义思想为指导，贯彻落实党委领导下的校长负责制，始终做到党委决策在哪，督导跟进到哪。

二是坚持目标导向。紧盯学校立德树人、教师教书育人、学生学习成人，开展常态化、专业化、立体化督导，始终做到靶向不偏移、靶心不偏离。

三是坚持问题导向。协助发现问题、协商分析问题、协调解决问题，始终做到督导不领导、参与不干预、到位不越位、建议不决策。

三、学校"理工督导2.0"主要特点有哪些？

"理工督导2.0"是检视学校发展质量的"明镜"，是优化学校内部治理的"利剑"。它具有三大特点：

一是着手上，力行"一体推进"。只有一体推进，才能事半功倍。一体推进，体现了系统观念，体现了辩证思维。强化"学校、教师、学生"三方联动，细化职责、突出重点、具体活动，督事深度传导、导人次第展开、立制全面跟进，推进学校治理体系和治理能力现代化。

二是着力上，力求"严督实导"。只有严督实导，才能提质增效。严督实导，体现了从严治党、从严治校的要求，体现了督事向好、导人向善的追求。强化"决策、执行、监督"三位一体，年初工作有部署、月度例会有调度、季度简报有检视、年终官微有盘点，引导教职工争先求进、见贤思齐。

三是着效上，力促"善作善成"。只有善作善成，才会有为有位。善作善成，体现了强烈的服务意识，体现了鲜明的实绩导向。督导员是学校发展的"质检员"，是教师成长的"服务员"，是学生学习的"指导员"。坚持"督""导"结合，以"导"促"督"，"督"出质量、"督"出成效，"导"出品位、"导"出水平。

四、学校"理工督导2.0"主要内容有哪些？

"理工督导2.0"是学校"三全育人"的"催化剂"，是学校"立德树人"的"助推器"。它包括三大内容：

一是常态化管理督导。督履职尽责、导遵规守纪。学校统筹巡视巡察、政治考察和行政督查等工作，推动各级领导干部自信、自强、自律，全面从严管党治党、全面创新办学治校、全面落实立德树人，力促学校"明理知行、精工致远"，使校训精神全面落实和发展质量不断提高。

二是专业化教学督导。督教书育人、导为人师表。学校统筹师德评鉴、教学诊改、绩效考评等评价，引导全体教师坚定"三个牢固树立"，做到"四个相统一"，做好"四个引路人"，争做可信、可亲、可敬的新时代"四有好老师"，力促学校"博爱博学、求实求新"，使教育风气自觉养成和教学质量不断提高。

三是立体化学习督导。督学习成人、导向上向善。学校统筹书记微课、校长沙龙、"双元"辅导等活动，引导学生立报国之志、学一技之长、明读书之理，做大气、才气、勇气兼备的社会主义建设者和接班人，力促学校"勤学勤思、笃信笃行"，使学习风气日趋浓厚和人人培养质量不断提高。

五、学校"理工督导 2.0"主要预期是什么?

建立健全"三全育人"专项督导机制，是学校落实立德树人根本任务的有力抓手。希望通过"理工督导 2.0"有效实施，引导全校上下各安其位、各司其职、各尽其能，悉心尽好一份责、精心讲好一堂课、用心读好一本书、全心育好一代人，持续打造全省产教融合样板，聚力创建全省高水平职业院校。

聚焦立德树人，聚心教书育人，奋力谱写"四个一流"建设精益求精新篇章 (2023年3月15日)

现在，我代表中共湖南理工职业技术学院第二届委员会向大会作报告。

湖南理工职业技术学院第三次党员代表大会，是在学校由省发展改革委管理调整为由省教育厅管理的关键时期召开的一次十分重要的大会。大会的主题是：高举中国特色社会主义伟大旗帜，坚持以习近平新时代中国特色社会主义思想为指导，全面总结过去五年工作，科学谋划未来五年发展，团结动员全校上下，坚持不懈走内涵式发展道路，主动服务"三高四新"战略定位和使命任务，精深推进学校"四个一流"建设，全面落实立德树人根本任务，为把学校建设成为全省产教融合样板、全省高水平职业院校而接续奋斗！

一、过去五年的工作回顾和体会

第二次党代会以来，在省委、省政府的正确领导和省发展改革委、省教育厅、湘潭市的大力支持下，我们坚持用发展眼光谋划学校未来，用改革办法破解发展难题，用忘我精神追逐理工梦想，着眼办学条件、教师队伍、应用人才、内部治理"四个一流"目标，全面从严管党治党，全面创新办学治校，全面落实立德树人，励精图治，奋发图强，奋力闯出了一条都市区学校集约化办学、高质量发展的内涵式特色新路。

（一）管党治党取得重大成效

1. 党的领导全面加强。我们坚持和完善党委领导下的校长负责制，制定发布了《党委领导下的校长负责制实施细则》《加强对"一把手"和领导班子监督的实施办法》等制度文件，全面构建党政议事、"三重一大"集体决策、重大事项跟踪督办、党务校务公开等制度体系，组织制定"十四五"规划，领导班子决策效能显著提升。全面深入学习贯彻习近平新时代中国特色社会主义思想，深入开展"不忘初心、牢记使命"主题教育、党史学习教育，隆重庆祝中华人民共和国成立七十周年、中国共产党成立一百周年，创新推出思政半月谈、标杆行动、双优计划等党建项目，扎实推进党建工作示范高校建设，思想政治引领作用不断增强。坚持党对人才培养、师资引育、园区办学、技能培训、社会服务等各项工作的全面领导，政治生态持续向好。

2. 党建工作全面提质。我们紧紧围绕新时代党的建设总要求系统推出、扎实推进理工党建质量提升工程，以党的政治建设统领党建各项工作，党建特色日趋鲜明，党建品牌不断擦亮。驰而不息加强基层基础建设，党支部"五化"建设全面达标，2个基层党组织分获全省高校样板支部、标杆院系和全省教育系统先进基层党组织称号；选优配强"领头雁"队伍，教师党支部书记双带头人实现全覆盖，5名党员分获全省高校教工党支部书记双带头人标兵、党务工作示范岗、青年教工党员示范岗等荣誉，基层党组织战斗堡垒作用不断增强；教育引导广大党员干部冲锋在前、下沉一线，坚决守护疫情防控理工职院这道防线，圆满交出脱贫攻坚答卷，积极开展乡村振兴探索，党员先锋模范作用充分发挥。驰而不息推进全面从严治党，严立规以类相从，严守规以身作则，严执规以儆效尤。旗帜鲜明讲政治，圆满完成省委延伸巡视整改工作，完成中层干部政治建设考察和校内巡察工作，实现了一届党委任期内政治巡察全覆盖；旗帜鲜明反"四风"、树新风，出台教职工行为规范、师德师风负面清单、党政负责人家访制度，坚决整治师生身边的腐败和不正之风，育人环境不断优化，清廉学校建设获评省教育厅年度考核优秀等级。

3. 党群工作全面进步。我们注重听民声、聚民智，动员各级人大代表、政协委员、民主党派和无党派人士围绕学校"四个一流"建设建言献策、添砖加瓦，统战工作向心力、影响力不断增强。我们注重解民忧、暖民心，全面落实利民惠民政策，积极回应师生员工利益关切，着力优化绩效工资分配，大幅改善低收入群体待遇，深入细致做好师生员工困难帮扶、慰问补助、健康检查、教育引导、权益保护等工作，用心用情做好老同志服务保障工作，学校民生福祉水平达到新高，群团组织桥梁纽带作用充分发挥，校团委获评湖南省五四红旗团委。

（二）办学治校取得重大突破

1. 办学条件大幅改善。我们握紧拳头保重点，积极推进校区优化、校园扩容、校舍提质及设施改造、设备添置等工作。高标准建成全省首个省级公共实训基地，建筑面积近2万平方米；高质量建成党员活动中心、心理健康中心、创新创业基地、校史馆、艺体馆；高效率完成老旧住宅及棚户区配套、校园路面、雨污分流、多能互补、智慧教室、学生公寓改造及空调安装等重点工程建设，数字理工加速提档，校园监控全面升级。五年新增资产1.6亿多元，增长近一倍，其中，新增教学仪器设备总值2000多万元，增长60%；新增馆藏图书35000种70000余册。学校家底进一步殷实，办学基础进一步夯实。

2. 队伍建设焕然一新。我们大刀阔斧推改革，坚持人岗相适、人事相宜、人尽其才，全面激活力、挖潜力、强能力。着眼服务增效狠抓管辅队伍结构优化，顺利完成了两轮中层选聘，突出政治标准选贤任能，先后提拔中层干部36

名，中层35岁以下占比超过1/4，正职40岁以下占比超过1/3，探索配备了专职督导，足额配备了辅导员，全面落实了辅导员职位晋升、职评单列、岗位津贴等政策待遇。着眼教书赋能力促教师队伍量质齐升，新进教职员工126名，其中专任教师50人，辅导员33人，新增博士3名、硕士82名，教授9位、副教授49位，分批组织教师出国出省培训、省内校内集训、进企业顶岗实训，实现了全覆盖。涌现出了一大批可圈可点的教学名师、技能大师、优秀团队、教科成果，有6人被评为湖南省技术能手、授予湖南省五一劳动奖章，1人获评全国第七届黄炎培职业教育奖、杰出教师奖，成功立项省级教学团队3个、省级"双师"型名师工作室2个、省级辅导员名师工作室1个，成功立项省级自科基金项目、社科研究项目26项，授权发明专利9项，教育部人文社科研究项目一项，国家职教规划教材4部。学校干事活力不断迸发、争先势头日趋强劲。

3. 内部治理优化重构。我们多措并举强效能，坚持党委领导、校长负责、教授治学、民主管理、依法治校，坚持以公为先、以校为家、以师为尊、以生为本，务实推进学校治理体系和治理能力现代化。探索推出"4321"治理新机制，统筹构建督管、督教、督学三位一体"大督导"，配套完善中层干部选拔任用办法、绩效考评机制、职称评审方案，奖优罚劣、激励担当。构建以品牌铸魂、行动扎根、五层联动、督评管控为脉络的内部质量诊改机制，顺利通过省教育厅诊改复核。学校治理体系不断健全，治理能力不断提升。

（三）立德树人取得重大成果

1. 理工思政繁花满树。我们着力实施思政工作质量提升工程，构建理工立德树人新模式。活动育人精彩纷呈，融"三全育人"格局，汇十大育人体系，建设信念、书香、精美、自律、幸福、出彩六大特质理工，实施思政半月谈、"四个一"文育、"三个一"体育等二十大精品育人活动。一大批项目获省立项支持，一大批思政品牌走出校门，创造性推出理工育人书单，发起湘潭十大高校读书联盟，承办全省职业院校楚怡读书行动启动大会，荣膺"全国中华传统文化经典·推广图书馆"称号，理工书香声名远播。课程育人润物无声，推动课程思政与思政课程同向同行，学校思政课程建设、教师队伍建设获省级奖励11项。文化育人别具匠心，全新解读校训、校徽，精心制定校旗、校歌，组织开展校庆，编辑出版校史，凝练理工精神、情怀，擘画理工愿景、使命，倡导心忧天下、胸怀祖国，引导不治自理、不教自学。学生学有所获、学有所成，将中国大学生自强之星、全国优秀大学生、湖南省百佳大学生党员等一大批国、省荣誉收入囊中。

2. 理工产教硕果累累。我们着力实施产教融合质量提升工程，打造全省产教融合新样板。携手株洲园区打造动力谷分院，携手湘潭园区创建九华分院，牵手京东集团组建京东学院，牵手阿里巴巴共建数字贸易学院，牵手业内名企开设舍弗勒班、京东班、苏宁班、步步高班、中车班，共建汇米巴理工产教融合创业实践基地、58众创理工大学生创新创业基地，开启了政、校、行、企联动、育训结合的生动实践，建立校外实训基地百余家。立项教育"1+X"证书试点项目8个，通过教育部第三批现代学徒制试点单位、工业机器人应用人才培养中心验收，立项教育部供需对接就业育人项目，立项湖南省教育体制改革试点项目，入选湖南省制造强省专项奖励、职教改革湖南样本、职教现代化典型案例，"双师"队伍培育案例被遴选为全国典型案例。

3. 理工专业春暖花开。我们着力实施专业建设质量提升工程，培育理工特色专业新优势。与时俱进精简专业数量、优化专业布局，全新组建新能源学院、智能制造学院和管理艺术学院，重点推进以光伏工程技术、机电一体化技术、电子商务等专业为核心的3个特色专业群建设，初步形成了与区域和行业的优势产业、支柱产业紧密对接的特色专业体系。五年新增国家级骨干专业2个、国家级生产性实训基地1个，立项省级高等职业教育一流特色专业群2个、湖南楚怡高水平专业群（A档）2个、省级专业教学资源库1个、省级精品在线开放课程15门、楚怡课程思政示范课程1门，获省级职业教育教学成果奖5项。学生斩获职业技能竞赛国家级一等奖14项、省级一等奖40余项，1名选手进入世界技能大赛集训。

同志们！过去五年，我们校小不小志、位后不后求，悉心勾画以自信为内核的职教愿景、着力打造不言自明的职教新湘军，悉心弘扬以自强为内核的理工精神、着力探索有核无边的职教新模式，悉心营造以自律为内核的校园文化，着力构建不教自学的育人大课堂，破解了不少难题，办成了不少大事，收获了不少惊喜，学校被评为教育部现代学徒制试点单位、湖南省文明标兵校园、湖南省职业院校读书联盟理事长单位、湖南省新能源职业教育教学指导委员会秘书处单位、省发展改革委优秀委属单位，招录线以年均数十分的幅度逐年攀升，就业率紧盯全省目标稳步提升，省排位以5年数十名的幅度快速上升。理工速度继往开来，理工模式近悦远来，理工故事娓娓道来，得到了教育部职成司、省委巡视组、省发展改革委、省教育厅充分肯定，得到了红网、新湖南等主流媒体持续报道，办学影响不断扩大，示范效应呼之欲出。这些成绩的取得，得益于党和国家高屋建瓴的极好政策，得益于省发展改革委、省教育厅、湘潭市高看厚爱的极大支持，得益于全校上下高歌猛进的极实工作，也得益于学校历届班子艰苦奋斗打下的可贵基础。在此，我代表中国共产党湖南理工职业技术学院第二届委员会，向全校广大党员干部、离退休老同志和教职员工，向各民主党派人士，向所有关心和支持学校改革发展的领导和朋友，表示崇高的敬意和衷心的感谢！

同志们！过去的五年是幸福满满的五年，也是奋斗多多的五年，每一道难题的破解都含辛茹苦，每一件大事的办成都呕心沥血，每一份惊喜的获得都难能可贵，"历尽天华成此景，人间万事出艰辛"。回顾五年的发展历程，我们深切体会到：一是穷则变，变则通。路在人走，事在人为。"天下事有难易乎？为之，则难者亦易矣；不为，则易者亦难矣"。这些年我们以奋发有为的精神，锐意改革，开拓进取，内强素质壮筋骨，外树形象赢支持，千头万绪盘活办学资源，千方百计厚植办学优势，千辛万苦增添办学后劲，百尺竿头更进步，干在实处走在前。二是人心齐，泰山移。独木难支，众擎易举。众人划桨开大船，众人拾柴火焰高。这些年我们秉持"以公为先、以校为家、以师为尊、以生为本"的治校理念，引导全校上下像爱护生命一样维护团结，像珍惜眼睛一样搞好团结，上下同欲者胜，同舟共济者赢，团结就是生产力，团结生出战斗力。三是雁群快，头雁带。学校雁群的头雁就是党委，"党政军民学，东西南北中，党是领导一切的"①。这些年我们坚持和加强党的全面领导，充分发挥党委把方向、管大局、做决策、抓班子、带队伍、保落实的作用，统筹疫情防控和办学治校，高站位抓班带队，高标准争先创优，高质量立德树人，明理精工，行稳致远。这三点体会是回顾我校过去五年工作的经验总结，也是指导我校未来发展的基本要求，我们必须倍加珍惜、牢牢遵循、贯穿始终。

回顾五年发展历程，必须清醒看到，我们的工作还存在一些不足，面临不少困难和问题。这些困难和问题主要有：办学条件方面，校园面积依然不足，办学规模依然偏小，学生食宿条件亟待改善，校区分布过于分散。师资队伍方面，教师编制缺口大，教师工作超负荷，高层次人才引培较难，"双师"型教师占比偏低。专业内涵方面，招生专业门类偏多、聚焦度不强，专业人培质量有待提高、特色不够鲜明，省级精品在线开放课程立项、省级教科研成果奖项偏少。产教融合方面，专业及课程设置跟进产业发展不够快，教学内容对接生产实际不够紧，教师适应经济社会发展能力不够强，科研投入、产出及成果应用水平不够高。管党治校方面，全面从严治党永远在路上，内部治理体系、治理能力现代化建设永远无止境等等。这些问题，我们已经采取措施加以改善，今后必须加大工作力度、加快解决进度。

二、未来五年的奋斗目标和任务

同志们！未来五年，是我国全面建设社会主义现代化国家开局起步的关键

① 习近平主持十八届中共中央政治局第一次集体学习［EB/OL］.中国政府网，2012-11-18.

时期，是我省全面落实"三高四新"战略定位和使命任务、加快建设社会主义现代化新湖南的重要时期，也是我校"培百年老店、育匠心传人"的攻坚时期。站在全新历史起点，面临全新机遇挑战，我们必须精准识变定方略、科学应变明目标、主动求变强举措。

（一）当前面临的主要形势

1. 从全国看，加快发展机遇、挑战同在，机遇大于挑战。机遇是外在的，挑战是自身的。机遇主要来自国家政策供给和人才需求驱动。国家职教改革方案、新修订的职教法、推动现代职教高质量发展的意见等相继发布，国家重视程度前所未有，政策叠加效应拭目以待。我国当前经济步入高质量发展阶段，国家需要大国工匠，产业需要能工巧匠，企业需要匠心传人，广大青年学子渴望技能报国，职教大有可为。挑战主要来自人才培养质量这个关键跟不上产业升级步伐节奏。识时务者为俊杰，只要我们与时俱进强应变、因势利导强关键，就一定能在新机中占先机、在变局中创新局。

2. 从全省看，加快发展合作、竞争并存，合作优先竞争。合作是大趋势，竞争是小气候。合作主要来自校地校企、来自服务区域经济的使命担当。湖南"三高四新"战略定位和使命任务为湖南职教发展提供了丰厚沃土。湖南响应双碳战略，加快推进能源产业转型升级，新能源发展已如箭在弦；湖南打造国家重要先进制造业高地，用智能制造赋能现代制造业，制造业发展将如虎添翼；湖南推进强省会战略，打造长株潭国家服务业中心，现代服务业发展将如鱼得水。这些产业发展的利好政策为学校专业群建设、项目合作、技能人才培养提供了广阔空间。竞争主要来自校校、来自相同专业学校之间的你追我赶。勇者相逢智者胜，只要我们见贤思齐向前进、争先创优奔一流，就一定能在融合产业中出类拔萃、在服务企业中脱颖而出。

3. 从全校看，加快发展务虚、务实兼要，务虚重在务实。务实是埋头干，务虚是抬头看。学校发展要善务虚、重务实。务虚就是要时移事变、事异备变，不让浮云遮望眼。学校从省发展改革委划转至省教育厅管理，厅直属学校"同锅吃饭、同台比武"将成常态，我们学校精致办学、特色发展已成单选。务实就是要尽力而为、量力而行，不驰于空想。学校争先求进比不了办学层次比办学水平、比不了办学规模比核心竞争力、比不了专业数量比专业特色。干在实处走在前，我们只要坚定不移强内涵、一任接着一任干，就一定能精中拓、稳中进、特中强，不负时代不负生。

（二）未来发展的战略定位

同志们！行百里者半九十。这些年学校"培百年老店、育匠心传人"，起好了步、开好了局、破好了题，但是大刀阔斧易、精雕细刻难，一鼓作气易、敬终如始难，一马当先易、万马奔腾难。未来征途，我们必须戒骄戒躁、再接再厉，迎难而上、攻坚克难。

1. 总体要求

今后工作的总体要求是高举中国特色社会主义伟大旗帜，以习近平新时代中国特色社会主义思想为指导，全面贯彻党的教育方针，落实立德树人根本任务，深入贯彻党的二十大、省第十二次党代会精神，深入贯彻全国、全省教育大会精神，主动服务"三高四新"战略定位和使命任务，坚定不移秉承"质量立校、人才强校、特色兴校、文化彰校"的办学理念，坚持不懈走好内涵式发展道路，奋力谱写学校"四个一流"建设精益求精新篇章，培养德智体美劳全面发展的社会主义建设者和接班人，培养担当民族复兴大任的时代新人和匠心传人。

2. 总体目标

学校立身之本，在于立德树人。学校今后发展的总体目标是紧紧围绕落实立德树人根本任务，引导全校上下各安其位、各司其职、各尽其能，悉心尽好一份责、精心讲好一堂课、用心读好一本书、全心育好一代人，持续打造全省产教融合样板，聚力创建全省高水平职业院校，简称"四一两全"。这既是学校未来发展的战略定位，也是学校当前面临的使命任务。

未来五年，在力促学校面上工作大提升的基础上，点上工作再突破：

（1）"三全育人"方面：打造新时代职业教育"三全育人"新标杆。

（2）专业建设方面：申办1~2个职业教育本科专业。

（3）教学质量方面：国省教学成果、教学能力比赛奖项破零倍增。

（4）产教融合方面：办好3~5个产业学院。

（5）师资队伍方面：专业教师"双师"型占比达到80%。

（6）办学条件方面：学生宿舍满足需求，办学条件总体达标。

（7）人才培养方面：新生生源质量、毕业生就业质量持续向好。

（三）今后五年的重点任务

学校围绕"四一两全"战略定位，重点实施五大任务。

1. 着眼精细定职责，持续优化内部治理

一是明责晰权工程。按照精简、统一、效能原则，结合学校发展战略，进一步优化"三定"方案，完善内设机构，明晰岗位职能，明确责权划分，健全二级学院议事决策机制，实现标准化建设、规范化管理、信息化服务，提升队伍整体效能，缓解编制需求压力，做到事事有人抓、人人有事干，行权必履责、失职必问责。

二是督事导人工程。按照监督、强化、助推原则，统筹内部质量诊改，进一步健全大督导机制，督管、督教、督学全覆盖，导事、导人、导制一体化，协助发现问题、协商分析问题、协调解决问题，重点围绕学校五年发展蓝图、年度行政报告、党建要点开展常态化管理督导，围绕教育科研、教师发展开展专业化教学督导，围绕学生德技兼修、五育并举开展立体化学习督导，做到目标聚焦、工作聚力，督事向好、导人向善。

三是严考实评工程。按照人事统一、责权统一、奖惩统一原则，结合纪检、监察、巡视、巡察、审计、督导成果，进一步完善考评机制，细分工作到岗，压实责任到位，严考成效到事，实评业绩到人。人生出彩贵一实，名副其实考为据，实至名归奖以励，优则优先，同等条件下，优先享受推优、转岗、提拔、晋级，做到有为者有位、实干者实惠。

2. 着眼精干带队伍，持续加强师资建设

一是师德师风建设工程。坚持师德师风第一标准，持续推进师德师风常态化、全员化建设，引导广大教师以德立身、以德立学、以德施教、以德育德。完善师德师风考评制度，将师德师风建设贯穿师资引、培、聘、考、评、奖、惩全过程、各环节。完善师德师风负面清单，坚决落实师德师风一票否决制。构建师德师风建设长效机制，健全教师荣誉表彰制度，评好年度"最美理工人"，开好"910理工故事会"，办好"为人师表40年"荣退仪式，展现理工教师可信、可亲、可敬新形象，精神激励助跑一流建设，典型示范引领高质量发展。

二是"双师"队伍建设工程。坚持"双师"队伍关键资源，持续推进"双师"队伍制度化、规范化建设，以高素质"双师"建设促进高质量产教融合。完善"双师"认定标准和制度。完善校企人员双向流动机制，企业走得出、学校用得上，学校下得去、企业接得了。创新学校技术技能人才聘用机制，建立高层次、高技能人才引进绿色通道。落实教师企业轮训制度，开展产学研训一体化岗位实践。建立新教师教育见习、企业实践制度，植工匠精神，培育人匠心。成立教师发展中心，统筹各级各类师资培训、教学能力比赛，深化教研教改，以培促教，以赛促教，以研促教。五年内，"双师"型教师占专业教师比例达到80%，行业企业兼职教师和校内专业课教师比例相当。

三是教学创新团队建设工程。坚持创新团队战略支撑，大力推进创新团队高水平、结构化建设，塑造学校教书育人示范引领新优势。着眼大思政课建设，聚焦立德树人根本任务，着力打造学校大思政教学创新团队，聚力推动用习近平新时代中国特色社会主义思想凝心铸魂；着眼人才培养质量提升，聚焦培养方案研制、培养模式创新、课程体系构建、课程资源开发，着力打造校内跨专业复合型教学创新团队，聚力培养新能源、先进制造和数字经济产业复合型高层次技术技能人才；着眼社会服务水平提升，聚焦新产品研发、新技术攻关、新工艺开发、新标准建立，着力打造校业跨界技术服务型教学创新团队，聚力推动新能源、先进制造和数字经济产业发展；着眼教书育人能力提升，聚力培养专业群带头人、专业带头人、专业群骨干教师等各级各类教学团队成员。五年内，打造省级及以上教学创新团队 5 支，力争实现国家级教学创新团队破零。

3. 着眼精品建专业，持续强化内涵建设

一是高水平专业群建设工程。这是内涵建设当务之急，按照一院一群、聚力共进的布局思路，高质量重点建设新能源学院光伏工程技术和智能制造学院机电一体化技术两大楚怡高水平专业群；严要求加快建设管理艺术学院电子商务专业群。会同产业园区，做强学校有核无边的专业学点。携手国省重点、行业领先企业，共建一批名副其实的产业学院；着眼"1+N"产教融合格局，广交一批志同道合的企业朋友，不断深化产教融合创新实践，促进人才培养供给侧和产业需求侧结构要素全方位融合，打造一批耳目一新、管用实用的标志性成果。五年内，力争光伏工程技术和机电一体化技术 2 个专业群成功立项为国家级高水平专业群，电子商务专业群成功立项为省级高水平专业群。

二是职业本科专业建设工程。这是内涵建设的重中之重，按照优势优先、先发制人的行动策略，举全校之力推动学校职业本科专业建设。适应我省经济社会发展和转型升级对高层次技术技能人才的需要，坚持产教融合、校企合作、工学结合、知行合一，锚定新能源和先进制造产业高端，加快学校楚怡高水平专业群内特色优势专业提档升级，力促专业人才培养目标从产业低端向中高端上移，力促学生就业岗位从生产岗位群中低端向中高端上移。五年内，力争成功申办 1~2 个职业教育本科专业。

三是社会服务能力提升工程。这是内涵建设必须之举，按照立足专业、助力教育的工作导向，进一步挖潜提质、赋能增效，弥补学校社会服务短板。用好学校工程实验室、工程研究中心 2 个省级科研平台，启动一批优势领域平台开放项目，提供一批技术服务，形成并转化一批科研成果。依托公共实训、科普 2 个省级基地，拓展职业技能等级认定、培训、竞赛和科普教育服务。着眼岗课赛证融通、高水平专业群建设、职业本科专业建设，开发新形态教材，推进教育教学研究，助力教育教学改革。探索开展国际交流合作。五年内，力争建成省级示范性公共实训基地，建成社区学院、社区教育示范基地，授权发明专利数以及科研收入、社会服务收入显著增加。

4. 着眼精工育学生，持续提质人才培养

一是德育质量提升工程。品德是最高级的智慧，坚持立德树人以德为先。健全立德树人体制机制，将立德树人融入思想道德、文化知识、社会实践教育各环节，贯通专业、教学、教材、管理各体系。全面推进大思政课建设，协同推进思政课程、课程思政建设，突出课堂育德、典型树德、规则立德，用党的创新理论凝心铸魂。全面加强校园文化、思政实践基地建设，建好大课堂、搭建大平台、建好大师资，推动第一课堂与第二课堂、校内实训与校外实践、网下阵地与网上平台融合发展。全面增效二十大精品育人活动，进一步突出育人导向、问题导向，拓外延、扩内涵，扬长项、补短板，树品牌、立标杆。五年内，立项省级思政工作精品项目 5 项、省级"三全育人"综合改革试点院系2 个。

二是技能水平提升工程。技能是最强大的底气，坚持教书育人立技为要。强化学以致用职教导向，务求教而能用、学而实用，传真技能，学真本事。着力提高教学技能含金量，大力推行现代学徒制和"1+X"证书制度，实施岗课赛证综合育人；着力提高教学内容可用度，积极开发企业化、模块化、系统化的实训课程体系，开发生产性、活页式、立体化教材，校企合作，工学结合；着力用好教学课堂主阵地，建立有效课堂等级认证制度，健全教学质量四级协同、五方联动评价机制，打造金课、优质课；着力提高教学能力实战性，建立精品在线开放课程资源梯队，健全技能竞赛梯队选培机制，以比促教，以比促学。五年内，学生技能竞赛获省级及以上奖不少于 50 项，其中国家一等奖不少于 10 项。

三是就业能力提升工程。就业是最基本的民生，坚持育人育才就业为重。始终把学生高质量充分就业作为学校高水平办学的指挥棒、试金石，把为党育人、为国育才落实到为生立业上。健全教育体系，强化就业导向，将就业创业教育贯穿人才培养全过程。完善工作机制，盘活就业资源，学校主导，学院主体，专业主责，全员参与。注重文化引领，提振就业观念，弘扬理工自强精神，深耕理工报国使命，厚植理工匠心特质。用足国家政策，畅通就业渠道，访企广拓岗、应征多入伍、深造专升本等，应通尽通，能畅全畅。加大创业帮扶力度，用好省级双创示范基地和大学生创新创业孵化示范基地，做好学生创新创业项目孵化服务，以创业带动就业。五年内，依托省优质园区企业建成就业基地 50 个。

5. 着眼精美建校园，持续改善办学条件

一是五育设施提升工程。按照安全可靠、美观实用的原则，进一步查漏补缺、强基固本，满足学校教书育人物质保障新需要。实施办学条件达标计划，重点推进校园规划扩容、校区连片整合、校舍提质改造、学生宿舍新建、教学区空调安装等项目，盘活办学资源，提升办学承载，美化办学环境。实施内涵建设支撑计划，加快多能互补、集成优化项目建设，加快科技科研平台建设，加强图书资源建设，加强德智体美劳育校内校外实习、实训、实践教学基地建设。五年内，在现有学生规模下办学场地场所、设施设备总体够用，生均教学仪器设备值达全国示范校水平。

二是数字校园提升工程。按照统筹协调、务实管用的原则，进一步提质扩容、赋能增效，满足师生日益增长的用网新需求。推进教育数字化，重点建设校园5G网和物联网，提升校园管理效能；建设数据共享交换平台和大数据平台，服务学校评价、教师发展和学生成长；完善资产信息化管理、智慧学工、财务内控一体化等应用系统建设，提升学校信息化建设水平；建设智慧教室、直播实训室、虚拟仿真实训系统、虚实同步智慧学习空间，推进人工智能和5G等新技术应用；整合校内教学资源平台，实现数字资源的共建共享；建设数字图书资源，强化教学科研服务支撑。五年内，建成全省教育信息化标杆学校。

三是文明校园提升工程。按照示范引领、师生受用的原则，进一步对标对表、规范规矩，满足师生过上美好校园生活新期待。实施省级文明标兵校园建设计划，不断巩固提高建设水平和成果，总结宣传推广文明创建经验；实施特色校园文化建设计划，大力弘扬校训、教风、学风和理工使命、理工精神，引导全校上下自我净化、自我完善、自我革新、自我提高；实施绿色学校创建计划，加强生态文明教育，推动精美理工建设；实施网络文明提升计划，办好网络平台，加强网络文明教育，开展网络文化作品创作，引导广大师生共建网上美好精神家园。五年内，建成更高水平的文明标兵校园。

三、毫不动摇坚持全面从严管党治党

打造全省产教融合样板，创建全省高水平职业院校，关键在党，关键在党要管党、全面从严治党。要全面理解和准确把握新时代党的建设总要求，坚持不懈做好学校巡视整改后半篇文章，把全面从严管党治党贯穿办学治校全过程，落实到党的建设各方面，旗帜鲜明讲政治，多措并举养清廉，凝心聚力强内涵，齐抓共管保平安，以高质量党建引领高质量发展。重点实施五大工程。

（一）实施"头雁领航"工程，着力加强党委班子建设

全面加强党的政治建设，坚定执行党的政治路线，严格遵守政治纪律、政治规矩，深刻领会"两个确立"决定意义，把增强"四个意识"、坚定"四个自信"、做到"两个维护"落实到立德树人根本任务上。全面加强党的思想建设，坚持党对思想政治工作的领导，始终把学习贯彻习近平新时代中国特色社会主义思想摆在首位，坚持发挥党委理论学习中心组的示范带动作用，全面落实第一议题制度，牢牢把握意识形态工作领导权、管理权、话语权，牢牢把握社会主义办学方向。营造识才爱才敬才用才的浓厚氛围，最大限度激发各类人才的活力、创造力。坚持和完善党委领导下的校长负责制，贯彻民主集中制，

落实"三重一大"集体决策制度，用好批评和自我批评武器，不断提升管党治党、办学治校水平。

（二）实施"群雁竞飞"工程，着力加强基层组织建设

牢固树立大抓基层的鲜明导向，推动基层党组织全面进步、全面过硬。常态化开展党的二十大精神、党章党规党纪学习、党史学习教育、廉政警示教育，坚持不懈实施学校党建质量提升工程，持续推进全省党建工作示范高校、标杆院系和样板支部创建工作，深入贯彻"三会一课"制度，深入推进党支部"五化"建设，扎实推进教师党支部书记双带头人培育工程，积极做好优秀青年教职工和大学生党员发展工作。丰富和创新党建工作载体，加强和改进党员教育管理，更好地发挥基层党组织战斗堡垒作用和党员先锋模范作用。

（三）实施"关键锻造"工程，着力加强干部队伍建设

贯彻新时代党的组织路线，坚持党管干部原则，坚持正确选人用人导向，突出把好政治关、廉洁关，选拔使用对党绝对忠诚、对事业高度负责、对师生尽心服务的领导干部。强化领导班子整体功能，加大优秀年轻干部培养选拔力度。重视女干部、少数民族干部和党外干部培养选拔。推进领导干部能上能下。加强干部能力素质建设，加强思想淬炼、政治历练、实践锻炼、专业训练。加强干部斗争精神和斗争本领养成，激励干部敢于担当、乐于担当。注重在重大斗争中磨砺干部、识别干部。加强干部日常教育管理监督，管好关键人、管到关键处、管住关键事。

（四）实施"清廉润心"工程，着力加强党风廉政建设

扎实推进清廉学校建设，全面营造党风清明、作风清廉、教风清正、学风清新、文化清朗的浓厚氛围，展现理工队伍自信、自强、自律新风貌。持之以恒纠"四风"，持续落实党政负责人家访制度，探索开展家教家风建设，不断巩固中央八项规定精神及其实施细则的堤坝。旗帜鲜明树新风，弘扬劳动精神、奋斗精神、奉献精神、工匠精神、创造精神、勤俭节约精神，持续深入倡导读书明理、知书达礼。一以贯之严规矩，将正风肃纪反腐与深化改革、完善制度、促进治理贯通起来，强化不敢腐的震慑，扎实不能腐的笼子，增强不想腐的自觉。推进政治监督具体化、精准化、常态化，增强对"一把手"和领导班子监督实效。用好监督执纪"四种形态"，强化教育监督，严肃执纪问责，让党员干部知敬畏、存戒惧、守底线。

（五）实施"同心筑梦"工程，着力加强统战群团建设

加强党对统战群团工作领导，把党的理论和路线贯彻到统战和群团工作各方面、全过程，坚持发扬民主与增进团结相互贯通、建言咨政与凝聚共识双向发力。推动构建大统战工作格局，支持各民主人士、人大代表、政协委员加强

自身建设、开展必要工作，谋求最大公约数，画好最大同心圆。加强和改进群团工作，进一步增强工会、共青团、学生会、学生社团等群团组织的政治性、先进性、群众性，发挥好组织动员和桥梁纽带作用。加强和改进老同志工作，发挥好老同志榜样垂范、智囊参谋、育人传授作用，老有所乐、老有所为。统筹做好办学治校政治保证、后勤保障、安全保卫、妇儿保护等各方面工作。实施民生改善计划，紧紧抓住师生员工最关心、最直接、最现实的利益问题，坚持尽力而为、量力而行，采取更多惠民暖民举措，解决更多急难愁盼问题，扎实推进同工同酬、共建共享，持续增强理工人的获得感、幸福感、安全感。

同志们！"士不可以不弘毅，任重而道远""雄关漫道真如铁，而今迈步从头越"。让我们紧密团结在以习近平同志为核心的党中央周围，高举旗帜、埋头苦干、踔厉奋发、勇毅前行，为全面落实学校"四一两全"战略、奋力开创学校更加美好的明天而团结奋斗！

【媒体聚焦】

打造新时代职业教育"三全育人"新标杆

（《湖南教育·职业教育》 2023 年 2 月刊）

习近平总书记在党的二十大报告中特别指出，育人的根本在于立德。这是他在全国高校思想政治工作会议上系统明确"要坚持把立德树人作为中心环节，把思想政治工作贯穿教育教学全过程，实现全程育人、全方位育人"① 后，再次高规格强调育人的立德重要性。湖南理工职业技术学院认真贯彻习近平总书记的指示要求，力推"三全育人"综合改革，坚持"政治、问题、效果"三个导向，注重"决策、执行、监督"三位一体，强化"学校、教师、学生"三方联动，全面创新办学治校，全面落实立德树人，办学水平不断提高，办学影响不断扩大，示范效应呼之欲出。五年来，学校获评教育部现代学徒制试点单位、湖南省文明标兵校园、湖南省职业院校读书联盟理事长单位、湖南省新能源职业教育教学指导委员会秘书处单位等一大批国家级、省级荣誉。学校招录线、就业率、省排位快速上升，得到了教育部职业教育与成人教育司、省委巡视组的充分肯定。教育部职业教育与成人教育司副司长谢俐深入调研后表示，学校"三全育人"工作有体系、有特色、有成效，对全国职业教育，特别是理工类职业院校具有示范引领潜能和模式推广价值。

一、坚持政治导向，系统构建"三全育人"理工模式

湖南理工职业技术学院构建立德树人总体规划，打造"三全育人"的理工模式，印发《思想政治工作质量提升工程实施方案》（湘理职院党〔2018〕43号），这是学校党委落实教育部《高校思想政治工作质量提升工程实施纲要》（教党〔2017〕62号）推出的切实举措。这个模式具有鲜明的时代特征、职教特点和地方特色，上连天线、下接地气、中入人心，管用实用。

（一）以德为先，畅通思政大通道，高屋建瓴连天线

着力筑牢三大德育支柱。一是筑牢党性大德，用创新理论凝心铸魂。学校系统构建思想政治工作体系，全面做好习近平新时代中国特色社会主义思想

---

① 习近平在全国高校思想政治工作会议上强调：把思想政治工作贯穿教育教学全过程 开创我国高等教育事业发展新局面 [EB/OL]. 新华网，2016-12-08.

"三进"工作，坚持以立德树人为根本任务，以培养德智体美劳全面发展的社会主义建设者和接班人、担当民族复兴大任的时代新人为最终目标，将"四有"好老师、"四有"好学生标准融入学校教风学风，将习近平总书记立德立技、经师人师、多读有字书和无字书的新理念融入办学治校全方位、各环节，将教育部十大育人体系融入学校六大特质理工建设。二是筑牢职业道德，用工匠精神赋能聚力。学校创造性地提出"培百年老店、育匠心传人"的办学目标，以匠魂塑匠心、练匠艺、培匠师、育匠果，深化产教融合、校企合作，办好职业类型教育。培"百年老店"不是把学校办成商业门店，而是为学校注入产业基因、为学生注入工匠精神，培育学子"勤学、俭朴、乐观，诚信、合作、自律，敬业、专长、创新"的大国工匠情怀，打造教育界的"百年老店"，培养产业界的"匠心传人"。三是筑牢传统美德，用中华文化固本培元。学校系统构建"四个一"文化育人，倡导每周一书、每人一语、每课一讲、每日一记，贯通学思用，深入挖掘中华优秀传统文化讲仁爱、重民本、守诚信、崇正义、尚和合、求大同的时代价值，用国学之光照亮奋进路，用党史之光引领奋斗者。精心推出理工育人书单，有机融合中华传统文化和现代职教内涵，引导学子读以修身、读以做人、读以处事，读书明理、知书达礼。

（二）以实为要，疏通思政微循环，深耕厚植接地气

精心培育三大思政特质。一是突出职教类型特征。做实"产教融合、校企合作、工学结合、知行合一"的文章，探索"有核无边"新模式，打造校地命运共同体，将学校办进产业园区、把专业建在产业链上、让课堂走入生产车间。二是融会湖湘文化特性。致力一方山水养一方人，涵养学子"经世致用、兼收并蓄、心忧天下、敢为人先"的湖湘文化特质和"吃得苦、耐得烦、霸得蛮"的湖湘人格气质，凝练理工精神、理工使命，引导学子自信、自强、自律。三是彰显理工专业特色。深入挖掘理工专业课程中蕴含的政治认同、文化自信、生态伦理、家国情怀、绿色低碳、安全高效、红色元素以及工匠精神、行业精神、劳动精神、科学精神等思政基因，构建通识教育、专业课程、选修课课程思政体系，一体化呈现国家育人要求和学校办学追求。

（三）以生为本，打通思政关节点，大题小做入人心

倾情打造二十大育人活动。一是注重以"理"服人，建设信念理工。统筹组织、课程等育人环节，精心推出对标争先、思政半月谈、理工"青马"活动，坚持党建带团建、团建促党建，以理想信念教育为核心，以社会主义核心价值观为引领，提升思政课程吸引力、说服力、感染力，加强课程思政融入性、针对性、有效性，旗帜鲜明讲道理。二是注重以"文"化人，建设书香理工。统筹课程、科研、实践、文化等育人环节，精心推出教学比武周、技能竞赛月、

"四个一"文育、青年教师论坛、君子莲大讲堂活动。三是注重以"美"育人，建设精美理工。统筹管理、服务、文化等育人环节，精心推出"三无"校园、"6S"寝室、"7S"实训室管理活动。四是注重以"情"感人，建设幸福理工。统筹管理、服务、心理、资助等育人环节，精心推出"双元"辅导、"525"心理健康节、"三个一"体育、"千里马"助学、"三防"校园、"三安"食堂建设活动，用敬畏之心敬业，用爱子之心爱生。五是注重以"志"励人，建设自律理工。统筹文化、组织、管理等育人环节，精心推出典礼励志、"910"理工故事会活动。六是注重以"网"络人，建设出彩理工。统筹文化、管理、服务等育人环节，精心建设网络平台，把学校办到互联网上，把课堂建到学生"掌"上，面对面交谈，键对键交心。

二、坚持问题导向，务实推进"三全育人"综合改革

（一）提纲挈领抓重点，着力解决课内外衔接不紧的问题

一是夯实文化育人主心骨。实施校园文化精品建设工程，始终把大力培育和践行社会主义核心价值观作为当务之急、摆在重中之重，全方位贯穿、深层次融入。着力构建理工特色校园文化，落细落小核心价值观培育，打造有底蕴、有温度、有人气的思政精品，如理工校训、教风、学风，理工精神、理工使命等特色理念，理工书单、理工论语、理工九理、理工九条、理工五问等特色产品，"四个一"文育、"三个一"体育、教学比武周、技能竞赛月等特色活动，明理园、知行角、精工楼、致远亭等特色景观。二是用好课堂育人主渠道。实施课堂建设质量提升工程，推动思政课关键课程"思路、师资、资源、教法、机制、环境"全面创优，组建专业教学团队，开展专题教学，实施集体备课，实现课程、专业和人才培养目标统一。成立课程思政教研中心，出台课程思政建设方案，统筹价值塑造、知识传授、能力培养，落实学校、教师、课程育人责任，力促课程思政与思政课程同向同行、显性教育与隐性教育互促互进。三是强化实践育人主属性。实施社会实践平台建设工程，与湘潭市党史馆、湘乡市东山学校、岳塘区人民法院等共建思政课实践教学基地。建设志愿者服务中心、学生一站式服务中心、教育阳光服务中心等阵地，构建"大思政课"育人平台。开展志愿服务"三下乡"、乡村振兴、社区联点、科普教育、技能传授等丰富多彩的社会实践活动，统一知信行，以有字书融无字书，以小经历悟大道理。

（二）因产施教强关键，着力解决校内外协同不佳的问题

一是以"业"强基，协同办学。对接产业布专业，着眼湖南"三高四新"战略定位和使命任务，响应湖南"双碳"战略、国家先进制造业高地和"强省会"战略，全新组建新能源学院、智能制造学院和管理艺术学院，重点推进以

光伏工程技术、机电一体化技术、电子商务等专业为核心的特色专业群建设，紧贴市场前沿，紧跟产业步伐。联合企业建专业，坚持校地、校行、校企真融真合，力促师资、课程、基地、文化、证书、科技深融深合。与中国动力谷、九华产业园区联合创建动力谷、九华专业学点；与舍弗勒、京东云、阿里巴巴等名企联合创办产业学院、订单班；与京东飞服、58科创、阳光电源分别共建无人机实训基地、大学生创客中心、光伏运维培训基地等。推行"1+X"证书制度，实施"岗课赛证"综合育人，开发企业化实训课程体系、生产性活页式教材，打造金课、优质课。围绕职业抓就业，始终把毕业生高质量充分就业作为学校高水平办学的指挥棒、试金石，将就业创业教育贯穿人才培养全过程。以学校主导、学院主体、专业主责、企业主攻，对岗精立技，访企广拓岗，强专业扶创业，强职业促就业。二是以"匠"强本，协同育人。以匠艺铸匠师，坚持"双师"队伍关键资源理念，以高素质"双师"建设促进高质量产教融合。建立高层次、高技能人才引进绿色通道。落实教师企业轮训制度，开展产学研训一体化岗位实践。成立教师发展中心，统筹师资培训、教学能力比赛、教研教改，建立技能大师津贴奖励制度，推荐匠师、大师进入省市专家库。以匠师带匠徒，大力推进现代学徒制，探索德国双元制本土化实践，会同动力谷园区、德国莱茵科斯特开展"政府+园区+学校+企业"四位一体融合实践，会同湘潭经开区、德国舍弗勒开展"学校学习+培训中心实操+企业实践"三站联动育训试点。以匠赛促匠学，着力提高教学能力实战性，建立精品在线开放课程资源梯队，健全技能竞赛梯队选培机制，师徒结对重点培养，大师指导精心培养，以比促教、以比促学。五年来，学校学子斩获职业技能竞赛国家级一等奖14项、省级一等奖40项。三是以"科"强能，协同攻关。重点建设学校工程实验室、工程研究中心两个省级科研平台，打造校业跨界技术服务型教学创新团队，聚焦新产品研发、新技术攻关、新工艺开发、新标准制订，聚力推动新能源、先进制造和数字经济产业发展，力促学校在促进创新链和产业链精准对接中成为科技成果转化"中试车间"。

（三）软硬兼施拓空间，着力解决网内外联动不够的问题

一是提质扩容建网络。建成拥有双万兆冗余至汇聚层、接入层千兆到桌面服务教学管理系统的校园网络，实现无线Wi-Fi6全覆盖；实施智慧教室全改造，实现教室多媒体设备远程监控管理和集约式常态化课程资源录制。统筹网络教育资源，建设"学校、二级单位、班级"三级新媒体网络教育平台，建设校园门户网站、学校官方微信公众号、抖音号、微信群等媒体平台，健全校园网络教育工作矩阵，实现网络思政教育、师生教育平台全覆盖。二是赋能增效用网络。遵循"一体化设计、结构化课程、颗粒化资源"建构逻辑，借助智慧

教学平台建设思政课精品在线开放课程，通过网络教学推进党的创新理论成果进课堂、进学生头脑。建设网上校史馆，设置德育专栏及名师、名生、名企风采栏目。注重将思政教育融入校园网络文化活动，利用易班平台进行毕业季、迎新季等主题教育，组织"最美理工人"网络评选活动，开展短视频网络征集等文化活动。三是守正创新管网络。遵守网络规则，维护网络秩序，共同营造良好的网络环境。强化网络意识形态工作责任，落实网络意识形态工作任务，完善新媒体登记制度，严格新闻发布审核，唱响主旋律、弘扬正能量，确保校园网络阵地安全可控。

三、坚持效果导向，全面加强"三全育人"组织保障

（一）明责晰权，真抓实干强领导

学校党委全面领导，统筹各领域、各环节、各方面的资源和力量，成立专班，保障经费，定期研究，专题部署，重点推进。学校党委书记担起第一责任，校长和其他班子成员"党政同责、一岗双责"。各级、各部门、各单位负责人主动进课堂、进班级、进宿舍、进食堂、进社区、进讲座、进网络，深入一线联系学生。学校开展书记微课、校长沙龙、"双元"辅导等活动。学校"三全育人"深入人心，理工思政别开生面，做到事事有人抓、人人有事干、行权必履责、失职必问责。

（二）督事导人，协力同心强执行

统筹内部质量诊改，按照监督、强化、助推原则，学校探索推出"三全育人"大督导机制，督管、督教、督学全覆盖，导事、导人、导制一体化。成立"三全育人"督导办，强化执行监督，重点围绕学校"三全育人"总体部署，开展常态化行政督导，围绕教育科研、教师发展开展专业化教学督导，围绕学生德技兼修、"五育"并举开展立体化学习督导，协助发现问题，协商分析问题、协调解决问题，做到目标聚焦育人、工作聚力育人，督事向好、导人向善。

（三）严考实评，争先求进强激励

用好考核指挥棒，树立育人风向标，全力推动"三全育人"走深走实。按照人事统一、责权统一、奖惩统一原则，结合纪检、监察、巡视、巡察、审计、督导成果，建立健全"三全育人"考评机制，细分工作到岗，压实责任到位，严考成效到事，实评业绩到人，定标准、设标志、立标杆。人生出彩贵一实，名副其实考为据，实至名归奖以励。同等条件下，表现优异者优先享受推优、转岗、提拔、晋级，做到有为者有位、实干者实惠。

四、结语

近年来，学校在"三全育人"上下了不少功夫，想了不少办法，收到了不少成效。我们扎根中国大地办好新时代人民满意职业教育，推进"三全育人"

铸魂育人

综合改革，落实立德树人根本任务，重在统筹推进，全校下好一盘棋。"三全育人"事关办学治校全局、改革发展长远。学校立校之本在立德树人，立德树人之要在"三全育人"。锐始者必图其终，成功者先计于始。我们只有统筹谋划一盘棋，才能凝心聚力向前进，更好地立德树人、教书育人。贵在融会贯通，全线拧成一股绳。"三全育人"千头万绪，牵一发而动全身，全员、全方位、全过程，你中有我，我中有你，千头以"育"为宗，万绪以"人"为本。我们只有融会贯通一股绳，才能千变不离宗、万化不离本，更好地为党育人、为国育才。难在大题小做，全员团结一条心。"三全育人"大题小做，就是要从日常做起、从小事做起、从自身做起，必须深入细致、具体而微。我们只有大题小做尽精微，才能深入浅出致广大，更好地以德育人、以文化人。

小学校可有大作为（代跋）*

很荣幸参加省委这么高规格的主题教育读书班，学思多多，收获满满。特别是晓明书记的开班辅导报告和下学员寝室的重要讲话，从理论框架体系、时空两个维度，以及方法论的角度对习近平新时代中国特色社会主义思想系统阐述、深层解读，对高校同志深入浅出"知"、融会贯通"行"，提纲挈领、画龙点睛，听后如沐春风。国文副省长在小组会上的重要讲话生动形象，"学进去、悟出来、落下去、干起来"，听后豁然开朗。

习近平总书记反复强调，"我们坚持以马克思主义为指导，是要运用其科学的世界观和方法论解决中国的问题"①。今天，我们学习贯彻习近平新时代中国特色社会主义思想，是要坚持好、运用好贯穿其中的立场、观点和方法解决本地区、本领域、本单位的问题。对我们高校工作的同志来说，就是要更好地恪尽职守办学治校。

今年是我到湖南理工职院工作的第七个年头，此前多年在省发展改革委从事经济社会发展规划工作，学思践悟习近平新时代中国特色社会主义思想，是个人兴趣，也是工作需要，算是比较早的。特别是全省"十三五"规划纲要编制，必须深入领会、准确把握、全面落实习近平总书记重要讲话精神，养成了良好的学习习惯。记得当时，习近平总书记对全国规划编制工作做出简明扼要的指示，要求"耳目一新、管用实用"，这个指示着眼"新"、落脚"用"，一针见血，十分到位。六年前，也是在这，我参加党的十九大精神学习班小组会，做了《在深学细悟中笃信笃行》的发言，返回学校，会同党委一班人立说立行，带领全校师生"撸起袖子加油干"，坚持用习近平新时代中国特色社会主义思想指导学校改革发展，扎根中国大地特别是三湘大地办职业教育。我们着力从三个方面"学懂弄通做实"。

---

* 在 2023 年 4 月省委学习贯彻习近平新时代中国特色社会主义思想主题教育读书班小组讨论会上的发言。

① 习近平：高举中国特色社会主义伟大旗帜 为全面建设社会主义现代化国家而团结奋斗——在中国共产党第二十次全国代表大会上的报告［EB/OL］. 中国政府网，2022-10-25.

铸魂育人

第一，着力在落细落小上落实。坚持人民至上，我们落细到"以公为先、以校为家、以师为尊、以生为本"的理工治校理念上。坚持自信自立，我们落小到"自信满满、永不放弃，自强不息、永不放任，自律坚守、永不放纵"的理工精神提炼弘扬上，校小不小志、位后不后求，"苔花如米小，也学牡丹开"。当时，这所学校"高校不高、大学不大"，躺在地板四面"围城"，"三自三永"提神提气。坚持守正创新，我们将"为党育人、为国育才"的初心落实到"为生铸魂、为生赋能、为生立业"的使命上，引导学生们德技兼修、全面发展，"学好的专业、就好的职业、干好的事业"；将"幸福是奋斗出来的"落实到"成功是失败出来的、老板是员工出来的"创业指导上，引导孩子"有理想、敢担当、能吃苦、肯奋斗"。坚持问题导向，我们将"技能报国"使命落实到职教类型特征把握上，提出"培百年老店、育匠心传人"办学追求，为学校注入产业基因，为学生植入工匠精神。坚持系统观念，我们落实"办好理工一点、带动教育一线、影响产业一片"办学担当，打造不治自理文明新校园，构建不教自学育人大课堂，致力不言自明职教新湘军。坚持胸怀天下，我们落实"三种情怀"培育，引导全校师生"心忧天下、胸怀祖国、情系理工"。凝心铸魂、再接再厉，学思践悟、义无反顾。

第二，着力在善抓善管上善为。全面从严管党治党。始终把高站位带班领队、固本强基作为任期工作要中之要来抓，宁可直中取，不向曲中求。严立规以类相从，严守规以身作则，严执规以儆效尤。约法"三章"，要求自己"讲原则、重感情、干实事"。正风"六不"，要求班子成员"不违法乱纪、不违规乱矩、不违德乱俗，不收礼、不损公、不攀比"。明令"九条"，要求全体教职工对标正负清单、规范日常行为，严以修身，诚以待人，公以处事，乐以尽责。令行禁止、风清气正。全面创新办学治校。精深推进"四个一流"建设，精心绘制"四一两全"蓝图。"四一"就是要悉心尽好一份责、精心讲好一堂课、用心读好一本书、全心育好一代人，"两全"就是要持续打造全省产教融合样板、聚力创建全省高水平职业院校。

悉心尽好一份责。实施"明责晰权、督事导人"工程，行权必履责，失职必问责，引导全校上下各安其位、各负其责，高站位看待部门职能、高标准对待岗位职责、高质效善待工作职守，把岗位当作事业平台奋发有为，把团队当作人生缘分倍加珍惜，把匠心当作职业品质毕生追求，用敬畏之心敬业、用律人之心律己、用爱子之心爱生，做政治上的明白人、品行上的规矩人、教育上的有心人。

精心讲好一堂课。大刀阔斧调专业，紧跟市场步伐，紧贴产业前沿，积极对接国家"双碳"战略，精准服务湖南"三高四新"战略，全新组建新能源学院、智能制造学院、管理艺术学院，与时俱进精简专业数量、优化专业布局。有核无边聚合力，深入株洲动力谷、湘潭九华举办产业学院，开创性地"将学校办进产业园区，把专业建在产业链上，让课堂走入生产车间"。精雕细刻建课程，念好"备、讲、听，督、评、考，奖、罚、促"九字诀，淘汰"水课"，打造"金课"，多措并举提质效。

用心读好一本书。"将读书进行到底"，是理工职院矢志不渝的育人追求。几年来，学校党委绘出了"建设书香理工、引领书香湖南、给力书香中国"的读书愿景，发出了"每周一书"的阅读倡议，推出了"明理知行"的"理工书单"，牵头发起"湘潭十大高校读书联盟"，申请成立"湖南省职业院校读书联盟"。理工读书抛砖引玉、近悦远来，增智明理达礼，修身做人处事，立志立德立技，理工"书香育人"理念纳入"湖南经验"全国分享，"飞入寻常百姓家"。

全心育好一代人。力推"三全育人"综合改革走深走实，坚持"政治、问题、效果"三个导向，注重"决策、执行、监督"三位一体，强化"学校、教师、学生"三方联动，坚持全员、全方位、全过程用习近平新时代中国特色社会主义思想凝心铸魂，育人理念不断创新，育人举措不断改进，育人水平不断提升。立德树人、再接再厉，学思践悟、责无旁贷。

第三，着力在出色出彩上出新。几年来，学校先后获评教育部现代学徒制试点单位、湖南省文明标兵校园、湖南省职业院校读书联盟理事长单位、湖南省新能源职业教育教学指导委员会秘书处单位、湖南省发展改革委优秀委属单位、湖南省教育厅优秀清廉学校、湖南省五四红旗团委等一大批国省荣誉。学校招录线逐年攀升、就业率稳步提升、省排位快速上升，技能竞赛国赛一等奖获奖数进入全省前五。学校立德树人工作得到了教育部职业教育与成人教育司、省委巡视组的充分肯定。教育部职业教育与成人教育司副司长谢俐深入调研后表示，学校"三全育人"工作有体系、有特色、有成效，对全国职业教育，特别是理工类职业院校具有示范引领潜能和模式推广价值。省委巡视组评价学校"贯彻党委领导下的校长负责制，政治生态明显好转，落实立德树人根本任务，办学治校水平不断提高"。学校奋勇闯出了一条都市区学校集约化办学、高质量发展的内涵式特色新路。办学治校、再接再厉，学思践悟、心无旁骛。

学思践悟习近平新时代中国特色社会主义思想，我的体会归总为一句话："活学活用管用实用，守正创新耳目一新，小学校可有大作为！"

后　记

　　党委领导下的校长负责制是中国共产党对普通高等学校领导的根本制度，是高等学校坚持社会主义办学方向的重要保证。

　　1949 年 3 月，毛泽东在党的七届二中全会上专门论述了《党委会的工作方法》，提出党委书记要善于当"班长"。2016 年 2 月，习近平总书记就学习《党委会的工作方法》作出重要批示，要求重温著作，学习掌握其中蕴含的政治纪律和政治规矩，提高领导能力和水平。2017 年 7 月，我从湖南省发展和改革委员会机关调任湖南理工职业技术学院党委书记，守正创新育人才，开启了一段难能可贵的高校"班长"经历。

　　说其难能，这段经历主要"难"在四个方面：一是学校体量小，纵深回旋空间不大；二是学校积累少，发展瓶颈制约较多；三是领导看得重，要求走在全省前列；四是办学经历无，"班长"履职从零起步。说其可贵，这段经历主要"贵"在五个方面：一是学校班子团结和谐，三任校长同心协力；二是学校发展日新月异，校园面貌焕然一新；三是内涵建设赋能增效，学校排位突飞猛进，2023 软科中国高职院校排名，全国 1500 余所、全省 80 余所高职院校中，学校从后排进入前列；四是新生招录线屡创新高，年均增幅近 30 分；五是毕业生就业率稳步提升，2023 年实现了赶超引领。六年多来，学校获评教育部现代学徒制试点单位、湖南省教育厅直属单位优秀领导班子、湖南省文明标兵校园、湖南省发展改革委优秀委属单位、湖南省教育厅优秀清廉学校、湖南省职业技能竞赛冠军选手单位、湖南省职业院校读书联盟理事长单位、湖南省五四红旗团委等一系列国省荣誉，办学治校近悦远来，事业发展蒸蒸日上。

　　"历尽天华成此景，人间万事出艰辛"。学校发展得益于党和国家极好的政策，得益于主管部门极大的支持，得益于社会各界极深的关爱，得益于全校上下极实的工作。我生逢盛世，倍感荣幸，身为"班长"，倍感自豪！六年多来，我牢记习近平总书记的殷殷嘱托，坚持不懈以社会主义政治家、教育家的标准要求自己、塑造自己、完善自己，坚持不懈用习近平新时代中国特色社会主义思想铸魂育人，学思用结合，知信行统一，将文章写在校园里，把成果用于办学中，推动了一系列改革发展，形成了百万字的工作日志，保持了良好的"勤学勤思、笃信笃行"的职业操守。

本书谋篇布局，以"铸魂育人"为基本要求，以"守正创新"为总体框架，以"明理知行"为内在脉络。全书共四编，即"四全"：致广大尽精微，全面适应角色转换；培特色锻长板，全面创新办学治校；铸品牌立标杆，全面落实立德树人；守初心担使命，全面从严管党治党，系统呈现"班长"履职尽责要义。每编分三辑，即"三法"："星愿心语"谈"班长"想法，"微课链接"谈班子做法，"媒体聚焦"谈各方看法，立体呈现"班长"守正创新内涵。"星愿心语""微课链接"由多篇文章组成，这些文章全部从工作日志中节选，其中不少是公开发表过的，散见于各类媒体。"媒体聚焦"主要是报道稿，真实再现学校改革发展情景。为尽可能反映学校发展轨迹和工作推进节奏，每辑文章的选取和组织基本遵从成文顺序，保持成文原貌，部分文章因结集需要略作修订。

从知识含量看，本书涉及高校办学治校、立德树人、管党治党的各领域、各环节，并将管理学、教育学、经济学等诸多理论思考应用在教育实践中，很多文章跳出学校看学校，立足学校看教育，注重系统把握、辩证认知，融汇学思践悟，行文不拘一格。

从成书初衷看，本书是我主持的湖南省社科基金项目"坚持不懈用习近平新时代中国特色社会主义思想铸魂育人研究"成果。坚持不懈用习近平新时代中国特色社会主义思想铸魂育人，既是理论命题，又是实践课题。我从"班长"视角谋篇布局学校发展，以"班长"身份奋楫笃行立德树人，"苔花如米小，也学牡丹开"，引导全体教师倾情"为生铸魂、为生赋能、为生立业"，引导全校上下悉心打造"不治自理文明新校园、不教自学育人大课堂、不言自明职教新湘军"。"骐骥一跃，不能十步；驽马十驾，功在不舍"！我国有3000多所高校，如湖南理工职业技术学院办学基础的高校为数不少，小学校应该有情怀、有梦想，小学校可以有担当、有作为，用党的创新理论铸魂育人，高教春天次第花开，"班长"日志春风化雨！

最后，我衷心感谢各级领导、各位同仁，衷心感谢我的同事、我的家人，理工前行路上的每一步，都离不开你们的鼎力帮助和倾情扶持！衷心感谢光明日报出版社和此书的编辑，没有你们的努力和付出，就没有此书的顺利出版！向你们致敬！

谨以此书献给我心爱的理工、我亲爱的"战友"、我深爱的教育！

叶星成

2023 年 11 月 16 日于九峰曦园